普通高等教育农业部“十二五”规划教材

管理学原理

第 2 版

阮文彪　主编

中国农业大学出版社
· 北京 ·

内 容 简 介

本教材的内容分为三部分：第一部分阐述管理学学科本身的基本问题，如管理的概念、管理的性质、管理学的研究对象和内容、管理学的研究方法、管理学的产生和发展等；第二部分以管理的基本职能为主线展开分析和讨论，分别阐述决策、计划、组织、领导与用人、管理沟通、激励、控制等各项基本职能的概念、作用、内容、原则、原理、执行的方法和手段等；第三部分为管理创新理论及管理学研究的动态和展望，内容包括管理创新的概念、性质、意义、管理创新的条件、内容和原则以及管理的未来趋势和管理创新的重点领域等。

图书在版编目(CIP)数据

管理学原理/阮文彪主编. —2 版. —北京：中国农业大学出版社，2013.12
(2019.8 重印)

ISBN 978-7-5655-0869-1

Ⅰ. ①管…　Ⅱ. ①阮…　Ⅲ. ①管理学　Ⅳ. ①C93

中国版本图书馆 CIP 数据核字(2013)第 292186 号

书　　名　管理学原理(第 2 版)
作　　者　阮文彪　主编

策划编辑　潘晓丽　　**责任编辑**　李丽君
封面设计　郑　川　　**责任校对**　陈　莹　王晓凤
出版发行　中国农业大学出版社
社　　址　北京市海淀区圆明园西路 2 号　　**邮政编码**　100193
电　　话　发行部 010-62818525,8625　　读者服务部 010-62732336
编辑部 010-62732617,2618　　出　版　部 010-62733440
网　　址　http://www.cau.edu.cn/caup　　**e-mail**　cbsszs@cau.edu.cn
经　　销　新华书店
印　　刷　北京鑫丰华彩印有限公司
版　　次　2013 年 12 月第 2 版　　2019 年 8 月第 3 次印刷
规　　格　787×980　　16 开本　　21.75 印张　　398 千字
定　　价　45.00 元

第 2 版 编写人员

主　　编　阮文彪

副 主 编　陈娆　朱静　何如海

参　　编　（按姓氏笔画排序）

丁静　田涛　陆彦　赵静　徐春迎

第 1 版　编写人员

主　　编　阮文彪

副 主 编　朱静　何如海

参　　编　（按姓氏笔画排序）
丁静　田涛　陆彦　赵静　徐春迎

第2版 前言

管理学作为一门科学，迄今已有100多年的历史。在过去的一个多世纪里，管理学为人类创造了巨大的财富，作为管理学发源地的美国，也已成为世界头号经济强国。诚然，人类社会并非因为管理学成为一门科学才开始管理活动。管理作为一种社会职能，自从人类社会诞生，就一刻也没有停止过，管理的历史与人类社会的历史一样悠久。然而，直到20世纪初叶，管理还只是一种经验性行为，那时的管理者凭借的仅是主观经验和个人好恶。正因为手握权势的管理者们的个人偏好不同，国家、组织的兴衰存亡起伏跌宕也自不待言；黎民百姓只能叹息世事反复、变化无常；人们对一朝君子一朝臣的现象也就司空见惯、习以为常。尽管历史上也有过诸如“贞观之治”的一世辉煌，不过那只是偶然，而非常态。

20世纪初，管理开始从经验走向科学。被誉为“科学管理之父”的美国管理学大师弗莱德里克·W·泰罗于1911年出版了管理学的旷世之作——《科学管理原理》，第一次把人类带进了科学管理时代。从此，管理者开始学会在科学理论的指导下，遵循客观规律进行管理，而管理学研究也在实践基础上不断向前发展，并以实践基础上的理论创新推动着人类社会进步和经济发展。

管理要成为一种在科学理性指导下的自觉行为，离不开管理教育与管理推广，尤其是管理学专业教育的发展，对一个国家的社会进步和经济发展更是举足轻重。20世纪30年代，西方发达国家的管理学专业教育已是如火如荼。就美国而言，美国哈佛大学、麻省理工学院等一批著名大学的商学院培养出一批又一批世界级的管理大师，正是这些管理大师们引领着美国的经济增长，这就是美国管理学家小艾尔弗雷德·D·钱德勒所谓的“美国企业的管理革命”。

相比之下，中国要比西方发达国家晚半个多世纪才开始步入科学管理的时代。在长达几十年的计划经济体制下，根本就谈不上科学管理，因为作为管理的起点和基本职能之一的国民经济计划本身就毫无科学性可言。按照列宁的观点，管理就是一定的人对一定的工作负责，而新中国第一次真正在国民经济中比较普遍地引入责任制原则却是在改革开放以后。因此，可以认为，直到20世纪80年代，中国依然在科学管理时代的门槛前蹒跚。由此可以认为，中国经济的落后并非是因为社会主义制度不好，而是因为管理落后，尤其是整个社会较为普遍地缺乏科学管理的意识及对管理科学的无端藐视。如今，管理落后已成为一个严重的社会问题，必须大声疾呼：全社会都应重视和加强管理教育和科学管理。

高等教育教学质量受多种因素的影响。在大众化教育的背景下，人才的培养不可能完全依赖课堂上的言传身教、耳濡目染，必须把受教育与自我教育密切结合起来，而一部好的教材，无论对于课堂教学，还是对于学生课下自学，都起着至关重要的作用。基于这一认识，为适应高等农林院校管理学教育形势发展的需要，在中国农业大学出版社和安徽农业大学的统一组织和领导下，我们编写了这部《管理学原理》本科教材。

为满足培养学生综合素质和创新创业能力的需要以及体现规划教材的要求和时代特色，编写组除对第 1 版教材内容进行了修改补充和完善外，对第 1 版教材中的案例也进行了全部更新，在每一章的章末增加了网络辅助阅读材料，在教材的最后增加了管理学学习资讯网站。为保持风格上的统一和便于学生自学，各章均按内容提示、引例、教学内容、小结、复习思考题、知识应用与技能拓展、网络辅助阅读材料的顺序进行编排。

通过本教材的课堂教学和自学，学生将系统了解管理学产生和发展演变的历史，掌握管理学的基本概念、管理的基本过程和基本职能，全面领会管理学的基本原理、原则和方法，准确把握管理的本质和科学内涵，能够应用所学方法开展管理活动和管理学研究、较为准确地预测管理实践和管理学发展的未来趋势。

本教材既可作为经济学、管理学等学科本科专业的教科书，也可作为工商管理硕士(MBA)的教学参考书，同时还可作为从事思想政治工作和组织管理工作的广大干部以及具有一定阅读能力且对管理学有兴趣的读者学习、研究和应用管理学时的参考读物。

在教材立项组稿编纂过程中，中国农业大学出版社对本教材申报农业部“十二五”规划教材及编写出版工作给予了高度重视和大力支持，对教材的申报编纂工作提出了许多宝贵的意见和建议。初稿完成后，主编与编写组成员及时进行了沟通，提出了具体修改意见和建议，编写组成员对各自负责的章节进行了修改完善，最后由主编统纂定稿。

教材编写的具体分工如下：第一章、第十章由安徽农业大学阮文彪负责编写，第二章由安徽农业大学徐春迎负责编写，第三章由安徽农业大学陆彦负责编写，第四章由安徽农业大学朱静负责编写，第五章由安徽农业大学赵静负责编写，第六章由阮文彪和北京农学院陈娆负责编写，第七章由安徽农业大学丁静负责编写，第八章由安徽农业大学田涛负责编写，第九章由安徽农业大学经济技术学院何如海负责编写。

在教材的编写过程中，本着传播管理学知识、弘扬科学理性和教书育人的根本宗旨，为使本教材能够反映管理学发展的最新成就和在教材体系与风格上有所创新，我们参考了大量国内外同类教材和有关参考文献，从中汲取了许多有价值的素材和宝贵经验。虽然我们尽可能地利用脚注并列出了本教材所引用和对本教材有贡献的参考文献,但也难免遗漏。对此我们深表歉意,并真诚地希望得到学界同仁的谅解。

由于我们的水平有限,本教材无论在内容还是在形式上都难免存在一些问题、不足和错误,敬请广大读者批评指正。

《管理学原理》编写组

2013年8月15日

第1版 前言

谈及管理，多数人不以为然，甚至不认为管理是一门科学。诚然，人类社会并非因为管理成为一门科学，才开始管理活动。管理作为一种社会职能，自从人类社会诞生以来，就一刻也没有停止过，管理的历史与人类社会的历史一样悠久。然而，直到20世纪初叶，管理还只是一种经验性行为，那时的管理者凭借的仅是主观经验和个人好恶。正因为手握权势的管理者们个人的偏好不同，国家、组织的兴衰存亡，起伏跌宕，也就自不待言；黎民百姓，只能叹息世态仿佛变化无常；人们对一朝君子一朝臣的现象，也就司空见惯，习以为常。尽管历史上也有过诸如贞观之治的一世辉煌，不过那只是偶然，而非常态。

20世纪初，管理开始从经验走向科学。被誉为"科学管理之父"的美国管理学大师弗莱德里克·W·泰罗于1911年出版了管理学的旷世之作——《科学管理原理》，第一次把人类带进了科学管理时代。从此，管理者开始学会在科学理论指导下，遵循客观规律从事管理。作为科学管理理论的发源地，美国也从科学管理中获益匪浅，一跃成为世界头号经济强国，而把老牌资本主义的英国和德国远远地甩在后面。由此是否可以认为，并非是因为资本主义制度使资本主义社会具有发达的生产力，而是因为资本主义社会较早地开始了科学管理，才使得资本主义变得相对发达。因此，我们说，管理不仅是生产力，而且是首要生产力，抑或如西方世界的有识之士们所说的那样，西方世界的兴起依仗的是"三分技术、七分管理"。

管理要成为一种在科学理性指导下的自觉行为，离不开管理教育与管理推广，尤其是高等管理教育的发展，对一个国家的经济增长和社会进步更是举足轻重。20世纪30年代，西方发达国家的高等管理教育已是如火如荼。就美国而言，哈佛大学、麻省理工学院等一批著名大学的商学院培养出一批又一批世界级的管理大师，正是这些管理大师们引领着美国的经济增长，这就是被美国管理学家小艾尔弗雷德·D·钱德勒称之为所谓的"美国企业的管理革命"。

相比之下，中国要比西方发达国家晚半个多世纪才开始步入科学管理的时代。在长达几十年的计划经济体制下，根本就谈不上科学管理，因为作为管理的起点和基本职能之一的国民经济计划本身就毫无科学性可言。按照列宁的观点，管理就是一定的人对一定的工作负责，而新中国第一次真正在国民经济中比较普遍地引入责任制原则却是在改革开放以后。因此可以认为，直到20世纪80年代，中国依然在科学管理时代的门槛前蹒跚，中国经济的落后并非是因为社会主义制度不好，而在于管理落后，尤其是整个社会较为普遍地缺乏科学管理的意识及对管理科学的无端藐视。如今，管理落后已成为一个严重的社会问题，必须大声疾呼：全社会都应重视和加强管理教育和科学管理！

高等管理学教育教学质量受多种因素的影响。在大众化教育的背景下，人才的培养不可能完全依赖于课堂上的言传身教、耳濡目染，必须把受教育与自我教育密切结合起来，而一部好的教材，无论是对于课堂教学，还是对于学生课下自学，都将起到至关重要的作用。基于这一认识和为适应我校本科人才培养模式改革的需要，在中国农业大学出版社和安徽农业大学的统一组织和领导下，我们编写了这部《管理学原理》本科教材。

本教材的内容分为三大部分：第一部分阐述管理学学科本身的基本问题，如管理的概念、性质与职能、管理学的研究对象和内容、管理学的研究方法、管理学的产生和发展等；第二部分以管理的基本职能为主线展开分析和讨论，分别阐述决策、计划、组织、领导与用人、管理沟通、激励、控制等各项基本职能的概念、作用、内容、原则、原理、执行的方法和手段等；第三部分为管理学动态和展望，内容包括管理创新的概念、性质、意义、管理创新的条件、内容与原则以及管理的未来趋势和管理创新的重点领域等。在本教材中，管理创新不仅被看作是现代管理的重要职能之一，而且被看作是管理的本质所在。

为使本教材保持风格上的统一和便于组织教学以及满足培养学生综合素质与创新创业能力的需要，各章均按内容提示、引例、教学内容、小结、复习思考题、知识应用与技能拓展为序进行编排。

通过本教材的课堂教学和自学，学生将系统了解管理学产生和发展演变的历史，掌握管理学的基本概念、管理的基本过程和基本职能，全面领会管理学的基本原理、原则和方法，准确把握管理的本质和科学内涵，能够应用所学方法开展管理活动和管理学研究、较为准确地预测管理实践和管理学发展的未来趋势。

本教材既可作为经济学、管理学等学科本科专业的教科书，也可作为工商管理硕士(MBA)的教学参考书，同时还可作为从事思想政治工作和组织管理工作的广大干部以及具有一定阅读能力且对管理学有兴趣的读者学习、研究和应用管理学时的参考读物。

本教材是编写组成员竭诚合作和集体劳动的成果。在教材组稿编纂过程中，中国农业大学出版社和安徽农业大学对本教材的编写出版工作给予了高度重视，曾多次组织召开主编和编写组成员会议，对教材的编写工作给予指导并提出了具体的意见和质量要求，教材的编写大纲和编写分工也是经集体讨论确定的。初稿完成后，主编与编写组成员及时进行了沟通，提出了具体修改意见和建议，编写组成员对各自负责的章节进行了修改完善，最后由主编统纂定稿。

教材编写的具体分工如下：第一章、第十章由阮文彪负责编写；第二章由徐春迎负责编写；第三章由陆彦负责编写；第四章、第六章由朱静负责编写；第五章由赵静负责编写；第七章由丁静负责编写；第八章由田涛负责编写；第九章由何如海负责编写。

在教材的编写过程中，本着传播管理学知识、弘扬科学理性和教书育人的根本宗旨，为使本教材能够反映管理学发展的最新成就和在教材体系与风格上有所创新，我们参考了大量的国内外同类教材和有关参考文献，从中汲取了许多有价值的素材和宝贵经验。虽然我们尽可能地利用脚注和在教材的最后部分列出了本教材所引用和对本教材有贡献的参考文献，但也难免遗漏。对此，我们深表歉意，并真诚地希望得到学界同仁的谅解。

由于我们的水平有限，本教材无论在内容上还是在形式上都难免存在一些问题、不足和错误，敬请广大读者批评指正。

编者

2007 年 7 月

目　　录

第一章　管理学的研究对象与研究方法 …… 1
第一节　管理的概念、性质与职能 …… 2
第二节　管理学的研究对象 …… 12
第三节　管理学的研究方法 …… 16
本章小结 …… 21
复习思考题 …… 21
知识应用与技能拓展 …… 22
网络辅助阅读材料 …… 24
第二章　管理理论的产生与发展 …… 25
第一节　古典管理理论 …… 26
第二节　行为科学管理理论 …… 36
第三节　现代管理科学理论 …… 42
本章小结 …… 51
复习思考题 …… 51
知识应用与技能拓展 …… 52
网络辅助阅读材料 …… 53
第三章　预测与决策原理 …… 54
第一节　预测 …… 55
第二节　决策 …… 64
本章小结 …… 76
复习思考题 …… 76
知识应用与技能拓展 …… 77
网络辅助阅读材料 …… 79
第四章　计划原理 …… 80
第一节　计划工作概述 …… 81
第二节　计划的编制、执行与控制 …… 85

第三节 目标管理…………………………………………………………… 100
本章小结……………………………………………………………………… 106
复习思考题…………………………………………………………………… 106
知识应用与技能拓展………………………………………………………… 107
网络辅助阅读材料…………………………………………………………… 108
第五章 组织原理……………………………………………………………… 109
第一节 组织的概念与组织工作内容………………………………………… 111
第二节 组织设计…………………………………………………………… 115
第三节 职位、职权与组织关系协调 ………………………………………… 135
本章小结……………………………………………………………………… 149
复习思考题…………………………………………………………………… 150
知识应用与技能拓展………………………………………………………… 150
网络辅助阅读材料…………………………………………………………… 156
第六章 领导与用人原理……………………………………………………… 158
第一节 领导与领导者……………………………………………………… 158
第二节 领导理论…………………………………………………………… 170
第三节 用人原理…………………………………………………………… 185
本章小结……………………………………………………………………… 190
复习思考题…………………………………………………………………… 191
知识应用与技能拓展………………………………………………………… 191
网络辅助阅读材料…………………………………………………………… 193
第七章 激励原理……………………………………………………………… 194
第一节 激励的概念与作用………………………………………………… 195
第二节 激励理论…………………………………………………………… 200
第三节 激励原则与方法…………………………………………………… 216
本章小结……………………………………………………………………… 219
复习思考题…………………………………………………………………… 220
知识应用与技能拓展………………………………………………………… 221
网络辅助阅读材料…………………………………………………………… 222
第八章 沟通原理……………………………………………………………… 224
第一节 沟通的概念、作用与过程 …………………………………………… 225
第二节 沟通类型、沟通网络与沟通渠道选择 ……………………………… 230
第三节 沟通障碍、沟通原则及沟通策略 …………………………………… 238

本章小结…… 246
复习思考题…… 246
知识应用与技能拓展…… 247
网络辅助阅读材料…… 249
第九章 控制原理…… 250
第一节 控制的概念与作用…… 251
第二节 控制过程、控制类型与控制原则 …… 257
第三节 控制方法…… 265
本章小结…… 271
复习思考题…… 272
知识应用与技能拓展…… 272
网络辅助阅读材料…… 274
第十章 管理创新…… 276
第一节 管理创新的概念与意义…… 277
第二节 管理创新的条件、内容与原则 …… 281
第三节 管理学的新近发展…… 289
第四节 管理学的未来趋势…… 319
本章小结…… 326
复习思考题…… 326
知识应用与技能拓展…… 327
网络辅助阅读材料…… 329
参考文献…… 330
管理学学习资讯网站…… 332

第一章　管理学的研究对象与研究方法

【内容提示】

本章主要阐述管理学学科本身的基础知识，内容包括：管理的概念、性质和职能，管理学的研究对象和内容，管理学的研究方法。通过本章学习，学生应该能够从管理活动产生的历史根源和生产力属性出发，准确把握管理的科学内涵，科学阐释为什么说管理既是一种社会现象又是一种文化现象，为什么说管理是科学性和艺术性的统一；领会和掌握马克思主义管理二重性原理及其指导意义；初步认识管理的主要职能和管理学的学科特点以及管理学研究的一般规律和研究方法。

引　　例

泰罗(Frederic W. Taylor，1856—1915)，出生于美国费城，西方古典管理理论主要代表人物之一，科学管理运动的创始人，被公认为"科学管理之父"，也有人称他为"理性效率的大师"。1878 年，泰罗进入费城米德维尔钢铁厂当了一名普通工人，由于他在科学管理研究领域的贡献，后来被提升为总工程师。

南北战争之后，美国资本主义经济得到飞速发展，但当时企业管理落后，美国经济的发展和企业中劳动生产率的提高远远落后于当时科学成就和国内外经济条件所能提供的可能性。这种情况引起了泰罗的注意，他进行各种实验，努力把当时科学技术的最新成就应用于企业的生产和管理，以便大幅度地提高劳动生产率。泰罗的科学管理思想深深地扎根于一系列科学管理实验的基础上，使之成为一门真正的科学。

1911 年，泰罗出版了震惊世界的《科学管理原理》一书，该书集中体现了其管理思想与研究成果，引起了当时美国企业界和管理学界的广泛关注。在《科学管理原理》一书中，泰罗系统地提出了科学管理的基本思想、基本内容以及科学管理的具体方法。在科学管理的基本思想方面，泰罗提出了专业分工、标准化、最优化等管理思想。在科学管理的基本内容方面，泰罗对企业作业管理、组织管理等进行了全面阐述，其中包括对工人的挑选和培训、标准作业条件、明确规定作业量、建立激励性的差别工资报酬制度等。在科学管理的方法方面，泰罗提出了定额管理、差别计件工资制、挑选并合理使用第一流工人以及如何进行标准管理等一系列具体的步骤与方法。当代许多重要的管理理论都是在继承泰罗的科学管理理论的基础上发展起来的。

泰罗在该书中立足于美国当时资源浪费严重、劳动生产率低下的事实，着眼于企业的基层管理，提出了科学管理原理。从真正意义上讲，美国乃至世界，自泰罗后才真正把管理看做是一门科学。有了科学管理理论的指导和科学的管理方法，美国企业的劳动生产率大幅度提高，公民的生活水平也得以显著改善。可以说，没有《科学管理原理》的诞生，也就没有当代美国经济。从某种意义上讲，正是泰罗的科学管理原理，造就了美国经济。

第一节　管理的概念、性质与职能

一、管理的概念

(一)管理的含义

管理是人类共同劳动的产物，有着悠久的历史。人类自古以来就以共同劳动为基础，共同生活在一起，每一个人都是处于一定的人群之中，在集体中生存和发展。以共同劳动为基础的社会生活，客观上要求对劳动过程进行计划、组织、指挥、协调和控制，以实现合理的分工协作，有效地利用资源，以较少或同样的劳动和代价创造出更多的财富，满足人类自身物质生活和精神生活的需要。这种计划、组织、指挥、协调和控制活动，就是管理活动。可见，管理活动与生产劳动一样，都是社会财富的源泉，只不过管理是适应以共同劳动为基础的社会分工协作的需要而产生的一种特殊形态的劳动。

随着人类社会的发展，人们对管理的认识也由最初的感性认识逐步上升到理性认识，开始对管理进行文字描述和抽象定义。从管理活动本身的特点和作用中不难看出，管理最原始的含义是：为了适应以共同劳动为基础的人类社会分工协作的需要，由一个人或更多的人通过协调他人的努力，以实现任何单个个体所难以或无法实现的目标。这一概念包含以下基层含义：第一，管理的出发点和根本任务是为了提高共同劳动的效率和效果；第二，管理的中心工作是对他人的活动进行协调，而不是事必躬亲、亲力亲为；第三，管理工作可以由一个人承担，也可以有多个人共同承担，在多个人共同承担管理任务的情况下，管理者之间也存在如何进行管理分工和开展自身管理的问题。由此可见，不仅以共同劳动为基础的生产劳动需要管理，以共同劳动为基础的管理活动本身也需要管理。

迄今为止，管理学已有一个世纪的发展历程。在漫长的管理学理论发展和实践过程中，人们对管理的认识也在不断深化，管理的内涵和外延也随之深化和发展。现代管理学将管理定义为：管理是指为了实现组织的共同目标，对组织要素及其组合和组织系统的运行进行决策、计划、组织、领导和控制等全部工作的总和。这个定义包括以下含义：

第一，管理是为实现共同目标而进行的有组织的实践活动。离开共同目标，管理将无的放矢，不得要领。从根本上讲，管理是适应共同劳动和实现组织的共同目标而产生的一般社会职能。

第二，管理的对象是组织要素及其组合和组织系统的运行。组织目标的实现过程具体表现为各项工作任务的执行和完成过程，而执行和完成工作任务，就必然要求组织的管理者给每一项任务配备必要的人、财、物等生产力要素，创造良好的组织文化和工作氛围，并对各部门、各级人员的工作进度和协作关系进行有效协调，确保整个组织系统的高效运行。可见，管理活动所指向的对象既包括组织要素及其组合状态，又包括组织系统运行状态。其中，组织要素既包括劳动力、劳动资料、劳动对象等“硬件”，也包括工作任务、组织结构、组织制度、组织精神等“软件”。或者说，管理既要“管人”，也要“管事”，还要“处关系”。

第三，管理是通过行使一定的管理职能来实现组织目标的，包括决策、计划、组织、领导、控制等。管理者的主要工作是行使管理职能，而不是一般的、具体的生产劳动。在组织中，各管理职能是相互联系、不可分割的，共同形成管理的整体性活动。如组织、领导、控制等职能性活动都要围绕计划目标和计划方案进行，并且各职能性活动要相互配合、协调一致，才能发挥管理在促进组织目标实现中的作用。

第四，管理工作有好坏之分，科学管理要求不断提高组织的运行效率，这也是管理作为生产力自身的特点所决定的，或者说是生产力发展的客观要求。

管理劳动之所以成为必要，管理职能之所成为一般的社会职能，从根本上讲，是由共同劳动或集体劳动所决定的。马克思指出：“一切规模较大的直接社会劳动或共同劳动，都或多或少地需要指挥，以协调个人的活动，并执行生产总体的运动——不同于这一总体的独立器官的运动——所产生的各种一般职能。”[①]从这个意义上讲，管理是生产力，是单个个体或组织所不能或难以创造的生产力。管理和

① 资本论．第1卷[M]．北京：人民出版社，1975：367

技术一起，业已成为推动现代社会发展的两大车轮。

（二）管理是一种社会现象和文化现象

说管理是一种社会现象，是指任何以共同劳动为基础的社会组织都需要管理，管理是一种普遍存在、作用广泛的社会职能。说管理是一种文化现象，是指管理作为一种有组织的社会职能，一方面体现了特定组织和社会的文化特征；另一方面，管理作为一种生产力或生产力的表现形式，要能够反映特定组织和社会的文化发展要求，才能充分发挥出其作为生产力的功能和作用。

管理这种现象是否存在，必须具备两个条件：两个人以上的集体活动；一致认可的目标。管理是作为一切社会组织不可缺少的活动，产生于人们有组织的共同劳动。由于共同劳动，人们需要沟通意愿、统一目标；由于共同劳动，人们需要分工协作、组织协调；由于共同劳动，人们需要统一指挥、规范行为。因此，在以共同劳动的社会组织中，管理人员及其管理活动就成为必要。组织活动具有明确的目标，没有共同目标，就没有共同劳动，管理人员的职责就是通过管理引导和激励组织成员为实现组织目标而努力。组织活动需要各项资源，管理就是通过行使计划、组织、领导和控制等管理职能，实现组织资源的合理配置和组织系统的高效运行。管理活动存在于每一个组织中，组织是管理的载体。

文化泛指特定组织或社会历史上所创造的物质财富和精神产品的总和。管理作为一种有组织的社会职能，一方面，组织和社会的价值观、生活习惯、工作方式、行为风格、审美情趣等，或多或少地要反映到管理活动和管理职能上来；另一方面，管理要能够充分发挥出其作为生产力的功能和作用，也必须符合和代表这个组织或社会中人们的某些共同要求，帮助他们实现其理想抱负和人生价值，给组织和社会带来精神和物质生活上的满足和富庶。否则，管理就难以发挥出其作为生产力的应有功能和作用。正因为如此，管理和技术一样，具有很强的地域专用性，脱离当地具体实际，盲目套用别人和外国的管理方法和模式，将无益于本地和本国的经济发展和社会进步，只能起到事倍功半的效果。

（三）管理是科学性与艺术性的统一

1. 管理的科学性

管理的科学性指管理者自觉运用管理科学理论指导管理工作、观察分析和解决管理实践问题的行为特性。

说管理是一门科学或管理的科学性，强调的是管理科学理论对管理实践的指导作用。管理的科学性表现在管理已成为人们在管理学理论指导下的自觉行动，现代管理必须也只有在管理科学理论的指导下，才能取得事半功倍的效果。否则，管理活动永远只能停留在“摸着石头过河”的经验管理时代，甚至会做出反科学、反进步、反社会的不自觉举动。管理科学作为反映人类管理实践活动规律的知识体系，其本身是对人类管理实践活动规律的理论概况和系统总结。尊重管理科学，就是尊重客观规律，不学习、了解管理科学，就不懂管理规律。马克思主义经典作家列宁曾经指出："要管理就要内行。"[①]作为现代管理者，应当而且必须学习管理学，这是时代的要求、社会的呼唤，是组织发展和社会进步的必由之路。

2. 管理的艺术性

管理的艺术性是指管理者为解决具体管理问题而创造出独特管理方式方法和管理模式的行为特性。说管理是一门艺术或管理的艺术性，实际上是强调管理的实践性。管理的艺术性表现在管理活动的效率和效果除了受管理者拥有的管理科学知识影响外，还要受到特定环境和管理对象的特点和性质的影响，高效管理需要把管理科学理论创造性地与当地、当时的具体实际有机结合起来，善于应用管理理论和思维方式创造出适合于特定地域和对象的管理方式、方法或管理模式，不存在唯一不变、一劳永逸的管理模式。

3. 管理是科学性与艺术性的统一

总之，管理是科学，也是艺术，有效的管理是科学性与艺术性的统一。首先，管理者只有在管理科学理论的指导下，才能取得"事半功倍"的效果。管理科学反映了人类管理活动的一般规律。管理作为人类的一项社会实践活动，其目的在于不断提高组织的运行效率和最大限度地满足人类自身物质文化需要，而要实现这一点，必须尊重科学，按规律办事。离开了管理学理论的指导，仅仅凭借个人经验和主观臆断办事，管理工作只能是事倍功半，甚至徒劳无益。其次，理论联系实际，是提高管理效果的基本途径和重要保障。管理活动离不开管理理论的指导，但管理理论仅提供人们认识和看待管理现象和问题的科学立场、观点和方法，管理理论本身并非是解决问题的现成答案或具体方法。这就要求管理者必须善于理论联系实际，将科学管理理论与当地、当时的具体实际密切结合起来，将管理科学知识与群众的宝贵经验结合起来，创造出适应客观实际的管理方式、方法和管理模式，只有这样，才能真正发挥出管理的"艺术魅力"和生产力作用。第三，管理作为一种文化现象，有效的管理不能脱离管理对象所依存的文化背景和历史传统，经验的借鉴是必要的，但绝不能一味地生搬硬套他人和外国的管理经验和理论模式，否则会犯理论脱离实际的错误。

从事管理活动既需要掌握管理科学知识和管理技术，又需要有丰富的管理经验和技能。坚持管理科学性与艺术统一的原理，要求现代管理者认真学习和探索

---

① 列宁全集. 第 30 卷[M]. 北京：人民出版社，1956：394

管理理论和管理规律，尊重科学，遵循规律，用先进的管理思想和理论指导管理实践；坚持管理科学性与艺术统一的原理，要求管理者充分发挥主观能动性、创造性、灵活性，积极实践、勇于探索，创造性地运用管理规律和管理理论，科学管理的本质是科学理论指导下的管理创新。

(四)管理不仅是生产力，而且是首要生产力

所谓生产力，是指人类改造自然、改造社会的能力。一个社会的生产力水平不仅表现在整个社会系统的要素投入与产出效果上，而且表现在社会的分工协作水平上。

从系统的投入产出效果上看，与生产劳动一样，管理劳动作为一种特殊的社会劳动形态，系统的投入产出效果在很大程度上取决于管理劳动的质量即管理者的管理水平。20 世纪初，管理开始从经验走向科学。被誉为“科学管理之父”的美国管理学大师 F·W·泰罗，于 1911 年出版了管理学的旷世之作《科学管理原理》，第一次把人类带进了科学管理时代。从此，管理者开始学会在科学理论指导下，遵循客观规律从事管理。作为科学管理理论的发源地，美国也从科学管理中获益匪浅，一跃成为世界头号经济强国。由此可见，并非是因为资本主义制度使资本主义社会具有发达的生产力，而是因为资本主义社会较早地开始了科学管理，才使得资本主义在经济上变得如此发达，抑或如西方世界的有识之士们所说的那样，西方世界的兴起依仗的是“三分技术、七分管理”。相比之下，中国比西方发达国家至少晚了 70 年才步履蹒跚地步入科学管理的新时代。在长达几十年的计划经济体制下，根本就谈不上科学管理，因为作为管理的起点和基本职能之一的国民经济计划本身就毫无科学性可言。按照列宁的观点，管理就是一定的人对一定的工作负责，而新中国第一次真正在国民经济中比较普遍地引入责任制原则却是在改革开放以后。中国近代以来经济落后的根本原因在于管理落后，在于忽视管理学研究和缺乏科学管理理论的指导，在于整个社会缺乏科学管理的意识及对管理科学的无端藐视，以至在长达几千年的封建社会乃至新中国成立后很长一段时间没能形成一套科学的管理方法和制度。如今，管理落后已成为一个严重的社会问题，必须大声疾呼：全社会都应重视和加强科学管理！

从分工协作水平上看，管理的基本职能之一就是通过协调提高社会分工协作水平。关于分工的经济意义，亚当·斯密(Adam Smith)在《国富论》中有过充分的阐述。马克思甚至认为，一个国家的生产力水平可以从分工的范围和深度上反映出来。我们知道，分工深化的前提和条件是有效协作，而管理就是通过协调他人的努力以实现单个个体难以或无法实现的目标。马克思认为，生产力包含科学技术，邓小平同志创造性地发展了马克思的生产力理论，提出了“科学技术是第一生产力”的科学论断。管理不仅是一门科学，也是一门“软技术”。因此，管理不仅是生产力，而且是首要生产力。之所以说管理是首要生产力，是因为劳动资料、劳动对象、生产劳动者、科学技术等生产力要素在分离的状态下并不能形成现实的生产力，只有将它们按照自然规律和经济规律的要求有机地结合在一起，才能成为人类改造自然、改造社会的现实力量，而实现这种结合，离不开科学管理。管理的基本职能在于合理组织生产力要素和协调社会分工与协作关系，提高社会组织系统的运行效率。

20 世纪以来，随着社会化大生产和生产力的发展迅速发展，管理已经完全从生产经营活动中独立出来，成为重要的社会职能。在今天，有了大量的资金和先进的技术并不一定能获得预期的发展，管理落后常常是企业经营失败的主要原因。管理的生产力特征和意义日益凸显，它能有效地提高人们运用各项资源获取财富的能力。管理的生产力意义具体表现在：

(1)通过管理者的正确预见和决策及有效的计划、组织和领导，以较少的资源耗费，获取较大的物质财富和可持续发展。

(2)可以创造集体力，完成分散个人无法完成的组织使命。

(3)通过合理配置和使用组织资源，使科技转化为生产力，使人力资源得到充分开发和利用，最大限度地发挥劳动的价值创造功能。

二、管理的性质

(一)管理二重性原理

所谓管理二重性，是指管理本身具有反映合理组织生产力要求的自然属性和反映维护特定生产关系要求的社会属性。一方面，管理是因许多人进行协作劳动而产生的，是有效组织共同劳动所必需的，具有同生产力和社会化大生产相联系的自然属性；另一方面，管理又体现着生产资料所有者指挥劳动、监督劳动的意志，它又有同生产关系和社会制度相联系的社会属性。

管理二重性原理是马克思主义关于管理性质的基本观点，它反映了管理的必然性和目的性。马克思曾经指出：“凡是直接生产过程具有社会结合过程的形态，而不是表现为独立生产者的孤立劳动的地方，都必然会产生监督劳动和指挥劳动。不过具有两重性：一方面，凡是有许多人进行协作的劳动，过程的联系和统一都必然要表现在一个指挥的意志上，就像一个乐队要有一个指挥一样。这是一种生产劳动，是每一种结合的生产方式必须进行的劳动。另一方面，完全撇开商业部门不说，凡是建立在作为直接生产者的劳动者和生产资料所有者之间的对立上的生产方式中，都必然会产生这种监督劳动。这种对立越严重，这种监督劳动所起的作用也就越大。”①

(二)管理的自然属性和社会属性

管理的自然属性，亦即组织技术属性。组织和社会中广泛存在的分工协作系统客观上要求对组织活动或生产经营过程进行系统设计，合理开发和配置组织活动所需的各项资源，实现生产要素的优化组合，建立有效的组织运行机制，完善分工协作的组织结构，以不断提高劳动效率和组织绩效。所有的组织都客观上要求具备这一管理职能，这是由组织技术属性所决定的、是不以人的意志为转移的职能。由组织技术属性决定的管理职能，反映了社会化大生产和生产力发展的客观要求，在一切组织管理活动中有着共同的特点并遵循生产力发展与管理活动的一般规律，它不受企业制度、社会制度和意识形态的影响和约束。

管理不仅是要反映社会化大生产和生产力发展的要求，而且客观上体现着一定的生产关系和社会制度的性质，体现着生产过程或劳动过程的特殊历史形态。管理是生产资料所有权的延伸，管理最终要符合所有者的根本利益，管理理念、管理制度、管理的方法手段和管理模式都必然体现所有者的意志、利益和要求。所以，管理是调整所有者、经营管理者和劳动者之间的生产关系和利益分配的手段和工具。这是在所有阶级社会和在有独立的利益集团存在的社会中必然存在的特殊社会职能。由于不同的社会制度与社会形态的生产关系性质不同，组织管理的社会属性也就不同，因而体现管理的社会属性的管理职能和管理活动所遵循的规律也有所不同。

从根本上讲，管理之所以具有二重性，是因为管理的对象本身具有二重性，或者说，管理的二重性是由管理对象的性质所决定的。马克思主义认为，生产力和生产关系的矛盾运动是推动人类社会发展的根本动力。管理的根本目的是促进社会生产力的发展，维持、巩固和完善特定社会生产关系以及相应的上层建筑。管理对象包括生产力和生产关系以及相应的上层建筑。生产力发展是一切社会和组织的共同要求，不因社会制度和生产关系性质不同而不同，它决定了管理的自然属性。然而，生产关系性质决定社会制度的性质。不同社会制度下，由于生产关系的性质不同，对管理的要求、管理者所采取的管理方法和手段也会有所不同，它决定了管理的社会属性。

(三)学习马克思主义管理二重性原理的意义

1. 准确把握管理的科学内涵及生产力意义，注重管理科学性和艺术性的有机结合

管理体现着生产力与生产关系的辩证统一关系。我国在很长一段时期内由于受“左倾”思想路线的影响，在管理上表现为重社会属性轻自然属性、重生产关系轻

---

① 资本论.第3卷[M].北京：人民出版社，1975:431

生产力，曾严重地阻碍了我国经济建设和社会发展。我们应当引以为鉴，总结历史的经验教训，加快建设中国特色的管理学，以便更好地指导我国的管理实践。在管理理论创新和应用管理理论、技术与方法时，必须坚持理论联系实际、实事求是的优良学风，坚持科学发展观，尊重管理科学，学会按管理活动规律进行管理，注意结合本部门、本单位的具体实际，创造性地应用管理理论，并在实践的基础上丰富和发展中国特色的管理科学，以实践基础上的理论创新促进我国管理现代化。

2. 正确对待西方的管理理论和实践，注意学习、引进国外对我们有益的管理理论、技术和方法

要建设中国特色的社会主义，发展和完善社会主义市场经济，就必须充分利用国内和国外两种资源，开拓国内外市场，学会组织国内建设和发展对外关系两套本领，这是对管理者的基本要求。学习和掌握管理的二重性原理，能使我们正确地评价资本主义的管理理论、技术和方法，取其精华、去其糟粕，洋为中用，博采众长，使其成为我国管理理论体系的有机组成部分。与此同时，在学习借鉴西方管理理论和实践经验时，既要科学地鉴别管理的社会属性，也要坚持“三个有利于”标准，对于资本主义国家的管理理论、技术和方法，要分清哪些内容与它们的社会制度有关，哪些是纯粹的科学技术和方法问题，不能使用简单的二分法对某一管理理论、技术和方法进行“姓资”、“姓社”的理论定性。

3. 认清管理的本质，注重管理创新

无论是从生产力发展的要求看，还是从管理的社会历史过程看，管理的本质是创新。管理科学理论为管理实践提供一般性指导，而不是解决实际问题的具体模式和现成答案。管理和技术一样，具有很强的地域专用性和针对性，有效的管理模式和方法必须考虑特定地域的自然、社会、经济、文化特征，有的放矢。管理不仅受到一定时代社会化大生产和生产力发展水平的影响，而且受到一定社会制度下的生产关系和社会意识形态的影响，管理模式与管理客体之间是一种动态的适应过程，这意味着任何一种管理模式都有其历史局限性，管理创新才是永恒的主题。随着社会生产力发展和社会生产关系的变化，管理必须不断做出调整，其中包括管理思想、管理观念的更新，管理方式、管理手段的转变和进步，管理理论和管理模式的发展和创新等。没有一成不变的管理模式，没有适合于一切情况的管理方法，管理必须从实际出发，必须与生产力和生产关系形成动态的适应。

三、管理的职能

（一）管理职能的含义

管理职能就是对管理工作按照程序和性质所进行的质的划分，借以描述管理

工作过程和实行管理分工与管理劳动专业化。

亚当·斯密在《国富论》中曾对分工的生产力意义作过精辟的阐述，并将分工看做是国民财富增长的第一要因。马克思也曾指出："一个民族的生产力发展的水平，最明显地表现于该民族分工的发展程度，任何新的生产力，只要它不是迄今已知的生产力单纯的量的扩大（例如开垦土地），都会引起分工的进一步发展。"[①]管理劳动与其他劳动一样，要有效地发挥其生产力作用，也必须进行合理分工，而研究管理职能的目的，一方面在于为管理分工提供理论依据，另一方面为具体管理工作提供理论指导。

（二）管理的主要职能

管理有哪些职能，众说不一，有五职能说，有七职能说，也有其他观点。法约尔认为，管理有计划、组织、指挥、控制和协调五大职能。也有一些管理学家认为，指挥和协调可以合并为"领导"，因此管理有计划、组织、领导和控制四大职能。我们认为，从管理工作质的规定性出发，结合实际管理工作需要，管理应包括以下职能：

1. 预测与决策

预测是指根据过去和现在对未来环境变量和管理对象所做出的估计。决策就是按照客观规律的要求，为了达到一定的目的，从多种可行方案中选择一个最优方案，即对多种目标、手段和方法做最有利的选择和决定。

2. 计划

计划即对未来行动方案的设计和行动之前的安排部署。

3. 组织

组织是指为了实现决策目标和计划部署，对各种实践活动所要求的人、财、物等要素、活动过程本身及各环节、各部门在时间和空间上进行有效的组合。组织职能一般是通过合理设置机构、任务分类、明确权利和职责范围、配备人员和资源等具体工作来实现。

4. 领导

领导就是指管理者利用自己拥有的权利，借用一定的组织形式和工作方法，引导、指示和协调被领导者为实现组织目标而共同努力的行为导向和人力资源整合活动。包括对组织成员进行指导和督促，使他们履行自己的职责，消除无人负责的现象；协调组织活动中各方面的相互关系，解决活动中出现的各种矛盾和分歧，以保证各个部门和各级人员部门密切配合、协调一致；合理选拔和使用人才，以实现量才使用、各尽所能、人尽其才，有效实现组织目标。

---

① 马克思恩格斯选集.第1卷[M].北京：人民出版社，1995：68

5. 激励

激励是指通过提供满足员工个体需求的各种外部条件，诱导和激发其符合组织目标所要求的行为动机，调动其工作的积极性、主动性和创造性。

6. 管理沟通

管理沟通就是通过信息的传递和思想、观点、意见交流，统一人们的意志，协调和改善人际关系，提高组织的凝聚力，促进决策和计划的有效执行。

7. 控制

控制就是根据计划要求，对下属机构和人员的活动进行检查监督和分析比较，并采取必要的对策措施，以保证计划目标的实现。

8. 管理创新

管理创新就是按照社会化大生产和人的全面发展的要求，在管理实践中引入新思维、新组织、新方法、新手段、新机制、新的管理模式，以不断优化组织结构，提高组织运行效率。

(三)管理循环

管理究竟应有哪些职能？管理的各个职能之间又是什么关系？这是管理学应该和必须回答的基本问题。关于管理职能之间的关系，如果从管理职能之间的过程相关性和时间的继起性角度看，管理职能之间在管理活动的时间上具有前后关联和时间上继起的特点，它们共同构成一个连续的管理过程，如计划、组织或执行、控制、创新等共同构成一个管理过程。

管理的各个职能之间互相密切联系、构成一体形成管理过程，就叫管理循环，也称 PDCA 循环。它是由美国统计学家戴明(W. F. Deming) 首先提出来的，如图 1-1 所示。PDCA 循环是能使任何一项活动有效进行的一种合乎逻辑的工作程序，特别是在质量管理中得到了最广泛的应用。

P、D、C、A 四个字母分别代表计划、实施、检查和行动，具体含义为：

1. 计划(Plan)

包括方针和目标的确定以及活动计划的制订；

2. 实施(Do)

就是按计划进行生产经营活动，实现计划目标。

3. 检查(Check)

就是要检查、总结计划的执行情况和结果，

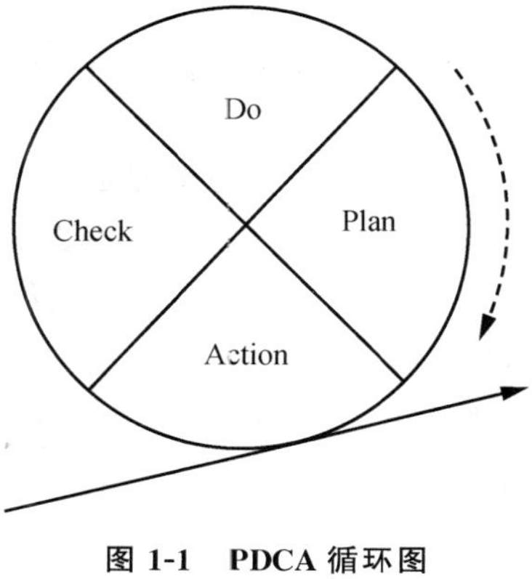

图 1-1 PDCA 循环图

找出存在的差距和问题。

4. 行动(或处理)(Action)

对总结检查的结果进行处理,成功的经验加以肯定,并予以标准化,或制定作业指导书,便于以后工作时遵循;对于失败的教训也要总结,以免重现;对于存在的问题,争取在下一个 PDCA 循环中加以解决。

PDCA 循环的四个过程不是运行一次就完结,而是周而复始地进行。PDCA 循环是一个伴随着管理水平的提高而阶梯式上升的过程,每循环一次,组织的管理水平就上升一个台阶,如图 1-2 所示。

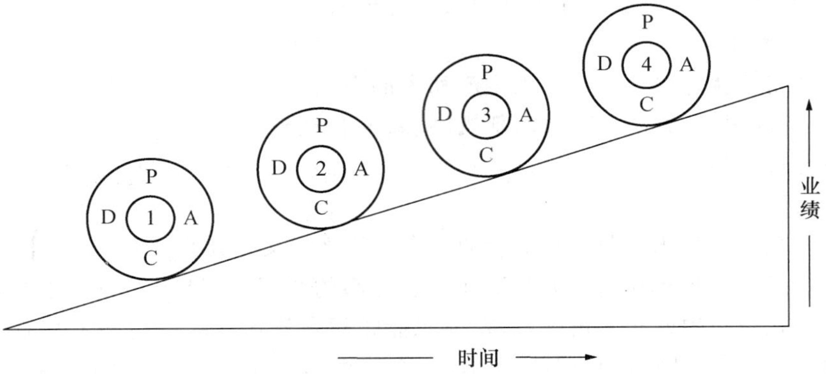

图 1-2　PDCA 进阶

第二节　管理学的研究对象

一、管理实践、管理思想与管理理论之间的关系

(一)管理实践是管理思想和管理理论产生的源泉

管理作为人类的一种实践活动和与生产劳动相对应的一种特殊劳动形态,伴随着人类社会诞生与发展的始终,人类自古以来无时无刻不在进行管理实践活动。埃及金字塔、巴比伦古城和中国的长城等宏伟工程体现了古人的高超组织才能和卓越管理技巧。古罗马帝国的兴盛,很大程度上归功于其有效地把集权与分权结合起来。罗马天主教会在第一次工业革命以前就解决了大规模活动的组织问题。我国宋真宗时期,一个叫丁渭的大臣提出的"一举三得"方案,集中反映了 11 世纪

中国管理实践的伟大活动。在古代的史籍和各种著作中也可以见到有关人类管理实践活动的描述。

马克思主义认识论告诉我们,意识是人对客观现实世界的反映。离开了人类的管理实践,就不可能有管理思想和管理理论。管理思想和管理理论作为人类对管理实践活动的理性认识形式,归根到底是对管理实践的主观反映,管理实践是管理思想和管理理论产生与发展的不竭源泉。

(二)管理思想、管理理论是人类对管理实践活动的理性认识形式

管理实践一方面为人类积累经验、提供启示和教训,另一方面为人类开辟了新的认知领域,激发了人类的思维,丰富了关于管理的想象,促使人类自觉地探索管理现象和问题,进而导致新的管理思想的不断产生。管理思想是人类在感性认识的基础上所产生的关于管理实践活动的理性认识形式,是管理活动某一或某些方面的观点、观念和设想,是人类对管理实践局部活动规律的主观反映。管理思想的正确与否,将直接关系到各项管理活动的效率和效益。

伴随着管理实践的发展和管理思想的丰富,人类开始对管理思想进行分析和论证,将管理实践活动上升到科学的高度来认识,并对反映管理活动规律的管理思想加以概念化、逻辑化、系统化,使管理思想成为一门反映管理实践活动规律、具有自身逻辑结构和系统的理论观点的管理理论。管理理论作为由逻辑贯穿其中的符号系统和知识体系,它是对管理实践活动规律的科学抽象和对管理思想的系统总结。

(三)管理理论在实践中发展并受实践的检验

管理思想和管理理论来源于实践,管理实践是管理思想和管理理论产生的源泉,管理思想和管理理论是管理实践活动规律的主观反映,是指导管理实践活动的思想武器。然而,由于人类理性的局限,对管理实践活动规律的认识还不够全面、系统和深刻,甚至会出现某些错误的理论观点和方法,这就需要人类在管理实践中对管理理论加以检验,去粗取精,去伪存真,使原有的理论观点和理论体系不断得以丰富、发展和完善。此外,随着管理对象和管理环境的变化,管理实践中会不断出现新的管理现象和新的管理问题,也需要人类对这些新现象和新问题加以探索和总结,并在此基础上抽象出新的理论观点和理论体系,以更好地指导管理实践,促进管理效率的提高。没有发展的科学,就没有科学的发展。管理科学与其他科学一样,都是发展中的科学,管理理论正确与否最终要受到管理实践的检验,并在实践中得以不断丰富、发展和完善,推动着人类管理现代化事业的不断前进。

二、管理学的研究对象

管理实践活动由来已久，管理现象早已渗透到社会生活的方方面面，但管理学作为一门独立学科，直到20世纪初才开始形成和发展起来。管理学是在总结管理发展历史经验的基础上，系统研究管理学的产生、发展和管理活动基本规律、基本原理和一般方法的科学，是人类管理实践活动在理论上的概括和反映。

任何一门科学都有它特定的研究对象，并且通过揭示对象运动发展规律，形成了具有内在逻辑结构、系统化的知识体系。管理学的研究对象是管理活动。社会管理活动虽然十分复杂，性质多样，但是这些表面复杂多样的管理活动之间存在着内在的必然性，即本质规律。管理学研究的目的就在于寻找这些客观规律，形成管理的知识原理以指导管理实践。管理活动和管理学研究的内容较为广泛，涉及不同领域和不同层次。

首先，从管理涉及的社会生产方式看，管理学研究的内容表现在三个方面：正如马克思主义管理二重性原理所揭示的，管理服务于生产力和生产关系及其相关的上层建筑，管理学必须研究在这些领域发挥作用的规律。在生产力方面，管理学要研究如何对组织活动过程进行系统设计和制订科学的计划、合理开发和配置组织活动所需的各项资源，以实现生产要素的优化组合；如何建立有效的经营机制，完善分工协作关系，不断提高劳动效率和组织绩效等。在生产关系方面，管理学要研究如何维护所有者的根本利益，调整好所有者、经营管理者和劳动者之间的权利、责任和利益分配关系；如何协调组织内部的人际关系，充分调动员工的积极性；如何完善组织结构和管理体制等。在上层建筑方面，管理学要研究如何适应组织发展的外部环境和社会制度约束；如何使组织体制与经济管理体制、政治体制保持协调；如何培育组织文化、企业家精神以及人们的科学理性和法制意识等。

其次，从管理的自然历史过程看，管理学要研究不同时代管理实践活动的特点和规律、管理理论形成与发展的时代背景、管理思想和理论演变发展的历史过程、历史上的各种管理学流派及其观点、管理创新与管理学发展的未来趋势，等等。从管理活动的自然历史过程研究管理有助于总结管理的历史经验并从中抽象出管理活动的一般规律，有助于揭示各种管理思想和学派形成的历史必然性和客观评价其历史局限性，有助于为管理实践和管理学研究提供经验借鉴和把握管理创新的重点和时机。

最后，从管理学的学科建设和管理实践需要方面看，管理学不仅要研究管理学的研究方法、理论假说和理论体系的建构与实证过程，而且要研究管理的基本职能、基本原理、基本原则、基本程序和管理的基本方法与技术等。

管理学的研究对象和内容及它们之间的关系如图 1-3 所示。从纵向看，研究管理思想和管理实践的发展和沿革；从横向看，研究一定生产方式下管理对生产力、生产关系和上层建筑的作用规律；从实践需要的角度看，研究管理的职能及其他有关的管理问题。

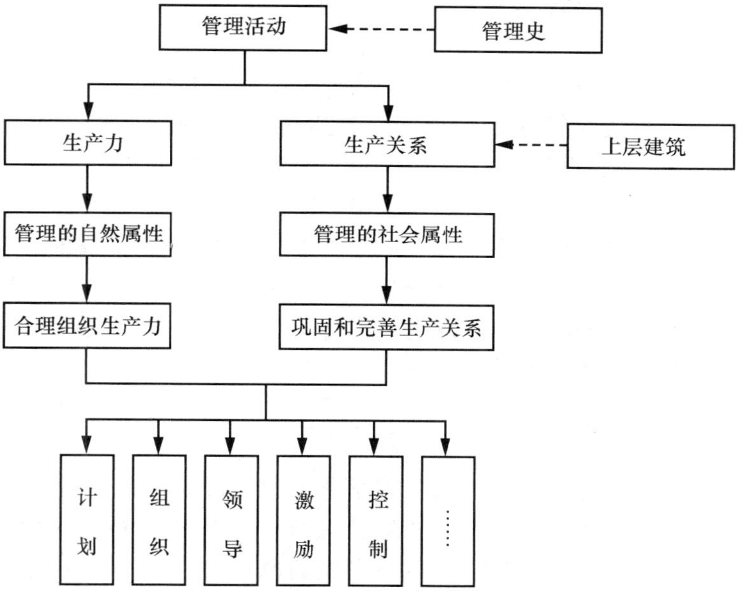

图 1-3　管理学的研究对象和研究内容

三、管理学的特点

(一)一般性

在人类长期的管理实践中，人们积累了丰富的经验，经过总结、概括和抽象，形成反映管理活动一般规律、具有一般指导意义的管理理论和管理学的知识体系。管理学的形成和发展过程，也是理论抽象和科学概念、管理理论的提出和发展的过程。“抽象使我们能够从一种观点观察一个对象或一组现象，而抛开对象的所有其他特性。”①管理学作为反映人类管理活动一般规律的科学理论，揭示的是所有管理活动的“共性”，提供给我们的是对管理活动具有一般指导意义的原理、原则、程序和方法，而不是解决实际问题的具体模式和现成答案。

① 科普宁. 马克思主义认识论导论[M]. 北京：求实出版社，1982：209-210

(二)综合性

管理的综合性是指管理学是一门涉及多学科的边缘学科或综合学科。它运用了多门学科的知识,如与生产产品有关的物理学、化学、工业技术学;与企业组织活动有关的经济学、法学;与人有关的心理学、社会学、文化学;与定量研究有关的数学、运筹学;与思维有关的哲学、统计科学,等等。

(三)历史性

所谓历史性,是指任何一种管理理论的形成都有其特定的历史背景和时代特征,既要看到理论形成的历史必然性,也要看到其历史局限性。管理是既古老而又年轻的学科。管理的历史久远,人类历史也就是管理发展的历史。管理者长期的实践探索不断积累形成了丰富的经验、思想、理论和方法,这些都是人类宝贵的历史遗产和管理学的思想财富,应十分珍惜并注意挖掘和整理。温故而知新,继承才能发展。我们既要看到这些历史遗产和思想财富在历史上对人类社会发展的作用和对管理理论创新的意义,又要注意遵循管理理论形成与发展的自身规律和管理的时代要求,注意在继承的基础加以发展和创新。只有这样,才不失管理学与时俱进的理论品格。

(四)实践性

所谓实践性,是指管理学是一门应用学科和致用之学。科学是人类对自身改造自然、改造社会以及思维发展规律的经验总结和理性认识形式。科学技术是第一生产力,社会实践的需要是科学产生与发展的原动力。离开了人类自身的社会实践和社会发展需要,管理理论将是无源之水、无本之木。管理学产生于管理实践,又必须服务于管理实践,并在实践中得到检验、创新和发展。离开实践,管理学无从发展,也失去了自身存在的价值。因此,管理学作为一门致用之学,无论是研究还是运用,都必须坚持从实践中来、到实践中去的思想原则和实践是检验真理的唯一标准,发扬理论联系实际的优良学风。

第三节 管理学的研究方法

学习、运用和研究管理学不仅要了解和掌握本学科的特点、基本概念、基本理论和基本技能,而且要掌握管理学研究的一般规律和研究方法。这是因为管理的本质是创新,只有通过研究和创新,才能不断提高组织管理的科学化、现代化水平。从方法论的角度讲,卓有成效地开展管理学研究,必须遵循人类的认识规律和研究的科学范式,坚持马克思主义唯物辩证法,学会运用多种分析研究方法。

一、遵循认识规律和研究的科学范式

科学是从研究现象开始的。所谓现象，就是事物运动的外在表现形式或表征。现象本身不能成为科学问题，自然界和人类社会中的许多现象并不会给人类的生存环境和自身发展带来重大影响。只有那些人类未知的、已经或可能会带来较大(有利或不利影响)的现象才能成为科学问题。正因为如此，人类才需要研究它，分析其产生发展的原因、已经或可能导致的后果以及如何采取应对措施(增强或减轻，促成或消除、避免)。认识世界是改造世界的前提，认识世界的目的在于帮助人类有效地控制和调节其运动发展的趋势，造福于人类自身。然而，事物的运动发展是极其复杂的，现象产生的原因往往不是单一的，这就要求我们尽可能地把握那些导致现象发生的系统性因素，分析它们之间的联系和作用机理，找出其中的主导因素和关键因子，科学揭示其本质，以便为有效控制提供科学依据。这就是人类的认识规律。在观察、分析和研究管理现象和管理问题时，同样要遵循这一规律。

"范式"(paradigm)一词是美国科学哲学家托马斯·库恩(Thomas Samuel Kuhn)在其经典著作《科学革命的结构》一书中首次提出的科学术语。他将其概括为一句话："一个时代提供给社会参与的、在典型问题及解决方法方面被普遍认识的科学成就。"①英国学者玛格丽特·玛斯特曼(Margaret Masterman)就库恩的"范式"进行专题研究后指出："我们把范式定义(从社会学观点看)为：一个已知的具体的科学成就，一套已被公认的习惯。……范式就是一个思维的构造，一个人造物，一个体系，一个依靠本身成功示范的工具。"②从已有研究文献看，所谓科学范式，指的是为保证科研工作的顺利开展和取得成果，按照科研规范的要求和研究工作本身的需要而事先确定的研究工作程式。

科研工作和其他工作一样，在行动之前必须作出周密的计划，并在科学计划的指导下有条不紊地开展工作。这就要求我们在科研工作真正开始之前对于首先应该做什么、其次应该做什么、如何去做等作出事先安排。比如说研究工作需要获取大量的数据，那么这些数据通过何种渠道取得，采用什么方法，应该采用怎样的试验设计和统计检验方法等，所有这些研究人员应事先进行谋划和安排。

科学研究的范式在科学研究中的重要性毋庸置疑。可以认为，现代科学研究是站在前人肩膀上进行的科学探索，离开了对前人和当前研究工作进展的了解，科

---

① (荷)阿恩特·佐尔格等．组织行为手册[M].沈阳：辽宁教育出版社，1999：26

② (英)玛格丽特·玛斯特曼.范式的本质[J].载伊姆雷.拉卡托斯等.批判与知识的增长[M].北京：华夏出版社，1987：88-90

学的发展将会停滞不前。一般而言，科学研究工作除了平时要留心观察世界外，首先要做的就是文献检索和研读文献资料，接着是结合自己的观察和社会需要确定科研选题，并在选题论证的同时，设计研究的技术路线（相互关联的、符合理论逻辑的研究工作程序）和具体研究方案（研究方法、工作内容及时空安排等）。最后是研究资料整理、科研总结和成果发表。

二、坚持马克思主义唯物辩证法

马克思主义哲学既有严格的科学性，又有高度的革命性。管理是人类实践活动中最复杂的领域，管理学是对人类管理活动的理论概括和系统总结，只有坚持马克思主义唯物辩证法，才能使我们从容面对如此复杂的管理实践，依靠科学的世界观和方法论，探索管理的科学规律和解决实际管理问题的方法，正确对待一切管理思想和理论，创立中国特色的管理学。

坚持马克思主义唯物辩证法，要求我们在管理学研究中，既要辩证地、历史地看待一切管理理论，又要在历史分析和逻辑分析相统一的方法论思想指导下开展管理学的理论建构和假说检验。马克思主义哲学原理告诉我们，任何一种管理理论都只不过是历史的产物，既有其历史进步性，又不免历史局限性，简单地肯定或否定、接收或拒绝，都不是一种科学的态度。一种理论观点或假说，既要经得起逻辑的检验，又要经得起经验事实的检验，才不失理论的科学性，否则其科学性和真理性就会大打折扣，甚至成为谬论。

马克思主义辩证唯物主义和历史唯物主义的方法论思想对管理学研究的重要指导意义具体表现在：我们可以通过历史和经验的方法，研究和考察人类管理实践发展的历史，古为今用；我们可以通过调查研究的方法，从实际出发，从大量的管理事实中概括总结出管理的规律；我们可以利用观察、比较研究的方法，将不同时代、不同社会、不同领域的管理行为加以比较分析，用辩证的、发展的观点加以认识和总结，洋为中用，博采众长。总之，辩证唯物主义和历史唯物主义是研究管理学的根本方法，它为我们提供了科学的思维方式和管理学研究的方法论基础。

三、学会运用多种研究方法

管理学是一门综合性的边缘学科，涉及自然科学、社会科学中多学科的知识，正是有这些相关学科的发展才使得管理学的内容不断丰富，理论体系不断完善。因此，研究管理学必须具备一定的自然科学、社会科学相关学科的基础知识，否则，就难以真正学好弄懂管理学和发挥管理学作为致用之学的应有作用，更谈不上开展管理学研究。这就要求我们在平时注意相关学科的理论学习和知识积累，并学会灵活运用以下研究方法：

(一)系统分析的方法

系统是指由相互联系、相互作用的若干部分(或要素)组合而成的、具有特定功能的有机整体。20世纪以来，系统论、控制论和信息论的产生对社会经济和人类思维的发展起到了巨大的推动作用，系统思想已深深根植于科学研究中。利用系统思想和系统方法研究管理学，就是要全面地、联系地、发展地和动态地认识管理活动，总结管理规律。所谓系统分析的方法，是指以系统思想为指导，在对系统结构、功能及变量之间关系进行调查研究和详细分析的基础上，以严谨的态度设计出系统优化的方法和可行方案，包括要素、目标、指标、模型、标准等，抽象总结出管理理论观点、管理理论体系、管理方法和技术。管理学的理论和结论应建立在大量系统化设计的调查研究基础上，而不是凭直觉和主观臆断去解释和预测行为。比如，员工工作中表现不好，产品质量不理想，是员工的劳动态度有问题，还是组织的薪酬制度不合理，抑或另有其他原因？在缺乏调查研究和充分的证据之前，不应凭直觉和想象武断地下结论。

(二)理论联系实际的方法

管理理论来源于对管理实践的总结、概括和抽象，管理科学是实践性很强的科学，管理的概念、原理、规则只有到实践中去检验，并根据实践中的具体情况加以创造性的发挥，才具有实际意义，才能产生预期的效果。所以，管理学研究绝不能本本主义，脱离实践，而应该理论联系实际，研究实际问题，一切从实际出发，在实践中探索和总结，用科学的理论指导实践。

西方科学哲学家波普(Karl R. Popper)20世纪30年代在其《研究的逻辑》中认为，任何一种科学理论都不过是某种猜想或假说，其中必然潜藏着错误，即使它能够暂时逃避实践的检验，但终有一天错误会暴露出来，遭到实践的反驳或“证伪”。恩格斯也曾指出：“今天被认为合乎真理的认识，都有它隐蔽着的、以后会显露出来的错误的方面。”[①]科学理论正是在这样一个不断地提出猜想、发现错误而遭到否证，再提出新的猜想的循环往复的过程中向前发展的。科学也包含错误，要经受经验的检验，这不是科学的缺点，而恰恰是它的优点，它的力量所在，恰恰是科学之所以成为科学的本质特征。宗教教义自认为没有错误，玄学思辨也自认为没有错误，它们都把自己装扮成“永恒真理”，都不必经受经验的检验。但也正因如

① 马克思恩格斯全集.第21卷[M].北京：人民出版社，1965：338

此，它们没有生命力，它们不是科学。[①] 可见，科学理论本身具有证实和证伪的双重属性。这里所谓的证伪，并非是指执意证伪一种理论，而是强调理论或假设与经验事实之间可能存在的关系。作为实践性很强的管理学，其结论必须经得起经验事实的检验，才能成为科学的理论，并且这些理论或假说本身蕴含着可证伪性，随着研究的深入和认识的深化，管理学也将在证伪中不断发展和完善。

(三)历史研究法

历史研究法是通过总结管理的历史经验，揭示管理活动规律和形成管理理论的方法。人类的管理实践活动历史悠久，管理实践的每一次进步都是人类管理理性扩张的结果。运用历史研究法，不仅可以对人类的管理经验进行挖掘、整理，做到古为今用，而且可以了解管理理论、管理思想和管理方法的渊源和历史局限性，有利于对这些管理理论、管理思想和管理方法的理解、运用和发展、创新。

(四)比较研究法

比较研究是通过研究不同管理理论与方法的异同点，从中找出管理的共性与特性以及各种理论的实用性的重要方法。比较研究的领域主要有：①研究不同社会制度和不同管理体制下的管理特点和管理活动规律。②研究不同历史条件下、不同生产力发展水平条件下的管理特点和管理活动规律。③研究不同民族、不同文化背景和文化水平条件下的管理特点和管理活动规律。

(五)个案研究法

个案研究法又称案例研究法，就是通过对具体和个别对象的研究，如一个企业、某个企业家等，从中抽象出新的理论观点和理论体系，或者从大量的个案中归纳总结出新的有效的管理模式和管理理论。它的优点在于：一是能够尽快地接触实质问题，二是相对于大规模的普查而言要省时省力，三是得到的信息比较生动、细微、真实，因此是理论联系实际的较好途径。然而，如果对局部与整体关系把握不好，这一方法容易使人陷入对局部状况的详细描述而忽略宏观总体。因此，我们在运用个案研究法时需要注意以下三点：①案例要具有代表性。应选择那些代表性强、对于所研究的问题具有针对性的典型案例，而不要选择那些极端的、特殊的对象，这样才能保证研究的结果具有普遍意义。②根据对个案的研究结果进行推理时，要实事求是，遇到不同的情况仍需具体问题具体分析，切忌主观武断、以偏概全。③要注意个案与全局的关系，尤其要注意把握各种关系的发展变化状况，以便及时调整研究方案。

---

① 陈璋，陈国栋，刘霞辉．西方经济理论与实证方法论[M]．北京：北京大学出版社，1993：4

【本章小结】

管理活动与人类的历史一样悠久，但管理学则是在20世纪初才产生和逐步发展起来的一门研究人类管理活动一般规律的科学。学习、研究和运用管理学，首先必须在准确理解管理的概念的基础上，熟悉这门学科的研究对象和内容，掌握管理学的研究方法。

管理就是为了达到一定的目标，对组织要素的组合及组织系统的运行进行计划、组织、领导和控制等全部工作的总和。管理既是一种社会现象，又是一种文化现象；既是一门科学，又是一门艺术；管理不仅是生产力，而且是首要生产力。

管理二重性原理是马克思主义关于管理性质的基本观点，它反映了管理的必然性和目的性。所谓管理二重性，是指管理本身具有反映合理组织生产力要求的自然属性和反映维护特定生产关系要求的社会属性。

从某种意义上讲，管理活动就是管理者正确行使管理职能对管理对象施加影响、有效实现组织目标的活动过程。在管理的各项职能中，管理的起点是计划，管理的载体是组织，管理的核心是决策，管理的关键是领导与用人，管理的保障是控制，管理的本质是创新。

管理学是一门揭示人类管理活动规律的科学理论，管理实践是管理思想和管理理论产生的源泉，管理思想、管理理论是人类对管理实践活动的理性认识形式，管理理论在实践中发展并受实践的检验。

管理学是一门以管理活动作为自身研究对象的科学，其研究内容较为广泛，不仅要研究生产力要素的合理组合和优化配置问题，而且要联系上层建筑，研究社会组织中生产关系的运动发展规律及对生产力的影响和作用机理。

学习、运用和研究管理学不仅要了解和掌握本学科的特点、基本概念、基本理论和基本技能，而且要掌握管理学研究的一般规律。管理学研究的一般规律和基本要求是：遵循认识规律和研究的科学范式、坚持马克思主义唯物辩证法、学会运用多种分析研究方法。

【复习思考题】

1. 什么是管理和管理学？
2. 如何解释管理既是一种社会现象，又是一种文化现象？
3. 为什么说管理是科学性和艺术性的统一？

4. 何谓管理二重性？学习马克思主义管理二重性原理有何意义？

5. 管理有哪些职能？你是如何理解这些职能的？

6. 你能阐述管理理论产生和发展的一般规律吗？

7. 你是如何理解管理学研究对象的？结合我国现代化建设实际，你认为管理学研究的重点内容有哪些？

8. 你认为了解和掌握管理学的研究方法有何意义？本章有关研究方法的内容介绍对你有何帮助和启示？

【知识应用与技能拓展】

许继集团实施 ERP 的困境①

河南许继集团(以下简称许继)是以电力系统自动化、保护及控制设备的研发、生产及销售为主的国有控股大型企业，国家 520 户重点企业和河南省重点组建的 12 户企业集团之一。集团公司下设 2 家上市公司——“许继电气”和“天宇电气”、8 个中外(港)合资公司等 21 个子公司。许继集团在坚持把主业做强、做大的同时，不失时机地跻身于民用机电、电子商务、环保工程、资产管理等行业，并取得了喜人的业绩。多年来，许继集团坚持一业为主、多元发展的经营战略，支撑着企业的快速发展。为了适应企业信息化的时代要求，公司于 1997 年决定上马 ERP(enterprise resource planning，企业资源计划系统)。许继上 ERP 希望能解决三个方面的问题：第一方面是希望通过 ERP 规范业务流程；第二方面是希望信息的收集整理更通畅；第三方面是通过这种形式，使产品成本的计算更准确。

ERP 选型时，许继公司接触过包括 SAP、Symix、浪潮通软、利玛等国内外 ERP 厂商。开始许继想用 SAP 的产品，但是 SAP 的出价是 200 万美元：软件费 100 万美元，实施服务费 100 万美元。而当时许继上 ERP 的预算只有 500 万元人民币。国外 ERP 软件用不起，许继并没有把目光转向国内软件企业。因为在考察了浪潮和利玛等几家国内厂商之后，许继觉得国内软件厂商的设计思路和自己企业开发设计软件已实现的功能相差不大。挑来挑去，许继最终选择了 Symix。Symix 是一家面向中型企业的美国管理软件厂商，成立于 1979 年，总部位于美国俄亥俄州，专业从事企业管理软件的研发和推广，1995 年进入中国市场，设立赛敏思软件技术有限公司，并发展了多元电气、许继电气、威力集团、西南药业等本土化

① 中国 MBA 网. http://www.mba.org.cn/anliku/9743.html，2012-01-03. 编写时有删改

用户。公司倡导的“客户同步资源计划(CSRP)”理念已受到业界广泛关注并获得了客户认可。2001年初,Symix正式更名为Frontstep,将公司业务从企业资源计划向全面的电子商务解决方案拓展。

许继当时的产值是15亿元,与美国的中小型企业相当,而Symix在中小型企业做得不错,价位也比较适中。而且按照一般的做法,签单的时候,一般企业的付款方式是分三笔:5∶3∶2模式;而Symix开出的条件非常优惠:分7步付款的方式。双方就这样成交了。

从1998年初签单,到同年7月份,许继实施ERP的进展都很顺利。包括数据整理、业务流程重组,以及物料清单的建立都很顺利。厂商的售后服务工作也还算到位,基本完成了产品的知识转移。另外,在培养许继自己的二次开发队伍方面也做了一定的工作。如果这样发展下去,或许许继会成为国内成功实施ERP企业的典范。然而,计划赶不上变化。

到了1998年8月,许继内部为了适应市场变化,开始进行重大的机构调整。原来,许继没有成立企业内部事业部,而是以各个分厂的形式存在。各个分厂在激烈的市场竞争中,出现了这样的怪现象:许继自己制造的零部件,比如每个螺钉在公司内部的采购价格是5分钱,在市场上却3分钱就可以拿到,这必须进行大调整。大调整的结果是将这些零部件分厂按照模拟法人的模式来进行运作。许继的想法是给这些零部件厂商2～3年的时间,如果还生存不下去,再考虑其他办法,如工人下岗、企业转产、倒闭等。

实施ERP在先,公司结构大调整在后。但是许继高层在调整的过程中,更多的是关注企业的生存,企业经营的合理化和利润最大化,而没有认真考虑结构调整对ERP项目的影响。

企业经营结构变了,而当时所用的ERP软件流程却已经定死了,Symix厂商也似乎无能为力,想不出很好的解决方案。于是,许继不得不与Symix公司友好协商,项目暂停,虽然已经运行了5个月,但是继续运行显然已经失去了意义。Symix的ERP现在只是在许继一些分公司的某一些功能上还在运行。目前为止许继依然靠自己开发的程序来支撑运行自己的信息系统,而500万元买来的管理软件只是在一个子公司运行,但每一年许继依然要支付高昂的软件升级维护费用。

思考题

1. 你从这则案例中得到什么启示?
2. 试分析许继集团ERP项目之所以陷入困境的原因。
3. 你认为许继集团如何才能摆脱ERP实施困境?

【网络辅助阅读材料】

1. 高杰,高林玉.管理学的研究起点与逻辑起点问题探究. 东北财经大学学报,2005(3):11-14,http://wenku.baidu.com/view/fa1b56651ed9ad51f01df234.html, 2011-08-13

2. 王溢涵.管理学研究方法:基于人的特殊性视角.企业经济,2011(3):46-48, http://www.21gwy.com/lunwen/qtgl/a/8704/808704.html,2012-01-10

3. 谷成生.如何成为卓越的管理者. http://www.cnbm.net.cn/article/ar573959953.html,2013-7-7

4. 王志平.韩国三星集团的后来居上及其启示.外国经济与管理,2005(5), http://wenku.baidu.com/view/8a8b0ac76137ee06eff91880.html,2011-01-24

5. MBA智库资讯.跨文化管理:我们别无选择. http://news.mbalib.com/story/10832,2009-05-14

第二章 管理理论的产生与发展

【内容提示】

本章结合管理思想、管理理论与管理实践的联系，主要介绍西方管理理论产生与发展的历史过程及不同历史阶段代表性管理理论的主要内容和观点。具体包括：传统管理阶段管理实践的特点与管理思想；古典管理理论；人际关系学说与行为科学；管理理论丛林。管理学是在20世纪初才开始形成和发展起来的一门科学，虽然只有百年的历史，但是其对人类社会实践的指导作用日益突出，显示出巨大的生命力。通过本章学习，学生对管理理论发展的历史脉络及代表性管理理论将有一个总体上的把握和了解。

引　　例

纽曼公司的利润在过去的一年来一直在下降，尽管在同一时期，同行们的利润在不断上升。公司总裁杰克先生非常关注这一问题。为了找出产生利润下降的原因，他花了几周的时间考察公司的各个方面。接着，他决定召开各部门经理人员会议，把他的调查结果和他得出的结论连同一些可能的解决方案告诉他们。

杰克说："我们的利润一直在下降，我们正在进行的工作大多数看来也都是正确的。比方说，推销策略帮助公司保持住了在同行中应有的份额。我们的产品和竞争对手的一样好，我们的价格也不高，公司的推销工作看来是有成效的，我认为还没必要改进什么。"他继续评论道："公司有健全的组织结构、良好的产品研究和发展规划，公司的生产工艺在同行中也占领先地位。可以说我们的处境良好。然而，我们的公司却面临这样的严重问题。"

室内的每一个人都有所期待地倾听着。杰克开始讲到了劳工关系："像你们所知道的那样，几年前，在全国劳工关系局选举中工会没有取得谈判的权利。一个重要的原因是，我们支付的工资一直至少和工会提出的工资率一样高。从那以后，我们继续给员工提高工资。问题在于，没有维持相应的生产率。车间工人一直没有足够的产量，可以把利润维持在原有的水平上。"杰克喝了点水，继续说道："我的意见是要回到管理的经典原则上。近几年来，我们对工人的需求注意得太多，而对生产率的需要却注意不够。我们的公司是为股东创造财富的，不是工人的俱乐部。公司要生存下去，就必须要创造利润。我在上大学时，管理学教授们十分注意科学管理先驱们为获得更高的生产率所使用的方法，这就是为了提高生产率广泛地采用了刺激性工资制度。在我看来，我们可以从管理学的经典原则寻找出路，如果我们的工人的工资取决于他们的生产率，那么工人就会生产更多。管理学先辈们的理论在今天一样地在指导我们。”①

第一节　古典管理理论

一、古典管理理论产生的背景

自从人类社会诞生以来，人们就一直在进行着管理实践活动，管理实践活动与人类的历史一样漫长而悠久。世界文明古国如希腊、罗马、埃及、巴比伦等在公元前 6 世纪左右即建立了高度发达的奴隶制制度，在文化、艺术、哲学、数学、物理学、天文学、建筑等方面对人类做出了辉煌的贡献。埃及金字塔、罗马水道、巴比伦“空中花园”等伟大的古代建筑工程堪与中国的长城并列为世界奇观。这些文明古国在国家管理、生产管理、军事、法律等方面也都曾有过许多光辉的管理实践。

例如埃及金字塔，每一个金字塔的建造要占用约 10 万工人并且历时 20 年左右的时间，在这样一个规模非常宏伟的工程中每一个工人需要做什么？怎样监控和检验工人所做的工作？如何确保有足够的石料在工作现场？等等，所有这些问题的解决都离不开管理活动。再例如，15 世纪意大利威尼斯城的兵工厂内部，不仅有监控材料和零部件的仓库和库存系统，同时也有用来管理劳动力的人事部门，甚至还有用于追踪收入和成本记录的会计系统。在兵工厂外部，战舰沿着运河移动，可以在每一个站点，将材料和装备添加到船上。

18 世纪中后期，由于瓦特蒸汽机的发明和应用，英国发生了工业革命，于是机器生产开始逐步代替手工生产，在英国出现了工厂制度。在英国工业革命的背景下，为了解决工业革命引发的技术与管理不适应的问题，逐渐形成了一些管理思想。在管理思想史上，人们把 19 世纪末 20 世纪初之前的阶段称为传统管理阶段

① MBA 智库文档. 回到管理学的第一个原则. http://doc.mbalib.com/view/3e147943730fbde0ea675832a95fab7c.html,2010-07-27. 编写时略有改动

或前科学管理阶段。在这一阶段,人们为了生存而进行各种活动,同时自觉不自觉地进行着管理实践,并且在此基础上形成了一些管理智慧和思想。但是,人们从未对管理活动本身的重要性和必要性形成科学的认识,仅有的管理知识也是代代相传或从实践经验中得来的,人们凭借经验去管理,并没有对管理经验进行科学地总结和系统地研究,未能形成管理思想体系和管理理论。

人类系统地管理研究始于 19 世纪末 20 世纪初。在这一阶段,西方资本主义国家正在由自由竞争向垄断发展过渡,中小企业纷纷倒闭,大公司、托拉斯组织纷纷成立。随着企业规模和市场的不断扩大,以前的那种作坊式生产、家长式组织和经验性管理再也无法适应大型企业生产发展的需要。另外由于竞争的日益激烈,劳资双方的矛盾也在日益加深,主要表现在:一方面,企业主为增加利润,减少工人工资,迫使工人延长工作时间,增加劳动强度;另一方面,工人作为一个阶级,正在不断地发展壮大,工人组织了工会,要求缩短工作日,降低劳动强度,增加报酬。在这种情况下,企业主迫切需要一套科学的管理理论作为指导,以有效地解决劳资矛盾和冲突,同时又能使企业保持利润增长。因此,当时许多从事管理方面的研究人员和实践工作者投入了管理研究工作,其中最杰出的是泰罗、法约尔和韦伯,他们分别试图从个人、组织和社会三个角度来解决当时整个资本主义社会宏观和微观的管理问题,分别提出科学管理理论、管理过程理论和行政组织理论,这些管理理论为当时的企业处理劳资关系、解决组织内部矛盾和提高生产效率等,提供了管理思想的指导和方法论上的帮助。后人称这一阶段的管理理论为"古典管理理论"。

二、古典管理理论的主要流派

(一)泰罗的科学管理理论

科学管理理论的创始人是美国的弗雷德里克·泰罗(Frederick Taylor)。泰罗出生于美国费城的一个律师家庭,1874 年,泰罗被美国著名的哈佛大学法学院录取,但因眼疾而中途辍学。1875 年泰罗来到费城一家小型钢铁机械制造厂当徒工,1878 年进入费城米德维尔钢铁厂(Midvale Steel Company)工作,先后当过技工、工长、总机械师和总工程师,工作期间通过自学获得了机械工程学位。1898 年,泰罗受聘于伯利恒钢铁公司(Bethlehem Steel Company)。1901 年以后,泰罗致力于宣传和推广科学管理理论。

泰罗的工作经历使他对生产现场很熟悉,对生产基层很了解,他认为单凭经验进行管理的方法是不科学的,必须加以改变。但是当时守旧的势力很大,工人自己决定制造方法,工厂主自己决定管理方法,并且各人所掌握的技艺和积累的经验对别人都严守秘密。虽然处在这种僵化和守旧的环境中,泰罗还是利用自己取得的地位,开始了管理方面的革新活动。泰罗的代表著作有 1895 年的《计件工资制》、1903 年的《车间管理》和 1911 年的《科学管理原理》。泰罗所创立的科学管理理论主要体现在其 1911 年出版的《科学管理》一书中。

泰罗的科学管理理论的主要内容如图 2-1 所示,其主要管理思想包括以下几方面:

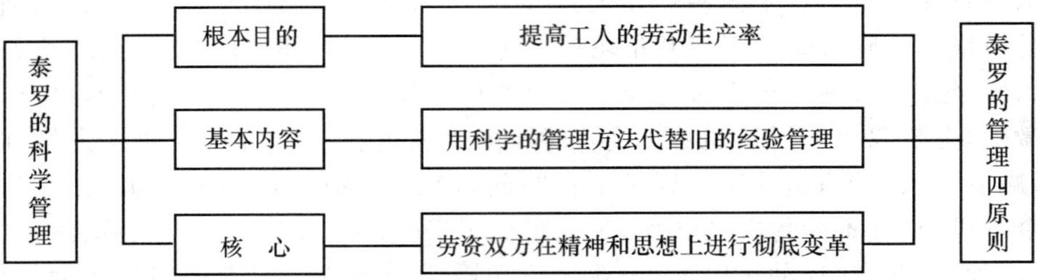

图 2-1　泰罗的科学管理理论主要内容

1. 科学管理的根本目的是谋求最高工作效率

泰罗认为,最高工作效率是工厂主和工人共同达到富裕的基础,它能使较高的工资与较低的劳动成本统一起来,从而使工厂主得到较多的利润,使工人得到较高的工资。没有工人的富裕,工厂主的富裕就不可能长久。提高劳动生产率是泰罗创立科学管理理论的基本出发点,也是泰罗确定科学管理的原理和方法的基础。

2. 科学管理的基本原则是用科学的管理方法代替旧的经验管理

泰罗在米德维尔钢铁厂工作时发现,工厂主不懂得用科学方法管理工厂,不了解工作程序、劳动节奏和疲劳对劳动生产率的影响,而工人又缺乏训练,没有正确的操作方法和适用的工具,影响了劳动生产率的提高。泰罗自 1881 年开始的一系列科学管理的试验研究,包括金属切削试验、搬运生铁块试验、铁锹试验,以事实证明了这一科学管理的指导思想和基本原则对提高劳动生产率的重要性。

以泰罗在伯利恒钢铁公司所做的搬运生铁块为例,当时伯利恒有 75 人的生铁块搬运小组,每天负责将每块约 92 磅重的生铁块搬运到约 30 米远的铁路货车上,他们的平均劳动生产率是 12.5 吨/天,获得的工资是 1.15 美元/天。泰罗通过挑选合适的工人进行实验,观察和记录工人搬运生铁块的具体过程,把工人的工作过程分解成小的基本动作,然后按照经济合理的原则对整个操作动作进行分析研究,肯定其合理的部分,改进或者省去不合理的部分,从而制订出搬运生铁块工作的科学的操作方法和作业标准,并通过 1.85 美元/天的工资来激励工人进行实践,最终使每人的劳动生产率提高到了约 47.5 吨/天。

3. 建立明确的规定、条例、标准,使一切科学化、制度化,是提高效率的关键

泰罗认为管理是一门科学,在管理实践中,应建立劳动定额制度、差别工资制、符合标准化原理的工艺流程、科学的组织体系、职能工长制以及在组织机构的管理控制上实行例外原则。

(1)对工人提出科学的操作方法和作业标准。通过挑选出身体最强壮、技术最熟练的一个工人,把他的工作过程分解为许多个动作,在其最紧张劳动时,记录下他整个的工作过程,然后按照经济合理的原则对整个操作动作进行分析研究,肯定其合理的部分,改进或者省去不合理的部分,从而制订出各项工作科学的操作方法和作业标准。

(2)科学利用工时。通过对工人工时消耗的研究,规定完成合理操作的标准时间,对各项作业制订劳动时间定额。

(3)实行差别工资制。按照作业标准和时间定额,规定不同的工资率。对超额完成工作定额的工人,以较高的工资率支付工资;对完不成定额的工人,则按较低的工资率支付工资。

(4)科学地选拔和培训工人。按照科学的操作方法来选拔工人,并使他们严格按照作业标准进行工作,这样就能够使工人的能力与工作的需要相互配合,从而大大提高生产效率。在搬运生铁块的劳动试验中,经过选择和训练的工人,每人每天的搬运量从 12.5 吨提高到 47.5 吨;在铁锹的试验中,每人每天的平均搬运量从 16 吨提高到 50 吨。

(5)明确划分计划职能和执行职能,建立职能机构,使管理工作专业化。计划职能应该从工人的工作内容中分离出来,由专业的计划部门管理者来承担。其主要任务是:规定科学的操作方法和作业标准;制订劳动时间定额;监督和控制计划的执行。工人承担执行职能,负责执行计划。管理者和工人在工作中必须互相配合、密切合作,以保证工作能够按照科学的设计程序有效地进行。

4. 实施科学管理的核心,是要求管理人员和工人双方精神上和思想上来一次彻底的变革

泰罗的科学管理并非一开始就被人们接受,工会团体将之视为对工人利益的威胁,社会上也存在着各种非议。泰罗认为,对雇主来说,他关心的是成本的降低;对工人来说,其关心的是工资的提高。工人和雇主双方都必须认识到提高劳动效率对双方都有利。为此,双方都必须来一次"精神革命",变对抗为相互合作,为提高劳动生产率而共同努力,这是科学管理的基础。否则,一切都谈不上。1912 年,泰罗在美国众议院特别委员会所作的证词中强调指出:科学管理是一场重大的精神变革。他要求工厂的工人树立对工作、对同伴、对雇主负责任的观念;同时,也要

求管理人员——领工、监工、企业主、董事会改变对同事、对工作以及对一切日常问题的态度，增强责任观念。通过这种重大的精神变革，可使管理人员和工人双方都把注意力从盈利的分配转移到增加盈利数量上来。当他们用友好合作和互相帮助代替对抗和斗争时，就能够创造出比过去更多的盈利，从而使工人的工资大大增加，使企业主的利润也大大增加。

5. 科学管理应遵循的管理四原则

泰罗用 20 多年的时间，倾注了全部的热情来追求完成每项工作的最佳方法和总结科学管理理论，并最终提出了四条管理原则，如表 2-1 所示。

表 2-1 泰罗的管理四原则

序号	管理原则
1	对工人工作的要一个要素开发出一种科学方法，用以代替老的经验方法
2	科学地挑选工人，并对他们进行培训和教育，使他们成长
3	与工人们衷心地合作，以保证一切工作都按已经形成的科学方法与标准进行
4	管理当局与工人在工作和职责的划分上几乎是相等的，管理当局要把自己比工人更胜任的各种工作都承担下来

泰罗的科学管理理论主要侧重于作业研究和生产管理。这些现在看来似乎平常并且早已为人们所熟悉的管理常识，在当时却是重大的变革。实践证明，这种变革收到了很好的效果，大大促进了管理水平和劳动生产率的提高。

与泰罗同时代并对管理改革做出过贡献的还有亨利·甘特(Henry L. Gantt)、弗兰克·杰布雷斯夫妇(Frank Gilbreth)、福特(Ford)等。他们着重解决的都是用科学的方法提高生产现场的生产效率问题，所以以泰罗为代表的这些学者所形成的学派被人们称为科学管理学派。

列宁曾对泰罗制作了全面深刻的评价："资本主义在这方面的最新发明——泰罗制——也同资本主义其他一切进步的东西一样，有两个方面：一方面是资产阶级剥削的最巧妙的残酷手段，另一方面是一系列的最丰富的科学成就，即按科学来分析人在劳动中的机械动作，省去多余的笨拙的动作，制订最精确的工作方法，实行最完善的计算和监督制等。苏维埃共和国在这方面无论如何都要采用科学和技术上一切宝贵的成就。社会主义实现得如何，取决于我们苏维埃政权和苏维埃管理机构同资本主义最新的、进步的东西结合得好坏。应该在俄国研究与传授泰罗制，有系统地试行这种制度并且使它适应下来。"

(二)法约尔的管理过程理论

管理组织理论的创始人亨利·法约尔(Henri Fayol,1841—1925)出生于法国,与泰罗属于同一时代的科学管理代表人物。亨利·法约尔曾经长期担任法国康阿特里-福尔查布德矿冶公司的总经理职务,并且在法国军事大学任过管理学教授,退休后还创办了管理研究所,所以其管理思想较为开阔。与泰罗等人侧重于现场作业管理的研究不同,法约尔的管理过程理论是以整个企业为对象,着重研究企业的经营管理过程,因此法约尔又被人们称为"管理过程理论之父"。法约尔的管理过程理论集中体现在其1916年出版的《工业管理与一般管理》一书中,其核心内容如下:

1. 提出并全面、系统地论述了管理的五项基本职能

法约尔指出,管理包括五项基本职能,即计划、组织、指挥、协调和控制。"计划就是探索未来和制订行动方案;组织就是建立企业的物质和社会的双重结构;指挥就是使其人员发挥作用;协调就是连接、联合和调和所有的活动和力量;控制就是注意一切是否按已制订的规章和下达的命令进行。"这五种职能形成了一个完整的管理过程。

2. 倡导管理教育

法约尔认为,管理能力可以通过教育来获得,"缺少管理教育"是由于"没有管理理论",每一个管理者都按照他们自己的方法、原则和个人的经验行事,但是谁也不曾设法使那些被人们接受的规则和经验变成普遍的管理理论。法约尔强调其管理理论可以用于教育,同时适用于"所有人类的努力中",包括企业、政府、军队、教会、慈善团体,甚至是家庭中。

3. 提出了经营与管理是两个不同概念的思想

法约尔认为,经营包括六种基本活动:技术、商业、财务、安全、会计和管理。法约尔指出:"所谓经营,就是努力确保六种固有活动的顺利运转,以便把企业拥有的资源变成最大的成果,从而导致企业实现它的目标",管理既是经营不可缺少的一种活动,又是自成体系的职能。企业经营的六种基本活动是:

(1)技术活动,包括设计、制造、工艺和加工等。

(2)商业活动,包括采购、销售和交换等。

(3)财务活动,包括资本的筹集和使用等。

(4)安全活动,包括机器设备使用安全和员工劳动安全保护等。

(5)会计活动,包括财产目录编制、资产负债表制作、成本核算等。

(6)管理活动,包括计划、组织、指挥、协调和控制。

法约尔指出,经营的六项基本活动是上至高层领导、下至普通工人,每个人都程度不同地要从事的活动,只不过随着职务高低的不同而有所侧重。例如,普通工人侧重于技术活动,高层领导人侧重于管理活动。企业经营与管理的关系如图2-2所示。

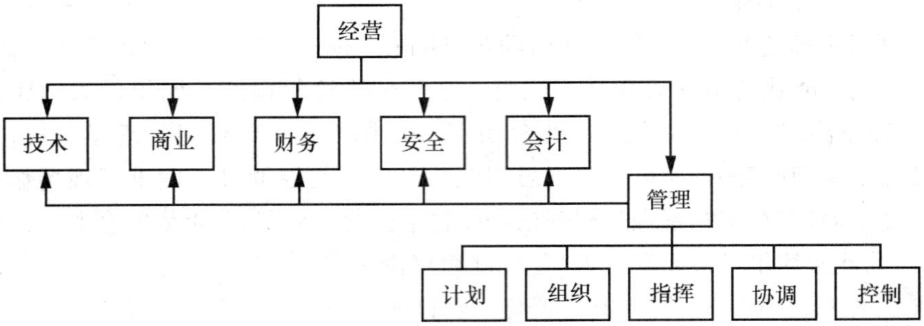

图 2-2　经营与管理的关系

4. 总结、归纳了管理的十四条原则

法约尔总结归纳的十四条管理原则是：

(1)分工。这条原则与亚当·斯密的“劳动分工”原则是一致的。劳动专业化使每个工人的工作范围缩小，减少了每个工人所需掌握的工作项目，有助于节约成本，提高工作效率。

(2)权力与责任。法约尔认为，权力即“下达命令的权利和强迫别人服从的力量”。权力可区分为职务权力和个人权力，前者由管理者职位产生，后者来源于管理者的个性、经验、道德品质以及其他能使下属努力工作的个人特性，一名优秀的管理者应该两者兼得。另外，法约尔还特别强调权力与责任的统一。他认为，权力和责任应当是一对孪生物，有责任必须有权力，有权力就必然产生责任。

(3)纪律。法约尔认为，纪律的实质是遵守公司各方达成的协议。要维护纪律就应做到：对协议进行详细说明，使协议明确而公正；各级领导要称职；在纪律遭到破坏时，要采取惩罚措施。

(4)统一命令。每一个员工在任何活动中应该只接受一位上级的命令。这不仅是一条管理原则，也是一条管理定律。

(5)统一领导。为达到同一目的而进行的各种活动，应由一位管理者根据一项计划开展。这是统一行动、协调配合、集中力量的重要条件。

(6)个人利益服从整体利益。法约尔认为，整体利益大于个人利益的总和，一个组织谋求实现总目标比实现个人目标更为重要。执行这一管理原则的关键是领导阶层要有坚定性和做出良好的榜样。

(7)报酬合理。报酬应该公平合理，尽可能使工人和企业双方满意。如对工作业绩和效率优良者应该给予奖励，但是奖励也应该有一定的限度，以能够激发工人的工作积极性为限。

(8)集权。集权就是降低下级参与决策的程度。集权的程度应视管理者的个性、道德品质、下级人员的可靠性以及企业的规模、条件等情况而定。

(9)等级链。等级链即从最上级到最下级各层职权联成的等级结构,它是一条权力线,用以贯彻执行统一的命令和保证信息传递的有序性。

(10)秩序。所谓秩序,是指“凡事各有其位”,它既包括企业员工,也包括企业的物质资源。管理者首先要了解每一工作岗位的性质和内容,使每个工作岗位都有称职的员工,每个员工都能够有效地发挥自身的作用。此外,还要有条不紊地精心安排物资、设备等资源的合适位置。

(11)平等。平等即管理者要以亲切、友好、公正的态度严格执行规章制度,平等对待每一个员工。员工们受到平等的对待后,就会更好地去完成他们的任务。

(12)保持员工的稳定。每一个员工要熟练地从事某项工作,需要很长的时间,所以,员工的经常流动必然会影响企业的工作效率。

(13)首创精神。首创精神是创立和推行一项计划的动力。不仅管理者要有首创精神,而且还要鼓励全体员工发扬首创精神。这样就可以促使员工不断地提高其敏感性和能力,推动企业快速发展。

(14)团结精神。注意保持和维护组织中人与人之间的团结、融洽和协作的关系,为企业的发展储备巨大力量。

其中,在等级链原则方面,为了保证命令的统一,不能轻易违背职权等级系列,但是有时可能会导致信息传递的延误,如图 2-3 所示:如果 E 与 J 之间发生了必须两者协商才能解决的问题,按照等级链原则,E 和 J 必须层层上报到 A,再由 A 判断、决策,最后将解决问题的方法层层下达到 E 与 J。法约尔建议,可以设置“跳板”,让 E 与 J 先直接协商解决问题的方法,然后再将结果分头上报。这种方法被称为“法约尔桥”,可以广泛适用于组织内部同级之间的横向沟通。

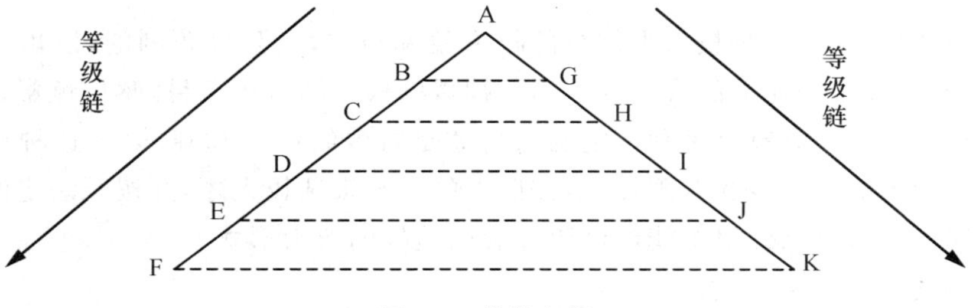

图 2-3 法约尔桥

法约尔的贡献是在管理的范畴、管理的组织过程、管理的原则方面提出了崭新的观点,对后来的管理理论研究产生了深远的影响。

(三)韦伯的行政组织理论

行政组织体系理论的创始人是德国的马克斯·韦伯(Max Weber,1864—1920)。马克斯·韦伯出生于德国的一个富裕家庭,1882年进入海德堡大学学习法律,之后又先后就读于柏林大学和格丁根大学。韦伯的一生经历丰富,担任过教授、政府顾问、编辑,并且在社会学、宗教学、经济学和政治学等方面都有相当高的造诣。在韦伯所有的著作和成果中,行政组织理论对后世产生了最为深远的影响。19世纪末20世纪初,德国正在经历工业革命,韦伯的行政组织理论强调组织活动要通过职务或职位来设计和运作,为20世纪初的欧洲企业从不正规的业主式管理向正规化的职业性管理过渡提供了一种纯理性化的组织模型,对当时新兴资本主义企业制度的发展做出了巨大的贡献。因此,韦伯被人们称为"组织理论之父"。韦伯的行政组织理论主要体现在他的《社会和经济组织理论》一书中,主要包括以下几方面内容:

1. 权力及其类型

韦伯指出,任何一种组织都是以某种形式的权力为基础的。权力可以消除组织的混乱,使组织有序地运行。韦伯把权力划分为三种类型:合理和法定的权力(职权);传统的权力;神授的权力。三种类型的权力及其内容如表2-2所示。

表2-2 韦伯界定的三种权力类型

权力类型	内容
合理和法定的权力(职权)	按职位等级合理分配、经规章制度明确规定并有能力胜任其职的人依靠合法手段而行使的权力
传统的权力	以古老的、传统的、不可侵犯的和执行这种权力的人的地位的正统性为依据而形成的权力
神授的权力	因个人崇拜和迷信而形成的权力

韦伯认为,在这三种权力中传统的权力效率最差,它是世袭制的,以出身贵贱为基础,而不以人的能力的大小为依据。神授的权力则过于盲目,感情色彩过于浓厚而导致非理性。只有合理和法定的权力才是行政组织的基础,因为这种权力能保证经营管理的连续性和合理性,能按照人的才干来选拔人才,并按照法定的程序来行使权力。这是保证组织能够健康发展的最好的权力形式。

2. 行政组织理论的特点

理想的行政组织是通过职务和职位的权力来管理的,要使得行政组织发挥作用,管理应以知识为依据进行控制,管理者应有胜任工作的能力,应该依据客观事实而不是主观意志来管理。以职权为基础的理想行政组织体系应该具有的特点,如表 2-3 所示。

表 2-3 理想的行政组织体系的特点

序号	特点	说　明
(1)	劳动分工	工作分解为简单的、程序化的和清晰定义的任务
(2)	权威等级	按等级组织职位,具有明确的命令链
(3)	正式的甄选	根据职位要求甄选人员
(4)	正式的规则和纪律	成文的制度和标准的运作程序
(5)	非个人的人员关系	规则和控制要一致应用,不能因人而异
(6)	职业生涯导向	管理者是职业化的专家

(1)明确分工。把一个组织中为了实现其目标所需要的全部活动,都划分为各种基本的作业,作为任务分配给组织中的各个成员,每个成员都明文规定其基本权利和义务。

(2)权力体系。组织内部的各个职位,按照权力等级进行法定的安排,形成自而下的金字塔形的体系结构:最上层为最高领导层,主要职能是进行决策;中间层为行政官员层,主要职能是贯彻上级领导的决策;最基层为一般工作人员,主要职能是执行决策。

(3)员工的任用。员工的任用完全根据职位的要求,经公开考试合格才可予以使用,并且务求人尽其才。组织要明确规定每一个员工的职权范围和协作关系,以便各个员工正确行使职权,减少摩擦和冲突。

(4)遵守规则和纪律。组织中包括管理者在内的所有成员都必须严格遵守组织的规则和纪律,明确规定每个成员的职权范围和协作形式,以便正确行使职权,减少摩擦和冲突。

(5)组织中成员之间的关系。组织中成员之间的关系应该以理性准则为指导,不受个人感情的影响。组织内部以及组织与外部的关系都应如此。

(6)职业管理人员。管理人员不是组织的所有者而是委任的职业管理人员。为了鼓励职业管理人员忠于组织,应该对其按职位支付薪金,并且建立相应的奖惩与升迁制度。

其中,在职业生涯导向方面,强调管理人员是委任的职业管理人员,而不是组织的所有者。为了鼓励职业管理人员忠于组织,应该对其按职位支付薪金,并且建立相应的奖惩与升迁制度。

韦伯指出,这种理想的行政组织体系适用于大型组织结构的设计与管理,包括企业、教会、学校、国家机构、军队和各种团体，在精确性、稳定性、纪律性和可靠性方面优于其他组织形式。韦伯对行政组织管理理论的描绘为人们提供了一种理论研究的基础，为行政组织指明了一条制度化的组织准则，为后来许多的大型组织提供了结构设计模型与管理方法。

三、古典管理理论的系统化

古典管理理论在泰罗、法约尔和韦伯等管理先驱的努力下，逐步建立起来，经过后来的穆尼(D. Mooney)、厄威克(F. Urwick)、古利克(L. Gulick)等许多学者的深化和发展，古典管理理论也日益完善和系统化。

穆尼是一位美国企业家。他在与人合著的《组织原理》一书中，首次为行政组织理论概括出一个概念框架，并将法约尔和韦伯的观点联系起来，提出管理是指导、激励别人的方法和技术，组织是把各种不同职责联系成一个协调的整体的方法。

厄威克是英国著名管理学家。厄威克致力于科学管理理论的系统化，他把泰罗、法约尔、穆尼等人的理论联系起来，综合出一套科学的逻辑框架。厄威克和古利克合著的《管理科学文集》在管理界很有影响。他还著有《管理的要素》、《组织的科学原则》以及其他大量的著作。他提出了适用于一切组织的管理原则：目标原则、专业化原则、协调原则、职权原则、职责原则、明确性原则、一致性原则、管理幅度原则、平衡原则、连续性原则，等等。

卢瑟·古利克曾任哥伦比亚大学公共关系学院院长。古利克和厄威克合著的《管理科学文集》包含了反映当时在管理学上有不同意见的一系列论文。古利克在这本著作中将法约尔等人的管理职能理论系统化，提出了管理七职能的新观点。他提出的管理的七大职能是：计划，为实现所设定的目标，制订出所要做的事情的纲要；组织，建立正式的机构和组织体系，并规定职责范围和协作关系；人事，职工的招聘、培训和恰当的安排；指挥，领导、监督和激励；协调，将企业工作分类，并使每一项工作服从一个统一的领导；报告，下级对上级的报告和上级对下级的考核、审查；预算，财务计划、会计和控制。

第二节　行为科学管理理论

一、行为科学管理理论诞生的历史背景

以泰罗、法约尔等为代表的科学管理阶段完成了使管理从经验到科学的转变，

为西方管理理论奠定了坚实的基础。泰罗倡导的泰罗制、法约尔创立的管理过程理论和韦伯的行政组织理论，反映了大机器生产和大型管理组织出现后的客观要求。以科学管理理论、管理过程理论和行政组织理论为代表的古典管理理论的广泛流传和实践应用曾一度大大提高了资本主义社会的生产效率。然而，古典管理理论多着重于生产过程、组织控制方面的研究，较多地强调科学性、精密性、纪律性，强调物质因素的作用，却忽视了人的社会心理需要，把工人当做机器的附属品，缺乏人本主义关怀。事实上，仅仅依靠工程师的科学设计，依靠奖金刺激，依靠等级分明的指挥系统，并不可能给企业带来持久的活力。

管理学家和心理学家也意识到社会化大生产的发展需要对科学管理理论进行发展和创新，以便为管理实践提供理论指导。早在 1912 年，工业心理学的创始人之一，德国心理学家雨果·孟斯特伯格(Hugo Münsterberg)出版了《心理学与工业效率》，强调了心理学在工业中的应用价值，促进了工业心理学的发展。于是，一些学者开始从生理学、心理学、社会学等方面出发研究企业中有关人的一些问题，如人的工作动机、情绪、行为与工作之间的关系，以及研究如何按照人的心理发展规律去激发其积极性和创造性等问题。行为科学理论正是在这一背景下诞生的管理理论。

二、霍桑实验的目的和过程

行为科学阶段的管理理论的发展是从人际关系学说开始的，最为著名的就是霍桑实验(Hawthorne Studies)。霍桑实验从 1924 年一直持续到 1932 年，由于是在西方电气公司设在伊利诺伊州西塞罗市的霍桑工厂做的实验，因此而得名。霍桑实验最初的目的就是要找出工作条件对生产效率的影响，以寻求提高劳动生产率的途径。

霍桑实验的过程主要有四个阶段，如图 2-4 所示。其中，照明实验是西方电气公司的工业工程师设计和实施的，继电器装配室实验、面谈计划和观察实验邀请了美国哈佛大学教授埃尔顿·梅奥(Elton Mayo，1880—1949)和他的助手们加入了进来。埃尔顿·梅奥，原籍澳大利亚，曾获逻辑和哲学硕士学位，后又学习医学，从事过精神病理学方面的研究。

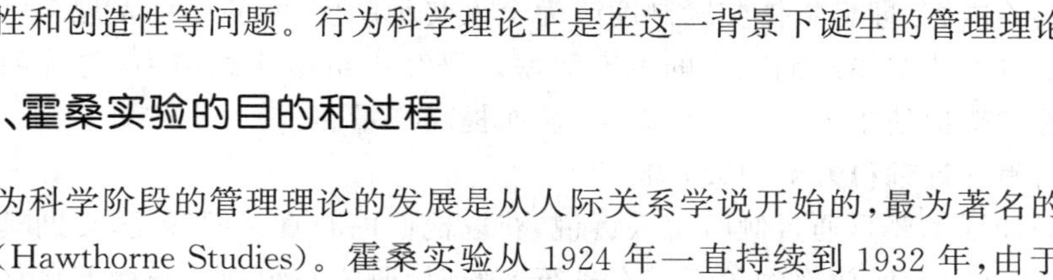

图 2-4 霍桑实验的过程

(一)照明实验(1924—1927 年)

西方电气公司的工业工程师试图检验各种照明水平对工人生产率的影响。实验建立了控制组和实验组,其中实验组被置于各种照明的强度下,控制组工作在不变的照明强度下。最终实验人员发现,当照明水平增加时实验组和控制组的产出都增加了。更令他们感到吃惊的是,当照明水平下降,实验组的生产率以及控制组的生产率还在继续提高,只有当照明水平降低到月光的水平时,才在实验组观察到生产率的下降。所以工程师们最终得出的结论是照明强度并不直接与小组的生产效率有关,但是至于是什么因素对生产率的提高做出了贡献,他们却不得而知。

(二)继电器装配室实验(1927—1928 年)

继电器装配室实验主要是通过改变休息时间、作业时间、工资形态等工作条件,来观察其同生产效率的关系的。实验开始后,先逐步增加休息次数,延长休息时间,缩短每日工作时间,供应茶点,实行五日工作制等,接着又逐步取消这些待遇,恢复原来的工作条件。结果发现,不论工作条件如何变化,生产量都是增加的,而且工人的劳动热情也有所提高,缺勤率减少了 80%。后来又选择了工资支付方式作为实验内容,即将集体奖励制度改为个人奖励制度,实验结果发现工资支付办法的改变也不能明显影响工人的生产效率。研究小组最终总结为,监督和指导方式的改善能够促使工人改变工作态度,从而提高产量。

(三)面谈计划(1928—1931 年)

面谈计划主要是通过倾听工人诉说,获取他们内心真正的感受,帮助其解决问题,以观察其同生产效率的关系。在进行实验时,研究小组前后与两万多名职工进行了广泛地交谈,以了解工人对工作和工作环境、监工和公司当局的看法及持有这种看法对生产有什么影响。结果发现:第一,离开感情就不能理解工人的意见和不满;第二,感情容易假装;第三,只有对照工人的个人情况和车间环境才能理解工人的感情;第四,解决工人不满的问题将有助于生产效率的提高。

(四)观察实验(1931—1932 年)

实验选择对接线板接线工作室由 14 名工人组成的生产小组进行观察。这个组是根据集体产量计算工资,根据组内人员的情况,完全有可能超过他们原来的实际产量。可是,进行了 5 个月的统计,小组产量总是维持在一定的水平。经过观察发现,组内存在一种默契:往往不到下班,大家已经歇手;当有人超过日产量时,旁人就会暗示他停止工作或放慢工作速度。大家都按照这个集体的平均标准进行工作,谁也不做超额生产的拔尖人物,谁也不偷懒。他们当中,还存在着自然领袖人物。实验结果证实了“非正式组织”的存在,非正式组织会严重影响生产率。

三、人际关系学说的创立及基本论点

通过霍桑实验，梅奥等人发现科学管理中对人的假设有问题，把人看做一种工具更有问题。这是因为工作的物质环境和福利的好坏，与工人的生产效率没有明显的因果关系，相反，工人的社会因素和心理因素对生产积极性却具有很大的影响。梅奥于 1933 年出版了《工业文明中的人类问题》一书，创立了早期的行为科学——人际关系学说，其基本论点有：

(一)工人是"社会人"

从亚当·斯密到古典管理阶段都把工人看做仅仅是为了追求经济利益而进行工作活动的"经济人"，他们也仅仅是对于工作条件的变化可以作出直接反应的"机器的模型"。但是，霍桑实验表明，物质条件的改变并不是劳动生产率提高或降低的决定性因素。因此，梅奥等人提出了"社会人"的假说，即工人是复杂的社会系统中的成员，他们在进行工作活动中不是单纯地追求金钱收入，还要追求人与人之间的友情、安全感、归属感等社会和心理欲望的满足。所以，提高工人生产率应该更多地从工人的社会和心理等方面来考虑。梅奥曾经用这样一句话来描绘人："人是独特的社会动物，只有把自己完全投入到集体之中才能实现彻底的'自由'"。

(二)企业中除了正式组织之外，还存在着非正式组织

正式组织是指为了实现企业总目标而建立的有明确职能的机构，它以效率和成本为主要标准，对于个人有强制性，是古典组织理论者所研究和倡导的组织形式。非正式组织是指组织内各成员在共同劳动过程中，由于抱有共同的社会感情、惯例和倾向，因而无形地左右成员行为的组织形式，它以感情为主要标准。因此，对于企业管理者来说，不能只注意正式组织的一面，还要注意非正式组织的一面，只有重视两种组织的相互依存关系，才能更有效地提高生产率。

(三)满足工人的社会、心理欲望，提高工人的士气，是提高生产率的关键

梅奥认为，企业生产效率的提高取决于工人的士气(即工作积极性、主动性、协作精神等结合为一体的精神状态)，而士气的高低取决于工人安全感、归属感等社会和心理方面欲望的满足程度，并且受家庭、社会生活以及企业中人与人之间关系的影响。工人的满足程度越高，士气就越高，生产效率也就越高。所以，领导的能力主要在于通过提高职工的满意程度来提高士气。企业的管理者不仅要具有解决技术、经济问题的能力，而且要具有与被管理者建立良好的人际关系的能力，他应力求了解职工行为的原因、认识到满足职工各种需要的重要性，学会与非正式组织打交道的技巧。总之，新型的领导应该组织好集体工作，关心下属，加强与员工的

合作，注意建立和谐的人际关系。

四、人际关系学说与行为科学

(一)什么是行为科学

按照美国百科全书的定义，行为科学是指“运用自然科学的实验和观察的方法，研究自然和社会环境中的人的行为以及低等动物行为的科学”。管理学中的行为科学一般是指运用人类学、社会学、心理学、经济学等学科的理论和方法，研究人的行为规律及其在管理实践中应用的一种管理理论，即通过对人的行为产生的原因和影响行为的因素的研究分析，以提高管理者对人的行为的预测能力以及改善对人的激励、引导和控制能力，促进组织目标的实现。

行为科学正式定名于1949年在美国芝加哥大学召开的一次跨学科会议。1953年，芝加哥大学成立了行为科学研究所。20世纪50年代以后，行为科学迅速发展起来，它将心理学、社会学、人类学、经济学甚至医学等多种学科融入其中，成为研究人类行为的一门综合性科学。行为科学的研究涉及众多领域，内容丰富，如图2-5所示，行为科学的研究主要集中在四个领域：①人的需要、动机和激励问题；②管理中的“人性”问题；③企业中非正式组织以及人与人的相互关系问题；④企业中领导方式问题。从问题涉及的层次看，可以分为：个体行为、群体行为和组织行为三个层次。

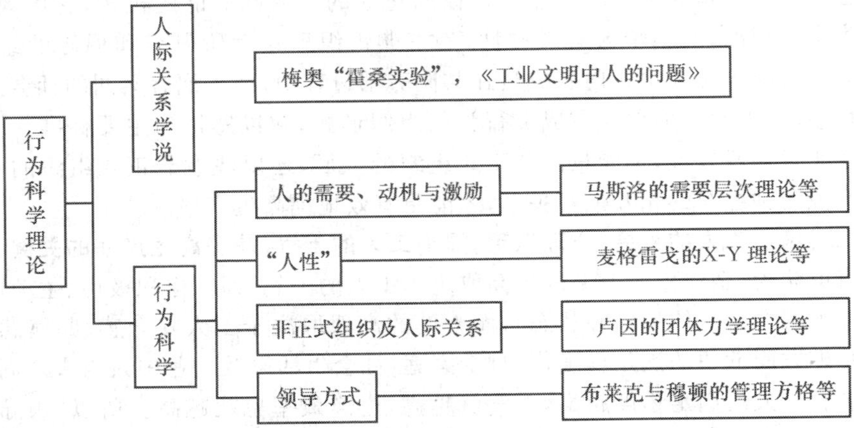

图2-5 人际关系学说与行为科学

(二)人际关系学说的诞生奠定了行为科学产生和发展的基础

以霍桑实验为基础所形成的人际关系学说，为管理理论的发展开辟了新的领域，奠定了行为科学产生和发展的基础。人际关系学说对管理发展的主要贡献：

一是人际关系学说在相当程度上反映了现代化大生产的共同要求。这集中表现在以人为中心的管理思想，重视群体和集体的作用，并且把系统论和权变理论引入到管理中来。

二是人际关系学说反映了大多数人的心理规律，对研究调动员工的积极性有很大的借鉴意义。

三是人际关系学说提供的管理措施和研究方法具有广泛的参考价值。

人际关系学说形成后，很多专家学者开始从人的行为角度来研究管理问题，从而推动了行为科学的发展。从霍桑实验开始的人际关系学说到行为科学理论的研究，不仅丰富和发展了管理学理论，而且在对人类的管理实践产生了深刻的影响，进一步促进了管理的科学化和现代化。

（三）行为科学的主要管理思想

行为科学理论有着丰富的内容，其中对管理实践具有重大影响的主要管理思想有：

1. 强调尊重人的个性和个体需求，培养和树立人的主体意识

人的个性是气质、性格和能力的独特结合。由于人的遗传因素、成长环境和受教育背景不同，人与人的之间客观上存在着个性差异。自然界没有两片一模一样的树叶，社会上也不存在个性完全一样的个体。个性差异对社会和组织来说并不是一件坏事，相反，人的个性差异为社会各项事业的发展和完成各种组织任务提供了可供选择的人力资源基础。对人的尊重首先是要尊重人与人之间的个性差异。心理学的研究表明，人作为生命有机体和社会化的产物，每个人都有其合理的个体需要，包括生理的、心理的和社会的需要，正是个体对自身不满足的合理需要的追求，构成了社会和组织发展的不竭动力。人既是认识的主体，又是认识的客体，人对作为认识主体的自我认识即为人的主体意识。主体意识不仅是人的全面发展和社会文明进步的需要，而且是市场经济的灵魂。管理者的任务之一就是在尊重人的个性和个体需要，帮助员工树立人的主体意识的基础上，做到量才使用，实现人尽其才，促进人的全面发展。

2. 重视组织中人际关系的改善

人的心理特征与心理活动决定人的行为，而人的心理特征和心理活动不仅受特定社会经济技术条件的影响，而且受其自身活动和各种人际关系的影响。人际关系，是人与人之间心理上的关系，表现为亲近、疏远、友好、敌对等心理距离，反映着人们寻求满足的心理状态。人际关系不仅是一种资源和节约交易成本的工具，而且是一种生活环境。群体成员如果能够做到互相帮助，互相谦让，有事大家干，

有难大家帮，人际关系和谐、融洽，士气会不断提高，工作就非常愉快。人际关系的确立、改变都是通过人际交往形成的。心理学家洛莫夫(Ломов. Б. Ф)把人际交往视为社会心理学的中心概念，并指出："随着社会心理学的发展，交往问题日益成为这一科学整个问题系统中的某种'逻辑中心'。"因此，管理者要善于沟通和协调组织内外的各种人际关系，妥善处理人际矛盾和冲突，为组织发展创造一个互信、友好、融洽、和谐的人际交往氛围。

3. 提倡民主参与式管理，把变革生产环境、组织结构和管理方式作为实现管理民主化、科学化的重要途径

行为科学提倡创造合乎人性的管理环境，通过激发人的内在动力来实现个体目标和组织目标的有效结合。行为科学认为，不应把管理系统中作为被管理者的人放在被动的地位来研究如何调动其工作的积极性，而应放在主体的地位来认识并构建相应的管理模式和方法，只有这样，才能使人在接受被管理的同时，学会自主管理，进而使劳动成为他们自觉自愿的行为，并有效改善组织中的人际关系；组织结构设计和管理方式既要考虑到有效完成工作任务的需要，又要考虑到员工合理需求的满足、促进人的全面发展的需要；组织中的生产技术条件、人际关系氛围、劳动保障等生产环境不仅影响产品质量和劳动效率，而且影响劳动者的身心健康；改善组织的生产环境，确保劳动者自身与生产的和谐发展，是每一位现代管理者都必须树立的现代管理理念之一。

第三节　现代管理科学理论

一、现代管理科学理论产生的背景及基本特征

(一)第二次世界大战以后工业生产的特点

第二次世界大战以后，世界的政治和经济情况发生了极大的变化。昔日的殖民地、半殖民地国家纷纷独立，不少国家走上了社会主义道路，工业发达国家的劳工运动也在不断发展，特别是 20 世纪 50 年代前后，声势浩大的罢工斗争此起彼伏，劳资矛盾空前尖锐。资本主义工业生产呈现出了以下特点：

1. 生产规模不断扩大，企业日益走向垄断和国际化

资本主义企业的规模在激烈竞争中迅速扩大，企业的生产经营活动范围不只局限于一个地区，而是扩大到全国甚至世界。跨国公司纷纷成立，其分支机构遍布世界各地。这就使得市场问题越发明显，企业所面临的外在环境更加复杂多变，不

确定性因素越来越多，企业之间的竞争也进一步加剧。

2. 产品技术复杂程度增加，产品更新换代速度加快

第二次世界大战后，科学技术迅速发展，新兴工业不断出现，不仅原有的学科如数学、物理学、生物学、化学等有了新的发展，而且还产生了一些新学科，如信息学、电子学、运筹学等，并在此基础上产生了许多新兴的工业部门，如原子能工业、电子计算机工业、高分子合成工业等。科学技术的发展和进步一方面增加了产品的技术复杂程度，缩短了产品的生命周期，另一方面使资本主义企业间的竞争变得更加激烈。

3. 生产日益社会化，社会协作关系更加复杂

随着生产规模的扩大和分工的发展，生产的社会化程度日益加深，社会协作关系变得更加复杂化、多样化，企业和社会的关系也变得日益密切。

4. 智力和技术在提高劳动生产率中作用越来越大

由于科学技术的发展，生产过程机械化、自动化程度的提高，以及管理工作的细化，使技术人员、管理人员在职工中的比重增加，而操作工人的比重相对下降。另外一个明显的变化是职工队伍的文化水平普遍提高。

5. 工人运动日益高涨

随着生产集中和垄断统治的加强，生产的机械化、自动化程度的提高，再加上企业经常性的开工不足，资本主义各国工人的失业率居高不下，罢工浪潮此起彼伏。1946 年是美国劳工史上风暴最大的一年，约有 5 000 次停工，460 万工人参加。1949 年又出现新的罢工，以后一起连绵不断，其他资本主义国家的情况大体类似。工人运动导致资本主义社会的不稳定，对垄断组织构成威胁。

(二)工业生产对管理学发展的要求

工业生产的以上特点要求在已有管理学成就的基础上，广泛综合现代科学技术的最新成果，特别是运用数学和计算技术，发展组织及组织与社会系统整合理论和定量分析技术，以不断提高管理的科学化和现代化水平。具体表现在：

1. 突出了企业的经营决策问题

由于竞争的日益加剧和经营范围的扩大，市场需求变化很快。企业要在这种环境中站住脚，首先要做到经营方向正确，经营目标明确，仅仅着眼于提高企业生产效率的科学管理理论显然已不能满足客观经济发展的要求。因此，企业必须加强经营决策。哪个企业的经营目标明确，经营方针正确，哪个企业在竞争中就可以立于不败之地。

2. 要求运用更先进的管理手段

经营规模的扩大，生产技术的迅速发展，生产过程的高度复杂化以及需要迅

速、及时地进行战略决策、要求管理工具也要现代化，以便迅速、准确地提供管理信息，及时、正确地进行决策。

3. 要求管理理论和方法能充分调动人的积极性

由于生产过程专业化自动化程度的提高，工人对单调、简易的操作容易产生厌烦情绪，所以单靠古典组织理论的等级原则、命令统一原则、奖罚原则等已难以保持工人的生产积极性，必须研究如何激发人的积极性的新理论和新方法。不少资本主义企业实行所谓“管理民主化”，采用高工资、高福利、高奖励、职工入股、“终身雇佣”等办法，就是企业用新手段来提高工人、职员的积极性，缓和劳资矛盾的尝试。

事实上，20 世纪三四十年代先后创立的系统论、控制论和信息论，加上自然科学特别是数学的发展和电子计算机技术的应用，也日益为解决工业生产经营管理中的问题和管理理论的发展和创新创造了现实条件，促进了管理学从定性描述走向定量分析，并迈向新的发展阶段——管理科学理论阶段。

(三)现代管理科学理论的基本特征

现代管理科学理论源于运用应用科学的方法来解决生产和作业管理的问题，对管理理论与实践的贡献突出表现在科学技术的引入与运用、决策理论构造和管理信息系统的建立等方面。现代管理科学理论体系正式形成于 20 世纪 50 年代，在形式上表现为一系列管理理论数学模型。其基本特征有：

1. 以决策为主要的着眼点

认为管理就是决策，特别是强调使用先进的科学理论和管理方法，如系统论、信息论、控制论、运筹学、概率论等数学方法及数学模型来帮助给企业的经营管理活动做出相应的决策。

2. 以经济效果作为评价管理行为的标准

生产和经营管理各个领域的各项活动都以经济效果好坏作为评价标准，即要求行动方案能以总体的最少消耗获得总体的最大经济效益。因此需要建立诸如量、本、利等模型以讨论行为的结果及变化。

3. 依靠构建数学模型，用数学形式表达解决问题的可行办法

摒弃单凭经验和直觉确定经营目标与方针的做法，使衡量各项活动效果的标准定量化，并借助于数学模型找出最优的实施方案和描述事物的现状及发展规律。

4. 依靠计算机求解复杂的数学方程式，得出定量化的结论

企业经营范围的扩大，决策问题的复杂化，方案选择的定量化，都要求及时处理大量数据和提供准确信息，而这些只有借助计算机才能做到。

二、现代管理科学理论的主要模型

(一)库存模型

这一模型是回答库存有多少,什么时候该进货与发货这些问题。因此,这一模型必须既考虑库存适合生产与销售的需求,同时又要考虑到减少仓储费用。这一模型的可行解即是经济订货批量(*EOQ*)。

(二)排队模型

在生产过程中,员工们排队等待领取所需的工具或原料所花费的时间是要计入成本的。在给顾客服务的过程中,如果顾客需要排队等待很长时间,就会失去耐心而一走了之,但如果开设很多服务台或售货柜却很少有人光顾,又会导致成本提高。排队模型就试图解决这个问题,以找到一个最优解。

(三)盈亏平衡模型

这一模型主要是帮助确定一个公司任何特定产品的生产量与成本、售价之间的关系,得到一个确定的盈亏平衡点,在这个水平上总收入恰好等于总成本,没有盈亏。这一模型属于确定描述性模型。

(四)资源配置模型

资源主要是指自然资源和实物资源。常用的资源配置模型是线性规划模型,在给定边界约束条件的情况下,考虑产出、利润最大,或者成本最小。这一模型属于规范性模型,变量是确定性的。

(五)模拟模型

模拟是指具有与某种事物相同的外表和形式,但不是这种真的事物。由于真实事物所具有的复杂性,以及对其管理作用的不可重复性,为了得到预计成果,就有必要建立模拟的模型,在此模型上探讨最佳行动方案或政策,以便最后能够用于实践操作之中。这一模型属于描述性的,含有各种随机性的变量。

(六)决策理论模型

这一模型的目标是要使制订决策的过程减少艺术成分而增加科学成分。决策理论的集中点在于对所有决策提供一个系统结构,以便决策者能够更好地分析那种含有多种方案和可能后果的复杂情况。这类模型是规范性的,并含有各种随机变量。

(七)网络模型

两种主要的和最流行的网络模型是PERT(计划评审技术)和CPM(关键路线法)。PERT是计划和控制非重复性的工程项目的一种方法,CPM则适用于那些有过去的成本数据可查的项目,它们都是随机性的规范模型。

三、管理理论丛林

为适应社会经济发展和组织管理尤其是企业管理科学化的需要，在美国和其他许多国家，不仅从事管理工作的人和管理学家在研究管理理论，一些心理学家、社会学家、人类学家、经济学家、生物学家、哲学家、数学家等也都从各自不同的背景、不同的角度、用不同的方法对现代管理问题进行研究，各种管理理论和管理学派如雨后春笋般涌现出来，由此带来了管理理论的空前繁荣。到 20 世纪 70 年代末，管理学领域出现了学派林立、理论纷呈的现象，这些学派大大小小加起来可能不下百余个。美国著名管理学家哈罗德·孔茨(Harold Koontz，1908—1984)把这一现象形象地称之为“管理理论的丛林”。根据孔茨的《再论管理理论的丛林》，这里主要概述其中具有代表性的 11 个学派：

(一)经验学派

经验或案例学派主张通过分析经验(通常就是一些案例)来研究管理问题。该学派认为，传统的管理理论和行为科学不能完全适应企业发展的实际需要，管理学应该更多地强调管理的艺术性，应从企业的实际出发，以实际管理工作者的管理实践活动为研究对象，通过对管理者在个别情况下成功和失败的案例研究，总结出一般性的结论，使人们能够从中学到相应的管理知识和技能，帮助他们在相仿情况下运用有效的方法来解决现实中的管理问题。

该学派的代表人物主要有：美国的彼得·德鲁克(Peter Drucker)，代表著作有《管理实践》、《有效的管理者》等；美国的欧内斯特·戴尔(Ernest Dale)，代表著作有《企业管理的理论与实践》等；美国的威廉·纽曼(William H. Newman)，代表著作有《经济管理活动·组织和管理的技术》等。

(二)人际关系学派

人际关系学派主张以人与人之间的关系为中心来研究管理问题。该学派认为，既然管理是一个通过他人或者和他人一起来使工作有效完成的过程，所以，研究管理问题就必须注重和研究人际关系，它是管理者必须把握的一种技巧。他们以个人心理学作为理论基础，关注个人，研究具有社会心理性质的个人行为的动机，在激励和领导等管理问题上做出了巨大的贡献。

该学派的最早代表人物是梅奥教授，代表著作有《工业文明中人的问题》。其他著名的代表人物及其理论有：美国亚伯拉罕·哈罗德·马斯洛(Abraham Harold Maslow)的“需要层次理论”；美国弗雷德里克·赫茨伯格(Frederick Herzberg)的“双因素理论”；美国罗伯特·布莱克(Robert Blake)和简·穆顿(Jane Mouton)的“管理方格理论”等。

(三)群体行为学派

群体行为学派主张以组织中群体的行为为中心来研究管理问题。该学派与人际关系学派关系密切,但是它更多的是以社会学、人类文化学、社会心理学为基础,研究一定群体中的人的行为,而不是一般的人际关系和个人行为。他们从事的研究内容涉及群体文化、行为方式、群体行为特点等。群体行为学派的研究内容也被称为"组织行为学"。

该学派的最早代表人物也是梅奥教授。其他著名的代表人物及其理论有:德国卡特·卢因(Kurt Lewin)的"团体动力学理论";美国克里斯·阿吉里斯(Chris Argyris)的"不成熟-成熟连续流理论";美国罗伯特·布莱克(Robert R. Blake)和简·穆顿(Jane S. Mouton)的"管理方格理论"等。

(四)管理角色学派

这一学派主张以管理者所担任的角色分析为中心,通过观察管理者的实际工作情况,以发现管理人员的活动规律,从而明确管理者的工作内容,最终提高管理效率。

管理角色学派的代表人物是加拿大的亨利·明茨伯格(Henry Mintzberg),他在 1973 年出版的著作《管理工作的实质》中将管理者界定了 3 类共 10 种角色,如表 2-4 所示。

表 2-4 明茨伯格的管理角色分类

种 类	角 色
人际关系	挂名首脑;领导者;联络者
信息传递	监听者;传播者;发言人
决策制定	企业家;混乱驾驭者;资源分配者;谈判者

(五)管理过程学派

管理过程学派主张从管理的过程和职能方面研究管理问题。该学派认为,尽管每个组织的性质和所处的环境各不相同,但是管理却都是由管理者通过别人或者同别人一起使工作有效完成的过程,并且管理者所从事的管理职能也是相同的。所以,通过对管理过程的研究,总结出一些基本的原理和规律,由此形成一种以管理职能为基本框架的管理理论和管理学理论体系。由于管理过程学派善于从其他学科吸收对管理最有用、关系最密切的知识,因此,很多人认为它是一种兼收并蓄的管理理论。

该学派的创始人是亨利·法约尔,代表著作有《工业管理与一般管理》。其他著名的代表人物主要有:詹姆斯·穆尼(J. D. Mooney),代表著作有《组织原理》等;拉尔夫·戴维斯(Ralph C. Davis),代表著作有《工厂组织和管理原则》等;哈罗德·孔茨,代表著作有《管理学原理》、《管理理论丛林》等。

(六)社会协作系统学派

社会合作系统学派主张将组织视为合作的社会系统来解决管理问题。该学派认为,组织就是许多具有社会和心理欲望、需求的人及其行为所形成的社会系统。组织成效的高低,取决于组织中个人成效的高低及人们之间相互合作的成效,其中,管理是创造必要的个人努力和成员间有效合作的关键。因此,这一学派的学者从分析组织中管理者的工作出发点,着重研究管理者在这一合作系统中如何才能有效地维护和协调这个系统。该学派主要研究领域涉及工业工程学、人-机工程等方面。

该学派的代表人物是美国的切斯特·巴纳德(Chester Barnard),代表著作有《经理人员的职能》。

(七)社会技术系统学派

社会技术系统学派主张将技术系统与社会协作系统结合起来研究管理问题。该学派认为,组织是由技术系统和社会系统形成的社会技术系统,个人的态度和行为都受到人们在其工作中的技术系统的巨大影响,管理只关注社会协作系统是不够的,还需要研究技术系统对人的影响。管理者的主要任务就是确保技术与人及其工作的密切联系,使两个系统相互协调,从而创造出一个既能使生产效率更高又能使组织中成员更为满意的工作系统。

该学派的代表人物是英国的特里斯特(E. L. Trist)及其在英国塔维斯托克研究所的同事,代表著作有《长壁采煤法的某些社会学的和心理学的意义》、《社会技术系统的特性》等。

(八)决策理论学派

决策理论学派主张从决策方面来研究管理。该学派认为"管理就是决策",管理活动的全部过程都是决策的过程。确定目标,制订计划,选择方案,是经营目标及其计划决策;机构设计,生产单位组织,权限分配,是组织决策;计划执行情况检查,在制品控制及控制手段的选择,是控制决策。所以该学派在研究管理决策问题时综合吸收了行为科学、系统理论、运筹学和计算机科学等成果,形成了一门有关决策过程、准则、类型及方法的较为完整的理论体系。

该学派的代表人物主要有:美国的赫伯特·西蒙(Herbert Simon),代表著作有《管理行为》、《经济学和行为科学中的决策理论》等;美国的詹姆斯·马奇(James G. March),代表著作有《决策是如何产生的》等。1978年,西蒙因为在行为决策理论研究中做出的重要贡献,获得了诺贝尔经济学奖。

(九)系统管理学派

系统管理学派主张运用系统论来全面分析管理问题。该学派认为,企业是一个由许多子系统组成的、与周围环境相互影响的、开放的动态系统,如表 2-5 所示。所以,作为一个组织的有效管理者,必须从系统的整体性出发,运用"输入—转换—输出"的分析方法,着眼于系统与环境的关系来分析管理活动,理解构成整个组织运作的每一个子系统,使它们互相协调,同时必须适应环境,以获得生存和发展的资源和空间。系统管理理论虽然没有提出具体的管理行为,但是从系统的角度分析和研究管理活动和管理过程,可以为解决现实的管理问题提供更为全面的思路。

表 2-5 企业内部子系统

序号	企业内部子系统	说明
1	目标和准则子系统	使命、宗旨、愿景、目标、战略、准则、规定等
2	技术子系统	完成任务所必需的机器、工具、程序、方法和专业知识等
3	社会心理子系统	个人动机、地位、组织成员的智力开发、领导方式、正式与非正式组织等
4	组织结构子系统	组织图表、工作流程设计、职位和职责规定、章程、权力类型、信息沟通等
5	外界因素子系统	各种市场信息、人财物等资源的获得、外界环境的反应与影响等

该学派的代表人物主要有美国的弗里蒙特·卡斯特(Fremont E. Kast)、詹姆斯·罗森茨韦格(James E. Rosezweig)和理查德·约翰逊(R. A. Johnson)等人,他们共同和部分合作的代表著作有《系统理论与管理》、《组织与管理——系统方法与权变方法》等。

(十)管理科学学派

管理科学学派又称数理学派。管理科学学派主张运用数学模型和程序解决管理问题。该学派认为,管理就是制订和运用数学模型与程序的系统,就是用公式和数学符号来表示计划、组织、控制、决策等合乎逻辑的程序,通过对各种模式和管理领域中的人力、物力、财力等资源进行定量分析,并做出最优的规划和决策。对于企业的资源分配、订货、运输、存储、生产调度和设备维修等经营管理活动,管理科学都可以应用线性规划、数理统计、网络分析、对策论、排队论、决策树、模拟和盈亏分析等方法和技术进行预测分析,以降低这些活动的不确定性,从而使投入的资源发挥最大的效用。

该学派的代表人物主要有：英国的弗雷德里克·威廉·兰彻斯特(F. W. Lanchester)，1915年将数学定量分析法应用于军事；英国的希尔(A. V. Hill)，将数理分析方法应用于防空武器；美国的埃尔伍德·斯潘塞·伯法(E. S. Bufa)，代表著作有《现代生产管理》等。

(十一)权变理论学派

权变理论学派主张要根据组织所处的内外部条件随机应变进行管理。弗雷德·卢桑斯在1976年出版的《管理导论：一种权变学》一书中系统地阐述了权变管理理论，强调了环境变量与管理变量之间的权变关系，如表2-6所示。这一学派认为，在管理领域没有一种适合于任何时代、任何组织和任何个人的普遍行之有效的管理方法。每一种管理理论都有一定的适用范围，也没有所谓"最佳"的管理方法。所以，作为管理人员，在任何形势下，都必须对各种变动的组织内外的环境因素进行具体分析，针对某种特定环境寻求最合适的管理模式、方案或方法。

表2-6　环境变量与管理变量

<table>
<tr><th colspan="3">环境变量</th><th colspan="4">管理变量</th></tr>
<tr><th colspan="2">外部环境</th><th rowspan="2">内部环境</th><th rowspan="2">管理过程变量</th><th rowspan="2">计量变量</th><th rowspan="2">行为变量</th><th rowspan="2">系统变量</th></tr>
<tr><th>一般环境</th><th>具体环境</th></tr>
<tr><td>人口
经济
科技
政法
自然
文化</td><td>供应商
顾客
竞争者
营销中介</td><td>组织结构
决策程序
规章制度
沟通
控制
技术等</td><td>计划
组织
指挥等</td><td>决策
经济批量
排队等</td><td>激励
动力
组织发展等</td><td>一般系统
系统设计与分析
管理信息系统</td></tr>
</table>

该学派的代表人物主要有：美国的弗雷德·卢桑斯(Fred Luthans)，代表著作有《权变管理理论：走出丛林的道路》、《管理导论：一种权变学》等；美国的弗雷德·菲德勒(Fred E. Fiedler)，代表著作有《权变模型——领导效用的新方向》等。

总的来说，由于管理是一项复杂的系统工程和人的有限理性，人类对管理的认识仍然是有限的。正是因为众多学派的林立，它们从不同角度和侧面揭示管理现象和管理问题，探索管理活动规律，才推动着管理的科学化和人类社会不断向前发展。20世纪80年代以后，随着工业化、信息化和经济全球化的发展，一些新的管理思想和管理理论应运而生，并被运用于管理实践，这部分内容将在第十章中介绍。

【本章小结】

管理理论的每一步都是一种发展，而不是一种最终理论。管理理论的发展可以分为三个历史阶段：古典管理理论阶段、行为科学管理理论阶段和现代管理科学理论阶段。

古典管理理论形成于20世纪初至20世纪30年代，是管理从经验走向科学的最初阶段。以泰罗的科学管理理论、法约尔的管理过程理论以及韦伯的行政组织理论为代表的古典管理理论第一次将管理实践和管理思想系统化、理论化，其中心目的是解决提高劳动生产率的问题。

行为科学管理理论产生于20世纪30～60年代，这一时期的管理理论对管理实践有了更加全面和深刻的认识，突出以人为中心，更加重视人的作用和对人的行为规律的研究。其中，前期的管理理论集中于组织中的人及人际关系的研究，后期的管理理论则集中于对人的激励和管理者领导行为的研究，进而将管理学引向纵深发展，出现了《组织行为学》、《管理心理学》等新的派生学科。

20世纪60～80年代，管理理论有了日新月异的发展，形成了所谓的现代管理科学理论，它由一系列理论模型构成，是数学和计算机科学技术在管理中的应用而形成的理论成果。社会生产力的发展和社会科学的进步，使人类可以借助于现代科学技术手段，对管理实践活动开展多方位、多视角、定量化的研究，对管理的认识也变得更加全面、系统和深刻。自从泰罗创立科学管理理论以来的一个多世纪里，新的管理思不断涌现，新的管理理论不断创立，到20世纪80年代，出现了学派林立、理论纷呈的可喜现象，形成了所谓"管理理论丛林"。随着管理实践的发展和理论研究深化，管理学也将不断得以完善、丰富和发展。

【复习思考题】

1. 概述泰罗的科学管理理论的实质和主要内容。
2. 法约尔关于管理的原则是什么？经营和管理是什么关系？
3. 古典管理理论的特点是什么？
4. 简述霍桑实验的目的与过程。
5. 人际关系学说的主要内容是什么？
6. 行为科学研究的目的和对象是什么？
7. 现代管理科学理论有哪些特点？其主要的理论模型有哪些？

8. 管理理论丛林的形成说明了什么问题？其中每一个学派的主要观点是什么？

9. 泰罗的科学管理理论对现在的企业管理是否还有意义？为什么？

【知识应用与技能拓展】

管理理论真能解决实际问题吗？①

海伦、汉克、乔、萨利四个人都是美国西南金属制品公司的管理人员。海伦和乔负责产品销售，汉克和萨利负责生产。他们刚参加过在大学举办的为期两天的管理培训学习班。在培训班里主要学习了权变理论、社会系统理论和一些有关职工激励方面的内容。他们对所学的理论有不同的看法，正在展开激烈的争论。

乔说："我认为社会系统理论对于像我们这样的公司是很有用的。例如，如果生产工人偷工减料或做手脚的话，如果原材料价格上涨的话，就会影响到我们的产品销售。系统理论中讲的环境影响与我们公司的情况很相似。我的意思是，在目前这种经济环境中一个公司会受到环境的极大影响。在油价暴涨时期，我们当时还能控制自己的公司。现在呢？我们要想在销售方面每前进一步，都要经过艰苦的战斗。这方面的艰苦，你们大概都深有体会吧？"

萨利插话说："你的意思我已经知道了。我们的确有过艰苦的时期，但是我不认为这与社会系统理论之间有什么必然的内在联系。我们曾在这种经济系统中受到过伤害。当然，你可以认为这是与系统理论是一致的，但是我并不认为我们就有采用社会系统理论的必要。我的意思是，如果每个东西都是一个系统的话，而所有的系统都能对某一个系统产生影响的话，我们又怎么能预见到这些影响所带来的后果呢？所以，我认为权变理论更适用于我们。如果你说事物都是相互依存的话，系统理论又能帮我们什么忙呢？"

海伦对他们这样的讨论表示有不同的看法。她说："对社会系统理论我还没有很好地考虑。但是，我认为权变理论对我们是很有用的。虽然我们以前亦经常采用权变理论，但是我却没有认识到自己是在运用权变理论。例如，我有一些家庭主妇顾客，听到她们经常讨论关于孩子和如何度过周末之类的问题，从她们的谈话中我就知道她们要采购什么东西了。顾客也不希望我们逼他们去买他们不需要的东西。我认为，如果我们花上一两个小时与他们自由交谈的话，那肯定会扩大我们的

① 徐国良，王进. 企业管理案例精选精析. 4版. 北京：中国社会科学出版社，2009：89-90

销售量。但是,我也碰到一些截然不同的顾客,他们一定要我向他们推荐产品,要我替他们在购货中做主。这些人也经常到我这里来走走,但不是闲谈,而是做生意。因此,你们可以看到,我每天都在运用权变理论来对付不同的顾客。为了适应形势,我经常改变销售方式和风格,许多销售人员也都是这样做的。"

汉克显得有点激动,他插话说:"我不懂这些被大肆宣传的理论是什么东西。但是,关于社会系统理论和权变理论问题,我同意萨利的观点。教授们都把自己的理论吹得天花乱坠,他们的理论听起来很好,但是他们的理论却无助于我们的实际管理。对于培训班上讲的激励要素问题我也不同意。我认为泰罗在很久以前就对激励问题有了正确的论述。要激励工人,就是要根据他们所做的工作付给他们报酬。如果工人什么也没有做,则就用不着付任何报酬。你们和我一样清楚,人们只是为钱工作,钱就是最好的激励。"

思考题

1. 你同意哪一个人的意见?他们的观点有什么不同?
2. 如果你是海伦,你如何使萨利信服系统理论?
3. 你认为汉克关于激励问题的看法怎么样?他的观点源自哪种管理理论?

【网络辅助阅读材料】

1. MBA 智库百科. 弗雷德里克·温斯洛·泰罗. http://wiki.mbalib.com/wiki/%E5%BC%97%E9%9B%B7%E5%BE%B7%E9%87%8C%E5%85%8B%C2%B7%E6%B8%A9%E6%96%AF%E6%B4%9B%C2%B7%E6%B3%B0%E5%8B%92
2. MBA 智库文档. 国外经济管理名著丛书:科学管理原理. http://doc.mbalib.com/view/eed801ad80eeaf75e6ea8d3c20ca2e5b.html,2010-08-10
3. H·法约尔. 工业管理和一般管理. http://doc.mbalib.com/view/ed9fe769606de7b2bf909802cbfcd76c.html, 2010-08-02
4. 乔治·埃尔顿·梅奥. 工业文明的社会问题. http://doc.mbalib.com/view/e6fed1c1db71f3a8a259b287f671c24d.html, 2010-10-11
5. 哈罗德·孔茨. 再论管理理论的丛林. http://doc.mbalib.com/view/cbd0d0852de9e2b9a31a7c9348366a69.html,2012-10-10

第三章　预测与决策原理

【内容提示】

本章学习预测与决策的基本原理及使用方法，通过本章的学习，在知识点上要求掌握预测的概念、原则、分类、方法及特点，决策的概念及分类，影响科学决策的因素以及科学决策的方法。在技能上，要求熟练掌握各种决策方法并能灵活使用预测方法对管理事件进行科学预测。

引　　例

20世纪60年代晚期，壳牌石油创新运用了预测规划法来应对当时国际石油市场上已无法单纯通过历史潮流趋势来预测的风云变幻。当石油价格稳定在每桶不到4美元时，它的大多对手都致力于最优化石油提炼程序中的原油配量，在每桶原油价格的基础上上浮1～2美元，作为提炼油的定价。但壳牌石油对此没什么兴趣，它最关注的是，有没有什么突发事件可能会限制西方世界的石油供应量，使得油价暴涨至每桶40美元，而这在当时看来，简直近乎无稽之谈。

壳牌的"预测规划小组"列出了一些可能发生的事件，诸如中东危机，可能对西方的石油来源产生影响；又如，在几个壳牌进口石油的重要石油出产国，对西方社会体制的仇视可能会升级。通过这种方法，1972年时，它才能够找到自身的薄弱环节并未雨绸缪，不然有朝一日当它失去伊朗、利比亚、阿尔及利亚这三大石油来源，将会成为一场灭顶之灾。

1979—1981年，当这些石油生产国的供应真的发生问题时，壳牌的原油来源和赢利水准却没有受到严重影响。经过大范围的预测规划后，壳牌根据来自中东的原油缩减量，调整了它的石油运输队规模，并且早已建立起一套灵活有效的原油贸易程序，通过签订远期期货交易合同，以事先约定的固定价格购入大量石油，弥补了那部分原油供应量缩减所带来的损失。[①]

第一节 预 测

一、预测的概念及原则

（一）预测的概念

预测是指根据过去和现在对事物发展的未来趋势和结果作出的估计。预测既是管理工作的前提，又是管理工作的一个重要组成部分。在管理的各项职能中，计划排在首位，计划使企业明确了发展方向和目标。制订计划的前提是对事物发展趋势的准确判断，这就需要预测。

凡事预则立，不预则废。人类的每一次自觉行动都与其可把握的预期密切相关，缺乏预期的盲目行为，其结果是无法预料的。要保证行动的正确性，取得预期目标，就必须对未来进行预测，以尽可能地减少环境的不确定性，形成有把握的预期。对于一个组织来说，无论是制订经济计划，还是进行经济决策，都必须对未来的状况做出估计，并以这种估计作为计划和决策的依据。如果缺乏必要的预测，将会给组织带来严重的经济后果。比如，一个新的投资项目，从设计施工到投产一般至少要花上好几年的时间，如果在设计时不对产品的市场需求及变化趋势作出预测，等到这个项目建成，很有可能生产的产品已经过时了，届时损失就惨重了。因此，预测是科学管理的基础和前提，是管理者必备的技能之一。

科学的预测能够在自觉认识客观规律的基础上，借助大量的信息资料和现代化的技术手段，比较准确地揭示出客观事物运行中的本质联系及发展趋势，预见到可能出现的种种情况，勾画出未来事物发展的基本轮廓，提出各种可以互相替代的发展方案。这样，管理者对未来的预见性和行动的把握性就会得到增强，决策和整个管理工作的科学性也将随之提高。

在管理实践中，预测所涉及的范围非常广泛，影响组织发展的任何因素都可成为预测对象。例如，某公司在年底时会对下一年产品的销售量（销售额）进行预测，从而为制订下一年的工作计划提供必要的信息；它也会对下一年产品生产的技术

---

① （美）詹森·A·桑塔马利雅（Jason A. Santamaria），（美）文森特·马蒂诺（Vincent Martino），（美）埃里克·K·克莱蒙斯（Eric K. Clemons）著. 刘胤之，唐果译. CEO的海军陆战队. 北京：中国社会科学出版社，2005：25-26. 编写时略有改动

水平进行预测，从而保证本公司的产品在市场上不至于比竞争对手落后。再例如，农业企业经营必须密切关注天气变化和农产品市场行情，为了取得最佳预期收益，农业经营者必须对未来气候变化和市场需求等进行预测，并以此为依据进行生产经营决策，这样才能尽可能规避农业的自然风险和市场风险。

（二）预测的原则

事物之所以可以被预测，是因为人们通过长期对事物的认识，积累起丰富的经验和知识，逐步了解事物变化规律，能够凭借各种先进的技术手段，根据事物发展历史和现状，推演未来发展的趋势，做出相应的估计和推测。在长期实践和科学研究的基础上，人们已经认识到科学预测必须遵循一些基本原则，这些原则反映了事物发展演变的基本规律。

1. 惯性原则

任何事物的发展在时间上都具有连续性，表现为特有的过去、现在和未来这样一个过程。没有一种事物的发展与其过去没有联系，过去不仅影响到现在，还会影响到未来。因此，可以从事物的历史和现状推演出事物的未来。经济活动的发展也有一个过程，在时间上也表现为一定的连续性。尽管现代社会瞬息万变，但这种发展变化在长期的过程中也存在一些规律性（如竞争规律、价值规律等），可以被人们所认识。2013 年国际黄金价格持续走低，2012 年 7 月黄金价格为 325 元/克，2013 年 4 月价格为 290 元/克，2013 年 7 月价格为 230 元/克。广州长寿路“打金一条街”有家珠宝加工店，该店严老板 2012 年年底预测未来半年黄金价格很可能会再跌，黄金加工市场会很火，他就在 2012 年年底又招聘了 8 位打金师傅。果然到了 2013 年 7 月黄金价格仍然下跌，刺激了消费者购买金饰品的欲望，而且购买者将以四五十岁的阿姨居多，该店的打金师傅忙不过来，近日还在招人。严老板对黄金价格及消费者的预测就是基于惯性原理判断的。

2. 因果原则

事物的运动发展是相互联系的，而不是孤立的，一个事物的发展变化，必然影响到其他有关事物的发展变化，因此有可能根据一事物来预测另一事物。比如，一个国家在一定时期内采用某种特定的经济政策，势必对市场经济的发展产生某些影响，这时的政策是因，经济变化情况是果。过一段时间，国家根据经济发展变化的新情况，制定新的经济政策来刺激经济，或是稳定经济，或是调整经济结构等。这时，经济发展状况变为因，经济政策又变为果。当然，一因多果或一果多因的现象也经常出现，但有其因就必有其果，这是规律。因此，从已知某一事物的变化规律，推演与之相关的其他事物的发展变化趋势，是合理的，也是可能的。投入产出分析法就是对因果原则的最好运用。

3. 类推原则

许多事物相互之间在结构、模式、性质、发展趋势等方面客观上存在着相似之处。根据这种相似性,人们可以在已知某一事物的发展变化情况的基础上,通过类推的方法推演出相似事物未来可能的发展趋势。例如,彩色电视机的发展与黑白电视机的发展就有某些类似之处,我们可以利用黑白电视机的发展规律类推彩电的发展规律。又比如,一些制药厂在研制新药时通常都用小白鼠做药理实验,这种药理实验成功以后,新药才会小规模应用于临床试验,最后才会大规模用于临床治疗。之所以选择小白鼠而不选择其他动物(如青蛙、狗等)做实验,是因为用小白鼠做实验成本比较低,而且小白鼠是小型哺乳动物,生理特点又与人比较接近,这样的药物机理几乎是一样的。因此,我们据此可以判断,如果一种新药在用小白鼠做实验时没有成功,这种药肯定不能用于临床试验或者治疗。

4. 概率原则

事物的发展都有一个被认识的过程。人们在充分认识事物之前,只知道其中有些因素是确定的,有些因素是不确定的,即存在着偶然性因素。市场的发展过程中也存在必然性和偶然性,在偶然性中隐藏着必然性。通过对市场发展偶然性的分析,揭示其内部隐藏着的必然性,可以凭此推测市场发展的未来。从偶然性中发现必然性可以应用概率论和数理统计方法,求出随机事件出现各种状态的概率,然后根据概率去推测预测对象的未来状态。比如,农业企业往往根据以往某些气候条件出现的频次和频率,对未来计划期内的气候变化和气象条件进行预测,并据此进行农业生产决策,以实现有效规避自然风险、取得最佳经济效益的目标。

(三)预测的精度

预测的精度也叫预测的准确度,是指预测对象的实际值与预测值的误差程度。这个误差越小,表明预测的精度越高,否则,表明预测的精度越低。由于影响事物发展趋势和运动变化结果的因素很多,而人的理性是有限的,只能在分析若干主要因素与预测变量之间的相互关系的基础上作出预测,因而难免产生预测误差。另外,客观事物的发展有渐变,也有突变。比如技术进步是不断地前进的,社会也是在不断发展,这是一个渐变的过程,但是在这个渐变过程当中有的时候也会有一些突变,比如突发性的自然事件,一个重大技术发明等,往往是很难预测的。当然,预测误差也有可能是由于人为的原因造成的,比如原始数据登录错误,计算错误等。那么,如何才能提高预测精度呢?在实际工作中,应从以下方面采取改善预测质量、提高预测精度的措施:

1. 预测的资料来源

资料数据情报一定要可靠,须经过核实。资料是否完全、是否正确、是否陈旧、是否相关直接影响着预测结果的准确度。

2. 预测的方式

要善于利用各方面的预测成果和报告,广泛征求各方面的意见和建议,利用集体的智慧,提高预测的准确性。

3. 预测的方法

要注意研究预测的方法,改进预测技术。由于客观事物所表现的形态是各种各样的,它表现出的统计规律也是不同的。对于不同的问题,抽样规模、抽样单位、抽样程序都是不同的,预测者要掌握各种预测的技术和方法。对于不同预测方法的原理、基本假设、适用范围要有深入的了解。

二、预测的程序

预测既然是一项重要的管理工作,就必须要有一套严格的操作程序。根据预测工作先后顺序的不同,可以把预测工作分成以下四个步骤:

(一)确定预测目标

由于预测的目标、对象、期限、精度、成本和技术力量等不同,预测所采用的方法、资料数据收集也有所不同。明确预测的具体目标,是为了抓住重点,避免盲目性,提高预测工作的效率。例如,预测某种商品的需求量,就是一个具体的预测目标。确定了这个目标之后,才能为搜集相关资料,选择预测方案、配备技术力量以及预算所需费用指明方向。只有根据企业经营活动的需要,制订预测工作计划,编造预算,调配力量,组织实施,才能以较少费用,取得满意的预测结果。

(二)收集资料

资料是预测的依据,有了充分的资料才能为预测提供可靠的相关信息。收集有关资料是进行预测重要的基础工作,如果某些预测方法所需的资料无法收集或收集的成本过高,即便有理想的预测方法也无法应用。广泛搜集影响预测对象的一切资料,注意资料的真实性和可靠性,剔除偶然性因素造成的不正常情况,是科学预测的前提条件。

(三)选择预测方法进行预测

预测方法很多,但并不是每个预测方法都适合所有被预测的问题。预测方法选用是否得当,将直接影响预测的精确性和可靠性。根据预测的目的、费用、时间、设备和人员等条件选择合适的方法,是预测成功的关键。对同一个预测目标,一般应同时采用两种以上的预测方法,以资比较和鉴别预测结果的可信度。如果是定量预测模型,应该在满足预测要求的前提下,尽量采用简单、方便和实用的方法。

(四)预测结果的分析与评价

预测是一种估计和推测,很难与实际情况百分之百吻合。定性预测是预测者根据自己的经验和知识对某一事物的发展趋势作出的判断,这种判断带有很强的主观性,与真实的状态存在一定的差异。定量预测所建立的数学模型也不可能包罗影响预测对象的所有因素,出现误差是不可避免的。产生误差我们就要分析原因,大致有两种原因:一种可能是收集的资料有遗漏和篡改或预测方法有缺陷;另一种可能是工作中的处理方法不当,工作人员的偏好影响等。因此,每次预测实施后,要把实际值与预测值相比较,找出预测误差,估计其可信度。为了对预测结果和预测方法作出实事求是的评价,主管人员必要时可组织专家评议,对专家的评议意见要进行反馈和应用,发现问题要设法及时解决。

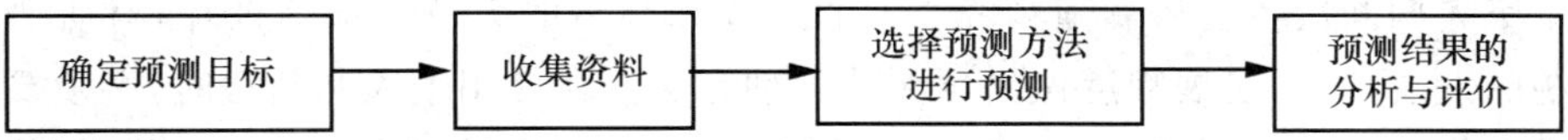

图 3-1 预测的程序

三、预测的方法

在进行预测时,无论是预测什么内容(销售量、销售额、新技术等),最终都要得到一个结果,取得预测结果的技术手段便是预测方法。市场预测方法可以归纳为定性预测和定量预测两大类。将这两大类方法结合起来,并越来越多地吸收计算机技术,是现代预测方法发展的总趋势。

(一)定性预测方法

依靠预测者的专门知识和经验,来分析判断事物未来发展的趋势,称为定性预测。它要求在充分利用已知信息的基础上,发挥预测者的主观判断力。定性预测适合预测那些模糊的、无法计量的社会经济现象,并通常由预测者集体来进行。集体预测是定性预测的重要内容,能集中多数人的智慧,克服个人的主观片面性。例如,城市地铁交通线路的设计,某种产品销售量下滑原因的判断等都属于定性预测。

在实际工作中,由于影响管理的因素错综复杂,资料难以数量化,甚至根本不可能用数量指标表示。比如,一定时间内经济形势的发展变化情况,国家某项政策出台对消费倾向、市场前景的影响,我国加入世界贸易组织后对我国企业的利弊影响等。这种情况下的预测,一般只能采用定性预测方法。另外,企业经营活动中的分析经营环境、制定战略规划、技术开发或新产品研制等,往往也只能采用定性预测方法。定性预测要求预测者具有从事预测活动的经验,同时要善于收集信息、积累数据资料,尊重客观实际,避免主观臆断,才能取得良好的预测效果。

定性预测方法的优点是:简便,易于掌握,而且时间快,费用省,因此得到广泛采用。特别是进行多因素综合分析时,采用定性预测方法,效果更加显著。但是,定性预测方法缺乏数量分析,主观因素的作用较大,预测的准确度难免受到影响。因此,在采用定性预测方法时,应尽可能结合定量分析方法,使预测过程更科学,预测结果更准确。

定性预测方法主要包括:个人判断法、集体意见法、专家会议法以及德尔菲法等。

1. 个人判断法

个人判断法主要依靠预测者个人的经验和判断能力及简单地计算,对所研究问题的发展趋势,发展程度做出预测的一种方法。在使用个人判断法时,必须要具备两个前提条件:一是资料比较丰富、全面;二是数字资料和非数字资料并重,使定性分析数量化,尽量减少主观性判断,提高预测结果的说服力。

这种方法的优点是能够最大限度地发挥出专家的智慧,充分利用个人的创造力;专家在预测时不受外界影响,没有心理压力。但是,个人判断法受专家个人的知识储备、占有资料情况、信息来源及其可靠性、对预测对象兴趣的大小乃至偏见等因素的影响,缺乏相互启发的氛围,因此难免带有一定的局限性。

2. 集体意见法

集体意见法是预测的组织者根据预测要求向预测者提出要求与限制条件,各预测者根据自己的专业知识和经验制定出各自的预测方案,参与者共同来决定各种方案成功实现的概率,最后根据概率来计算出最终的期望值,这种方法又称作集体期望值法。

集体意见法的主要步骤主要有:

第一步,预测组织者就某个某些问题向参与预测的人员和部门提出预测费用和预测期限要求,并提供预测所必需的资料、信息。

第二步,参与预测人员和部门根据要求及掌握的资料信息,利用自身的经验和分析判断能力,提出各自的预测方案。

第三步,计算各预测方案的期望值,各方案的期望值等于各种可能状态估计值与其概率值乘积之和,计算公式为:

$$E = \sum_{t=1}^{n} (X_i P_i)$$

式中：n 表示可能出现的自然状态的总和数；E 表示期望值；X_i 表示 i 种状态下的预测数；P_i 表示 i 种状态下的概率估计值。

第四步，对各预测方案进行加权平均，公式为：

$$\hat{y}=\sum_{i=1}^{n}E_iW_i$$

式中：W_i 表示第 i 个方案的权数；n 表示方案个数；E_i 表示某类人员中第 i 个方案的期望值。

第五步，确定最终预测值。以综合预测值为基础并根据环境、产业的变化情况确定最终预测值。

3. 专家会议法

专家会议法是指邀请有关方面的专家，通过会议的形式，对预测对象的未来状态或发展变化趋势作出评价，预测者在综合专家意见的基础上，对预测对象作出预测。

专家会议法的主要步骤：

(1)邀请：人数 10 人左右，专家所在领域应较宽。

(2)提出并评议方案：专家从各个领域发表意见。

(3)创造气氛：气氛便于专家无拘无束发表意见。

(4)分析：召集人对各种方案进行比较、评价归类，最后确定预测方案和结论。

专家会议有助于专家们交换意见，通过互相启发，可以弥补个人意见的不足，在较短时间内得到富有成效的创造性成果，为决策提供预测依据。但是，专家会议也有不足之处，如有时心理因素影响较大；易屈服于权威或大多数人意见；易受劝说性意见的影响；不愿意轻易改变自己已经发表过的意见，等等。

4. 德尔菲法

德尔菲法是在 20 世纪 60 年代由美国兰德公司首创和使用的一种特殊的预测方法。德尔菲法是指借助各种沟通手段(邮件、电话或网络等)，反复咨询专家们的建议，然后由策划人做出统计，进行修正，就新问题再次征询专家意见，直至得出比较统一的预测结果。

德尔菲法的主要步骤有：

(1)准备阶段。成立预测小组，确定专家名单，准备与预测有关的背景材料，提出预测内容和要求等。

(2)征询阶段。征询阶段一般有 3～4 轮或更多次反复。

第一轮，将征询调查表分寄给各专家成员，请他们做出预测，然后邮寄回给预测主持者。收到寄回的表格之后，主持者要统计各位专家的预测值。

第二轮，将第一轮的预测值反馈给各专家，请他们给出预测的理由并再次做出预测。收到反馈表后，主持者编制出预测理由汇总表。

第三轮，将第二轮的预测结论（各专家值统计结果）及预测理由汇总表发给各专家，请他们做出新的预测及进一步的评论。

第四轮，同第三轮……

(3)最终达成一致意见。

这种预测方法的优点是：专家们互不见面，不能产生权威压力，因此，可以自由地充分地发表自己的意见，从而得出比较客观的策划案。由于这种方法避免了专家们的直接会面，所以又称其为“背靠背的专家意见法”。但有时这种方法很难达成一致意见，时间消耗比较长。

(二)定量预测方法

定量预测方法是指在数据资料充分的基础上，运用数学方法，有时还要结合计算机技术，对事物未来的发展趋势进行数量方面的估计与推测。定量预测方法有两个明显的特点：一是依靠实际观察数据，重视数据的作用和定量分析；二是建立数学模型作为定量预测的工具。例如，设某种商品价格稳定，该商品销售额便由销售量决定。这时，销售量是自变量，设为 X，销售额是因变量，设为 Y，它们之间可用函数式表示为：$Y=f(X)$。这一函数式就描述了这种商品在价格确定条件下的销售额与销售量之间的相互关系及其变化规律。

定量预测方法的运用，必须要具备两个前提条件：一要有充分的历史资料；二是影响预测对象发展变化的因素相对稳定，并能以此作为依据建立数学模型。实际工作中，由于社会经济现象错综复杂，不可能把所有变动因素都纳入数学模型，有些数据难以取得或取得数据成本过高，使定量预测方法的运用也存在一定的局限性。下面介绍几种常用的定量预测方法。

1. 时间序列预测法

时间序列是按时间顺序排列的一组数字序列。时间序列预测法以时间为自变量、以预测变量为因变量建立模型（方程）对变量未来发展情况进行预测的方法。其形式为：

$$y_i = a + bx_i$$

式中：$a=\overline{Y}-b\overline{X}$；$b=\dfrac{n\sum X_iY_i-\sum X_i\sum Y_t}{n\sum X_i^2-(\sum X_i)^2}$；$\overline{Y}=\dfrac{1}{n}\sum y_i$；$\overline{X}=\dfrac{1}{n}\sum x_i$。

例如,某商场连续7年彩色电视机的销售量如表3-1所示,试预测该商场第8年的彩色电视机的销售量。

表3-1 某商场彩色电视机的销售量 台

年份(x_i)	1	2	3	4	5	6	7
销售量(y_i)	235	260	326	368	412	463	520

从图3-2中可以看出,该商场电视机销售量与时间的关系基本上为线性关系,因此可以运用以上模型进行预测。

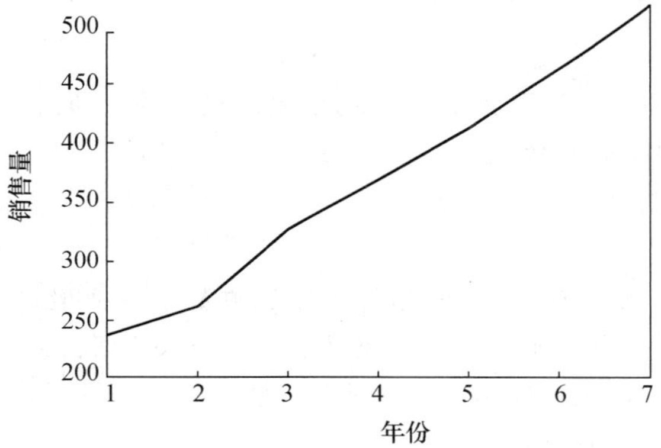

图3-2 某商场彩色电视机的销售量

通过计算我们可以得到:$a=176.7143$,$b=48.10714$,由此我们可以得到该商场的时间序列模型为:

$$y_i=176.7143+48.10714x_i$$
$$(24.22)^{***}\quad(29.49)^{***}$$

模型中括号里的数据表示回归系数的 T 检验值,*** 表示1%水平上的显著性。其中,模型的 R^2(拟合度)$=0.994284$,F 检验值$=869.7196$,说明模型效果比较好。

这里应该注意的是,模型里的年份 x_i 均以实际值表示,所以第8年销售量的预测值为:$176.7143+48.10714\times 8=562$(台)(结果已经四舍五入),同样我们可以得到第9年销售量的预测值为610台。

2. 回归模型预测法

回归模型是研究一个变量对于另一个(些)变量的具体依赖关系的计算方法和理论。在学习回归模型预测之前,首先要了解一些基本的概念。通常来说,我们要进行预测的变量称作被解释变量(explained variable)或应变量(dependent variable),例如 $y=\beta_0+\beta_1 x$ 中,y 就是解释变量或应变量;而 x 就是解释变量(explanatory variable)或自变量(independent variable)。回归模型关心的是根据解释变量的已知或给定值,考察被解释变量的总体均值。

回归模型根据自变量的指数是否为 1,可以分为线性回归模型(自变量的指数=1)和非线性回归模型(自变量的指数≠1)。线性回归模型比较简单,与时间序列预测法中介绍的方法类似,这里就不再赘述。对于非线性回归模型,可通过一定的方式转换成线性回归模型。

例如,我们常见的柯布-道格拉斯生产函数(C-D 函数)的表达式为:

$$Q = AK^{\alpha}L^{\beta}$$

式中:Q 表示产出量,K 表示投入的资本;L 表示投入的劳动。

对等式两边同时取对数:$\ln Q = \ln A + \alpha \ln K + \beta \ln L$

通过替换,我们可以将模型变为:$y = c+\alpha x_1+\beta x_2$,这显然是一个线性回归模型。

事实上,现实生活中的许多问题,都可以通过数学变换最终转化为线性问题,所以线性回归模型具有普遍意义。即使对于无法采取任何变换方法使之变成线性的非线性模型,目前使用得较多的参数估计方法——非线性最小二乘法,其原理仍然是以线性估计方法为基础。

第二节 决 策

一、决策的概念与类型

(一)决策的概念与特点

决策无处不在,当你在几种备选方案中挑选一个执行方案时,你就是在决策。管理的核心是决策,整个管理过程都是围绕着决策和决策方案的实施而展开的,决策贯穿于管理过程的始终。

所谓决策,就是为了达到一定目标,在掌握充分的信息和对有关情况进行深入分析的基础上,用科学的方法拟订并评估各种方案,从中选出合理方案的过程。因此,决策的前提条件就是要有几种备选方案可供选择,如果方案只有一个,那么我们就不用决策了,就是它了。换句话说,备选方案越多,方案之间的差别越小,决策的难度就越大。

在管理学中,决策是作为决策制定过程来理解的,而不仅仅指选择方案即做出决定抉择的那一时刻的行为。决策具有以下几个特点:

1. 目标性

任何决策都必须根据一定的目标来进行。

2. 可行性

决策方案的拟订和选择不仅要考察采取某种行动的必要性,而且要注意实施条件的限制。

3. 选择性

决策的实质是选择,或者说“从中择一”。决策目标与决策方案都是经过选择而确定的。

4. 满意性

管理决策通常遵循的是满意原则,而不是最优化原则。所谓满意原则,是指在有限可选的方案中寻找能使决策者感到满意的决策方案。也就是说,对于各种决策方案,决策者不是执意去探索理论上能实现最优效果的决策方案,而是根据现实条件和可能选择一个能够满足实现目标要求的方案。

5. 过程性

决策是一个过程而非瞬间行动。

6. 动态性

决策不仅是一个过程,而且是一个不断循环的过程。作为过程,决策是动态的,没有真正的起点,也没有真正的终点。

(二)决策的类型

决策可以依照各种不同的分类标准或依据进行分类。

1. 战略决策与战术决策

从调整的对象和涉及的时限看,组织的决策可以分为战略决策和战术决策。战略涉及整个战争的总体布局和战役安排;战术则与每一场具体战斗的进行有关。战略决策解决的是“做什么”的问题;战术决策解决的是“如何做”的问题。战略是根本性决策;后者是执行性决策。战略决策是战术决策的依据,战术决策是在战略决策的指导下制定的,是战略决策的落实。

2. 程序性决策与非程序性决策

这是根据决策问题的重复程度和有无既定的程序可循进行的分类。

程序性决策是指对经常出现的重复性问题,并已有处理经验、程序和方法的决策。例如,企业在做采购原材料决策时,会遵循以往的惯例进行。现在的政府机关需要新进人员时，先制订出进人计划，然后上报给人事主管部门审批，审批后，再向全社会公开招考公务员，这也是程序性决策。

非程序性决策是指对不经常出现的偶然性问题，没有处理经验，完全靠决策者个人的判断和信念来进行的决策。非程序性决策用来解决例外问题。例如，企业在生产过程中，出现重大的人员伤亡事故时，就必须采用非程序性决策。因为，对于企业来说，重大人员伤亡事故并不是经常出现的，企业自身也缺乏这种处理经验。

3. 确定型决策、非确定型决策和风险性决策

根据决策后果发生的可能性大小可以把决策分为这三种：

确定性决策是指决策条件清楚，结果也清楚，决策者只需根据目的进行选择的决策。比如说，企业现在使用的一部生产机器已经到了濒临报废的地步了，需要购买一台新的机器，这个决策就是确定性决策。

非确定性决策是指条件、结果均不清，决策者根据个人偏好选择方案。例如，企业想推出一种完全不同于传统产品的新产品，通过市场调查并没有得到实质性的有用资料，新产品上市之后，前景如何，企业不知道，那么究竟要不要推出这种新产品呢？这就要看决策者的选择了。

风险性决策是指条件不十分肯定，但后果及发生的概率大多已知，决策者无论如何选择都将承担风险的决策。例如，一个商人准备投资建立一个生产塑料制品的工厂，现在他有两种选择，要么建小厂，要么建大厂。通过认真考察他发现，塑料制品在未来一段时间畅销的概率为 0.3，销路一般的概率为 0.5，滞销的概率为 0.2，建大厂和小厂的损益状况如表 3-2 所示。

表 3-2　各种情况下建大厂和小厂的损益值比较　　万元

类　型	概　率				
	畅销	一般	滞销	期望值	建厂成本
	0.3	0.5	0.2	E	C
大　厂	30	10	−5	13	7
小　厂	15	5	0.5	7.1	5

在这种条件下，建大厂获利的期望值＝30×0.3＋10×0.5－5×0.2＝13(万元)；建小厂获利的期望值为 7.1 万元。考虑成本后，建大厂获纯利 6 万元，建小厂获纯利 1.1 万元，此时，选择建大就是一个合理的决策。

4. 初始决策与追踪决策

从决策解决问题的性质来看，可以将决策分成初始决策和追踪决策两种。初

始决策是指组织对从事某种活动或从事该种活动的方案所进行的初次选择，它是在有关活动尚未进行从而环境未受到影响的情况下进行的。随着初始决策的实施，组织环境发生变化，这种情况下所进行的决策就是追踪决策，追踪决策是在初始决策的基础上，对组织活动方向内容或是方式的重新调整。

二、决策的步骤

决策是个"过程"的概念，决策是一个有序的、条理化的过程，而不是在瞬间选定某一方案的单纯的决断。科学的决策需要经过以下几个步骤才能完成：

(一)发现问题

决策是由选择引起的，选择又源于需要，需要是由压力造成的，是一种紧张状态，为了缓解这种紧张状态，首先要发现问题处在什么地方。在对组织内部状况的了解及对外部环境的分析基础上，发现问题，即发现现有状况与所要达到目标之间的差距。

(二)确定目标

管理的目的是有效地实现组织的发展目标，因此，任何决策都是针对目标而言的，决策的任务之一就是要回答决策的目的是什么，要达到什么目标。在确定决策目标的过程中，必须弄清以下问题：组织目前存在的主要问题是什么？为什么没有实现既定的目标，还存在哪些差距？影响目标实现的主要有利和不利因素有哪些？组织发展的合理目标是什么？目标体系中各子目标之间的关系是什么？目标的优先次序如何确定，其依据是什么？等等。具体来说，确定目标包含以下工作内容：

1. 明确组织目标要进行哪些工作

(1)提出目标。

(2)明确多元目标之间的关系，即明确主要目标与次要目标的关系。

(3)建立目标，权衡目标之间的有利结果和不利结果，制定不利结果的界限，即规定不利结果在何种水平范围内是允许的。

2. 如何制定目标，即制定一个什么样的目标

(1)可以计量可以量化。

(2)可以规定其期限实现目标的期限。

(3)可以确定其责任者，即完不成目标任务要有人负责，完成目标任务也要知道贡献者及其贡献大小。

(三)拟订方案

决策目标明确以后，就要拟订两个以上的备选方案。所谓备选方案，就是指可

供进一步选择的可能方案。备选方案不可能只有一个，但是备选方案也不可能太多，否则不仅要投入大量不必要的精力，而且还会影响决策的速度和质量。拟订备选方案时，一定要注意从企业自身的实际情况出发，不可照搬照套其他企业的方案，应从多方面多视觉分析考虑方案的技术性、经济性和可行性，必须考虑到所有主要的可能因素。

(四)比较和选择方案

比较和选择方案是基于一定的方案评判准则。从科学管理的要求讲，比较和选择方案的准则是“满意原则”而非“最优化准则”。

按照“经济人”的假设，人们在对各种可行方案进行评价和选择时，总是采用“最优化的原则”，即人们总是希望通过对各种可行方案进行比较，从中选择一个最好的方案作为可行的方案。对于这种决策准则，美国管理学家赫伯特·西蒙(Herbert Alexander Simon，1916—2001)认为，它需要满足以下几个条件：

(1)在决策之前，全面寻找备选行为。

(2)考察每一可能抉择所导致的全部复杂后果。

(3)具备一套价值体系，作为从全部备选行为中选定其一的选择准则。

也就是说，在采用最优化原则进行决策时，决策者在进行决策之前，必须要找到所有可能的决策方案，同时必须能对每个方案实施的结果进行预先的估计，最后还必须有一个统一的价值准则能对各种方案的结果的优劣进行连续而一贯的排序。

事实上，最优化原则的这几个条件在现实生活中却是经常不能具备的。人们由于知识、经验、认识能力的限制，使得人们不可能找出所有可能的行动方案。即使人们有充分的能力来寻找所有可能的行动方案，人们由此所花费的时间和费用也会使人们感到这样做是得不偿失的。既然由于各种各样的原因使得人们不可能找出所有可行的备择行动方案，而“最优”的方案可能恰恰就在这些被遗漏的方案中，这就使得人们不可能真正贯彻最优化原则。假设第一个条件有可能成立，即人们有可能在决策之前找到所有可能的决策方案，第二个条件也是经常不能成立的，即人们很难对各种备择方案的实施结果给予预先的估计。

这涉及两个方面的因素：一是未来变化的不确定性使得人们很难对各种方案的实施结果进行预先的估计；二是人们的认识能力的有限性也使得人们很难对各种方案的结果进行预先的估计。即使第一个条件与第二个条件能成立，贯彻最优化原则的第三个条件也是经常不能成立的，即人们要对各种方案的结果的优劣进行连续而一贯的排序是很困难的。这是因为各个决策方案执行所实现的结果往往是多目标的，而在这多个目标之间有时又是相互矛盾的，所以决策者就很难以一个统一的价值准则对各个方案的优劣进行排序。这样决策者就很难从各个备择方案中选择一个所谓的最优行动方案。

由于贯彻最优原则的三个条件经常不能具备，决策者在进行决策时贯彻所谓的最优原则就失去了其现实可能性。所以决策理论学派的学者提出要用“满意原则”来代替“最优化原则”。

(五)执行方案

此过程可分为四个步骤：

(1)制定具体措施保证方案的正确执行。

(2)确保有关决策方案的各项内容为所有人了解和接受(军事决策例外)。

(3)运用目标管理的方法，将决策目标层层分解，并落实到每一个单位和个人。

(4)建立重要工作报告制度，便于随时了解方案进展情况，以便调整行动。

(六)检查处理

决策执行后，应及时检查以检验方案是否按照原有计划进行，如果发现与计划有偏差应及时采用控制手段给予控制。

三、决策的方法

决策的方法与预测的方法类似，大致分为定性的方法和定量的方法两大类。

(一)定性决策方法

1. 德尔菲法

这种方法在预测的相关部分已经详细介绍，这里不再重复。

2. 头脑风暴法(brain storming，BS 法)

美国学者阿历克斯·奥斯本于 1938 年首次提出头脑风暴法，“brain storming”原指精神病患者头脑中短时间出现的思维紊乱现象，病人会产生大量的胡思乱想。奥斯本借用这个概念来比喻思维高度活跃，打破常规的思维方式而产生大量创造性设想的状况。头脑风暴法是一种通过小型会议的组织形式，让所有参加者在自由愉快、畅所欲言的气氛中，自由交换想法或点子，并以此激发与会者创意及灵感，使各种设想在相互碰撞中激起脑海的创造性“风暴”。它适合于解决那些比较简单、严格确定的问题，比如研究产品名称、广告口号、销售方法、产品的多样化研究等，以及需要大量的构思、创意的行业，如广告业。

头脑风暴法的操作程序为：

(1)准备阶段。决策活动的负责人应事先对所议问题进行一定的研究，弄清问题的实质，找到问题的关键，设定解决问题所要达到的目标。同时选定参加会议人员，一般以 5～10 人为宜，不宜太多。然后将会议的时间、地点、所要解决的问题、可供参考的资料和设想、需要达到的目标等事宜一并提前通知与会人员，让大家做好充分的准备。

(2)热身阶段。这个阶段的目的是创造一种自由、宽松、祥和的氛围，使大家得以放松，进入一种无拘无束的状态。主持人宣布开会后，先说明会议的规则，然后谈点有趣的话题或问题，让大家的思维处于轻松和活跃的境界。

(3)明确问题。主持人扼要地介绍有待解决的问题。介绍时须简洁、明确，不可过分周全，否则过多的信息会限制人的思维，干扰思维创新的想象力。

(4)重新表述问题。经过一段讨论，大家对问题已经有了较深程度的理解。这时，为了使大家对问题的表述能够具有新角度、新思维，主持人或书记员要记录大家的发言，并对发言记录进行整理。通过记录的整理和归纳，找出富有创意的见解，以及具有启发性的表述，供下一步畅谈时参考。

(5)畅谈阶段。畅谈是头脑风暴法的创意阶段。为了使大家能够畅所欲言，需要制定的规则是：第一，不要私下交谈，以免分散注意力。第二，不妨碍及评论他人发言，每人只谈自己的想法。第三，发表见解时要简单明了，一次发言只谈一种见解。主持人首先要向大家宣布这些规则，随后导引大家自由发言，自由想象，自由发挥，使彼此相互启发，相互补充，真正做到知无不言，言无不尽，畅所欲言，然后将会议发言记录进行整理。

(6)筛选阶段。会议结束后的一两天内，主持人应向与会者了解大家会后的新想法和新思路，以此补充会议记录。然后将大家的想法整理成若干方案，再根据决策的要求进行筛选。经过多次反复比较和优中择优，最后确定1～3个最佳方案。这些最佳方案往往是多种创意的优势组合，是大家的集体智慧综合作用的结果。

3. 哥顿法

哥顿法由美国人哥顿于1964年提出，最初是用于预测的一种方法。具体做法是，首先召集有关人员开会，主持人仅抽象介绍要解决的问题，会议参加者并不明白会议的研究问题，故可开拓思路。以有名的稻谷脱粒机案例为例，主持人首先提出如何使物体“分离”，与会者可以回答“切断”、“锯断”、“剪断”、“烧断”等方法，会议主持人再进一步提出如何使稻谷与稻草分离的问题，最后会议形成一种高效率圆筒式稻谷脱粒机的方案。哥顿法有两个基本观点：一是“变陌生为熟悉”，即运用熟悉的方法处理陌生的问题；二是“变熟悉为陌生”，即运用陌生的方法处理熟悉的问题。该法能避免思维定式，使大家跳出框框去思考，充分发挥群体智慧以达到方案创新的目的。但是，该法对会议主持人的要求是很高的，智力激发的效果与会议主持人的方法、艺术也有很直接的关系，这需要主持人在实践中不断锻炼和提高。

(二)定量决策法

定量决策法是建立在数学基础上的一种决策方法，是运用数学、统计学等学科知识和技术，把决策的变量（影响因素）与目标用数学关系式表示出来，求出方案的损益值，然后选择出满意方案的方法。

1. *确定型决策方法*

所谓确定型决策是指影响决策的因素、条件和发展前景比较清晰、明确，并且容易作出判断，根据决策目标便可以选择最佳方案的决策。

(1)单纯选优法。所谓单纯选优法就是从已知的方案中按照预先设定的标准找出最好的方案，单纯选优利用的是运筹学的理论。如我们要购买温度计，精度要求有两种：一种是精确到 0.1℃，另一种是精确到 0.01℃，已知的方案如表 3-3 所示。

表 3-3 不同精度温度计价格

元

项目	精度 0.1			精度 0.01		
产品	甲	乙	丙	A	B	C
单价	20	25	30	40	50	65

根据我们需要精度标准，我们直接可以选出最佳方案，购买精度 0.1℃的温度计，选甲；购买精度 0.01℃的温度计，选 A。

(2)量本利决策法。量本利决策法又称盈亏平衡分析法，是根据对产销量、成本、利润三者之间的依存关系的综合分析，用来预测利润、控制成本的一种分析方法。量本利决策法的基本原理是用成本习性，指明企业获利经营销售量界限。成本习性是指成本的变动与产量（或业务量）之间的依存关系，企业的生产成本分为变动成本和固定成本两部分。变动成本随产量增减而变动，如直接用于产品生产的原材料、燃料、动力和计件工资；固定成本在一定范围内不受产量变动的影响，如固定资产折旧费、差旅费、办公费等。对成本作这种划分，为量本利分析决策奠定了的基础。

现假设某产品生产的变动成本与产品产量呈线性关系，产品的变动费用率即生产单位产品所必要的变动成本为 V，固定成本为 Fc，产品的单价为 P，生产规模或产品产量为 Q，利润为 π。那么，根据总成本＝固定成本＋变动成本＝固定成本＋单位变动成本×销售量，可得出量本利分析的基本方程式：

$$\pi = P \cdot Q - V \cdot Q - Fc$$

当 $\pi=0$ 时,保本产量为:

$$Q_e=\frac{Fc}{P-V}$$

在不考虑销售费用的情况下,保本销售额为:

$$PQ_e=\frac{PFc}{P-V}$$

实现目标利润 π 的销售量为:

$$Q_\pi=\frac{Fc+\pi}{P-V}$$

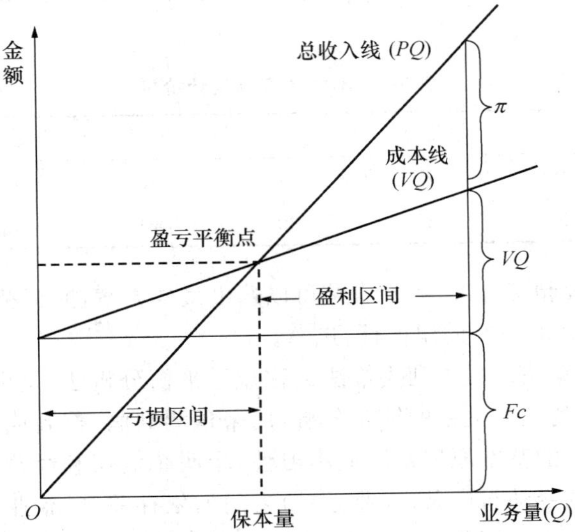

图 3-3　量本利分析图

2. 不确定型决策方法

不确定型决策所面临的问题是决策目标、备选方案尚可知,但很难估计各种自然状态发生的概率。因此,此类决策主要靠决策者的经验、智力,以及对承担风险的态度。

(1)等概率决策法。既然各种各样自然状态出现的概率无法预测,不妨按出现的概率机会相等计算求期望值,做出方案的抉择。

(2)悲观(小中取大法)决策法。首先找出各个方案的最小收益值,然后选择最小收益值中最大的那个方案为最优方案。

(3)乐观(大中取大法)决策法。

(4)最小后悔值决策法。某一种自然状态发生时,即可明确哪个方案是最优的,其收益值是最大的。如果决策人当初并未采用这一方案而采取其他方案,这时就会感到后悔,最大收益值与所采用的方案收益值之差,叫后悔值。决策者应选择最大后悔值中最小的那个方案为较优方案。

(5)折中决策法。小中取大法是从最悲观的估计出发,大中取大法是从最乐观的估计出发。两种方法都是受个人个性影响。有的专家提出一种折中的方法,要求决策者对未来发展做出判断,选择一个系数 α 作为主观概率,叫做乐观系数。最后选择期望值最高的。

折中法下计算的收益值=最大收益值×乐观系数+最小收益值×(1-乐观系数)

举例:某企业欲扩大生产规模,现有三种备选方案 A1,A2,A3,企业生产的产品销售前景有三种自然状态:高需求、中需求和低需求,在这三种自然状态下,三种方案的损益值如表 3-4 所示(其中折中率为 0.7)。

表 3-4 三种方案损益值表 万元

方案	自然状态			最小收益值	最大收益值	最大机会损失	折中法(0.7)	平均法
	高需求	中需求	低需求					
A1 新建	60	20	-25	-25	60 (乐观法)	35	34.5	18.3
A2 扩建	40	25	0	0	40	20	28	21.7
A3 改建	20	15	10	10 (悲观法)	20 (最小后悔值法)	40	17	15

利用等概率决策法求得:

A1 的收益值 $=60\times\frac{1}{3}+20\times\frac{1}{3}-25\times\frac{1}{3}=18.3$

A2 的收益值 $=40\times\frac{1}{3}+25\times\frac{1}{3}+0\times\frac{1}{3}=21.7$

A3 的收益值 $=20\times\frac{1}{3}+15\times\frac{1}{3}+10\times\frac{1}{3}=15$

利用折中法决策法求得:

A1 的收益值 $=60\times0.7-25\times(1-0.7)=34.5$

A2 的收益值＝40×0.7＋0×(1－0.7)＝28

A3 的收益值＝20×0.7＋10×(1－0.7)＝17

悲观法、乐观法和最小后悔值法计算的结果已在表 3-4 中标明。

3. 风险型决策法

风险型决策有明确的目标，如获得最大利润；有可以选择的两个以上的可行方案；有两种以上的自然状态；不同方案在不同自然状态下的损益值可以计算出来；决策者能估算出不同自然状态出现的概率。因此决策者在决策时，无论采用哪一个方案，都要承担一定风险。

风险型决策面对的自然状态是以一定概率的形式出现的，因此，方案评价和择优只能采用期望值标准。由概率论可知，随机状态决策中未来事件可能发生的概率为：

$$0 \leqslant P(y_i) \leqslant 1$$

$$\sum_{i=1}^{m} P(y_i) = 1$$

各方案的期望值计算公式为：

$$EV_j = \sum_{i=1}^{m} u_{ij} \cdot P(y_i)$$

式中：EV_j 表示第 j 方案的期望值；m 表示方案数；u_{ij} 表示第 j 个方案在 i 种自然状态下的损益值。

在具体决策时，风险型决策常常采用决策树方法进行决策运算。决策树是将可行方案、影响因素用一张树形图表示。以决策点为出发点，引出若干方案枝，每个方案枝都代表一个可行方案。在各方案枝末端有一个自然状态结点，从状态结点引出若干概率枝，每个概率枝表示一种自然状态。在各概率枝末梢，注有损益值。决策树中的符号意义如下：

决策点，□代表最后的方案选择。

状态点，○代表方案将会遇到的不同状态。

结果点，△代表每一种状态所得到的结果。

方案枝，由决策点引出的线段，连接决策点和状态点，每一线段代表一个方案。

概率枝，由状态点引出的线段，连接状态点和结果点，每一线段代表一种状态。

决策树法就是以图解方式分别计算各个方案在不同自然状态下的损益值，通过综合损益值比较，做出决策。下面举例说明决策树法的实际运用。

假如若 A1 和 A2 两方案投资规模分别为 450 万元和 240 万元，经营年限为 5

年，销路好的概率为0.7，销路差的概率为0.3。预计A1方案如遇销路好的年份年收益为300万元，在销路差的年份将损失60万元；A2方案在销路好、销路差年份的损益值分别为120万元和30万元。决策过程如下：

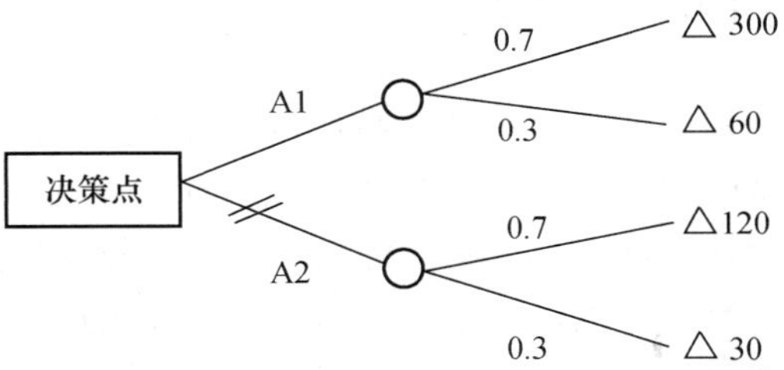

图 3-4　决策树状图

第一步，根据已知数据画图，即绘制决策树，如图3-4所示。

第二步，计算期望值。个方案的期望值计算如下：

A1的净收益值=[300×0.7+(−60)×0.3]×5−450=510(万元)

A2的净收益值=(120×0.7+30×0.3)×5−240=225(万元)

第三步，根据期望损益值大小，进行方案选优。因为A1的期望值大于A2的期望损益值，所以选择A1方案。

第四步，剪枝。在A2方案枝上打两斜线，表明舍弃该方案。

4. 其他定量决策方法

除了上述几种定量决策方法以外，人们还经常采用边际分析法、成本效益分析法等方法来决策。

边际分析法的思想主要源于经济学中的生产函数，通过对企业收益、产量和成本这三者之间的关系分析，发现当边际成本等于边际收益($MR=MC$)的时候，企业的利润能够实现最大化，以此来确定企业的最佳产量(销量)。

成本效益分析法又分内部报酬率法和净现值法。内部报酬率(IIR)法是通过计算使项目的净现值(NPV)等于零时的贴现率来评估项目的一种方法，这个贴现率就被称为内部报酬率，用IRR表示：

$$NPV=\sum_{t=1}^{n}\frac{CF_t}{(1+IIR)^t}-CF_0=0$$

式中：n表示项目的寿命周期；CF_t表示现金流入量；CF_0表示项目初始投资额。

内部报酬率越高，说明方案越好。净现值(NPV)法是运用投资项目的净现值来进行投资评估的基本方法，净现值等于投资项目未来净现金流量按资本成本折算成现值，减去初始投资后的余额，用公式表示为：

$$NPV=\sum_{t=1}^{n}\frac{CF_t}{(1+i)^t}-CF_0$$

净现值越高，方案越好。

【本章小结】

预测就是根据过去和现在对事物发展的未来趋势和结果所作出的估计。预测既是管理工作的前提条件，又是管理工作的一个重要组成部分。科学预测必须遵循惯性原则、因果原则、类推原则以及概率原则。

科学预测还必须遵循一定的程序，选择恰当的预测方法。预测的一般程序是：发现问题，确定目标，收集资料信息，选择预测方法进行预测，预测结果的分析与评价。预测的常用方法有个人判断法、集体意见法、专家会议法、德尔菲法、时间序列预测法、回归模型预测法等。由于主客观条件的限制，预测误差虽然不可能完全避免，但实践中可以从多方面入手，采取一定的措施，不断提高预测精度，将预测误差降低到可接受的程度。

管理的核心是决策。所谓决策就是为了达到一定目标，在掌握充分的信息和对有关情况进行深刻分析的基础上，用科学的方法拟订并评估各种方案，从中选出合理方案的过程。科学决策具有目标性、可行性、选择性、满意性、过程性、动态性等特点。决策所涉及的范围十分广泛，根据不同的分类依据，可以将决策划分为：战略决策与战术决策，程序性决策与非程序性决策，确定型决策、非确定型决策和风险性决策，初始决策与追踪决策。

为保障决策的质量和效果，科学决策应按照一定的步骤进行和选择适当的方法。决策的一般步骤是：发现问题，确定目标，拟订方案，比较和选择方案，执行方案，检查执行结果。定性决策的常用方法有德尔菲法、头脑风暴法、哥顿法等；定量决策方法因决策类型而异，本章对确定型决策、不确定型决策、风险型决策的常用方法分别作了详细介绍。

【复习思考题】

1. 何谓预测？预测的原则有哪些？

2. 什么是预测精度？如何提高预测精度？

3. 预测应遵循怎样的程序？

4. 个人判断法、集体意见法、专家会议法以及德尔菲法如何使用？它们各有何特点？

5. 定量预测常用的方法有哪些？

6. 何谓决策？决策有哪几种类型？

7. 决策的步骤有哪些？每个步骤应关注哪些主要问题或方面？
8. 为什么选择活动方案的原则是满意原则而非最优化原则？
9. 何谓头脑风暴法、哥顿法？
10. 确定型决策方法有哪些？如何应用？
11. 不确定型决策方法有哪些？如何应用？

【知识应用与技能拓展】

三亚“宰客门”[①]

三亚位于海南岛的南部，是中国最南部的滨海旅游城市。2012 年 1 月 28 日，微博实名认证用户罗迪发表微博称：“朋友一家三口前天在三亚吃海鲜，3 个普通的菜被宰近 4 000 元。邻座一哥们儿指池里一大鱼刚问价，店家手脚麻利地将鱼捞出摔晕，一称 11 斤，每斤 580 元共 6 000 多元。那哥们儿刚想说理，出来几个东北大汉，只好收声认栽。”该微博发布后，引起网友的热议，一天内，已被转发 4 万多次。1 月 29 日，三亚工商、物价等五部门先后介入调查此事。当天下午三亚市政府新闻办连发 3 条微博，回应此事，具体内容如表 3-5 所示。

表 3-5 三亚市政府新闻办对宰客门事件的微博回应

时间	内　容
14 :45	节后上班第一天，发现新浪微博“在三亚吃海鲜被宰，引发热议”，跟帖人数至中午 3 万多人。这条微博引起三亚市委、市政府主要领导高度重视，批示：要迅速深入调查，绝不容忍欺客宰客现象影响三亚、影响海南国际旅游岛的形象
14 :47	三亚市工商和物价部门迅速行动，紧急召开了专题会议，联系微博作者罗迪，并通过罗迪找到了高先生（罗迪不是亲历者，高先生才是）和那家海鲜店。已勒令该店停业整顿，调查组已进店调查取证和处理。三亚对欺客宰客行为，绝不姑息，严罚不怠
14 :56	感谢游客、网民和媒体对三亚的关注、关心和热爱。今年春节黄金周在食品卫生、诚信经营等方面三亚没有接到一个投诉、举报电话，说明整个旅游市场秩序稳定、良好。三亚总人口仅 60 多万人，30 多万游客集中在三亚旅游度假，给旅游、交通、城市管理极大压力。三亚会把这些压力变成建好、管好城市的工作动力

① 毕研韬. 品牌之道. 北京：中央编译出版社，2012：312-321. 编写时有删改

前两条微博之间相隔 2 分钟，考虑到微博的字数限制，可视为一条信息分两次发布。仅从这两条微博看，三亚市政府的应对并无明显失误。第二条和第三条相隔 9 分钟。遗憾的是，第三条中的“零投诉”惹火了广大网民，质疑、指责、爆料铺天盖地而来。于是“三亚宰客风波”在网民、媒体和三亚市政府的合作下正式上演。

1 月 30 日下午，三亚市新闻办在其官方微博公布了三亚市工商局春节期间 12315 值班情况：1 月 22 日，共接到消费者申诉举报、咨询电话 70 个，受理申诉举报 43 件，与去年同期相比下降 59%。其中：普通餐饮 8 件，与去年同期持平；普通购物 13 件，与去年同期相比下降 43%，普通服务 16 件，与去年同期相比下降 74%，其他类 5 件，与去年同期相比下降 33%。已成功调解 30 件，撤诉 5 件，移转 2 件，正在处理中 6 件。之前微博提及的“零投诉”实际为海鲜排档、水果零投诉。

1 月 31 日，三亚市政府新闻办举行春节黄金周旅游接待工作媒体通报会，通报近期备受关注的游客春节期间在三亚被宰事件的进展情况。三亚政府部门表示，由于没有更确切的证据，海鲜宰客事件查办工作存在很大的困难，希望罗迪和高先生能与三亚工商局联系，提供更有力的证据，一旦查实，将依法吊销该店营业执照。同时还表示，对于恶意攻击三亚的人，将依法追究责任。

2 月 1 日上午 10 时，三亚市委市政府举行媒体见面会，海南省副省长、三亚市委书记姜斯宪对于今年春节黄金周期间游客反映的海鲜排档、出租车及个别景区“宰客”现象向大家表示歉意。

2 月 2 日上午，针对网上曝光的“海岛渔村”的消费单据，三亚市物价、工商等部门已介入调查，该店也已停业。

2 月 2 日，三亚市物价局公布三亚海鲜品社会平均批发参考价格，作为海鲜排档销售价格的计算依据。

从 2 月 7 日召开的三亚市政府常务会议上获悉，对于微博上曝出三亚凤凰富林渔村海鲜排档涉嫌欺客宰客的事件，三亚市工商部门经多方调查取证发现该店确实存在欺客宰客、误导消费行为，将依法吊销其营业执照，给予最高额度罚款。

2 月 8 日，根据《价格违法行为行政处罚规定》，三亚市价格主管部门决定对海岛渔村海鲜城处以 50 万元罚款的行政处罚。

3 月 22 日，海南省假日旅游管理领导小组召开会议，该省多部门负责人会诊三亚“宰客门”之病因，寻求改善旅游环境之策。

三亚“春节宰客”被曝光后，三亚市政府相关部门成立工作组，先后介入调查，督促涉事饭店自行停业整顿，体现了一定的承担责任意识。然而，随后在微博上发布“零投诉”信息、案件因“无法举证”而进展困难等，则让人看不到其承担责任的诚意，虽然最后召开新闻发布会向公众道歉，但城市品牌形象已经受损。

思考题

1. 如果你是三亚市政府相关领导，遇到这种事件你会怎样决策？
2. 对于已经造成的这种结果，你会采取怎样的补救措施？

【网络辅助阅读材料】

1. 王伟. 电子银行业务价值来自数据分析和决策. http://bank.jrj.com.cn/2013/07/02163115474303－1.shtml，2013-07-2

2. 何晔，吕维. 管理中的决策——组织如何进行科学决策. http://wenku.baidu.com/view/b75dcfd1c1c708a1284a4444.html，2012-05-27

3. 王云. 英明与愚蠢：20 个影响现代商业的经典决策. http://news.xinhuanet.com/world/2005－07/04/content_3172361.htm，2005-07-04

4. 于刚. 决策速度比质量更重要. http://finance.sina.com.cn/leadership/msypl/20120618/155112341879.shtml，2012-06-18

5. 舒化鲁. 企业管理者如何避免决策失误. http://www.chinavalue.net/Management/Article/2011-06-22/195876.html，2011-06-22

6. 潘青山. 集体表决 VS 一票否决——管理者如何选择企业决策模式？http://www.chinavalue.net/Media/Article.aspx? ArticleID = 45996&PageID = 1，2009-08-04

第四章　计划原理

【内容提示】

本章阐述计划工作的基本原理，内容包括：计划以及计划工作的任务、内容、原则、意义；计划的类型和指标体系；计划编制的程序和编制方法；计划的执行、检查与控制；目标管理的含义、特点、意义和过程等。

引　例

Swan于1895年在芝加哥创办了Swan自行车公司，后来成长为世界最大的自行车制造商。在20世纪60年代，Swan公司占有美国自行车市场25%的份额，不过，过去是过去，现在是现在。

小Swan是创始人的长孙，1979年他接过公司的控制权，那时，问题已经出现，而糟糕的计划和决策又使已有的问题雪上加霜。在20世纪70年代，Swan公司不断投资于它强大的零售分销网络和品牌，以便主宰10挡变速车市场。但是进入80年代，市场转移了，山地车取代了10挡变速车成为销量最大的车型，而且轻型的、高技术的、外国生产的自行车在成年的自行车爱好者中日益普及。Swan公司错过了这两次市场转型的机会。它对市场的变化反应太慢，管理当局专注于削减成本而不是创新。结果Swan公司的市场份额开始迅速地被更富有远见的自行车制造商夺走，这些制造商销售的品牌有特莱克、坎农戴尔、巨人和钻石。

或许Swan公司最大的错误是没有把握住自行车是一种全球产品，公司迟迟未能开发海外市场和利用国外的生产条件。一直拖到20世纪70年代末，Swan公司才开始加入国外竞争，把大量的自行车转移到日本进行生产，但到那时，不断扩张的中国台湾自行车工业已经在价格上击败了日本生产厂家。作为对付这种竞争的一种策略，Swan公司开始少量进口中国台湾制造的巨人牌自行车，然后贴上Swan商标在美国市场上出售。

1981年，当Swan公司设在芝加哥的主要工厂的工人举行罢工时，公司采取了也许是最愚蠢的行动。管理当局不是与工人谈判解决问题，而是关闭了工厂，将工程师和设备迁往中国台湾省的巨人公司自行车工厂。作为与巨人公司合伙关系的一部分，Swan公司将所有的一切，包括技术、工程、生产能力都交给了巨人公司，这正是巨人公司要成为占统治地位的自行车制造商所求之不得的。作为交换条件，Swan公司进口和在美国市场上以Swan商标经销巨人公司制造的自行车。正如一家美国竞争者所言："Swan将特许权盛在银盘上奉送给巨人公司。"

到1984年，巨人公司每年交付给Swan公司70万辆自行车，以Swan商标销售，占Swan公司销售额的90%。几年后，巨人公司利用从Swan公司那里获得的知识，在美国市场上建立了他们自己的商标。

到1992年，巨人公司和中国内地的自行车公司已经在世界市场上占据了统治地位。巨人公司销售的每10辆自行车中就有7辆是以自己的商标出售的，而Swan公司怎么样了？当它的市场份额1992年10月跌到5%时，公司开始申请破产。[①]

第一节 计划工作概述

一、计划及计划工作的概念

计划是对未来行动预先作出的安排和部署，其实质是对组织目标及实现目标的途径进行预先规定。

计划是管理的首要职能，是其他管理职能的前提与基础，它在管理活动中具有重要的地位与作用。因为，计划是一个预先决定的关于组织未来工作的行动方案，是开展各项工作和进行管理活动的依据。计划作为管理的重要功能，它又是决策功能的延伸和继续。决策的使命，主要是确定组织未来管理活动的目标、方向和原则，以及为实现组织目标而在整体上必须采取的程序、途径、手段和措施，但决策是粗线条的，是未来行动的大致轮廓，远远没有达到周密设计的程度，它还需借助一系列计划进行部署和事先安排。正是通过一系列周详的计划，决策的实施才有可能，组织目标才能得以具体化，实现目标的措施才能落实。

古往今来，人们在不断的实践中发现，凡事都要先订立计划，才有可能经过努力达到预期的结果。这些结果实现之前便是组织目标，实现之后，便是所在组织的工作成果。正如哈罗德·孔茨所言："计划工作是一座桥梁，它把我们所处的此岸

① 余敬，刁凤琴．管理学案例精选[M]．北京：中国地质大学出版社，2006:27

和我们要达到的彼岸连接起来，以克服这一天堑。”在现代管理中，几乎所有的组织活动都包含着计划的预先构想和设计，因此，计划的好坏直接关系到组织活动的质量。

从狭义的角度讲，计划工作就是制订计划，是一种预测未来、设立目标、决定政策、选择方案的连续过程。从广义的角度讲，计划工作除了制订计划以外，还包括了实施计划和检查计划实施情况这两方面的工作内容。计划工作是通过计划的编制、执行和检查，协调和合理地安排组织中各方面的经营和管理活动，有效地利用组织资源以顺利达到预期目标的活动过程。

二、计划工作的意义

计划工作的意义主要表现在以下几个方面：

1. 为组织的分工与合作提供依据

组织目标是依靠有效的分工与合作的成员的活动完成的，为了保证不同成员在不同时空中的活动有序地进行，他们所从事的活动必须有一个系统的安排，相互协调地进行。这就必须依靠计划的编制将组织活动在时间和空间上进行详细的分解，规定每个成员的职责和工作范围。通过计划工作的安排，为我们科学分工提供了依据；同时，也只有通过计划工作的安排，才能为我们有机地协调分工、开展组织合作提供依据。

2. 为组织资源的有效配置提供依据

组织是一个有机有序的系统，它的作用就是对一定的输入资源（包括信息、物质等）进行加工和转换。为了使组织活动有效地进行，组织必须依靠计划的安排，在规定的时间和空间内为组织活动的进行提供其所需的规定数量的各种资源。资源提供不及时或者数量不足时，可能导致组织活动的中断，而数量过多，则会导致资源的积压，从而不仅会增加资金的占用，甚至会造成资源的浪费。因此，科学的计划为组织的资源有效配置、防止积压和浪费提供了依据。

3. 为组织活动的检查与控制提供依据

组织在运行过程中，由于错综复杂的环境变化，会出现偏差。这种与目标要求不相符的偏差，如不及时发现并针对原因及时采取措施，不仅会导致组织活动的失败，而且可能危及组织的生存。我们要想及时地发现可能存在的偏差，就必须依据计划的要求和标准，对组织活动的实际情况进行检查。如果没有既定的目标和标准作为衡量的尺度，管理人员就无法检查组织目标的实现情况，也就无法实施控制。控制中几乎所有的标准都来自于计划。

三、计划工作的任务和内容

(一)计划工作的任务

计划工作的任务就是根据社会需要和市场环境的状况以及组织的自身能力，确定组织在一定时期内的奋斗目标;通过计划的编制、执行和检查,合理安排组织中各方面的经营和管理活动,有效地利用组织的人力、物力和财力等资源,取得最佳的经济效益和社会效益。具体说来,计划工作的主要任务是:

1. 确定目标

从某种意义上说,组织的目标是组织试图达到和所期望的状态。在实践中,目标是组织在未来某一时间的业务活动应达到的预期成果,是制订计划的依据。组织的一切活动都是围绕着目标来进行的,确定目标成为计划工作的首要任务。当今社会处于变革和快速发展状态,给各类组织带来了机会和风险。组织目标的确定,需要调查研究组织的外部环境和内部条件,以便发挥优势,利用机会,并克服劣势,避开威胁。

2. 分配资源

必要的资源(包括人力、物力、财力和时间等)是实现组织目标的前提条件和物质技术的保障,任何组织的活动都会受到资源条件的约束和限制。因此,合理地分配资源就成为计划工作的又一重要任务。在确定组织目标时就应考虑目标和资源状况之间的平衡,而在目标确定之后,还需要按照目标的优先次序,合理地分配资源,做到计划与资源之间的平衡,保证重点需要,使资源发挥出最大的效能。

3. 组织业务活动

在目标和计划确之后,还要落实计划即组织计划的实施,即按照既定目标和计划方案,将组织内各单位、各类人员的业务活动以及对外的各项活动,有效地组织起来。对计划的执行情况,要通过建立信息反馈系统来进行跟踪控制,对出现的差异,要查明原因,并采取必要的措施,以保证计划目标的实现。如果组织的外部环境和内部条件变化太大,使得已定的目标和计划已不适应,应对计划和目标进行调整或修改。

4. 提高效益

计划工作的出发点和归宿点是组织宗旨的实现,而组织宗旨的实现程度是要通过效益的高低来衡量的。效益对营利性组织(如工商企业)而言,主要是指经济效益,同时也兼顾社会效益和环境效益(如社会责任、生态环境的保护等);对学校、医院、军队、政府机关等非营利性组织而言,则侧重于社会效益,反映组织完成特定社会分工职能的程度和工作质量。

(二)计划工作的内容

计划工作的内容可用“5W1H”来表示,其具体含义如下:

1. 做什么(What to do?)

计划工作首先要明确组织的具体任务与内容,明确每一个时期的中心任务和工作重点。例如,一个企业的生产计划离不开确定产品品种、规格、型号、数量、质量和生产进度等内容,目的是在按质、按量和按期完成订货合同的前提下,使生产能力尽可能得到充分利用。

2. 为什么做(Why to do?)

在明确一定时期组织工作任务的基础上,计划人员还要明确工作的原因和目的,说明工作的宗旨、目标和战略意图,开展可行性论证。大量的实践证明,计划工作人员对组织和企业的宗旨、目标和战略意图了解得越清楚,认识得越深刻,就越有助于他们在工作中发挥主动性和创造性。因为“要我做”和“我要做”是被动与主动的关系,所产生的结果是不一样的,后者能充分调动工作人员的主动性和创造性,更能有效地实现预期目标。

3. 何时做(When to do?)

计划要明确规定各项工作的开始和完成的进度,以便进行有效的控制和对能力及资源进行平衡。

4. 何地做(Where to do?)

计划要规定各项活动所实施的地点或场所,了解实施的环境条件和限制,以便合理安排活动实施的空间组织与布局。

5. 谁去做(Who to do?)

计划要明确工作由谁去做,由谁来承担责任,即在计划中要明确规定每一阶段由哪个部门负主要责任,哪些部门协助,各阶段交接时,由哪些部门和哪些人员参加鉴定和审核等,以协调部门之间、管理者之间的关系,减少活动中可能出现的摩擦和阻力。

6. 怎么做(How to do?)

科学的计划不仅要包括计划工作实施的人员、地点、时间、任务、原因与目的,而且要明确相应的政策和规则,以及达到计划目标的手段和进度安排,以求对资源进行合理分配和集中使用,对各项资源进行平衡,对各派生计划进行平衡。实际工作中,一个完整的计划还应该明确考核指标和控制标准,以使实施人员明确做成什么样、达到什么程度才算是完成了计划。

第二节　计划的编制、执行与控制

一、计划的种类

依照不同的标准，可将计划分为不同的类型，各种类型的计划不是彼此分割，而是整个计划体系中的有机组成部分。

(一)按计划的时间分类

这种分类把计划分为长期计划、中期计划和短期计划。一般来讲，期限在1年以内的计划称为短期计划，而期限在5年以上的计划即为长期计划，介于两者之间的称为中期计划。当然，在实践中，我们很难根据计划本身的绝对时间来确定计划的性质，这种分类是一个相对的概念。但是，长期计划、中期计划与短期计划三者之间还是有很大的不同。

长期计划，有时被称为战略计划，描述了组织在较长时期(通常为5年以上)的发展方向和大政方针，规定了组织的各个部门在较长时期内从事各种活动应达到的目标和要求，绘制了组织长远发展的蓝图。如对一个工商企业来说，长期计划往往要包括其经营目标、战略、方针、远期的产品发展计划、规模等。长期计划由于其本身的性质，不可能为组织活动规划出具体的要求，但它又是通过具体的短期计划来落实和完成的。

短期计划具体地规定了组织的各个部门在目前到未来的各个较短的时期内，尤其是最近应该从事何种活动，从事该种活动应达到何种要求，从而为各组织成员在近期内的行动提供了依据。

中期计划是介于长期计划与短期计划之间的计划，它是以时间为中心来将长期计划的内容细化为每个时段的目标，为短期计划指明路径。

长期计划为组织指明方向，中期计划为组织指明路径，短期计划为组织规定前进的步伐。因此，将长、中、短期计划结合起来有着极为重要的意义，可以说，短期计划一旦脱离了中、长期计划，那么三者就都失去了存在的意义。

(二)按计划的职能分类

这种分类将计划分为业务计划、财务计划和人力资源计划。

业务计划是组织的主要计划，长期业务计划主要涉及业务方面的调整或业务规模的发展，短期业务计划则主要涉及业务活动的具体安排。业务计划包括的内容非常广泛，又因组织的性质不同而不同。如工商企业的业务计划可分为供应计划、生产计划、销售计划、新产品开发计划等。

财务计划和人力资源计划是为业务计划服务的，也是围绕着业务计划展开的。财务计划研究如何从资金的提供和利用上促进业务活动的有效进行，人力资源计划则为业务规模的维持与发展提供人力资源保证。

将计划按职能进行分类，有助于人们更加精确地确定主要职能领域之间的相互依赖和相互影响的关系，既突出计划的重点，又能保持各项活动的相互衔接及工作任务与资源之间的平衡。

（三）按计划的表现形式分类

按照不同的表现形式，可将计划分为：使命、目标、战略、政策、程序、规则、规划和预算。

1. 使命

使命是指组织的根本性质与存在理由，它规定了组织总体活动的宗旨、哲学、信念和原则，指明了组织的发展意向和服务对象的性质，并揭示出组织的长期发展远景。如福特汽车公司给自己所确立的使命是："在汽车、与汽车有关的产品和服务以及较新的行业等领域里成为世界范围的领导者，并不断地提高产品和服务质量，以满足顾客的需要，使我们获得商业上成功并向股东提供合理的回报。"确认组织的使命意味着明确组织是干什么的，为谁做出何种贡献，提供何种服务，做出贡献和提供服务的水准，以及组织生存的指导思想。如著名的索尼公司的使命是"索尼是开拓者，永远向着那未知的世界探索。"正是从这一使命出发，索尼公司把最大限度地发掘人才、信任人才和鼓励人才不断进取视为自己的唯一生命，从而在世界上最早发明出家用录像机、首创电视单枪三束彩色显像管，生产制造小型随身听等。

如果一个组织对它的使命没有明确而肯定的认识，要有效地树立目标和制定战略，那是很困难的。确定使命是使全体组织成员团结在一起的一个基础，可以使整个组织系统关注共同目标。彼得·德鲁克曾说道：使企业遭受挫折的最主要的原因恐怕就是人们很少充分地思考企业的使命是什么。每一个组织客观上都应有一个区别于其他组织的使命，这是组织要在社会中生存的外界环境的客观要求，也是组织本身有效运营、长足发展的一个前提。所确立的组织使命为组织目标的确立和战略的制定提供依据。

2. 目标

一定时期的目标或各项具体目标是在使命的指导下提出的，它具体规定了组织及其各部门的经营管理活动在一定时期要达到的具体成果。目标不仅代表计划的终点，而且也代表组织、领导和控制所要达到的最终目的。对一家工商企业来说，在一定时期的目标通常表现在两个方面，即企业对社会做出贡献的目标和自身价值实现的目标。在通常情况下，人们可以把组织目标进一步细化，从而得出多方面的目标，形成一个互相联系的目标体系。

3. 战略

战略就是完成使命和实现组织长远目标而制订的计划。战略的重点在于指明组织发展的方向，确定工作重点，构设资源开发和分配使用的总体规划。战略的目的是通过一系列的主要目标和政策，去决定和传达希望成为什么企业的情景。战略并不确切地概述组织怎样去完成它的目标，这些是无数主要的和次要的支持性计划的任务，而战略是为组织提供指导思想和行动的框架，是要指明方向、重点和资源分配的优先次序。组织在确定战略时，必须考虑外部环境的各种机会和威胁、自身的优势与劣势。战略的制定要研究竞争态势，要研究主要竞争对手。从这个意义上讲，战略是一种对抗性的计划形式。

企业战略是分层次的。例如多元化经营的企业，其战略可以分为三个层次：企业总体战略、竞争战略和职能战略。

4. 政策

政策是组织在决策或处理问题时用来指导和沟通思想的明文规定。政策的作用是指导决策，规定决策所应遵循的原则，以保证决策和目标保持一致，促进目标的实现。政策能够帮助事先决定问题，避免重复分析相同的情况，并把其他计划统一起来，从而使主管人员能够控制住全局。政策允许主管人员对某些事情有酌情处理的自由，但对这种自由是有规定范围和明确界限的，把酌情处理权限制在一定范围内。政策应保持连续性和完整性，这样才能使政策深入员工的思想，形成一种作用持久的机制。政策多变，或是前后不连贯，就会促成员工只追求眼前利益的短期行为。

5. 程序

程序规定了处理未来活动的例行方法，所以它也是计划。人们对照程序要求，就可明确将要进行的活动应切实地按什么样工作步骤、时间顺序予以开展。如果说政策是指导人们如何去思考问题，那么程序就是指导人们怎样去行动。程序是通过对大量例行性工作的分析、提炼而形成的规范化工作要求，善于利用程序，就可减轻管理者的决策工作量，提高管理工作效率与质量。制定程序的目的是减轻主管人员决策的负担，明确各个工作岗位的职责，提高管理活动的效率和质量。

程序是多种多样的，组织的每个部门都有程序。程序在组织中不同部门的表现形式不同。例如，董事会遵循的程序如决策程序、审批程序，与基层管理人员的程序如领料、发料程序有很大差别。程序又经常是跨部门的，它需要多个部门的共同支持才能完成。所以说，制定和贯彻各项管理工作的程序是组织的一项基础工作。

6. 规则

规则是最简单形式的计划，它明确规定了组织成员可以做什么、不可以做什么以及该如何行动。人们经常把规则和政策或程序混淆，所以要特别注意区分。规则不是程序，规则是指导行动的，而不说明行动的时间顺序，可以把程序看做是一系列的规则。规则与政策的区别在于，政策的目的是要指导决策，并给主管人员留有酌情处理的余地。虽然规则也作指导用，但在运用规则中，没有自行处理之权。规则和程序，就其性质而言，旨在规范行为。

7. 规划

规划是一个综合性的计划，包括目标、政策、程序、规则、任务分配、要采取的步骤、使用的资源以及为完成既定行动方针所需的其他条件。规划有大有小，大的如国家科学技术发展规划，小的如企业的新产品发展规划。规划一般是粗线条的、纲要性的。一个主要规划可能需要很多支持计划，也可能派生出许多小的规划。它们相互依赖，相互影响。各个规划要彼此协调，支持计划网络的任何环节出了毛病，都会延误主要规划的完成和造成不必要的费用及利润损失。

8. 预算

预算是一份用数字表示预期结果的报表，也可称其为"数字化"的计划。一般来讲，财务预算是组织最重要的预算，因为组织的各项经营活动几乎都可以用数字化、货币化的方式在财务预算表上体现出来。预算可以帮助组织或企业的上层和各级管理部门的主管人员，从资金和现金收支的角度，全面、细致地了解企业经营管理活动的规模、重点和预期结果。

(四)按制订计划的组织层次分类

这样可分成高层管理计划、中层管理计划和基层管理计划。高层管理计划一般以整个组织为单位，着眼于组织整体的、长远的安排，一般属于战略计划；中层管理计划一般着眼于组织内部的各个组成部分的定位及相互关系的确定，它既可能包含部门的分目标等战略性质的内容，也可能有各部门的工作方案等作业性的内容；基层管理计划着眼于每个岗位、每个员工、每个工作时间单位的工作安排和协调，基本上是作业性的内容。

二、计划指标体系

计划总是通过一系列指标来表示的。计划指标是指计划期内各项活动规模、速度、质量和水平以及期望达到的总体目标的数值度量，是计划内容的具体体现。

一个完整的计划指标通常是由指标名称和指标数值、计量单位组成的，每一项计划指标都有其规定的内容和意义。每个计划指标只能反映计划方案的一个侧面，要全面反映计划方案的内容，就必须用一系列指标。这种相互联系、相互区别的计划指标群就叫计划指标体系。计划指标可以有多种分类，以下是常见的分类方法。

(一)按计划指标的性质分类

按计划指标的性质分类，可分为数量指标和质量指标两大类。数量指标是用于反映社会经济现象总规模水平或总工作量的指标，也称为总量指标。从指标数值的表现形式来看，数量指标总是用绝对值来表示，并且要有计量单位，如人口总数、职工总数、产品总量、商品销售额、工资总额等。质量指标是用以表明社会经济现象相对水平或工作质量的指标。它一般用相对数或平均数的形式来表示，它从质量、效益、强度和效应等方面来说明社会经济现象，比较深刻地反映出现象的本质及现象之间固有的联系，如劳动生产率、单位产品成本、资金利润率，工时利用率等。

(二)按计划指标的表现形式分类

按计划指标的表现形式分类，可分为实物指标和价值指标。实物指标是用实物单位来表示的指标，如机床台数、织布米数、衣服件数等。价值指标是用货币单位表示的指标，如总产值、工资总额等。

(三)按计划指标的作用分类

按计划指标的作用分类，可分为收益指标、消耗指标和效益指标。收益指标表明计划期内组织运转所获得的有用成果，它表明为社会创造了多少财富。消耗指标是计划期内组织系统运转中人力、物力、财力的消耗标准，如工时定额、物资消耗定额、工资额等。效益指标表明投入与产出之间的比例关系，它反映组织系统运转的各项工作质量和管理水平的高低，如劳动生产率、产值利润率等。

(四)按计划指标的重要性分类

按计划指标的重要性分类，可分为考核指标和计算指标。考核指标是指上级对下级进行考核所需的指标；计算指标是指除考核指标外，计划中所包含的其他辅助性指标。

三、计划编制的程序

一般说来，编制计划的程序包括以下八个步骤：

(一)估量机会

对机会进行估量，尽管要在实际计划工作开始之前去做，不能把它看做严格意义上编制计划过程的一个组成部分，但它却是计划工作的起点。对机会的估量是通过对组织目前和今后面临的各种形势的调查分析来实现的。调查分析是我们估量机会的依据,也为计划的编制指明了方向。管理者应该清楚而全面地了解将来可能出现的机会,把握这些机会所需的资源和能力,分析自己和竞争对手的优点与缺点,认清自己所处的地位,明白要解决的问题,以及为什么要解决这些问题。所以说,估量机会,就是对未来可能出现的变化和机会进行分析,做出现实的判断。

(二)确定目标

在估量机会的基础上,接下来就要为组织及其所属的下级单位确定计划工作的目标。计划目标是企业预期达到的结果,是全体员工的奋斗方向。它包括企业的总目标、分部门目标和各个层次的目标。这些目标以企业的总目标为主体,以部门的、下属各层次的目标为基础,上下左右衔接协调,形成一个完整的目标系统。目标规定预期结果,并且说明要去做哪些工作,说明制定战略、政策、规则、程序、规划和预算的任务,指出工作的重点。

(三)确定计划工作的前提条件

计划的前提条件,就是计划的工作的假设条件,也即计划实施时的预期环境。为明确计划的前提条件,必须对企业所处的内外部环境和所具备的各种条件作全面的分析,在此基础上预测环境条件的发展变化趋势,弄清计划执行过程可能存在的有利条件和不利条件。担任编制计划工作的每个人越是彻底地理解和同意使用一致的计划前提条件,那么企业计划工作就越协调,就越会编制出比较切合实际的计划。确定计划的前提条件需要有一定的技巧,常用的方法有预测、市场调研和竞争分析等。

(四)拟订可供选择的方案

计划目标能否顺利实现,取决于计划方案的优劣。实现相同的计划目标,通常会有多种不同的方案,而要发掘出多种高质量的方案,必须集思广益、开拓思路、大胆创新。在提出各种可供选择方案的基础上,应对各方案的优点和缺点进行全面分析和反复比较,从中选择符合计划目标的要求、最接近实际情况、最有成功希望、效益最佳的方案作为实施方案。在实际工作中,更加普遍的问题不是寻找可供选择的方案,而是减少可供选择方案的数量,集中对一些最有希望的方案进行比较仔细的分析比较。

(五)评价各种备选方案

确定了备选方案后,就要根据计划的目标和前提条件,通过考察、分析来对各种备选方案进行评价。评价备选方案的尺度有两个:一是评价的标准;二是各个标准的相对重要性,即权数。因此,确定目标和确定计划前提条件的工作质量,直接影响到方案的评价。在具体的评价方法上,可以借助于运筹学、数学方法和计算机技术。

(六)选择行动方案

选择方案就是根据既定目标和方案评价的结果,从多种可供选择的方案中选取一个满意方案付诸实施。当遇到同时有两个或多个可取的方案而难以取舍时,决策者可事先规定方案必须达到的基本要求,在此基础上再规定方案应达到的其他方面的要求,这样可以加快决策的过程。另外,必要时也可同时选择多个方案,其中的首选方案用于执行,其余方案作为后备方案或应急方案。

(七)拟订派生计划

基本计划方案确定之后,一般还要围绕这一方案编制一些支持计划,以保证基本方案的顺利实施。引例中当公司决定需要设立研究开发中心时,他们就得事先制订许多支持计划,如筹集资金计划、雇用和培训各类人员的计划、采购办公用品计划、开发新产品规划以及中心运作计划等。

(八)编制预算

计划工作的最后一步就是把计划转化为预算,使之数字化。预算实质上是资源的分配计划。预算工作做好了,可以成为汇总和综合平衡各类计划的一种工具,也可以成为衡量计划完成进度的重要标准。

四、计划的编制方法

计划工作的效率高低和质量好坏在很大程度上取决于所采取的计划方法。现代组织面对纷繁复杂和动荡的外部环境,要保证组织能够稳定、持续、高效地发展,除了要准确地预测环境的变化、制订切合实际的计划指标外,还要求采用科学的方法进行综合平衡。编制计划的方法很多,下面介绍几种常用的计划编制方法。

(一)定额法和比例法

从某种意义上讲,计划的编制过程是一个在反复测算的基础上确定各种计划指标及相应的控制标准的过程。定额法是指根据有关定额来计算、确定计划指标体系的方法。如根据物资消耗定额和产品产量目标计算原材料需要量,根据劳动定额和生产规模确定生产人员规模等。定额是指在一定的技术、经济和组织条件下,生产销售单位产品或完成单位工作任务所规定的人力、物力、财力占用消耗的数量标准。如在企业中,除了劳动定额和物资消耗定额外,还有人员编制定额、劳动定额、各种费用定额、流动资金定额、物质储备定额、固定资产利用定额等。借助于这些定额,结合计划期内组织目标,可计算、编制计划指标体系。

比例法亦称间接法,是指利用两个相关经济指标之间长期形成的比率来推算并确定有关计划指标的方法。如依据辅助材料消耗量和主要材料消耗量,来推算计划期内辅助材料的需要量。

(二)综合平衡法

综合平衡法是借助于平衡表测算、确定计划指标以及分析安排有关计划指标之间比例关系的一种计划方法。平衡表的基本形式及构成如表 4-1 所示。其中，项目一栏为计划期内所需的资源名称。平衡表一般可分为物质平衡表、劳动力平衡表、资金平衡表、产品平衡表等，平衡表的具体内容因组织性质不同而有所不同。借助于平衡表，经过反复测算，不仅可以确定各种计划指标，而且为计划期间生产任务与资源供给、供产销之间的平衡提供了保证。

表 4-1　×××平衡表

项　目	需要量	供给量	余　缺	平衡措施

(三)滚动计划法

滚动计划法是一种定期修订未来计划的方法。这种计划法具有很大的灵活性，能够适应环境的变化。它根据计划执行情况和环境变化情况定期修订未来计划，并逐渐向前推移，使短期计划、中期计划有机地结合起来。长期计划的计划期较长，很难准确地预测到未来影响经济发展的各种变化因素，因而很难确保长期计划的成功实施。随着计划期的延长，这种不确定性就越大，如果硬性地按几年前的计划实施，可能导致巨大的错误和损失，而滚动计划则可以避免这种不确定性可能带来的不良后果。其具体做法是，按远粗近细的办法制订计划，即把近期的详细计划和远期的粗略计划结合在一起，编制组织的计划，并在计划期的每一阶段结束时，要根据该阶段计划的实际执行情况和外部与内部有关因素的变化情况，对原计划进行修订，每次修订都使整个计划向前滚动一个阶段，如图 4-1 所示。

滚动计划法虽然使计划编制工作的任务量加大，但在计算机的帮助下，可以发挥其本身的优势，使计划更加切合实际。由于滚动计划法使长期计划、中期计划与短期计划相互衔接，短期计划内部各阶段相互衔接，这就保证了即使环境出现某些变动也能及时地进行调节，使各期计划基本保持一致，从而提高了组织的应变力。因此，滚动计划法相对来说缩短了计划时期，加大了计划的准确性，能更好地保证计划的指导作用。

(四)网络计划技术

网络计划技术是 20 世纪 50 年代末发展起来的一种编制大型工程进度计划的有效方法。1956 年，美国杜邦公司在制定企业不同业务部门的系统规划时，制订

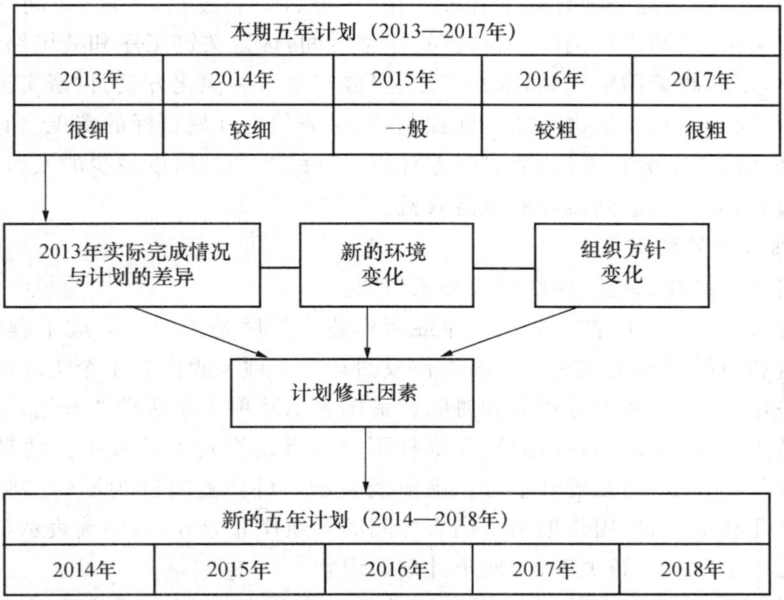

图 4-1　滚动计划

了第一套网络计划。这种计划借助于网络表示各项工作与所需要的时间，以及各项工作的相互关系，通过网络分析研究工程费用与工期的相互关系，并找出在编制计划时及计划执行过程中的关键路线。这种方法称为关键路线法（critical path method，CPM）。

1958 年，美国海军武器部在制订研制“北极星”导弹计划时一种叫做计划评审技术（program evaluation and review technique，PERT）的网络计划方法。由于使用了计划评审技术，使该项工程比原计划提前两年交付使用，随后这种方法推广到民用工程建设上。这种方法是以网络图的形式来制订的计划，通过网络图的绘制和相应的网络时间的计算，了解整个工作任务的全貌，对工作的过程进行科学的安排，并据以组织和控制工作的执行，以达到预期的目标。国内外应用网络计划的实践表明，PERT 特别适用于生产技术复杂、工作项目繁多、且联系紧密的一些跨部门的工作计划，如新产品研制开发、大型工程项目、生产技术准备、设备大修等计划。还可以应用在人力、物力、财力等资源的安排，合理组织报表、文件流程等方面。这里简单介绍一下计划评审技术的基本原理和工作思路。

1. 计划评审技术的基本原理

计划评审技术是运用网络图的形式来组织生产和进行管理的一种科学方法，

它是运用网络图表达一项计划中各种工作(任务、活动、过程、工序)之间的先后顺序和相互关系,进而进行网络分析,计算网络时间,确定关键工序和关键路线,然后利用时差,不断改善网络计划,求得工期、资源与成本的优化方案,付诸实施。在实施过程中,通过信息反馈进行监督和控制,以保证预定计划目标的实现。其主要研究内容是运用数学分析方法,通过时差计算,做好工程安排,以最少的人力、物力和时间完成总目标,以达到最好的经济效益。

2. 网络图的构成要素

网络图由箭线、结点、路线三大要素组成。

(1)箭线 。"→"代表一项项工序或者作业。工序是指为了完成工程项目,在工艺技术和组织管理上相对独立的工作或活动。一项工程由若干个工序组成。工序需要一定的人力、物力等资源和时间。箭尾表示某项工序活动的开始,箭头表示工序的结束,工序活动消耗时间写在箭杆下方或其他合适的位置上。活动名称可用文字或代号表示,写在箭杆上方。虚箭线表示一种作业时间为零的实际上并不存在的作业和工序,作用是把两个结点之间的多项作业分开,以明确表示各项作业或各道工序之间的逻辑关系,并便于计划和识别。

(2)结点。用"○"表示,代表某项活动的开始或结束,不占用时间,也不消耗资源。网络图中第一个结点称为始点,表示一项计划最初作业的开始;最后一个结点称为终点,表示整个计划的最终作业的结束;介于始点和终点之间的结点称为中间结点,表示中间各项作业的结束和开始。绘制网络图时,对各个结点要按先后次序统一编号。如图 4-2 中结点②,既表示 A 活动的结束,又表示 B 活动的开始;对事项②来说,A 为先行作业,B 为后续作业。

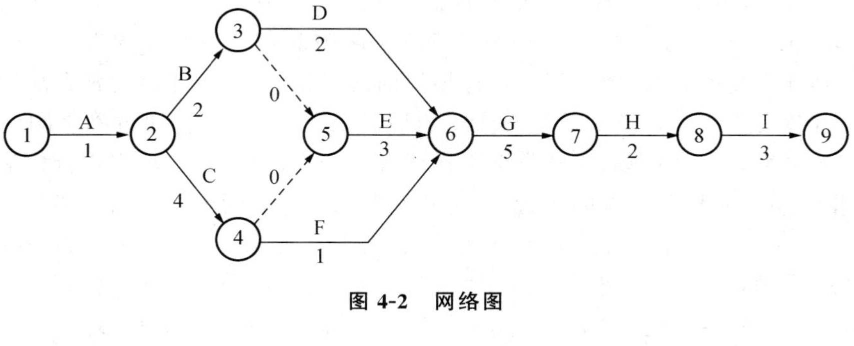

图 4-2 网络图

(3)路线。路线是指网络图中从始点开始,沿着箭头方向到达网络图终点为止,中间由一系列首尾相连的结点和箭线所组成的一条通道。在网络图上多条时间长短不一的路线中,在路线上各项作业时间之和为最大的路线,称为关键路线,它直接影响整个计划完成的时间期限。

3. 网络图的绘制

网络图的绘制要按照一定规则和步骤，一般要经过任务分解和作图过程。

(1)任务分解。首先将一项计划根据需要分解为一定数目的工序活动；其次要确定各个工序之间的相互联系和相互制约的关系，即确定各个事项的先行工序或是后续工序。任务分解后，将具体工序名称以及有关全部活动编制成工序表，如表4-2所示。

表 4-2 某工作任务分解工序表

工序代号	期望时间/周	先行工序	工序代号	期望时间/周	先行工序
A	10	—	D	5	D,E,F
B	6	A	H	5	G
C	14	B	I	4	D
D	6	C	J	3	I,H
E	3	C	K	1	J
F	3	C			

(2)作图。有了工序先后顺序的明细表后，就可绘制网络图了。作图是按照表4-2所示的各个工序的先后顺序，在相邻工序的衔接处画上一个事项"○"符号，然后用箭线相连，每项工序代号写在箭线上面，工序时间标注在箭线下方，就画出一张网络图。

4. 网络时间的计算，并找出关键线路

关键线路即是完成该项计划任务所需时间最长的那条路径。在这条线路上，任何其中一个工序的延误都将导致整个计划任务的延误。

如在图4-2中，共有4条路线，4条路线的组成及所需要的时间如表4-3所示。

表 4-3 路线图

路线	路线的组成	所需时间/天
①	①→②→③→⑥→⑦→⑧→⑨	15
②	①→②→③→⑤→⑥→⑦→⑧→⑨	16
③	①→②→④→⑤→⑥→⑦→⑧→⑨	18
④	①→②→④→⑥→⑦→⑧→⑨	16

在各条路线上,完成各个工序的时间之和是不完全相等的。其中,完成各个工序需要时间最长的路线称为关键路线,或称为主要矛盾线。由表4-3可知,第三条路线是关键路线,组成关键路线的工序称为关键工序。如果能够缩短关键工序所需的时间,就可以缩短工程的完工时间。而缩短非关键路线上的各个工序所需要的时间,却不能使工程的完工时间提前。即使在一定范围内适当地拖长非关键路线上各个工序所需要的时间,也不至于影响工程的完工时间。这就是说,编制网络计划的基本思想就是在一个庞大的网络图中找出关键路线。对关键工序优先安排资源,挖掘潜力,采取相应措施,尽量压缩需要的时间。而对非关键路线上的各工序,只要在不影响工程完工时间的条件下,抽出适当的人力、物力等资源,用在关键工序上,以达到缩短工程工期,合理利用资源等目的。在执行计划过程中,可以明确工作重点,对各关键工序加以有效控制和调度。

关键路线是相对的,也是可以变化的。在采取一定的技术组织措施之后,关键路线有可能变为非关键路线。而非关键路线也有可能变为关键路线。

5. 网络优化

绘制网络图、计算网络时间和确定关键路线,得到一个初始的计划方案,通常还要对初始计划方案进行调整和完善。根据计划的要求,综合地考虑进度、资源利用和降低费用等目标,即进行网络优化,确定最优的计划方案。

(1)时间优化。根据对计划进度的要求,缩短工程完工时间。①采取技术措施,缩短关键工序的作业时间。②采取组织措施,充分利用非关键工序的总时差,合理调配技术力量及人、财、物力等资源,缩短关键工序的作业时间。

(2)时间-资源优化。在编制网络计划安排工程进度的同时,就要考虑尽量合理地利用现有资源,并缩短工程周期。但是,由于一项工程所包括的工作项目繁多,涉及的资源利用情况比较复杂,往往不可能在编制网络计划时,一次性就把进度和资源利用都能够做出统筹合理的安排,常常是需要进行几次综合平衡之后,才能得到在时间进度及资源利用等方面都比较合理的计划方案。具体的要求和做法是:①优先安排关键工序所需要的资源。②利用非关键工序的总时差,错开各工序的开始时间,拉平资源需求的高峰。③在确实受到资源限制,或者在考虑综合经济效益的条件下,也可以适当推迟工程完工时间。

(3)时间-费用优化。在编制网络计划过程中,研究如何使得工程完工时间短、费用少;或者在保证既定的工程完工时间的条件下,所需要的费用最少;或者在限制费用的条件下,工程完工时间最短;这就是时间-费用优化所要研究和解决的问题。

计划评审技术虽然需要大量而繁琐的计算,但在计算机广泛运用的时代,这些计算大都已程序化了。这种技术之所以被广泛地运用是因为它有一系列的优点。一是该技术能清晰地表明整个工程的各个项目的时间顺序和相互关系，并指出了完成任务的关键环节和路线。因此，管理者在制订计划时可以统筹安排，全面考虑，又不失重点。在实施过程中，管理者可以进行重点管理。二是可对工程的时间进度与资源利用实施优化。在计划实施过程中，管理者调动非关键线路上的人力、物力和财力从事关键作业，进行综合平衡。这既可节省资源又能加快工程进度。三是可事先评价达到目标的可能性。该技术指出了计划实施过程中可能发生的困难点，以及这些困难点对整个任务产生的影响，准备好应急措施，从而减少完不成任务的风险。四是便于组织和控制。管理者可以将工程，特别是复杂的大项目，分成许多支持系统来分别组织实施和控制，这种既化整为零又聚零为整的管理方法，可以达到局部和整体的协调一致。

(五)甘特图法

甘特图(Gantt chart)是 20 世纪初由美国管理学家亨利·甘特(Henry L. Gantt)发明的，又称计划进度表，是计划和控制的有效工具。它直观地表明任务计划在什么时候进行及实际进展与计划要求的对比。甘特图是把总的计划目标分解成人们能够理解和执行的、具有相互关系的一项项事件，然后用条状图来表示各项活动实际工作状况和计划要求之间的差距，从而帮助管理者制定纠偏措施，最终达到控制的目的，如图 4-3、图 4-4 所示。

在图 4-3 中，上方横栏为时间，左侧纵栏为各项任务项目的名称，工程期限用线条依长短记入。从图中可以明显反映各项工作的起止时间，用以检查计划的执行情况。图 4-4 是反映计划和实际执行的差异，从而寻找原因和采取对策。

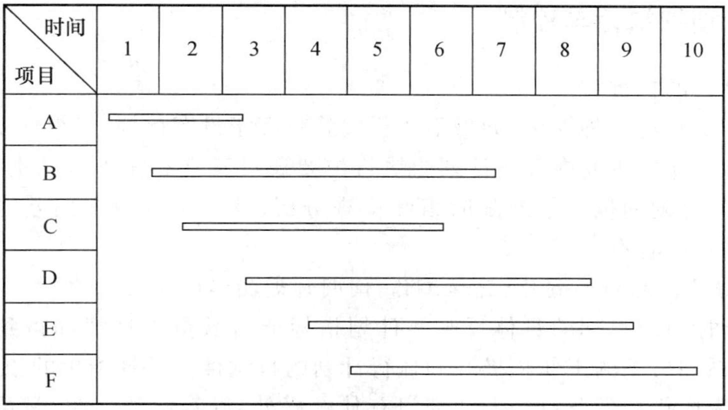

图 4-3 计划进度表

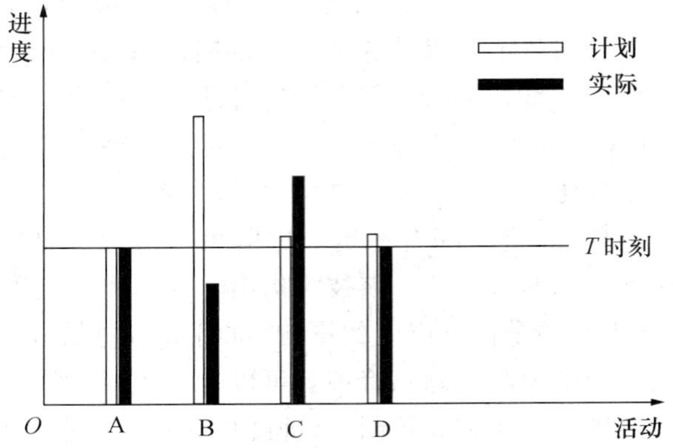

图 4-4 计划与实际比较

甘特图的实质是通过对各项活动完成情况的了解，调整工作顺序和时间以完成该项任务。它的特点是清楚地展示了工作的日程计划，较好地展示了计划的递进性。管理者由此极为便利地弄清一项任务（项目）还剩下哪些工作要做，并可评估工作是提前还是滞后，或是正常进行，便于实施控制。最大的优点是形象、直观、简明、易懂、易掌握，对控制计划进度、改进管理工作有很大的帮助，企业许多控制生产的表格和图表都是在甘特图的启发中产生的。然而，甘特图虽可清楚表明某一时刻实际进度和计划要求的差距，却无法表明产生差距的原因。特别是在众多差距出现的情况下，无法确定哪些差距是管理者应当着力解决和控制的关键点。

五、计划的执行与控制

（一）计划的执行

计划本身只是一种安排，如果不执行实施就等于没有计划，组织计划的执行与控制是计划工作的重要内容。计划的执行主要通过建立和完善各项责任制、签订经济合同、对计划的执行情况随时组织检查分析、及时采取纠正偏差的措施来实现。具体工作内容有：

1. 做好计划指标的宣传、解释工作，阐明计划指标的意义

计划指标组织目标的具体反映。计划指标能否被员工理解和得到员工的认同，直接关系到员工的工作积极性和执行计划的自觉性。计划指标的依据是什么，是否可行，完成指标任务对个人和部门有什么好处，等等此类问题，是员工在计划的执行过程中所关心的问题，如果得不到令人信服和鼓舞人心的答案，计划的执行

必将遇到阻力。因此，在计划执行之前，有关领导和部门必须做好计划指标的宣传、阐释工作，以消除疑虑，统一员工的思想认识，激发计划执行的动力。

2. 分解指标，落实计划任务，明确各种责任制

通过计划指标的分解，明确每个部门和人员的工作任务和具体要求，并根据工作与岗位性质制定相应的责任制度，有助于促使员工从自身利益的关系出发增强执行计划的积极性和主动性，避免一方面强调人人有责，另一方面由于缺乏严格的责任制而导致事实上人人无责的现象。

3. 及时了解和检查计划的执行情况，建立工作报告制度，加强部门协调工作

由于各种偶然因素的影响，计划在执行的过程中难免出现一些偏差，而组织中各部门各级人员所承担的计划任务又是相互联系、相互影响的，尤其是那些关键部门或人员的工作出现差错，将使整个计划工作陷入被动不利的局面。这就要求在计划的执行过程中，管理人员要及时了解计划的执行情况，建立必要的报告制度，加强组织协调工作，为组织活动的正常开展和计划的有效执行提供有效保障。

4. 制订和落实计划的纠偏措施，履行责任制合同

计划执行过程中出现偏差有时是难免的，一旦发现问题和偏差，要果断执行预定的或临时制定的纠偏措施，并在查明原因和明确责任的基础上，履行责任制合同，该奖的奖，该罚的罚，姑息迁就只能为计划工作和组织发展埋下隐患。

5. 总结计划工作的经验教训，提出计划工作的改进意见

学习型组织的特点之一是善于总结过去的经验。事实上，管理学本身就是对人类管理实践经验的理论总结和系统概括。无论是在计划执行过程中，还是在每一个计划期结束后，组织领导和计划人员都要组织全体员工认真总结过去的成功经验和失败教训，并结合自身实际和环境变化的要求，提出切实可行的计划改进意见和建议。只有这样，才能将组织的计划工作水平不断推向新的高度。

（二）计划的控制

计划执行的关键在于控制。计划不是一次性的活动，而是在一个时间段内的过程，为了有效地实施计划，必须制定监测程序和调整机制。这些程序和调整机制能够及时发现，并纠正计划实施过程中的偏差。比如，计划的有效执行要求全程观察计划实施过程是否正常，有无障碍出现；计划任务具有明确的时间要求，实施计划需要制定时间表并对计划的执行进行分段控制；在计划执行期间，随着环境条件的变化、新方法的出现，需要对计划进行必要的调整、扩充甚至更新；在计划的每一阶段，都应将实际产出结果与计划进行比较。因此，若要使组织的各项计划得以实现，就必须加强对计划的控制工作。计划控制的主要方法分为：

1. 事前控制

由于这种控制方法注意的是目前还没有发生的未来行为，进行这种控制，可事先采取预防性的矫正行动，确定所制定的各项工作指标符合企业客观实际，具有一定的科学性、可行性。

2. 事中控制

在计划执行过程中，随时按照预先制定的标准对照检查，确定计划是否可行。例如，在财务方面，对于工程项目在财务预算上进行控制，经过一段时间之后，要检查是否超了财务预算。事中控制要求做好信息反馈工作，及时调整和消除实际同标准的偏差。

3. 事后控制

将执行结果与期望的目标相比较，看其是否符合控制标准，总结经验教训，并制定改进行动措施，以利于将来的行动。

第三节　目标管理

一、目标管理的含义

组织目标的实现有赖于组织全体员工共同的努力，是在组织全体员工分工合作基础上的结果。然而，组织成员因分工处在不同的岗位上，其努力程度、工作的进度可能都不一致，如此，有何方式可以是组织成员在既定时间中恰好完成自己应完成的工作，而此时综合起来恰好又是组织目标的实现？这一有效的管理方式就是目标管理（management by objectives ，MBO）。

目标管理是美国管理学家彼得·德鲁克（Peter Drucker）提出的。德鲁克于1954年在《管理实践》一书中，首先提出了目标管理和“自我控制”的主张。他认为：凡是其业绩影响企业的健康成长的所有方面，都必须建立目标。他主张：“……有关企业及其宗旨和使命的基本定义必须转化成各种目标。否则它们仍旧是永远不会产生成果的构想、良好的愿望和漂亮的警句。它的经历表明：①各种目标必须从‘我们的企业是什么，它将会是什么，它应该是什么’引导出来。它们不是一种抽象，而是行动的承诺，借以实现企业的使命；它们也是用以衡量工作成绩的标准。②目标必须是作业性的，即必须能够转化为具体的小目标和具体化的工作安排。③目标必须使各种资源和努力能够集中起来。④必须有多种目标而不是一个唯一的目标。⑤在有关企业生存的各个领域都需要有目标。⑥还需有利润——否则，没有一项目标可以达到。”德鲁克的一系列主张对企业管理产生了极大的影响，对形成和推广目标管理起了巨大的推动作用。

概括地说，目标管理是一种系统管理方式，它是一个组织中上级管理人员同下级管理人员，以及同员工一起共同来制定组织目标，并把其具体化展开至组织每个部门、每个层次、每个成员，与组织内每个单位、部门、层次和成员的责任和成果相互密切联系，明确地规定每个单位、部门、层次和成员的贡献与奖励报酬等一系列系统化的管理方式。

目标管理的中心思想就是让具体化展开的组织目标成为组织每个成员、每个层次、部门等行为的方向和激励，同时又使其成为评价组织每个成员、每个层次、部门等工作绩效的标准，从而使组织能够有效运作。

二、目标管理的特点

目标管理与传统管理方式相比，具有以下特点：

1. 目标管理是一种系统管理方法

目标是组织系统功能的集中体现。通过目标的确定和展开，吸收了全体职工参加管理，既有利于使全体职工加强整体观念，又有利于明确各部门、各单位乃至个人为实现共同目标所承担的任务，以及在组织系统中所处的地位和作用，从而达到系统管理的目的。目标管理的系统性有效地避免了各部门、各单位“各行其是”现象的发生，提高了管理的绩效。

2. 目标管理是一种以人为本的管理

人是一切活动的主体。目标管理强调共同协商目标，用目标指导行动，强调自主管理、自我控制，以发挥每个员工的工作主动性、创造性。用“自我控制的管理”代替“压制式的管理”，充分肯定人的价值，使员工能够自主地、能动地控制自己的工作。上级不强行下达任务，不过多干预下级工作，而是尽可能地多提供帮助，多做咨询指导。

3. 目标管理是一种重视绩效的管理

目标对每个员工既增加了压力，又激发了动力。目标管理以制定目标为起点，以考核目标完成情况为终点。目标管理注重任务的完成情况，而不大关注完成任务的方法。它不以行动为满足，而以实际成果为目的。工作绩效是评定目标完成程度的根据。因此，目标管理通过目标的制定和展开，使组织的集体“软任务”变成看得到摸得着的“硬任务”，使行为科学的“软管理”转化为“硬管理”。

三、目标管理的意义

1. 保证组织目标的实现

目标管理把组织的工作目标与组织中的责任有机地结合起来，使组织整体、每个部门和个人都与目标紧密联系在一起，合理地、有效地利用组织中的人力、物力和财力等资源，共同努力，协同完成组织目标，使其实现得到有效的保证。

2. 提高员工的主观能动性

目标的制定是一种参与管理，由上下级共同协商来确定目标。这样既保证了组织目标与个人目标的协调一致，又保证了组织目标切合实际，员工有能力有时间去完成，避免了目标过高或过低对员工带来的不良后果。所以说，目标管理能够促使员工积极主动地完成各自承担的任务。

3. 提高组织的管理效益

目标管理是一种系统管理。通过目标管理可将企业的各项计划管理、各种组织资源有机地协调起来，使组织各个组成部分都围绕着整体目标而努力，保证了组织各方面的工作有序地进行，促进了管理效益的提高。

四、目标管理的过程

目标管理的过程大体包括三个阶段：目标制定、组织目标实施、成果评定。

（一）目标的设置

这是目标管理最重要的阶段，目标定得合理、明确，后两个阶段才能顺利进行，该阶段可以细分为四个步骤：

1. 确定总目标

总目标的确定是目标管理的中心内容，管理人员首先要确定在未来特定时期内组织的宗旨和使命是什么。这些目标可以设置为任何期限的——一季、一年、五年。在大多数情况下，目标设置可与年度预算主要项目的完成期限相一致。

2. 重新审议组织结构和职责分工

目标管理要求每一个目标和分目标都有确定的人对其负责，因此，在预定目标之后，往往需要重新审查现有的组织结构并做出必要变动，尽可能做到一个目标只属于一个主管、一个部门，对需要跨部门配合的目标也应明确谁主谁从。

3. 进行目标展开，确立各级的分目标

首先要向下级传达组织的规划和目标，在此前提下和下级商定他们的目标。这是一个自上而下层层展开的过程。在此过程中需注意：目标必须有重点、有顺序，不能太多，一般 5～6 项即可，多则易于顾此失彼；目标必须具体化、尽可能定量化，以便于评估；目标要有“挑战性”，又要有实现的可能，目标太低，不能鼓舞士气，就失去了目标管理的意义，目标太高，通过努力还完不成，也会挫伤士气；最后，目标确定的结果应该是下级目标支持上级目标，分目标支持总目标，每个人员、每个部门的目标都要和其他人员、其他部门的目标协调一致，不能损害本单位和整个组织的长远利益和长远目标。

4. 逐级授权

目标展开完成后，上一级就要本着权责相称的原则，根据目标的要求，授予下属部门或个人以相应的权力，让他们有权有责，在职责权限范围内自主地开展业务活动，自行决定完成目标的方法、手段，实行自主管理。上下级之间还要就实现目标后的奖惩事宜达成协议。

(二)目标的实施

目标的实施过程主要依靠目标的执行者进行自主的管理，即由执行人主动地、创造性地工作，并以目标为依据，不断检查对比，分析问题，采取措施，纠正偏差，实行自我控制，但这不是说领导可以放手不管。由于组成了目标连锁和目标系统，目标的实施过程是一个自下而上层层保证的过程，一环失误，则可能牵动全局。在此过程中，领导者的责任主要是深入基层，对工作情况进行定期检查，一方面检查应由上级保证的目标执行者的工作条件是否得到了正常的保证，发现问题，及时解决；另一方面，当好目标执行者的参谋和顾问，以商议、劝告的方式帮助下级解决问题。在必要时，也可以通过一定的手续，修改原定的目标。但从本质上来看，目标管理是重结果的控制，而不是重过程的控制方式。

(三)成果评价

成果评价是一个目标管理周期的结束，也是下一周期的开始。该阶段主要应做好两方面的工作，一是对目标执行者的工作成果进行考核，并决定奖惩；二是总结经验教训，把成功的经验，好的做法固定下来，并加以完善，使之科学化、系统化、标准化、制度化，对不足之处则要分析原因，采取措施加以改进，从而为下一循环打好基础。

五、目标的制定和实施

目标管理中的目标，是指组织目标，是组织欲达成的未来的一种状态，一种结果。这种状态或结果通常可用一系列指标来刻画。一旦目标确定，它就成为引导组织行为或组织成员个人行为的重要的激励和方向。因此，作为重要激励因素的目标和行为方向的目标的制定是有一定要求的。

(一)目标制定的要求

管理者可以根据组织的需要来设置目标,但一个好的目标通常具备五项基本特征:具体明确、可衡量、可实现、关键的、时间限制,俗称为SMART目标。

1. 具体明确

含糊不清的目标,不仅不利于下级人员执行任务,而且激励效果也不好,所以目标应该明确说明不能含糊其辞。

2. 可考核

以考核或者可以进行量化,也就是说应该有方法可以度量目标达到的程度。

3. 可实现

目标需要具有挑战性,但是目标也不能难以企及。一旦员工通过很大的努力,组织的目标都不可能实现,那么员工的积极性会受到挫伤。但是如果目标太容易达到,员工又感觉不到激励的效果。弹性目标是解决问题的有效方法,即设计既有挑战性又客观实在的目标,以激励员工达到更高的标准。有效设计弹性目标的关键是,保证目标设定在现有资源基础的范围之内,而不能超越各部门的时间资源、设备资源或经济资源等条件限制。

4. 结果导向

选择一定数量的目标是重要的,但是这些目标应该是结果导向的,并且它们应该支持组织的愿景。设定目标时应该用"完成、获得、增加"这样的字句而不是"发展、管理、执行"等字句。

5. 明确的时间表

没有时间限定的目标失去了其存在意义。一般说来,当高层管理者制定战略目标的时间限定为3年,那么,各个分公司、各个部门相应地就确定了自己的时间界限,也便于确定具体的行动方案。

(二)目标的制定

管理者只有在清楚地了解和把握了组织目标,才能作出正确的决策。然而,目标并不是可以随意设定的,管理者会利用其聪明才智,按照一定的程序制定合理的组织目标。

1. 确定组织目标的原则

(1)组织目标应体现组织的整体发展战略。组织的整体发展战略决定了组织发展的基本方向和基本政策,具体的组织目标是对组织战略的落实,应与组织战略保持一致。

(2)组织目标必须具有具体性、可检验性。对组织目标的阐述要防止空洞化、抽象化,而要尽可能使之具体化、定量化,这既便于计划执行人员比较准确地理解和把握自己所承担的组织目标，又可准确地进行考核、有效地控制目标的实现。

(3)组织目标应具有可及性和挑战性。富有挑战性的目标是激励组织成员的动力，组织目标的设立应使员工“跳起来摘桃子”。为了使组织目标具有挑战性，必须明确规定达到目标的水平和实现目标的时间。具有挑战性的目标又必须是员工通过努力可以实现的目标，这就要求在确定组织目标时要充分考虑组织内、外环境的影响，综合考虑为实现目标所需要的条件和能力是否已经具备。

(4)组织目标应主次分明。组织目标有主次之分，在不同时期、不同条件下，组织目标的重点是不同的。只有主次分明，才能充分利用组织资源，最大限度地实现组织目标。

(5)组织目标之间的协调性。如前所述，组织目标具有多样性，不同目标之间常常会存在矛盾。这些矛盾的存在要求管理者在确定组织目标时要在不同目标间进行协调和平衡，从而实现整体利益的最大化。

2. 确定目标阶段要解决的问题

确定目标阶段主要解决三个问题：

(1)确定目标的内容和顺序。目标的内容和顺序决定了组织要采取的政策和行动，决定了资源分配的顺序，因此，大至国家，小至个人，正确地确定目标内容和顺序都是至关重要的。组织目标内容和顺序的确定主要与这样一些因素有关，包括社会制度、组织的性质、对组织内外环境的分析(由此找出组织面临的主要问题)以及管理者个人、特别是高层管理者的价值观念等。这里，正确处理国家、集体、个人三者之间的关系，正确处理眼前利益与长远利益之间的关系，是指导组织和个人正确确定目标的内容和顺序的两条基本原则。

(2)确定适当的目标时间。这是指要用多长时间来达成目标。人们往往习惯于按日历的相等间隔来确定计划时间，从而也就确定了目标时间，但这种做法确定的时间与实际工作中所需时间往往不一致，最好的办法是按承诺原则确定目标时间。我们作了某项选择就是对未来将采取的某一行动做了“承诺”，合理的目标时间应当与合理承诺所包括的时间相同。例如，把目标时间规定为充分回收采用某一方案所使用的投资的时间，又如，把一项新产品计划的时间规定为该产品的销售和支出相抵的时间，而不是做出该产品的时间。

(3)目标要有明确的科学指标并尽可能使用量化指标。目标不能含糊其辞，应尽可能数量化，以便度量和控制。指标作为对目标的细化，应反映出事物的本质并确切地反映目标。例如，我国过去以总产值作为衡量企业经营好坏的最重要指标，造成了不良的后果，就是因为总产值不能反映企业经营的本质。在指标体系中，不仅要有数量指标，而且要有质量指标；不仅要有绝对指标，而且要有相对指标。如销售收入、利润、利税及其增长率、利润率、单位流动资金所创造利润、按各种指标在全行业的排名等。当然，并不是所有目标都可以量化的，诸多的非经济目标虽然往往难以量化，但它们的重要性是不言而喻的。

【本章小结】

计划是对未来行动预先做出的安排，其实质是对要达到的目标及途径进行预先规定。计划工作是通过计划的编制、执行和检查，协调、合理地安排组织中各方面的经营和管理活动，有效地利用组织资源以顺利达到预期目标的活动过程。计划工作应坚持可行性与创造性相结合的原则、短期计划与长期计划相结合的原则、灵活性与稳定性相结合的原则、必要时重新确定目标的原则。

依照不同的标准，可将计划分为不同的类型。各种类型的计划不是彼此分割，而是整个计划体系中的有机组成部分。

计划总是通过一系列指标来表示的。一个完整的计划指标通常是由指标名称和指标数值、计量单位组成的，每一项计划指标都有其规定的内容和意义。无论编制哪种类型的计划，都可以遵循统一的步骤。这些步骤包括：估量机会，确定目标，确定前提条件，确定备选方案，拟订派生计划，编制预算。编制计划的常用方法有定额法、比例法、滚动计划法、网络计划法和甘特图表法。

编制计划只是计划工作的第一步，计划工作的关键在于计划的执行和控制。计划的执行主要通过建立和完善各项责任制、签订经济合同、对计划的执行情况随时组织检查分析、及时采取纠正偏差的措施来实现。计划控制的主要方法分为事前控制、事中控制和事后控制。目标管理作为一种系统管理方式，是落实计划、确保计划有效实施的有效管理方法。

【复习思考题】

1. 计划与计划工作的内涵是什么？
2. 为什么要编制计划？
3. 长、中、短期计划有哪些区别和联系？
4. 制订计划要遵循什么样的步骤？
5. 滚动计划法的有何特点？
6. 如何保证计划的有效执行和计划工作效果？

7. 目标管理的自我管理特性有何意义?
8. 制定目标要遵循哪些原则?

【知识应用与技能拓展】

艾琳化妆品公司的发展规划

艾琳·格拉斯纳曾在一家全国大公司里当过地区部经理,工作是第一流的,管理250多个上门推销的推销员。当她离开这家大公司之后,便开始经营自己的化妆品公司。她从意大利的小型香水厂得到一套化妆品配制流水线,租用了一座旧仓库,并且安装了一套小型的化妆品灌瓶与包装生产线。3年快过去了,艾琳化妆品公司初见成效,格拉斯纳小姐打算拓展她的产品线,建立分销网络,以下是她所采取的步骤:

第一步,她准备了一份使命报告:"艾琳化妆品公司准备生产一套化妆品系列,在美国东北部通过百货商店与专业商店分销上市。"她建立的长期目标:一是成为意大利香水在美国市场上的主要代理人;二是只销售高级化妆品;三是以高收入顾客为主要销售对象。

第二步,格拉斯纳特别想达到的一个目标:在美国东部的5座大城市里,开设自己的经销办事处。她巡视了10座城市,寻找最佳落脚点,她选中5座城市,和她的律师、销售部经理一起为那些落脚点办理租约设立了一套程序,然后确定了最后期限:明年6月1日,这些办事处开张营业。这个期限没有兑现,他们都强调在开张之前一切事宜必须协调好:签署租约、添置办公设备、安装电话、雇用办事员、招聘或续聘推销员、通知客户、准备新的办事处专用信笺,等等。

第三步,格拉斯纳为艾琳化妆品公司设计的另一个目标是,在下一年度,销售额应达到300万美元。她的销售部经理说,这个目标不现实。格拉斯纳问艾琳公司的生产部经理,如果所有的生产线都上马,明年工厂是否能完成300万美元的订单任务?他回答说,这要等他核准完生产能力的各项数字后,才能给她一个答复。

第四步,面对那么多要完成的目标,格拉斯纳决定把她的一些职权委派给那些主要部门的经理们。她逐一与他们碰头,一一落实要达到的目标。她给生产部经理定下的目标是,增强生产能力,每个月生产1万只产品,破损率降低到5%,把工薪支出保持在预算的50万美元之内。那位经理也提出了异议,认为有的指标不合理。到了年终，生产部经理完成了两个目标，可是工薪支出超出预算10万美元。[①]

思考题

1. 如何才能使“成为一个主要代理人”的目标更加具体化？

2. 你认为格拉斯纳在处理公司主要计划与派生目标之间的关系上存在哪些问题？

3. 在开设新的办事处中，格拉斯纳忽略了制订计划中的哪一个步骤？

4. 格拉斯纳如何能让生产部经理更能明确她的目标，并承担起责任？

【网络辅助阅读材料】

1. MBA智库文档. 如何撰写创业计划书. http://doc.mbalib.com/view/282a77717702f63ac8f902778c926140.html，2011-03-04

2. 百度百科. 彼得·德鲁克. http://wiki.mbalib.com/wiki/%E5%BD%BC%E5%BE%97%C2%B7%E5%BE%B7%E9%B2%81%E5%85%8B

3. 梁果. 目标管理失败的原因分析及对策研究. http://articles.e-works.net.cn/MBO/Article77426.htm，2010-05-14

4. 清华大学领导力培训项目网. 企业发展规划范例：企业3年发展规划. http://www.thldl.org.cn/news/1104/53758.html，2011-04-11

5. MBA智库文档. 战略发展规划报告范例. http://doc.mbalib.com/view/4b55834e904fd4798cbb1b69112f72fe.html，2010-10-14

6. 总裁学习网. 王老吉的五大战略失误. http://www.cs360.cn/qiyezhanlue/zlgh/glal/1529998/2013-02-20

① MBA智库文档. 管理学案例集：艾琳·格拉斯纳的化妆品公司. http://doc.mbalib.com/view/3e147943730fbde0ea675832a95fab7c.html，2010-07-27，编写时有修改

第五章　组织原理

【内容提示】

本章主要介绍组织工作的内容，组织设计的决策和组织结构的类型，以及关于组织变革的相关问题。通过本章学习，学生应能够熟练应用组织结构设计的原理和方法分析组织结构设计和组织变革等方面的问题，做出正确的组织决策。

引　例

2012 年 5 月 18 日，腾讯正式宣布，将进行公司组织架构调整，把原有业务系统制变为事业群制，并成立腾讯电商控股公司，专注于电商业务。

腾讯原有的业务体系是马化腾从 2005 年起构建的一套按照业务职能线划分的架构体系。按照这套体系，腾讯的公司架构被划分为 S(职能系统)、O(运营平台系统)、R(平台研发系统)、B0(企业发展系统)、B1(无线业务系统)、B2(互联网业务系统)、B3(互动娱乐业务系统)和 B4(网络媒体业务系统)。

运营平台系统(O)负责管理腾讯的网络、服务器集群和数据中心，也是未来腾讯云数据处理平台的核心部门。平台研发系统(R)包括平台研发和搜索业务两条线，前者负责诸如 QQ、Q＋、QQ 邮箱等核心产品，被外界所熟知的微信研发团队广州研究院和用户体验中心(UED)就是隶属于这条线；后者则是以搜搜为代表的搜索技术团队。企业发展系统(B0)下设负责在线支付的财付通、负责国家业务拓展的国际业务部、负责战略投资的投资并购部等。无线业务系统(B1)，最初是从腾讯的短信业务发展而来，而后发展了手机腾讯网、手机 QQ、超级 QQ，以及客户端手机 QQ 浏览器、QQ 通讯录等业务。互联网业务系统(B2)，腾讯许多被用户熟知的业务都来自这个系统，例如 QQ 空间、QQ 音乐、朋友网等。另外，这个业务系统还承载了腾讯近年重点布局的电子商务业务，2012 年第一季度财务报表显示电商业务已经占到腾讯总收入的 7.8％，超过了传统的网络广告业务。互动娱乐业务系统(B3)，即腾讯游戏，也是腾讯的“现金牛”，全公司 76.5％的收入来自于这个部门，主要产品是 QQ 游戏、地下城与勇士、穿越火线等。网络媒体业务系统(B4),旗下拥有的主要产品是腾讯网、腾讯视频和广告平台腾讯智慧。腾讯投入很大的微博业务,也是隶属于该部门。该平台的掌门人是高级执行副总裁刘胜义。

腾讯将原有的业务部门制转向事业群制,将现有业务重新划分成企业发展事业群(CDG)、互动娱乐事业群(IEG)、移动互联网事业群(MIG)、网络媒体事业群(OMG)、社交网络事业群(SNG),整合原有的研发和运营平台,成立新的技术工程事业群(TEG),并成立腾讯电商控股公司(ECC)专注运营电子商务业务。

腾讯将重点布局社交、游戏、网媒、无线、电商和搜索六大业务。社交领域:把即时通讯平台QQ与两大社区平台QQ空间、朋友网整合成为社交网络事业群。游戏领域:拥抱全球网游机遇,展现了全球化布局的战略意图。新媒体领域:将传统门户、微博和视频等多种媒体形态进行深度整合,形成一个新的媒体平台。无线领域:发力移动互联网。电商领域:未来5年成就10家以上百亿级且盈利的B2C合作伙伴,100～200家年销售额超过1亿的传统品牌及网络品牌合作伙伴。搜索领域:搜索原核心技术部门将与腾讯技术工程事业群整合,继续加大对核心搜索技术以及语音搜索、图片搜索、语义搜索等前沿技术的投入。

腾讯此番调整意在按照互联网发展的几大方向和主流用户需求重新梳理业务和组织结构。过去三五年,包括社交网络、移动互联网、电子商务等在内的新产品和新趋势层出不穷。各个业务部门虽然与时俱进,但由于架构的限制,已经不能完全满足用户层出不穷的新需求了。正如马化腾指出的,谁能把握行业趋势,最好的满足用户内在的需求,谁就可以得到用户的垂青。不仅要在各个专业领域深耕细作,打造用户平台,而且要培育产业链,让合作伙伴更好地找到共赢点,实现产业共同发展。

此次调整的基本出发点是按照各个业务的属性,形成一系列更专注的事业群,减少不必要的重叠。在事业群内能充分发挥“小公司”精神,深刻理解并快速响应用户需求,打造优秀的产品和用户平台;同时,各事业群之间可以共享基础服务平台以及创造对用户有价值的整合服务。

变革的根源在于腾讯成功背后的危机感。2005年腾讯第一次调整组织架构时只有两三千人,如今全员规模超过2万人,一些规模稍大的业务部门人数就相当于当年的整个公司规模。大公司固然有资源和平台的优势,但也容易丧失小公司的激情与活力。所以,像马化腾说的,大公司要有变小的勇气。相比一些沉溺在一时显赫而错失机会最后不得不慢慢走向衰落的大公司,腾讯并没有迷失在既有成功中，而是保持了高度的警惕性和挑战自我的勇气。①

第一节　组织的概念与组织工作内容

一、组织的概念

组织是人类社会的结构单元，我们每天的生活、学习和工作，无不与现实社会中的组织发生联系。企业、学校、商店、银行、医院、军队、政府等都是具体的组织形式，正是这些组织把人类社会联结成一个有机整体，维系着社会的正常运转，并深刻地影响着我们的思想、态度和行为。组织作为社会分工的产物，它既是管理的对象，又是管理的载体，人类借助于组织和组织管理，尤其是对生产力要素中活跃、最革命的因素——人的行为的管理，有效组织生产力和再生产过程，增进社会财富的创造和文明进步，促进人自身的全面发展。

随着管理的深入，组织的概念也在不断地完善和发展。美国著名管理学家巴纳德（C. I. Barnard）认为，“组织是由两个以上的人自觉协作的活动或力量所组成的系统”，“是一个有意识地协调二人以上的活动或力量的合作体系”。孔茨（Harold Koontz）则认为上述定义过于笼统，而将组织定义为“有意识形成的职务或职位的结构”。现代经济学则把组织理解为协调分工的装置，组织的功能是充当契约的联结点。

从静态的角度看，也就是作为名词使用的组织，可以将组织理解为社会的一个实体性单元或机构（organization），是人们为实现一定的目标，将诸要素依照某种方式进行组合而形成的、具有内在权责关系的活动集体或系统结构，如政府、军队、党派、企业、学校等各类社会组织。因此，可以将静态的、作为名词使用的组织定义为：组织是人们在社会实践活动中，为实现某种目标，按照一定程序而建立起来的合理地安排人力、物力、财力等组织要素，拥有一定的权责结构的社会协作系统。

从动态的角度看，组织是一种管理职能，也就是作为动词使用的组织。作为管理基本职能的组织，是指出可以理解为系统整合活动和过程，即为实现管理目标，

---

① 新浪科技. 腾讯组织架构重组：建六大事业群，分拆电商业务. http://tech. sina. com. cn/i/m/2012-05-18/09367129119. shtml，2012-05-18

百度文库. 揭秘腾讯为什么要调整组织架构. http://wenku. baidu. com/view/d9a20f59804d2b160b4ec094. Html，2012-06-04

按照一定程序构建相应的分工协作体系,创立和完善人力、物力、财力等组织要素合理配置和高效使用的系统运行机制等系统整合活动和过程。其中包括:建立组织的管理体制,其中包括建立健全组织结构和相应的规章制度;分解目标与任务,确定职位及其权利;配备、选拔、考核和培训人员,确定对人员的激励方式,使其各司其职,各负其责;明确工作程序,建立协作关系和信息系统;工作指导和任务关系协调;组织变革与创新等工作内容。这一概念包含以下几层含义:

1. 组织有特定的目标

明确的组织目标是组织工作的必要前提。离开组织目标,组织工作也就失去了意义。或者说,没有目标或目标不明,组织工作就会迷失方向,组织就会无的放矢,无所作为。

2. 组织是实现目标的工具

人们为实现目标,必然要寻求最好的组织模式,通过有效的运用组织职能,以达实现目标的目的。组织是人们为了实现共同目标而采取的一种手段或工具,这一工具运用得当,有利于目标的实现;用得不好,对目标的实现则会起妨碍作用。

3. 组织是一个拥有一定权责结构的分工协作系统

对于任何一个组织来说,人们为实现组织目标而进行的共同劳动,都是建立在分工与协作的基础之上的。分工与协作促成了组织内部层次结构、部门结构和权责关系结构的形成。

二、组织要素

所谓组织要素,也就是影响组织运动发展的主要因素。从组织发展的客观要求出发,我们把组织要素确定为:组织环境、组织目的、管理主体和管理客体。这四个基本要素相互结合、相互作用,共同影响组织效率与组织发展。

(一)组织环境

任何组织都是处于一定的环境中,受到环境的影响和制约的。环境因素包括组织的外部环境和内部环境,任何管理者都不能忽视环境的作用。

1. 组织的外部环境

组织的宏观外部环境有政治环境、经济环境、社会环境和文化环境等;中观环境是指组织所在行业的市场环境、生产环境、科学研究和技术环境等;组织的微观环境是指组织的利益相关者所构成的环境,如地方政府、顾客、供应商、竞争者等。

2. 组织的内部环境

组织的内部环境是指组织内部的成员或群体之间的关系模式所构成的环境,如物理环境、心理环境、文化环境等。物理环境包括工作地点的光线、声音、温度等，对员工的工作安全、工作效率都有极大的影响。心理环境指的是组织内部的精神环境，包括组织内部的人事关系、合作状态、组织成员的责任心、归属感、奉献精神等。组织文化环境至少包括两个层面的内容：一是组织的制度文化，包括组织的工艺操作规程、规章制度、奖惩制度以及组织结构等；二是组织的精神文化，包括组织的价值观、经营哲学以及组织的精神风貌等。

（二）组织目的

组织目的是组织的根本宗旨，决定着组织的未来发展方向。没有目的就失去了前进的方向和动力，也就失去了存在的必要。目的不仅是一个组织的基本特征，还表明一个组织存在的意义，例如，企业的目的是利润最大化，学校的目的是从事科研和培养人才，军队的目的是保卫国家、抵御外敌入侵。目的是一种社会赋予组织的使命、职责，目标是组织的目的和使命的具体化，是组织在一定时期内所追求的最终成果和组织奋力达到的未来状况，两者有一定区别，如企业的目的是实现利润最大化，而企业的目标则是每年实现多少利润。

（三）管理主体

管理主体是指具有一定管理能力，拥有相应的权力和责任，从事现实管理活动的人或机构，也就是通常所说的管理者。管理主体的思想道德水平、态度和价值观、领导能力、管理水平、健康状况等对组织的发展起着至关重要的作用。

（四）管理客体

从广义上讲，管理客体是组织管理过程所能预测、协调和控制的对象，包括人（员工）、财、物、供、产、销、责、权、利等各种管理对象。这里的管理客体特指组织中的行为主体即组织成员，是组织中最根本的、具有能动作用的要素。

组织工作是一个构建组织结构框架、创立和优化组织运行机制的活动。管理者和组织工作人员在行使组织职能时，一方面要充分利用好现有的组织要素，另一方面要通过组织设计和组织变革，加强组织要素的优化培育工作，以卓有成效的组织工作，促进组织效率的提高和组织的可持续发展。

三、组织工作内容

（一）组织结构设计

决定组织的管理层次、管理幅度、各管理层次上的横向部门划分。一个组织的管理层次分为多少，一个管理者的管理幅度多大合适，会受很多因素的制约，如管理者的领导能力，下属人员的素质，计划的明确程度，信息沟通渠道的健全程度等，组织工作应善于根据组织的不同条件，合理确定适当的管理层次和有效的管理幅度。部门划分决定着一个组织内部的劳动分工关系。组织内部围绕完成组织目标所需的各项工作的性质和要求是有着千差万别的，部门划分也有着各种各样的方法，每种方法都有着不同的优缺点。组织工作应善于根据组织的内部条件，采用合理的方法划分部门。

（二）分解目标与任务，确定职位及其权利

组织的总目标需要分解到各个部门以及各个人员身上，并确定其职责范围，给予相应的职权，使其各司其职、各负其责，每个岗位、每个部门在完成各自工作的基础上，发挥整体效应和一加一大于二的效果。

（三）决定组织内各部门及各岗位的工作内容和职责范围，明确工作程序

通过工作内容和职责范围的确定，组织工作应使成员之间建立起明确的劳动分工和协作关系，即上下级之间的从属关系和同一层次各部门之间的横向协作关系，建立信息沟通渠道，保证组织活动的连贯性和秩序，使每个成员能各司其职、各负其责，明确自己的工作任务。在工作分析的基础上，明确各岗位的工作职责，根据工作任职资格要求招聘合格员工，按照工作任务书完成相应任务。

（四）明确组织内部的权责关系

组织中的管理者要想有效实施管理，必须拥有权力。由于管理者在组织中所处的地位和管理职能的差异，管理者所拥有的权力也是有差异的。权力类型有直线职权、参谋职权和职能职权。组织工作应善于根据组织内各管理层次、各部门和各岗位的性质及履行工作职责的要求，划分相应的职权类型，理顺组织内部的权力关系，使组织结构能够协调地运转。除此之外，职权和职责必须对等，有权无责或有责无权都不利于任务的完成和有效的管理控制。

（五）招聘、配备、选拔、考核和培训人员，确定人员的激励方式

招聘、配备、选拔、考核、培训是组织工作的重要内容和人力资源管理的主要任务，其目的是为组织发展提供人力资源和积累人力资本，建立健全组织的激励约束机制。组织工作者要学会知人善任、以人为本，通过具体的人力资源管理工作充分调动员工的积极性，最大限度得提高员工的工作满意和成就感，促进组织效率和工作绩效水平的不断提高。

（六）决定组织内部授权的程度和范围

组织中各层次和各部门的管理人员要履行职责，必须拥有相应的权力，但权责必须对等，权大于责或者有责无权都不利于组织发展。因此，组织工作必须明确组织内部授权的程度和范围。权力是较多地集中在上级还是授予下级，是采用集权型组织还是分权型组织，需要根据具体情况和任务性质加以确定。事实上，集权和分权并无好坏之分，但处理不好会影响组织的运转。组织工作应善于根据各影响因素的变化，合理确定集权与分权的程度。

(七)组织文化的培育和建设

组织文化是组织在长期的生存和发展中所形成的为组织所特有的,且为组织多数成员共同遵循的最高目标、价值标准、基本信念和行为规范等精神要素的总和。组织文化培育和建设的工作内容丰富,主要包括:组织核心价值观和组织精神培育,组织制度建设,企业形象塑造,员工教育培训,文明生产秩序的建立等。

(八)协调各部门、各级人员之间的工作

在组织工作中,要密切关注同一层次部门之间的横向协调状况以上上下级之间的纵向配合状况,做好部门之间和上下级之间的沟通和协调工作,防止和避免破坏性的组织冲突,妥善解决出现的各种分歧和矛盾,确保组织系统的相互协调、衔接和统一。

(九)组织变革

组织变革是一种有计划和目标趋向的改善组织机制和行为模式的活动。组织变革的实质是组织为了适应外部环境和内部情况的变化,及时调整和完善自身结构、技术和人员,以提高其适应环境、求得生存和发展的应变能力,使组织管理更符合组织生存和发展的目标。组织变革有两个最基本的目标:一是组织与环境相适应;二是改变企业内部职工们的行为方式。随着竞争的加剧,组织变革已从小范围的修正,发展到对整个组织进行系统、长远的变革和开发,包括组织结构、技术、人员和物理环境等方面的变革和开发。

第二节　组织设计

一、组织设计的概念和原则

(一)组织设计的概念

无论是对现有的组织的变革还是建立一个崭新的组织,都要进行组织设计。组织设计就是根据组织发展的需要,对组织的结构框架及组织运行机制的设立或变革进行规划并提出实施方案的过程。这一定义包含以下几方面内容:

(1)组织设计是对组织内的任务、职权和职责进行有效组织协调的活动,其基本功能是协调组织中人员与任务的关系,从而有效实现组织目标。

(2)组织设计既要考虑组织内部各要素的协调,又要考虑组织外部环境的影响,并保持结构和功能的动态性、灵活性。

(3)组织设计主要是指组织结构设计,通过机构设置和人员配置等,形成组织

的框架结构和运行机制。

(二)组织设计的原则

1. 目标一致原则

目标一致原则是指组织结构的建立以及组织工作的开展，都要有明确的目的和目标，要能够使组织的每个部门和每一个组织成员所进行的工作都与实现组织的总体目标联系起来，并且服从于组织整体目标的要求。这一原则要求组织结构的设计应建立在这一目标体系的基础上，并以此指导纵向的管理层次的划分、横向的部门的划分以及组织内每个成员任务的确定等。

2. 命令统一原则

组织中每位员工只服从于一名上级的命令，只对一名上级负责，避免多头领导和越级指挥导致下属无所适从。该原则要求组织设计中等级链清晰、各个职位权责明确、命令逐级下达、工作逐级上报，形成有效的组织指挥系统。

3. 分工协作原则

分工就是按照管理专业化和工作效率的要求，把组织的目标和任务分解成为各层次、各部门及每个人的目标和任务。随着生产力的发展以及管理工作日益复杂，分工越来越细，这也是现代社会和现代组织的重要特征。协作是指不同部门之间、部门内部各成员之间的协调与配合。分工协作原则是指组织设计应充分考虑社会化大生产和生产力发展对组织内外分工协作的要求，既要合理分工，又要在分工的基础上进行有效协作，做到分工与协作相互协调，密切配合。贯彻专业分工和协调配合的原则，一方面要求分工应适应组织外部环境的变化，切实反映组织活动的客观需要和现有条件的可能，合理划分组织内部各个专业职能部门的范围；另一方面要求明确专业分工之间的相互关系，明确上下管理层次之间、左右管理部门之间的协调方式和控制手段，妥善处理和解决好管理层次之间、部门之间和部门内部人员的沟通配合问题，通过分工基础的协作实现组织的高效运转和整体效益。

4. 权责一致原则

权责一致原则指在组织结构的设计中，职权和职责要相适应并且对等一致。职权是指在职位上具有指挥和行事的能力，职责就是在接受职位、职务时所应尽的义务。履行义务要以相应的权力为保证，权力的行使则是以履行义务为目的。有责无权，会束缚人的积极性，也不能保证责任的完成；相反，有权无责，必然滥用权力，助长官僚主义瞎指挥，所以权责应当对等。权责一致原则要求在组织设计中要保证职位的职权和职责对等。职权是指在职位上具有指挥和行事的能力，职责是指在接受职位、职务时应尽的义务。有责无权，无法保证责任的完成；有权无责，或责任程度远远小于职权，则会滥用权力，助长官僚主义，所以两者必须对等。所谓职权和职责相适应,也就是说所授予的职权应是成员履行职责所必需的,否则,不但授权失去了其应有的意义,而且还会带来有权无责的消极后果。

5. 集权与分权相结合原则

集权是指组织的管理权限较多地集中在组织最高领导层;分权是指组织的管理权限适当分散在组织中下层。集权有利于统一领导和指挥,但弹性差、适应性弱;分权有利于发挥下属的积极性并可使其在工作现场处理问题,但对于重大决策问题不可能做到完全的授权,同时也容易造成管理失控。因此,社会化大生产又要求保持局部管理权限的分散,对重大决策及全局性管理实行集权,对局部的日常管理实行分权。集权或分权的程度受到很多要素的影响,如对于重大决策或全局性问题应实行集权,而日常管理、例行管理则应实行分权。

集权与分权相结合原则是指在组织工作中必须要正确处理好集权与分权的关系,这样才能保证组织的有效运行。正确的认识和把握好集权与分权的关系,是每一个组织领导者都应重视的问题。贯彻集权与分权相结合原则,要求管理者做到以下几点:首先,应认识到集权与分权都是开展管理活动所必不可少的手段。一方面集权是组织行动统一性的要求;另一方面也应看到分权是组织分工的必然要求。其次,应认识到集权与分权是相对的,而不是绝对的,正确地处理好集权与分权的关系,应注意把握好集权与分权的适度。集权的程度应以不妨碍下属履行职责,有利于调动积极性为准;分权的程度则应以下级能够正常履行职责,上级对下级的管理不至失控为准。在组织中若是集权过度,剥夺了下级应行使的权力,这叫上级"揽权";分权过度,把上级应掌握的权力分散给下级,叫上级"失职"。在实际管理活动中,一些领导者各种权力集于一身,独断专行,越权指挥,听不得下属的意见,其结果常常会妨碍组织成员工作的正常开展,制约人们积极性的发挥;而一些领导者不负责任,乱派权力,任其下属各行其是,其结果则会导致管理上的失控,造成组织的混乱。这两种现象都是因为违背了集权与分权相结合原则。

6. 有效管理幅度原则

管理幅度是指一个主管人员直接指挥的下属人数。有效管理幅度原则是指组织中的主管人员直接管辖的下属人数要服从提高组织运行效率和促进组织发展的要求,不宜过大或过小。若管理幅度过小,管理层次就会增加,组织的信息传递速度会变慢,信息在传播中也会失真;而管理幅度过大,管理层次虽会减少,管理人员的工作量则会相应增加,但由于管理者本身精力和体力有限,很容易导致管理的失控。由于一个人的精力和体力是有限的,管理能力也因知识、经验、个性、年龄的不同而有所差异,这也就决定了管理者的管理幅度是有限的,不同管理者应有不同的管理幅度。所以,有效的管理幅度是组织结构设计应考虑的重要问题。

贯彻有效管理幅度原则一方面要求保持组织的管理层次和管理幅度保持动态适应，另一方面要求组织领导者不断加强领导能力建设，在管理幅度一定的情况下出色地完成领导工作任务。当然，领导者自身也要保持清醒的头脑，做到自知之明，量力而为，将管辖领域和管理幅度控制在自己能够有效把握的范围之内。

近年来，组织出现扁平化的趋势，管理幅度增加，为了减少因管理幅度增加而产生的管理失控、员工绩效下降的问题，各公司纷纷加大员工培训的力度。

7. 弹性结构原则

弹性结构原则是指组织结构要能够根据环境的变化及时做出调整或变革，以确保组织与环境之间的协调和可持续发展。组织的发展受到环境的制约，内外部环境的变化都要求组织目标、组织结构随之做出调整，如现在的团队结构、虚拟组织、网络化结构就是为了适应环境的变化而新出现的组织结构形式。

贯彻弹性结构原则要求管理者正确处理好稳定性和适应性之间的关系。组织结构一成不变，就不能适应环境的变化，经常调整组织结构，又会影响组织的正常秩序。因此，组织结构应保持相对的稳定和动态适应性。组织的稳定性要求一个组织内部的分工协作关系的层次结构、部门结构、权力结构应具有一定的稳定性，组织成员的工作任务及其职务安排也要保持相对稳定。组织结构的稳定性，有利于组织的正常运转和协作关系的稳固；人员的稳定有利于各项工作持续正常地开展，也有利于专业化、标准化的管理，从而保持各项工作的高效运转。一个组织的结构永久不变，既不现实，也不可能，组织要发展，就必须保持组织结构与环境之间的动态适应。

二、组织设计的影响因素

(一)外部环境

任何组织作为社会的一个单位，都存在于一定的环境当中。组织外部的环境必然对组织内部的结构形式产生一定的影响。这种影响主要表现在以下几方面：

1. 对职务及部门设计的影响

组织是社会大系统中的一个子系统，组织与外部存在的其他社会子系统也存在分工问题。社会分工方式的不同决定了组织内部工作内容、部门划分及职务设立的不同。如在计划经济体制下，企业的任务仅仅是利用国家供给的要素制造产品，相应地组织结构中偏重生产过程的组织。但随着社会主义市场经济体制的建立，企业作为独立的市场主体，市场营销工作成为企业工作的重点，相应地也就设立了强大的市场营销部门。

2. 对部门关系的影响

环境不同使组织中各项工作完成的难易程度以及对组织目标实现的影响程度也不相同。同样在市场经济中，当产品的需求大于供给时，企业的生产部门显得非常重要；而一旦市场供大于求时，市场营销部门就会得到强化。外部环境稳定与否，对组织结构的要求也不一样。环境较为稳定的行业和部门，要求设计出"机械式管理系统"的稳定结构；而多变的环境则要求设计灵活的组织结构，组织结构设计中强调的是部门间的横向协调而不是纵向的等级控制。

3. 对组织结构总体特征的影响

外部环境是否稳定对组织结构的要求也是不一样的。稳定的环境下，环境对组织影响程度低，此时组织倾向于稳定的机械结构，管理部门与人员的职责界限分明，工作内容和程序经过仔细的规定，各部门的权责关系固定，等级结构严密；而多变的环境对组织的影响程度高，要求组织结构灵活，各部门的权责关系和工作内容需要经常做适应性的调整，强调的是部门间的横向沟通而不是纵向的等级控制，组织倾向于采取弹性的有机结构。

（二）战略

组织结构必须服从组织所选择的战略的需要。适应战略要求的组织机构，为战略的实现、组织目标的实现提供了必要的前提；如果结构与战略不一致，组织设计将毫无效果。

战略选择的不同，在两个层次上影响组织结构：不同的战略要求不同的业务活动，从而影响组织结构的设计；战略重点的改变会影响组织的工作重点，从而会引起各部门及职务在组织中重要程度的改变，因此要对管理职务及部门间的关系做相应的调整。

波特指出，竞争战略大致分为三种：一是成本领先战略，即凭着高效率运营、低劳动力成本、经济规模、技术专长等，加上生产过程严密控制，达到比竞争对手成本较低的优势。二是差异战略，主要通过优质产品、上佳服务、创意设计或崭新科技，并在宣传中展示商品或服务的独特性。三是聚焦战略，亦称集中化战略，主要将企业焦点放在一个较狭窄而独立的市场，再从不同方面去满足这个市场内顾客的需求。当企业采取成本领先战略时，企业需要一个制度化程度高、管理严格且高度集权的结构去配合它；当企业采用差异战略时，企业必须提高弹性及应变力，因此结构需要降低正式化程度并适当分权，以快速响应不断变化的顾客需求。

（三）科技条件

组织的活动需要利用一定技术和反映一定技术水平的物质手段来进行。技术以及技术设备的水平不仅影响组织活动的效果和效率，而且会作用于组织活动的内容划分、职务设置和工作人员的素质要求。如信息化的发展将改变组织中会计、文书、档案等工作的性质和形式。

法国经济学家弗朗索瓦·佩鲁(Francois Perroux)指出,我们可以从两方面去探讨作业中所采用的科技的性质:一方面是工作多元性,即生产过程是否会出现很多特殊、不可预料的情况;另一方面是工作活动的可分析性,即工作能否按部就班,依据固有规则即可完成。当一个企业运营情况简单而重复,并且生产过程是依据既定程序进行的,则该企业应采用"常规科技",如家用电器、纺织及制衣工厂,与之配合的结构过程是高度标准化、中央集权的,组织结构呈现机械化的特征。与此相反,当一个企业的营运过程充满变数,难于预测,且工作活动变化万千,无章可循,则企业应采用"非常规科技",例如,商业研究、公关及市场策划工作。企业应采用一个具有弹性的组织结构,下放权力,降低标准化程度,组织结构呈现有机化的特征。①

(四)规模

规模是影响组织结构的不可忽视的因素。伴随着组织的发展,组织活动的内容会日趋复杂,人数会逐渐增多,规模会越来越大,组织结构也应随之调整。

美国学者托马斯(J. Thomas Cannon)提出了组织发展的五阶段论,认为组织的发展过程要经过五个阶段:第一阶段是创业阶段,决策主要由高层管理层做出,组织结构相当不正规,对协调只有最低限度的要求,组织内部的信息沟通主要建立在非正式的基础上。第二阶段是职能发展阶段,这时决策越来越多地由其他管理者提出,而最高管理者亲自决策的数量越来越少,组织机构建立在职能专门化的基础上,各职能间协调需要增加,信息沟通变得更重要,也变得更困难。第三阶段是分权阶段,组织采用分权的办法来对付职能结构引起的各种问题。组织结构采用地区或产品事业部形式,目的是在企业内部建立"子企业"使后者按照创业阶段的特点来管理。但随之而来也出现了一些新问题,各事业部成了不同的利益集团,各自为政,机构重复造成了管理费用的增加,高层管理者感到对事业部失去了控制。第四阶段是参谋激增阶段,为了加强对子企业的控制,公司一级的主管增加了许多参谋助手。而参谋的增加又会导致他们和直线管理者的矛盾,影响命令的统一。第五阶段是再集权阶段,分权与参谋激增阶段所产生的问题,可能诱使高层管理者再度集中决策权力。

随着计算机化及网络时代的来临,企业规模的意义将超越传统的实体组织,组织设计的不仅要考虑实体规模,而且要考虑虚拟规模。可以说,虚拟规模对组织设

① 肖余春.组织行为学[M].北京:中国发展出版社,2006:267

计的影响将愈来愈大，虚拟规模与组织设计的关系也将是富有挑战性的一大课题。

三、组织设计的内容

（一）职位设计

1. 职位设计的含义

组织可以看做是由各种各样的职位、职位间的关系及其相互作用所构成的具有特定功能的有机体。职位设计就是将若干工作任务组合起来构成一项完整的职位。现实中有些职位是常规性的、经常重复的，有些则是非常规性的。有些职位要求广泛的技能，有些只要求一些范围很窄的技能。总之，职位因任务组合方式的不同而不同，而这些不同的任务组合则形成了多种职位设计方案。

2. 职位设计的演变

职位设计经历了以下的发展历程：

(1)专业化分工。在 20 世纪上半叶以前，人们力求将组织中的工作设计得尽可能简单、单纯、易做。亚当・斯密曾这样描述过一家别针制造厂的劳动分工情景：一个人抽钢丝，另一人拉直，第三个切割，第四个削尖，第五个打磨顶部以便接上头部……如此将别针的制造划分为各种专业化的操作，分别由专人承担，使得劳动生产率比传统方式（即一个人从头到尾完成所有制针工作）提高了 200 多倍。这就是专业化分工的巨大吸引力。今天，仍然有很多工作是采用这种原则进行的，如生产制造汽车流水线上的工人。

专业化分工的优点很多，如有利于提高人员的工作熟练度，有利于减少因为工作变换而损失的时间，有利于使用专用设备和减少人员的培训，降低了劳动成本。但它也有其固有的缺陷，工作枯燥、单调、乏味，造成了员工心理和生理上的伤害，导致员工不满、厌倦工作，从而最终影响了总体工作效率和工作质量。正是由于存在了这些缺陷，为了克服这些弊端，目前出现了很多新型的职位设计方式。

(2)职位扩大化。职位扩大化主张把若干狭窄的活动合并为一件工作，通过这种方式来扩大工作的广度和范围，从而克服由于过度分工带来的工作过于狭窄的弊端。例如，原先装配收音机的工作中，每个人只负责一两项简单操作，如将某个电容器插在焊孔上，现在改为每个员工装配一个部件甚至整台收音机。职位扩大化给工作内容带来更大的多样性和挑战，在一定程度上降低了工作的单调程度，但是也有员工抱怨说这意味着在同等时间干更多的活，而且工资还不增加。

(3)职位轮换。职位轮换是指定期让员工从一项工作更换到另一项工作上去。如在仓库工作的工人，可以在卸货、出货、记录、盘点等多项职位上定期轮换。这样有利于促进员工技能多样化，在一定程度上减少了枯燥、单调的感觉。有些企业让中低层管理者在不同分厂定期或不定期的职位轮换，以便更好地培训他们。职位轮换的缺点是增加了培训工作，员工必须首先适应新工作，而且要学着与新工作小组中的同事互相合作。

(4)职位丰富化。职位丰富化不同于职位轮换，它是纵向上充实和丰富工作内容，增加员工的责任感，使其体味工作中的挑战性、责任感和成就感。职位丰富化是将部分管理权限下放给下级人员，使员工可以控制完成工作所需的必要资源，就如何干这件工作做出决定，并确定自己的工作速度。

(5)工作团队。上述几种方式都是依据个人来进行职位设计。当职位设计是围绕群体而不是个人时，就形成了工作团队。近年来，工作团队日益盛行，在很多企业中都有了广泛的应用。团队类型很多，如解决问题的团队、特别工作小组、自我引导的团队等，自我管理工作团队享有相当大的自主权，除了安排工作进度、决定工作方法外，还可以自主挑选成员、自主考评工作绩效以及决定对成员的奖惩。

3. 职位设计的要求

理查德·哈克曼(J. Richard Hackman)和格莱戈·奥海姆(Greg R. Oldham)提出职位特征模型。根据这一模型，可以用激励潜力分数(MPS)来衡量一个职位对人们的激励程度：

$$MPS=[(\text{技能多样性}+\text{任务同一性}+\text{任务重要性})\div 3]\times \text{自主性}\times \text{反馈}$$

技能多样性、任务同一性和任务重要性这三项决定了工作的意义。一项职位如果具有这三个特征，可以预期职位担任者将认为其工作是有价值的、重要的。拥有自主性的职位会给任职者带来责任感，反馈则能使任职者了解到自己对公司所做的贡献大小和自己的工作绩效。MPS 这一指标得分较高的职位将对人们的动机、绩效和满意感产生积极的影响，达到良好的激励效果。

总的来说，职位设计应着眼于顾客满意，应当能够激发员工的工作热情和斗志，并能实现卓越的组织绩效，对任何一方的忽视都会导致失衡。

(二)纵向设计——层次划分

1. 管理层次

(1)管理层次的产生。当生产力十分低下的时候，社会分工极其简单，计划、组织、实施、执行直至成果的享受，可能都是一个人。随着生产的发展，劳动的方式由个体向群体发展，有了分工协作，有了管理者与被管理者。一开始，管理者与被管理者关系简单，管理者能领导较多的人。但随着组织规模越来越大，管理者与被管理者的关系日益复杂化，为了处理这种复杂的关系，管理者需要付出大量的精力和时间。但是，由于人类存在着身体的、生理的、心理的和社会的种种限制，每一个管理者所能直接指挥和监督的下属人数总是有限的，如果增加管辖人数，势必带来管理有效性的下降，在这种情况下就必须增加管理层次。这样，就可以通过委派任务和职权给下属从而减轻上层管理者的负担，久而久之，组织中便形成了有层次的结构。由此可见，管理层次的产生是生产力发展和社会化大生产的必然结果。

(2)管理层次的划分。一个组织中管理层次的多少，一般应具体地根据组织规模的大小、活动的特点以及管理幅度而定。一般说来，大部分组织的管理层次往往可以分为三层：上层、中层和基层。

上层也叫战略规划层，其主要任务是从组织整体利益出发，对整个组织实行统一指挥，并制定全局性、方向性组织目标与大政方针等。如一个项目要不要上马、什么时候上马合适等。上层回答的是“做什么”的问题。

中层也叫战术计划层，其主要任务是负责拟订和选择计划的实施方案和程序，按部门分配资源，以及评价组织活动的效果和制订纠偏措施等，起到上传下达的作用。中层回答的是“怎么做”的问题。

基层也叫运行管理层，其主要任务是按照规定的计划，协调基层员工的各项工作，完成计划和任务。基层回答的是“怎样干好”的问题。

美国斯隆管理学院提出一种叫做“安东尼结构”的经营管理层次结构。该结构把经营管理分成三个层次：战略规划层、战术计划层和运行管理层，这相当于我们上面所说的上层、中层、基层。“安东尼结构”中的战略规划层考虑的是组织的全局性、方向性以及涉及与目标有关的大政方针问题，如一个项目要不要上马、什么时候上马合适，这些都是一个组织中的最基本的决策问题。战术计划层主要考虑的是在既定方针下怎样组织和安排，即要回答的是怎样上马的问题。运行管理层关心的是怎样干好的问题，即具体实行计划、组织生产是他们的主要任务。

无论组织如何划分管理层次，各层次之间的相互关系总是一定的，即管理层次遵守自上而下的等级链的原则，较低层次的主管人员的职权由较高一层主管人员给予，他必须对上级负责，听从上级指挥，并向上级汇报工作。

(3)确定管理层次应考虑的因素。管理层次与管理幅度有关。当组织规模一定的情况下，较大的管理幅度意味着较少的管理层次，较小的管理幅度意味着较多的管理层次，管理层次与管理幅度成反比。管理层次与管理幅度的反比关系，决定了两种基本的组织结构形态：有机式组织和机械式组织。

机械式组织是一种刻板、严密控制的组织结构。管理幅度窄，实行高度的集权化和正规化，指挥链明确，部门划分僵化，信息沟通有限，以规章条例、工作标准化和同一模式的控制作为润滑剂。这种组织试图将个性差异、人的判断及由此产生的不确定性降到最低。有机式组织是一种灵活、柔性的组织结构。管理幅度宽，以跨职能团队和跨层级团队为特征，信息自由流动，实现分权化，工作标准化程度低。有机式组织中的员工高水平的技能和训练以及来自团队成员的支持，使得正规化和过多的管理控制成为不必要，所以管理幅度较大。

2. 管理幅度

所谓管理幅度，就是研究一个管理者能够直接领导多少部属人员。每一个管理者的时间、精力和能力是有限的，所以一个上级管理者能够直接有效地指挥的下属数量也有一定限度。

第一次世界大战时的英国将军汉弥尔顿（Tan Hamiton）认为管理幅度应在3～6个人。他说："平均一个人脑有效界限只能处理3～6个人的脑筋，我们越是接近整个组织的最高司令，就越是应当按3人一组进行工作，我们越是接近整个组织的基层，就越是应当按6人一组进行工作。"管理学家们对管理幅度的提法不尽相同，这只是局部经验，不能推而广之。管理幅度不是一个常数，它有很大的弹性。例如美国管理协会1951年对100多家大公司的调查表明，总经理下级人数1～24人不等。所以，我们确定管理幅度最有效的方法是依据所处的环境而定。

管理幅度的确定受到以下因素的影响：

(1)管理者与下属双方的能力。受过良好培训的下属，所需指导和监督少，可增大管理幅度。若成员接触的是新方法、新技术，其所需指导则应增多，主管能直接管理的人员数目较少。同样，管理者能力较强，相对同样管理层次、同样工作的其他管理者而言，他们的管理幅度较大。

(2)任务的种类。管理者面对的是复杂、较困难的任务或涉及方向性、战略性的任务时，直接管辖的人数不宜过多，避免带来精力分散。若下属面对的是陌生、困难的任务时，需要指导增多，则他们的直接上级能管辖的人数减少。

(3)组织沟通的途径。沟通较易，或采用有效的控制技术（电子计算机等），对下属的考核制度完善，管理幅度可加大，管理层次因而相应减少。

(4)授权。适当的授权可以节省精力，使管辖人员增多。授权是授予一定的权力和职责，下属有向上级汇报工作的义务，但最终责任还是由上级负责。

(5)计划。事前有明确的计划，使工作人员能明确自己的任务与目标，减少管理者用于指导工作和纠正偏差的时间，可以增大管理幅度。明确的计划、常规性工作都可以节约管理者指导工作、培训下属的时间。

(6)组织的稳定性。组织稳定，处理的问题相对程序化，面对的常规化任务增多，则可以增大管理幅度。若组织面对风险，发展不稳定，遇到的问题、需处理的任务多是非常规化任务，则上级对每次任务都需要重新决策和指导下属，要找到合适的解决问题的方法需要时间，达到高效率的指导也需要时间，这些都增加了管理的难度，管理幅度要相应减少。

（三）横向设计——部门划分

1. 部门的含义

部门是指组织管理者为完成规定的任务而有权管辖的一个相对独立的结构单元。“部门”这个术语在不同组织中有不同称谓，企业组织称分公司、部和处；军队用师、团、营、连；政府单位则称部、局、处、科等。部门既是专业化分工的结果，又是社会化、规模化生产条件下科学管理的客观要求。

2. 部门划分的方法

组织设计中经常运用的部门划分方法有五种：

(1)按职能划分部门。根据专业化分工的原则，以工作或任务的性质为基础来划分部门。如企业中设立生产、营销、财务、人事等职能部门。一个典型的职能部门化的组织结构如图 5-1 所示。

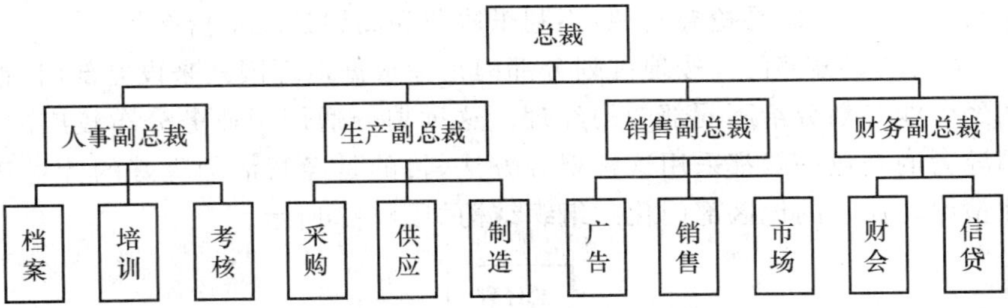

图 5-1 按职能划分的组织结构

按职能划分部门的优点：①专业化的分工；②各部门以职能为部门划分，有利于部门内部人员之间的交流，有利于展开培训，提高技术水平。

其局限性主要表现在：各部门都有自己确定的目标和任务，导致部门之间缺乏沟通，只注重本部门的利益而忽视了组织的整体利益。

(2)按产品划分部门。在规模日益增大的企业或多元化经营的组织内，更多地采用以产品划分部门的方法。产品部门化是指以某一种产品为中心，将一切工作按是否与该产品有关进行归类，凡与同一产品或服务有关的工作归为同一产品部门，再在这些产品部门下按职能进一步划分职能部门。图 5-2 是某公司产品部门化的情况。

采用产品部门划分，其优点主要是：①对于多元化经营的组织，这样划分部门，便于集中精力集中于某一产品的生产、研发和销售，而且最高管理层摆脱了具体的日常管理事务，有利于集中精力作好战略决策和长远规划；②有助于部门绩效的提高，因为各个产品部门作为一个责任中心存在，有助于提高激励水平；③有助于管

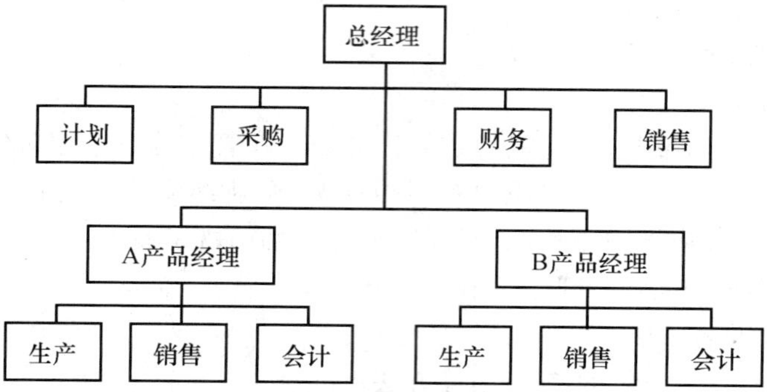

图 5-2 按产品划分的组织结构

理人才的培养,因为各个部门经理必须独当一面,从而较快掌握多种管理经验。

其缺陷也很明显:①各部门下又设职能部门,造成管理资源的浪费和机构设置的重叠;②各部门之间易抢夺资源,不利于协调和高层的统一指挥。

(3)按地区划分部门。按地区划分部门是指根据地理因素来设立部门,把不同地区的经营业务划分给不同部门的经理。这种划分适用于业务分布较广的组织,如跨国经营的企业一般都采用这种划分方法,目的是经营活动更好的针对各地区的具体情况。典型的地区部门化的组织结构如图 5-3 所示。

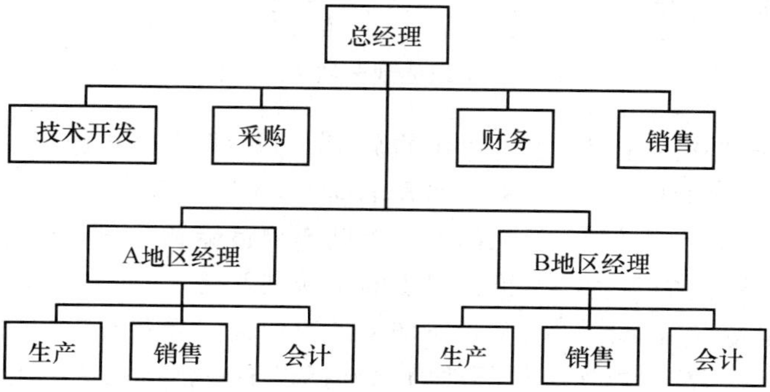

图 5-3 按地区划分的组织结构

地区部门化的优缺点与产品部门化相似。

(4)按过程划分部门。过程部门化是依据产品或顾客流来组织工作,使各项工作活动沿着处理产品或为顾客提供服务的生产过程、工艺流程或设备来划分部门,如图 5-4 所示。

采用过程部门化的优点:①能取得集合优势;②充分利用专业技术和技能,把

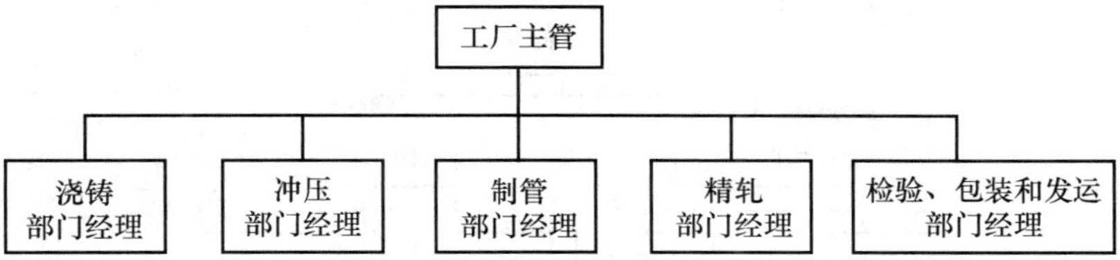

图 5-4 按过程划分的组织结构

同样技术的安排到同一部门易展开培训并形成学习氛围。

其缺点是：①部门间协作较困难；②由于只有最高管理部门对企业盈利负责，所以权责相对集中；③不利于培养综合的高级管理人员。

(5)按顾客划分部门。顾客部门化是依据顾客的不同需求来组织工作。在竞争越来越激烈的今天，这种组织结构受到了企业的欢迎，如图 5-5 所示。

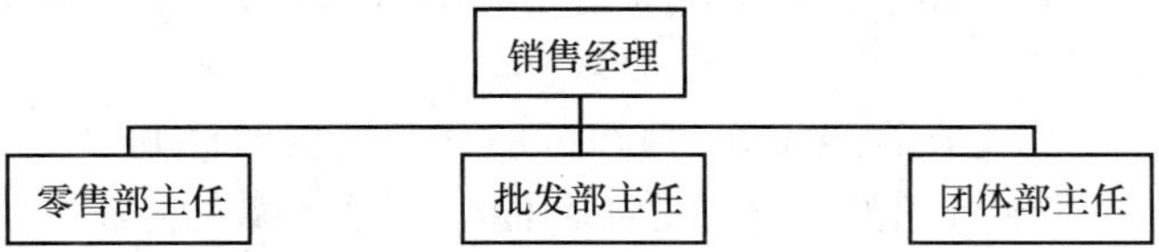

图 5-5 按顾客划分的组织结构

采用顾客部门化的优点：①能满足不同类型顾客各种特殊的需求，更有针对性；②从顾客的角度思考问题，才能创新顾客需求，建立竞争优势。

其缺点是：①只有当细分市场达到一定规模时，才比较经济；②需要更多的能妥善处理客户关系问题的管理人员；③顾客需求偏好的转移，会造成产品或服务结构的不合理，影响对顾客需求的满足。

大型组织通常要将上述大部分部门化方式结合起来使用。如湖北某家公司组建了职能部门化结构，营销部则按照市场进一步组织，生产技术部按照工艺过程进一步组织，行政部按照职能进一步组织。

四、典型的组织结构类型

(一)直线型组织

这是最早、最简单的组织结构，很多组织在创业初期都采用这种结构形式。它的特点是组织中的职位按垂直系统直线排列，各级主管负责人负责行使统一指挥和管理职能，一般不设或只在上层组织配备少数职能人员协助主管人员工作，其结构如图 5-6 所示。

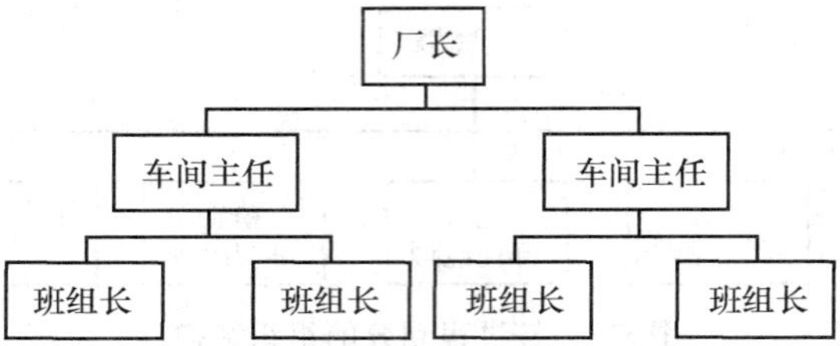

图 5-6　直线型组织结构

直线型的优点：结构简单、权力集中、权责分明，上下级关系明确，决策迅速、命令统一。

直线型的缺点：缺乏横向联系；要求主管负责人通晓多种知识技能，亲自处理各种业务，在企业规模大、业务繁杂的情况下，管理者会顾此失彼，难以应付。因而这种组织结构一般只适用于生产规模小、生产非常简单的小型企事业单位。

(二)职能型组织

职能型组织结构是在直线管理的同时，按分工负责的原则设立相应的职能机构，分担企业某些职能管理的业务。这些职能机构对上级主管直接负责，在自己的业务范围内，有权对下级管理机构和人员下达命令和指示，因此下级行政负责人除接受上级行政负责人的指挥外，还要接受上级各级职能机构的领导和指示，其结构如图 5-7 所示。

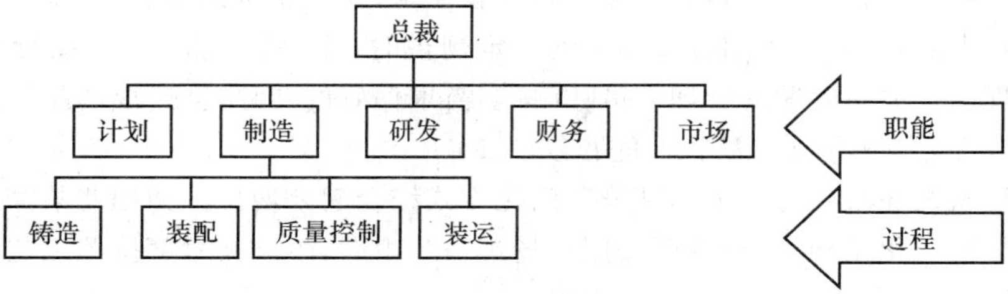

图 5-7　职能型组织结构

其优点是能够适应业务比较复杂对管理分工的要求，有利于发挥职能机构的专业化管理优势，一定程度上减轻上层主管人员的负担。

其缺点是不太符合统一指挥原则，容易形成实际上的多头领导，对基层来说无所适从，因而容易产生沟通协调问题。

(三)直线职能型组织

这类组织是当前各类组织中最常采用的一种结构，无论机关、学校还是医院，这种结构随处可见。它的特点是集合了上述两种组织结构的特点，设置了两套系统：一套是按统一指挥原则设置的指挥系统；另一套是按专业化原则设置的管理职能系统。直线部门的人员对下属工作实行直线指挥权，而职能参谋人员只是直线主管的参谋，对下级提供建议和指导，没有指挥权和命令权，其组织结构如图 5-8 所示。

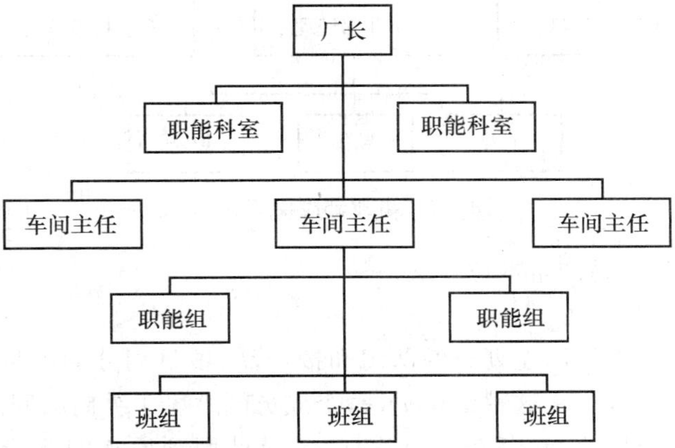

图 5-8　直线职能型组织结构

其优点是既保持了直线型组织结构集中统一指挥的优点，又吸收了职能型组织结构专业化分工的长处，而且各级直线管理者都有相应职能参谋人员作为助手，因而能对本部门进行有效而科学的管理。

其缺点表现在：①由于具备直线组织结构的特点，权力集中于最高管理者，难以调动下属的积极性；②直线部门如果和职能参谋部门目标不一致，容易产生矛盾，协调工作量大；③如果采取的是高度集权制，则信息传递路线较长，反馈较慢，难以快速对环境作出反应。

(四)事业部型组织

企业内按产品或地区划分为若干事业部，各个事业部都有独立的产品和市场，实行独立核算，有独立的责任和利益，是一种高度自治的分权化管理模式。突出特点是“集中决策，分散经营”，重大决策集中在总部，以保证企业的统一性，每个事业部相当于独立的企业，高度自主经营，其组织结构如图 5-9 所示。

其优点是组织最高管理层摆脱了具体的日常管理事务，有利于集中精力作好战略决策和长远规划，提高了管理的灵活性和适应性，有利于培养和训练管理人才。

其缺点是：由于机构重叠，容易造成管理人员的浪费；由于各个事业部独立经

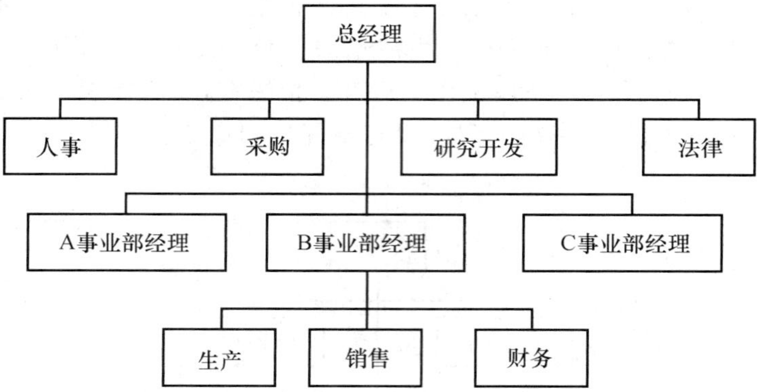

图 5-9　事业部型组织结构

营，各事业部之间容易产生本位主义。

（五）矩阵型组织

矩阵型组织是将按职能划分的部门和按产品、项目划分的项目小组重合而成的一个双重组织结构。在这种结构中，每个成员既隶属于纵向的职能部门，又隶属于横向的产品（项目）小组，任务一旦完成，成员就回到原来的职能部门。可以看出，每个成员接受两个上级的领导，一方面接受职能部门的领导，一方面在执行具体任务时接受项目负责人的领导。最典型的是电影制片厂的摄制组和企业的技术攻关小组，其组织结构如图 5-10 所示。

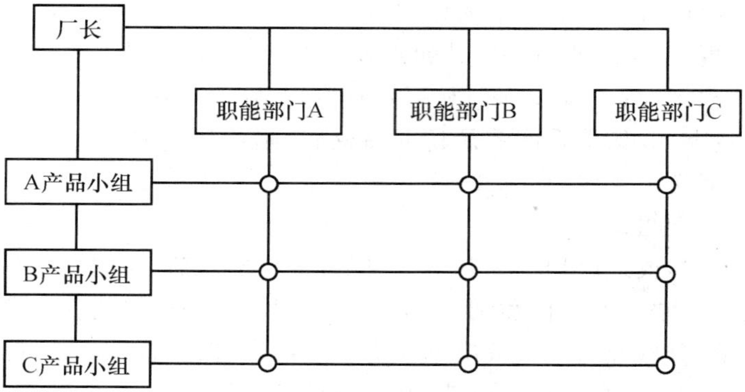

图 5-10　矩阵型组织结构

矩阵型组织结构突破了管理人员只接受纵向领导的传统，把管理中的纵向联系和横向联系、集权和分权很好地结合起来，因而具有以下优点：①加强了不同部门之间的横向配合和沟通；②机动灵活，项目小组可根据需要随时设立、改编或撤销；③职能人员参与到项目中来，在重大决策上有参与权和发言权，有利于发挥其积极性。

其缺点是：①项目负责人的责任大于权力，因为成员均来自于不同职能部门，其隶属关系也在原部门，项目的激励效果也可能不像预期的那样明显；②容易形成事实上的双重领导，对统一指挥原则造成冲击。

（六）多维立体型组织

多维立体型组织结构由美国道·科宁公司于1967年首先采用，它综合了矩阵型和事业部型组织结构的优点，是矩阵型的扩展，即在矩阵型的基础上构建产品利润中心、地区利润中心和专业成本中心，形成三维立体结构。它增加了组织系统的多重性，但未改变矩阵型结构的基本特征，其组织结构如图5-11所示。

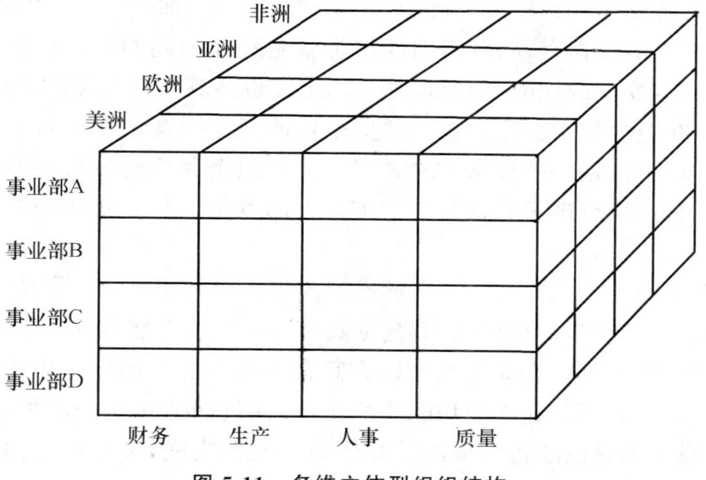

图5-11 多维立体型组织结构

在这种组织结构形式下，每一部门经理都不能单独作出决策，而是由产品事业部经理、地区事业部经理和专业参谋部门的代表三方面群策群力、共同决策才能采取行动。多维立体型组织结构从组织整体目标考虑问题，协调了产品事业部、地区事业部和专业参谋部门之间的矛盾，加强了信息沟通。所以，这种组织结构大多适用于跨国公司或规模巨大的跨地区的公司。

（七）企业组织结构的几种新兴形态

20世纪90年代以来，随着信息通信技术的巨大发展和市场环境变化的加快，一些新兴的企业组织形态相继出现。与传统的层级制组织类型相比，这类组织大都具有扁平化、柔性化、分立化和信息中心化等特点。

1. 虚拟组织

信息技术的发展促进组织有能力向一个虚拟组织转变。虚拟企业是一种建立在现代信息技术基础上的,由各独立企业、法人或组织为实现各自目标利益而形成的暂时性的联结与合作关系,又可被称为战略联盟组织。人们借助它可以不顾时间、距离以及组织边界,是一种将企业集权与分权活动有效结合的企业组织形态。这种组织结构在形态上并不存在一个实体型中心企业,呈现出一种团族式的结构形态。虚拟组织出现的原因常常是参与联盟的企业追求一种靠自身能力达不到的超常目标,因此企业要求突破自身的组织界限,必须与其他对此目标有共识的企业实现战略联盟,共建虚拟企业。

(1)组织结构较为松散。虚拟企业打破了传统企业固有的等级制,将企业联盟完全建筑于各独立企业自愿的基础上,是一种战略利益捆绑的松散型组织形态,依靠彼此间的利益关系而存在,其联结的纽带就是利益的趋同性。这种结构在具有较强灵活性和应变性的同时,短暂性和不稳定性也是其不可避免的弱点。

(2)战略联盟的技术含量较高。虚拟企业的联盟通常是以高新技术的开发和应用为其基本内容,是一种技术上的联盟。各加盟企业通过各自在核心技术上的优势互补来相得益彰,进而获得在整个市场上的竞争优势。企业间的强强联合是其显著的标志。

(3)具有不同于传统企业的识别标准。虚拟企业在所有权的属性、业务经营范畴等方面都不具有明显的可变性,其建立具有相当大的偶然性和不稳定性,它是以联盟目标的实现、项目的完成情况等作为其合作关系存在的决定条件的。在虚拟企业中,各加盟企业都是独立的功能性组织,并通过功能作用的发挥来实现互利。虚拟企业规模大小是以项目完成的需要作为其规模底线,可以通过网状形式向外不断延伸,形成较大范围内的互惠合作。

2. 团队结构

团队结构是一个围绕核心工作流程组织员工的组织结构。负责同一工作流程的员工聚在一起,形成几个团队,这样更容易交流、协调,并以客户价值为中心。其出现的原因有以下几个方面:一是技术的发展特别是电子计算机的出现,使信息沟通的速度加快,变得更频繁;二是客户需求变化速度加快;三是员工希望被赋予更多的责任,有更多的决策权。许多公司在经过工作流程再造(再造是一个对商业流程做激烈再思考重设计的过程,以求在成本、质量、速度及服务方面有重大改进)之后,重组为若干永久性团队,这种团队脱离了垂直结构,变成强调横向联系、团队合作的结构,其组织结构如图 5-12 所示。

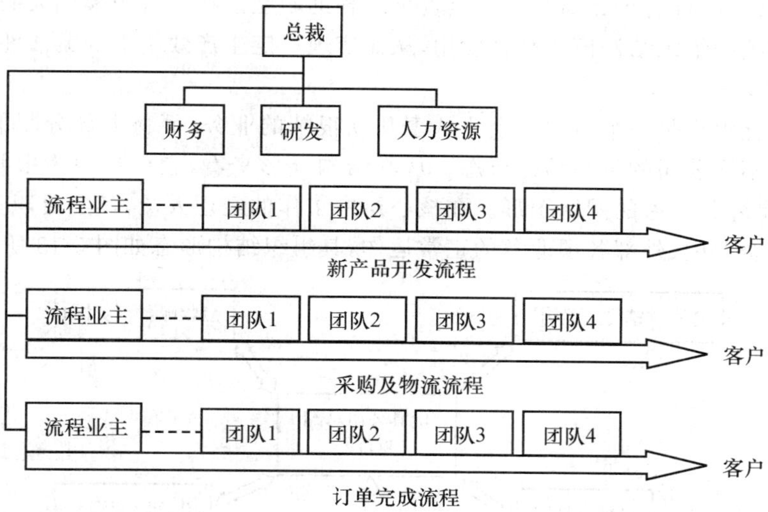

图 5-12 团队结构

团队工作模式既无垂直等级制，又无旧的部门界限，是一个高度有机的组织结构。具有以下特点：

(1)弱化了职能部门，强化了单位工作小组。以跨职能核心流程(如新产品开发或订单完成)为中心，而不是以职能或地理为中心。因此部门界限不复存在，决策权大都集中于小组成员手中，管理层次减少，扁平化趋势显著。因此，团队有利于创造性思维和快速决策。

(2)对团队成员的能力要求较高。在团队结构中，各工作小组的成员通常是由拥有各种不同技能的专家或技术人员组成。由于团队结构在组织纵向结构上的削减，其工作小组内成员的升迁机会减少，横向发展的可能性会增加，这就使得很多技术人员在经历了多次横向工作小组的轮换后，会变成一个“专才＋通才”的多面手，从而实现自身能力的提高。各工作小组在完成任务的过程中所能依靠的大部分技术力量就是小组自身内部成员的能力和知识，所以这种组织结构模式会对处于各团队小组中的成员提出在能力要求方面的极大挑战。

(3)高效团队需要具备一定的条件，如优秀的团队领袖，团队成员个性、能力互补以及良好的角色扮演等。因此，在衡量团队有效性时，要看客户满意度、员工满意度、财务利润及流程最后的业绩目标(基于为客户创造价值)，而不是团队本身的状态。

团队结构原来只停留在组织的较低生产制造层次，但现在有些公司实行了全公司团队结构，仅有少数高级经理负责传统辅助职能。在一些规模偏大的企业中，需要与传统的组织结构模式结合使用，从而实现一定生产效率下的灵活性。[①]

3. 网络化组织

网络化组织是一个由中心企业从事几项很精的业务，而将大部分职能通过契约外包给不同公司的组织结构形态。从其结构外形来看，它可被视为中间一个中枢，四周是外部专家的网络图形。在核心层中工作的经理人员，其主要职责就是监管并协调企业内、外部各项业务的正常运作，其组织结构形态如图5-13所示。

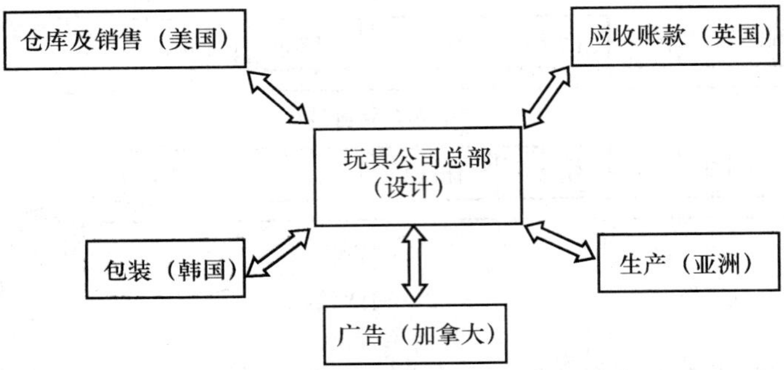

图 5-13 网络化组织结构[①]

网络化组织的特点：

(1)网络化组织实行的是职能外包制。这种组织结构较注重企业经营能力与效用最大化间的平衡，提倡以最经济的营运方式实现企业的根本目标，所以企业通常会考虑将自身无法实现最优运作的部分职能外包，从而精简内部职能机构，实现对核心能力的集中开发与拓展。

(2)网络化组织的中心层是一个小规模的经理人组织。职能的大量外包将网络结构的企业浓缩为一个处于中心地位的协调、控制性机构。在这个核心层中工作的经理人员，其主要职责就是监管并协调企业内、外部各项业务的正常运作。

(3)网络化组织是一种建立在契约关系基础上的组织结构模式。网络结构的企业在其职能外包过程中与外部机构所形成的关系，通常是建立在合同基础上的。双方根据各自可接受的合作条件订立契约，并随着业务的完成情况各自履约，具有一定的法律效应。

(4)网络化组织的柔性化特点显著。网络结构的企业注重资源的最优投入，注重对自己核心能力的挖掘和开发，它会将所有自己不擅长的职能工作或业务项目

① 理查德·L·达夫特等. 组织行为学[M]. 北京：机械工业出版社，2004：386-388

外包，通过对其他企业相关领域优势的利用来提高自己的整体竞争力。所以网络结构的企业通常都具有显著灵活性的特点，而这种灵活性往往也就是网络企业提高自身经济效益的最佳途径之一。

网络化组织的优点：①善于利用外部资源以达到最优质量和最具竞争力的价格；②公司投资小，并可以以最快速度开发新产品、更新老产品，并推向市场；③公司更灵活，并能根据顾客需求的变化快速作出反应；④精简机构，公司可以把精力集中在关键业务上；⑤人员管理上灵活，不需要大量行政管理人员进行监督、指挥，公司可采取扁平式的组织结构。

其缺点是：①对外部业务和人员缺乏实际控制，特别是对外包业务的质量控制有一定难度；②用于网络运转的协调及谈判费有可能很高；③风险较大，若一个外包商出现问题，公司可能无法及时交货。

网络化组织结构较适用于那些对灵活性要求高、对环境变化需做出快速反应的企业。

第三节 职位、职权与组织关系协调

一、职位、职责和职权

（一）职位

职位是指组织机构根据分工专业化的要求将若干工作任务进行组合而形成的具有特定职务和目标要求的工作岗位。如经理、副经理、经理助理、参谋、秘书、办事员等，都是组织中的不同职位。职位是组织的基本元素，它是把各项具体任务综合成一个人的工作范围，有利于组织成员明确工作目标和岗位职责，优化人员配置。在对职位进行计划时，各项具体任务的相互关系都写在职位说明中。职位说明是有约束力的，它要反映出这个职位在整个组织结构中的地位以及它的职能、责任和权限。职位说明主要目的在于保障任务合理、顺利而不间断地完成。职位说明有以下几点要求：①有明确的能够检验的目标；②具有明确的职责；③具有明确的职权；④说明职位在整个组织结构的地位以及上下级隶属关系；⑤该职位的从业人员的资格要求。

（二）职责

职责是在接受职务时必须履行的义务。在任何工作中，职权与职责必须对等，所承担的责任不能大于或小于授予他的职权。改变职权时，必须同时改变与权力相应的责任，才能确保权力胜任。责任是指某人（任务承担者）在根据既定目标来完成某项任务时，所承担的义务。

（三）职权

职权是经由一定的正式程序赋予某一职位的一种权力，借以决策、发令及分配资源。每一个管理职位都具有某种特定的、内在的权力，任职者可以从该职位的等级或头衔中获得某种权力。因此，职权与职位相关，是一种职位的权力，而与担任该职位的个人特性无关。某人被辞退，离职者不再享有该职位的任何权力，职权仍保留在该职位中，并给予新的任职者。

二、职权的类型

组织内的职权有三种类型：直线职权、参谋职权、职能职权。

直线职权是直线人员拥有的包括发布命令及执行决策等的权力，也叫指挥权。直线职权是沿着从上到下形成的等级链发生的职权关系，如企业组织中，总裁→负责生产制造的副总裁→制造分部经理→分厂厂长→车间主任→班组长→工人。每个环节的人员都拥有对下级指挥的直线职权，同时也要受到上级的指挥。

参谋职权是某项职位或某部门（参谋）所拥有的辅助性职权，包括咨询、建议等，是为了协助直线人员的工作。参谋职权的概念由来已久。在中外历史上很早就出现了为统治者出谋划策的智囊人物。如“田忌赛马”故事中的孙膑，为田忌献策而胜齐威王，孙膑所行使的就是参谋职权。近代组织中出现的参谋职权来自军队。1807 年，普鲁士军事改革家香霍斯特（G. I. D Sharnhorst）创建了军事参谋本部制度，所有军事统帅的决策过程，必须依赖参谋部集体智慧的支持来完成。以后德国、美国等军队也相继实行了参谋组织，并成为军队不可缺少的一部分。随着企业活动越来越复杂，高层领导人员越来越感到专业知识的不足，于是设置一些参谋机构作为直线主管的助手进行必要的管理分工，利用参谋人员的专业知识和技能为直线主管提供建议。值得注意的是，参谋人员的作用仅限于提供咨询，无指挥权。

职能职权是指参谋人员或某部门的主管人员所拥有的原属于直线主管的那部分权力。在纯粹参谋的情形下，参谋人员所拥有的仅仅是辅助性职权，并无指挥权，但随着管理活动的日趋复杂，主管人员可能将职权关系做某些变动，把一部分本属于自己的直线职权授予参谋人员或某部门的主管，这便产生了职能职权。它是组织职权中的一个特例，介于直线职权和参谋职权之间。如一个公司的总经理为了节约时间、提高效率，就可能授权财务部门直接向生产经营部门的负责人传达关于财务方面的信息，也可能授权人事、公共关系等顾问，让其直接向直线主管发布指令等。

三、集权、分权和授权

(一)集权和分权

集权和分权反映组织的纵向职权关系,指组织中决策权限的集中与分散程度。集权指决策权在组织系统中较高层次的一定程度的集中,分权指决策权在组织系统中较低层次的一定程度的分散。如果高层管理者在作出组织的关键决策时,从不或很少从低层取得决策投入,这样的组织就是集权的。与此相比,如果低层人员提供了更多的决策投入,或者实际上可以作出决策,那么这个组织就是分权化的组织。

集权和分权是一个相对的概念,没有绝对的集权也没有绝对的分权。判断集权和分权程度的指标主要有:

1. 决策的频度

组织中较低层次的管理人员可自主做决定的事项越多,或决策的次数越多,分权的程度就越大。无法自主做决定,需要请示上级才能决定的事项越多,则集权的程度就越大。

2. 决策的幅度

组织中较低层次的管理人员决策的范围越广,所涉及的职能越多,分权程度越大。例如,允许分部做出财务、生产及人事方面决策的公司比那些只允许分部做生产决策的公司的分权程度大。

3. 决策的重要性

可从两方面进行分析:一是决策的影响程度;二是决策涉及的费用。如果较低层次的管理部门所做出的决策只能影响本部门的日常管理,不能影响今后的发展,则组织的分权程度就较低。若较低层次的管理部门在不请示上级的情况下,可自主决定购买价值50万元的设备的公司与限制于5万元以内的公司相比,决策权的分权程度较高。

4. 下属决策受控制的程度

如果高层对较低层的决策没有任何控制,则分权程度高。如果下属决策以后要向上级备案,则分权程度次之。如果较低层的决策需要征询上级的意见,则分权程度更低。

一个组织中职权分散和集中的程度,除了受到管理者个性的影响外,还取决于很多其他的因素,主要包括:

1. 决策的重要性

一般来说,决策越重要,就越有可能由较高层次的管理者掌管。衡量决策重要性的标志除了金额大小以外,还有很多其他因素,如企业声誉、职工士气、相对竞争地位等。重要的决策由上层决定,不能授权,更多地考虑到责任的因素,因为授权的领导者最终还是要为下属所做的决定负责。所以,上层主管一般不会把特别重要的决策权授予下属。

2. 高层主管对政策的一致性偏好

有些高层主管把组织方针的一致性看得很重要,他们希望在质量、价格、服务等方面对客户保持一致。所以,他们往往倾向于较高程度的集权,因为这是达到政策一致性的最简单的途径。如有的公司对于不同品牌设立品牌经理,品牌经理可以自主决定该品牌的广告代理公司、品牌定位等,则该公司在政策的一致性上表现较差,且分权程度高,但有时也会导致不同品牌部门各自为政、争夺资源的局面。

3. 组织的规模

组织规模越大所要做出决策的数量越多,需要做出决策的场合也越多,协调起来越困难,这种情况必然会降低决策的效率,导致决策的成本很高,要解决这个问题必须分权。一些大公司采取事业部制的组织体系,根据产品、地域等将组织分解成若干相对独立的子系统,其中一个重要原因就是为了化解规模化扩张中集权和分权的矛盾。

4. 组织的历史

一个组织形成的方式常常决定着其集权或分权的程度。那些通过内部成长由小到大发展起来的企业往往表现出强烈的集权的特征,通过兼并或者收购而形成的企业往往表现出分权的趋势。

5. 最高主管的人生观

管理者的性格会影响集权和分权的程度。有的视权如命,有的不习惯放权,有的认为分权是现代组织生存的方式。他们的人生观必然对企业产生重大的影响。

6. 管理者的数量和管理水平

缺乏训练有素的管理人才会限制分权的实施,但反过来说,分权是培养人才的有效方式。所以,为了保证职权的分散,必须注重管理者的培养工作,如事业部制就是一种能锻炼人才的组织形式。

7. 控制技术及手段是否完善

是否有合适的控制手段也是影响职权分散程度的一个重要因素。如果没有合适的反馈,如果不能了解所授出的职权运用是否得当,不管多么优秀的管理者都无法进行有效的授权。统计技术、会计控制方法、计算机技术等方面的进展有利于促进控制手段的增强。

8. 营运的分散化

组织营运的分散化是指组织的各个部门及管理者分散在不同的地理区域。一般来说,营运的分散化在一定程度上有利于促进分权。

9. 组织的变动程度

组织变动的快慢与激烈与否也影响着职权的分散程度。例如,一个迅速成长的企业,面临很多因扩张而产生的问题,在这种情况下,高层往往倾向于授权,以快速解决诸多问题;而一些非常成熟且稳定的组织则存在着集权的趋势,如许多银行、保险公司和铁路企业,往往比较集权。

10. 企业外部环境

以上讨论的多是企业内部的因素,实际上许多外部的因素也同样影响着组织中职权的分散程度,其中最重要的包括法律法规、宏观经济体制等因素。企业外部环境变化大时,宜采用分权,相反,外部环境稳定时,可集权。

从未来形势发展的要求看,下放决策权成为一个明显的趋势,因为组织必须具备更高的灵活性和快速的反应能力,而在大型企业中,低层管理者是最接近采取行动的地方。这一分权的趋势使得组织从层级化的组织结构转变成一个基于团队的扁平化结构。

(二)授权

1. 授权的内容

授权是指上级将完成某项工作所必需的权力授给下属人员,即主管将决策权移转给部属,授权者对被授权者有指挥监督权,被授权者对授权者负有报告与完成任务的责任。授权的过程包括三方面内容:

(1)分派职责。即分派任务和相应的义务。在接受任务时,下属必然对所接受的任务负有相应的职责。职责可以是完成一个工作报告或为时半年的项目。

(2)赋予职权。“职责和职权是一对孪生子”,既然有职责的分派,下属也应该同时得到完成该项任务的职权,如项目小组负责人有权调配从各职能部门抽调过来的人员。任何一个成员没有完成任务的充分职权,就无法履行自己的职责。

(3)明确责任。授权是上级将部分职权和职责授予直接下属,下属必须对履行职责和运用职权的结果负责,下级须对上级汇报工作完成情况并接受其相应奖惩。除此以外,上级还负有检查、监督的义务,因此上级应责无旁贷地对下级工作好坏负最终责任。这种以连带责任方式明确责任关系,有利于实现层级节制、权利制衡,确保组织目标的实现。

2. 授权的意义

(1)形成组织系统的前提。在一个组织系统中,各个管理层次、部门和职位都承担着一定的职责。为了履行职责,上级就要给下级授权。不然,就无法形成组织运行机制,岗位任务难以完成,组织目标无法实现。

(2)减轻领导者的工作负担,以集中精力抓好大事。吝于授权,事必躬亲,必将降低领导效率。同时,有利于调动下属的积极性,发挥部属的才干。通过授权让下属参与任务并承担一定责任,可以培养并激励下属。

(3)增强应变能力。管理环境多变,组织系统须具有适应性和应变性,要做到这一点,一个重要条件就是各级主管手中要有一定的自主权。日益激烈的竞争环境要求组织对顾客的需求变化做出迅速的反应,如果权力都集中在组织高层主管手中,如果凡事都要逐级请示汇报,不仅浪费时间和精力,而且还会贻误时机,宝贵的权力资源就会失去其应有的意义。

3. 授权的原则

为了防止和克服由于授权不当而造成的破坏统一指挥、下级滥用权力和上级放弃责任等弊端,授权应遵循以下原则:

(1)目标授权原则。按照组织的目标实现需要来授权,授权本身要体现明确的目标,分派职责和委任权力都应围绕组织的目标来进行。只有目标明确的授权,才能使下属明确自己所承担的责任,盲目授权必然带来混乱不清。

(2)逐级授权原则。按照管理层次从上到下逐级授权,一般不允许越级授权,只有这样才有利于统一指挥,建立完善的指挥系统。

(3)适度原则。授权要适度。授权太多会使下属因任务过多而工作杂乱,甚至使管理失去控制,授权太少又会使上级工作事无巨细,疲于奔命,下属失去积极性。

(4)绝对责任原则。上级对下级授权,并不意味着上级可以放弃责任,撒手不管,而应当对下级进行指导和监督,并对执行结果负最终责任,这就是责任绝对性原则。在授权的责任关系中,责任不是单方面的,双方都负有相应的责任,但最终责任还是由上级承担。

(5)责权对等原则。责权对等是管理中一项重要的原则。授权过大,容易助长下级滥用权力,不利于上级对整体活动进行有效的控制;授权过小,会使下级履行岗位职责,影响任务的完成。

四、组织内部协调

不管是何种类型的组织,都需要有纵向及横向的协调机制。纵向协调是组织上下级之间的关系和活动协调,它包括各种结构方法,如等级制或指挥链、规则及计划的应用。横向部门协调是指同一层次各部门、各职位之间的关系和活动的协调。在管理组织中，由于横向协调不像纵向部门那样有明显的隶属关系、领导关系和权责关系，不存在谁领导谁的问题，故不易处理好。那么，怎样处理协调横向部门之间的关系呢？

（一）明确各部门之间的职责范围

对一些既可以划入这一部门，也可划入另一部门的工作，主管领导一定要明确划分，否则就会造成职责不清、互相推诿的现象，严重影响部门间的关系，影响整体功能的发挥。

（二）利用会议协调

横向部门之间可采用定期、不定期的会议方式，加强彼此间的联系，如办公会、联谊会、协调会、信息发布会等，保证横向部门之间步调一致，相互平衡。

（三）用计划保持协同

上级主管部门可用计划的方式，明确各部门之间的工作关系，如规定产品开发由研究和发展部门牵头，由销售部门、生产部门、财务部门、采购部门等部门参加，使各个部门按照计划的要求，主动联系，共同完成新产品开发的任务，以求快速占领市场。

（四）项目经理协调

如今，很多组织采用项目经理这一方式来加强协调与合作。项目经理以一个特定项目或工作流程为中心，负责协调几个部门及个人的工作，并对整个项目或工程全权负责。项目经理跨越了各部门之间的界限，是一种强有力的横向联系媒介。

五、组织变革

（一）组织变革的概念、类型和内容

1. 组织变革的概念

组织变革是指运用行为科学和相关管理方法，有计划地改善组织机制和行为模式的活动。组织变革最初仅是对组织某些部分或某些方面进行小范围的修正。随着社会的发展对组织提出越来越高的要求，现在已发展到对整个组织进行有计划、系统的、长远的变革和开发，形成了一整套开发和变革的战略、措施和方法，并成为管理学的一个专门的研究领域。

组织变革是面对内外部环境的变化进行改革和适应的过程。促使组织变革的动因来自外部和内部两个方面。

外部环境的变化，如国民经济增长速度的变化、产业结构的调整、宏观政策的改变、国家法律法规的调整、科学技术的发展等，这些因素是组织所不能控制的，组织只能随着这些环境因素的改变做出适应性调整。

内部条件的变化，如组织陋习的长期积累导致组织病态运行、缺乏活力，组织成员对现有利益格局不满情绪的增产导致组织内部矛盾和冲突频发，企业本身技术条件的变化、人员条件的变化、管理条件的变化等，导致了新情况、新问题的出现，如果问题严重，就需要通过组织变革加以解决。

2. 组织变革的类型

组织变革的类型可以根据不同角度进行划分。根据组织外部环境和内部因素发生影响的深度、范围和力度的不同，可以将组织变革划分四种类型：

(1)危机型变革，即组织在遇到危机，如外界环境突变、企业间相互兼并、内部管理长期不善，须立即采取一系列拯救和应急措施，使组织转危为安。其特点是震荡较大和持续时间短。这种变革雷厉风行、一次到位、解决问题迅速，但由于速度快，容易引起社会心理震荡，并招致成员抵制。

(2)微调型变革，即组织所处的环境相对稳定，经营比较成功，尚未找到组织快速增长和发展的机会，此时组织进行的较小规模的改善工作。一般震荡较小，持续时间短。

(3)转变型变革，即组织所处的环境发生了根本性的变化，对组织的目标、战略、策略需做出通盘的考虑，并下工夫逐步实施。它一般有一定的震荡，且持续时间较长。这种变革是有计划、有步骤地逐个实现变革的分阶段目标，最终促成变革总目标的实现。优点是可以随时加以调整，每阶段目标实现后可以及时总结经验教训，修正和完善下一阶段的目标。

(4)发展型变革。在组织环境相对稳定，经营工作开展相对良好的基础上，由于遇到明显的发展机会，为进一步获得更强的竞争优势，而采取的一系列变革措施。如有的冰箱生产企业为了抓住绿色环保机会，推出全无氟冰箱，对研究开发部门作必要的改革。

通过组织变革能使静态的组织结构动态地适应外界环境和内部环境的变化，克服原组织系统的缺点和弊端，从而实现了组织结构最佳化、功能最优化的目的。

3. 组织变革的内容

组织变革的内容涉及三个方面：结构、技术和人员。

结构的变革包括权力关系、集权程度、工作再设计、协调机制等方面的变化。现实中，结构设计必须要随着环境的变化不断改变，管理者的任务是如何选择组织设计模式、如何制定目标和工作计划、如何授予权力等一系列内容作出决策。

人员变革是指对员工在态度、技能、期望、认知和行为上的改变。人可能是推动变革的动力，也可能是反对变革的阻力。变革的主要任务是对人的权力和权益进行重新分配,要想顺利进行必须主动沟通和注重员工参与。

技术和任务变革包括对作业流程与方法的重新设计、修正和组合,更换机器设备,采用新工艺、新技术和新方法等。由于外在环境特别是科技水平的不断进步,管理者不仅需要在机器设备或工艺的技术水平上作出更新,而且更重要的是,需要对各部门和各层次的任务进行重新组合,实现工作流程再造。

(二)组织变革的程序

1. 勒温的组织变革模型

关于组织变革的程序,库尔特・勒温(Kurt Lewin)曾经提出三步骤变革模型,将变革过程分为三个阶段:解冻阶段、变革阶段和重新冻结阶段,如图 5-14 所示。

(1)解冻阶段。在变革的开始,要鼓励员工改变原有的行为模式和工作状态,采取新的适应组织战略发展的行为和态度。为了做到这一点,一方面需要对旧的行为与态度加以否定,消除形成这些观念的原因;另一方面要使各个层面的员工认识到变革的紧迫性和重要性。

(2)解冻阶段。解冻一旦完成,就可以开始实施变革。变革是个学习过程,需要给员工提供新信息、新行为模式,进而形成新的行为和态度,人们开始从另外一个角度来认识问题。在这一阶段,需要注意为新的工作态度和行为树立榜样,采取角色模范、名师指导、专家演讲、群体培训等多种途径。

(3)再冻结阶段。在再冻结阶段,利用强化手段将新的态度与行为固定下来,使组织变革处于稳定状态。为了确保其稳定性,需要注意使员工有机会尝试和检验新的态度与行为,并及时给予正面强化。

解冻	改变	再冻结
(打破原有的行为模式)	(实施变革)	(强化、支持新的行为模式)

图 5-14 库尔特・勒温的组织变革模式

2. 组织变革的一般程序

(1)诊断组织状态。根据组织表现和运行状况确定组织所处的生命周期阶段,依据生命周期理论和现实情况,认真寻找组织在运行中存在的主要问题。根据内外部环境的变化,将出现的问题进行归类,按照重要性和紧迫性进行研究,找出问题的根源和解决这些问题需要改变的因素,从而初步确定组织变革的具体目标。

(2)选择变革重点。根据所确定的组织变革目标,结合本组织实际情况,确定变革的重点,依次分析结构、技术和任务、人员三方面存在的问题及变革的可能性。

(3)分析限制因素。分析变革的限制因素,即变革中有哪些制约环节,如上级主管部门是否支持、组织内部是否具备变革条件。另外,还要考虑成本问题,并选择实施变革的最佳时机。

(4)制订变革方案。方案包括变革的目标、组织存在的严重问题及根源、变革的方法、变革的步骤和具体实施计划等内容。变革领导者要充分认识变革的阻力，制定风险防范方案，努力使变革的损失降到最低。

(5)全面实施变革。在实施过程中，如果发现计划和实际情况有较大出入，要随时进行控制和调整。在按照变革方案进行实施时，可对计划本身进行修订，或对实施的方法进行改善，或对办事人员进行调整，总之要具备一定的灵活性。

(6)组织变革的效果评价。评价行动计划的效果，对比变革前后的情况，客观比较并作出评价。比如，可构建企业组织变革效果评价指标体系，再根据具体的评价指标和计算方法，对照实际情况综合评价。

(三)组织变革的阻力和克服阻力的方法

1. 组织变革的阻力来源

组织变革总是伴随着不确定性和风险，有些变革必然涉及员工的利益，必然要付出一定代价，因此，变革中会遇到这样或那样的阻力。

(1)个体阻力。个体阻力来源于人类的基本特征，如知觉、需要和个性特征等。个体抵制变革的原因主要有以下方面：①习惯。习惯是指长时期养成的不易改变的动作、生活方式等。人是习惯的动物，面对复杂的环境，依赖习惯就可以不必一一重新知觉并作出决策，但是在组织变革中习惯会成为变革的阻力。如员工已在某一岗位工作多年，由于变革需要下岗或换岗，他就会感到变革对自己的工作和生活带来巨大的冲击，很不习惯，自然会对变革埋怨甚至阻挠。②安全。在马斯洛的五层需要层次中，安全需要是人的基本需要。当企业宣布变革时，员工感觉到巨大的风险和不安定感，则可能抵制变革。变革会用模糊、不确定性、未知代替人们熟悉的东西，人们不喜欢不确定性，这会造成不安全感和把握不了的感觉，并诱发怀疑和猜忌心理。③经济因素。组织变革可能会带来人们的直接或间接收入降低，或对某些主体的权力和权益进行重新分配，对某些人或某个利益集团的权益产生损害。在这种情况下某些成员就会基于个人利益的考虑而盲目抵制变革，这是变革中的巨大阻力。④选择性信息加工。人们在对外界信息进行加工时，会进行选择性加工，只听那些符合知觉组织结构的信息，而对可能产生冲突和挑战的信息主动忽视。因此，变革中与现实利益有关的一些信息会备受关注，而对变革的重要性和可能给他们带来的潜在利益的解释往往充耳不闻，当人们感到变革对自身不利时，就会抵制变革。

(2)组织阻力。组织惰性是变革阻力的主要因素，这是指组织在面对变革时表现得刻板，缺乏灵活性。组织阻力产生的原因包括以下方面：①结构惯性。组织有其固有的机制保持其稳定性，如甄选系统选择一定的员工流入，培训系统强化了某角色的技能，而组织的规范化提供了工作说明书、规章制度等。招聘合格的员工进入组织，组织又会以某种方式塑造和引导他们的行为。这些会使组织以相对固定的模式运转。在面对变革时，结构惯性就充当了维持原状的反作用力。②群体惯性。群体随着时间的发展、凝聚力的增强，会形成一套不成文的规范，对个体行为产生约束力。当变革的矛头触及这些规范时，往往会遭到抵制。这样，即使个体想改变他的行为，群体规范却会成为约束力。③对已有权力关系的威胁。任何决策权力的重新分配都会对原有的长期以来的权力关系产生威胁。某些人会感觉削弱了自己的权力而增强了他人的权力，自然产生抵触心理。④对已有资源分配的威胁。组织中控制一定资源的群体会视改变未来资源分配的变革为威胁，因为他们可以从现有资源分配中获利。资源的分配会带来权益的分配，威胁到资源的分配就会对某些群体的利益产生威胁。⑤有限的变革点。系统论视组织为一个由众多相互关联、相互影响的子系统组成的大系统，而变革往往发生在少数子系统中，期望不影响到其他子系统往往难以实现。所以，有限变革很可能因为更大系统的问题而变得无效。蝴蝶效应告诉我们："一只南美洲亚马逊河流域热带雨林中的蝴蝶，偶尔扇动几下翅膀，可以在两周以后引起美国德克萨斯州的一场龙卷风"。所以，仅仅针对有限变革点，期望不影响到其他子系统是完全不可能的，甚至会因为其他系统的影响，变革会走样、失败。

2. 克服变革阻力的方法

(1)提高参与度。人们对某事的参与程度越高，就越会承担工作责任。组织变革需要获得组织成员的理解和支持，有效的方法就是邀请有关人员参与到其中来，参与讨论和决策的制定，提高他们的积极性、支持度和责任心。

(2)教育和沟通。当存在误解，如认为变革没有必要，或认为会对自己的利益产生危害，或认为变革发动者本身能力不足等，在这些情况下采取沟通的方式，分享信息，帮助他们纠正认识中的误区，会减少变革的阻力。因为这些误解是沟通不良或信息传达不准确带来的，通过沟通，一方面解决了信息传播不准确的问题，一方面让员工觉得自己受到了重视，同时使决策者获得了一定的反馈，便于及时发现问题。

(3)奖惩结合。可以在变革实施中，对关键成员予以重用，以稳住关键成员，通过他们带动变革的进行；同时，对阻碍变革的部门和个人应进行批评和调整，对不合情理的无理取闹必须采用强硬措施。以关键员工带动跟随员工，奖惩结合，共同促进变革的发展。

(4)变革的时机。在变革条件不成熟的情况下，仓促变革会带来变革的中途夭折;而贻误时机,可能会降低群体士气导致失败。变革需要时间来完成,员工需要时间去适应新的制度,如果变革者缺乏耐心盲目加快变革进度,会对下属产生压力,从而产生更大的变革阻力。

(5)谈判与妥协。通过反复谈判,以获得支持者尽可能多、阻力尽可能少的方案,尽量用共赢的方式解决问题。

(四)组织变革的趋势

当今世界变化多端,组织的外部环境每时每刻都在发生着变化,组织变革是适应外部环境变化的必然要求。从目前初露端倪的一些情况来判断,在今后一段时间里,组织将呈现出以下变化趋势:

1. 动态性与灵活性将成为组织的生命

动态性与灵活性的加强将成为组织未来发展变化的首要趋势,离开了这一条,任何组织的发展都将愈来愈举步维艰、缺乏活力。以企业组织为例,美国的有关专家曾对这种未来富有动态性和灵活性的组织作了如下的描述和展望:

(1)组织将在一个动荡的、要求不断变革和调整的环境之中进行活动,它们将不得不去适应社会环境中多样化的文化价值观;对技术和预测将给予更多的重视,组织中各层次成员都将具有更大的影响力,人们和群体的价值观和生活作风将具有更大的多样性。

(2)组织将继续扩展其界线和领域,它们的规模和复杂性都将增大;复杂组织的目标将多样化,组织的着眼点将是满足很多目标,而不是最大限度地满足任何一项目标。

(3)组织将继续分化其活动,由此将引起更多的一体化协调问题;作为协调组织内各成员和职能的活动手段,将更多地强调建议和说服,而不是以权威人物的权力为基础的高压强制;未来的组织将采用权力均等的模式,而不是权力不等的模式。

(4)组织在积累和利用知识方面的职能会不断加强,智能性活动将得到重视;对工作生活质量的关切将增加,成功的解决方案将对人们的工作满足感和生产率提高具有重大影响;专业人员和科学家的数目以及他们在组织内的影响将增大。

(5)组织间的问题将增多,并将发展出有效的组织间的协调手段;计算机化的决策信息系统将对组织具有愈来愈大的影响;对组织活动的评价将变得困难,为了评价各个方面的活动,将发展出很多新的管理技术;包括成员广泛参与的、有计划的变革过程将制度化。

从上述展望不难看出,目前的组织将由一个稳定的机械式组织转向适应性的有机式系统。

2. 简政放权与严格管理的结合

随着经济全球化的加深和国际间竞争的日趋激烈，近来西方的许多跨国公司都纷纷致力于调整公司组织结构，改善组织运行管理，以使公司的管理体制能适应新形势的需要。跨国公司最近的结构调整具有许多共同的特点，主要表现在：

(1)对公司总部实行精兵简政，以降低管理费用。

(2)简化决策程序，加快决策速度。

(3)减少管理层次，使一线组织直接向公司总部报告等。

西方许多跨国公司最近改组组织结构的一个最明显的特点是，按公司主要业务分类来设置公司组织结构，从而取代以往按地理位置来设置公司组织结构的做法，以期充实和加强国际业务部门和核心业务部门，精简地区性部门和人事、法律、财务、福利、劳保等后勤综合部门。

跨国公司近来改组组织结构的另一个特点是，注重公司总体战略的制定和协调。为此，许多公司在公司内部建立了制定公司总体战略的专门机构，有的叫商业组织，有的叫商业单位，其职责是专门负责制定与各自业务相关的总体战略决策和投资决策，它是公司运行管理的核心机构。

西方组织管理咨询界人士认为，许多大型跨国公司最近所进行的一系列组织结构的改组表明，大型跨国公司将不再像过去那样一味强调向下属分公司下放权力，而是强调在放权的同时注意采取相应的措施，来加强对分公司的控制和管理，既讲放权，又注意集中。

3. 组织边界与规模的重新调整

按照交易费用理论，组织协调代替市场协调能够降低交易成本，但这只是针对组织的有效边界范围而言的。组织有效边界即是通过市场实现交易的边际成本与通过组织实现交易的边际成本相等的位置。组织规模过小，达不到合理的边界，规模不经济自然会使组织协调成本上升；规模过大也会导致协调效率下降，经营利润受到影响。因此，对组织边界和规模进行重新调整就成为必然趋势，具体表现在以下两个方面：

(1)“缩小规模”，集中资源。进入 20 世纪 90 年代以来，以美国为代表的市场经济发达国家一反在二战后相当长一段时间内追求组织规模大型化的做法，开始强调“缩小规模”，通过剥离、出售与自己主业无密切关联性的事业部或子公司，实施集中资源搞好组织的新战略。这种新时期下发生的规模压缩行为，一方面是对前期片面理解的“多角化运行”方针的纠正，另一方面也包含了对重叠、臃肿的管理机构和人员的精简。

(2)职能体系调整，促进了“N 型”组织的产生和发展。以往美国组织过分强调零部件的专用性，把自己需要的零部件生产都纳入自身生产体系内，自行解决，日本组织则普遍采用“外包”的生产组织方式。受这种方式的影响和启发，美国公司近年来纷纷在市场协调基础上引入组织协调因素，对组织生产运行活动的方方面面作出“中间性体制”安排，即加强组织间的固定协作关系，由此促进了“N型”(网络型)组织的产生与扩大。相应地，组织内部的活动范围和组织边界便得到缩小。

4. 组织变革的其他可能趋势

(1)控制与权力观念的改变。传统组织强调通过直线主管的层层直接监督和发挥专家的职能作用，来对生产运行活动进行最大限度的控制。这种控制观念导致了管理职能与作业职能的截然分离，使一线现场只负责执行上级的批示和贯彻职能专家制定的各种程序、规则，而无权进行独立思考和决策。

这种远距离控制的结果，一方面使本应作为一个整体的责任核心被部分分解开了，另一方面则促成了层次繁多、职能分工细致的管理机构的复杂化。像这样的控制与权力安排也许对20世纪80年代以前的高容量、较稳定的市场是适用的。但随着市场形势的变化，将决策活动及其辅助的专家机构下移到部门，拓宽一线现场职责和权限的范围，已成为加快企业市场反应速度的必然要求。

(2)分工与协调侧重点的转移。传统的组织设计强调各人、各部门专门从事某一部分的活动而不是整项活动，以此提高生产和业务作业工作的效率。这种专业化分工设计不利于整个工作的协调和工作人员积极性的激发，因而近年来受到了越来越多的批评。

欧洲一些国家组织基于对专业化分工的重新认识、对人的能动性的高度重视以及对现代迅速发展的科学技术的充分利用，提出了生产现场活动的“社会技术系统”再设计；而美国则在20世纪90年代兴起对办公室后方业务流程的“整合化工程”再设计。这两种分别在组织前方和后方发生的再设计，推动了“团队”工作方式被广泛采纳以及前述的权力向基层下放的实践进程。

(3)组织结构的扁平化与蜂形化。在网络结构逐渐取代层级结构协调生产运行活动的同时，组织内部的组织设计也在朝着减少管理层次和中层管理人员的方向发展。这一方面是由于充分授权和团队工作方式的采用，使组织中许多现存的以上传下达为主要职责的中间管理层次，以及负责在专业领域内制定标准、提供建议、进行指导等活动的辅助管理部门得以大幅度减少；另一方面是由于20世纪六七十年代西方国家生产技术取得了飞速发展，尤其是现代信息技术的广泛开发应用，使作业人员和作业管理人员锐减，从而出现了一股缩减中层管理机构和人员的“减肥”运动。这样，组织形态便逐渐从传统的层次众多、高耸的“金字塔形”，转变为层次扁平化、腰间细化的“蜂形”。

(4)团队协作精神将得到进一步弘扬。许多西方的管理学家在比较美、日的管理经验,研究日本组织的成功之道时发现,日本的组织之所以比美国的组织更具有内聚力,主要是由于日本的组织更加重视培养成员的团队意识和团队协作精神,注意塑造既具有时代特色,又具有民族特色和组织个性的独特的组织文化,因而使组织成员不论在什么样的环境和形势下都能抱成一团、众志成城。因此,目前西方的许多组织也正在逐步摈弃自工业革命以来所形成的垂直式职能化组织模式,走向一种以“团队”为核心的扁平式过程化组织模式。

团队有两种基本形式:一是“专案团队”,成员主要是来自公司各单位的专业人员,他们就解决某一特定问题而组织在一起,一旦问题解决,小组即告解散;二是“工作团队”,其中又包括“高效团队”或“自我管理团队”,这些“团队”通常是长期存在的,主要是希望通过群体协作来更高效地从事日常事务性与业务性的工作。

建立团队的目的,一是为了使组织更好地适应内外环境的变化,能够更迅速、更准确地对千变万化的市场作出反应;二是为了在组织内部建立合作、协调机制以提高效率;三是为了适应市场需求多样化的要求而变大规模生产为灵活生产,变分工和等级制为合作与协调;四是为了通过“团队”这种组织形式更好地培养成员的团结协作精神,发挥整体优势。总之,以“团队”为核心的组织结构的重建在今后将会持续一段时间。

【本章小结】

组织是人们在社会实践活动中,为实现某种目标,按照一定程序而建立起来的合理地安排人力、物力、财力等组织要素,拥有一定的权责结构的社会协作系统。组织的运动发展受到组织环境、组织目的、管理主体和管理客体等基本要素的影响。

组织工作一项构建组织结构框架、创立和优化组织运行机制的活动。组织设计就是根据组织发展的需要,对组织的结构框架及组织运行机制的设立或变革进行规划并提出实施方案的过程。组织设计应遵循目标一致原则、命令统一原则、分工协作原则、权责一致原则、集权与分权相结合原则、有效管理幅度原则和弹性结构原则。

组织设计是一个动态的工作过程,必要遵循一定的程序并充分考虑到影响组织设计的主要因素,才能取得良好效果。组织设计包括职位设计、纵向设计和横向设计三部分内容。

组织类型多样化是市场经济的固有特征。常见的组织结构类型有直线型组织结构、职能型组织结构、直线职能型组织结构、事业部型组织结构、矩阵型组织结构、多维立体型组织结构,不同的组织结构各有其优势和缺点,不存在适合于一切情况的组织结构类型。

职位、职权、职责是组织的特性,组织内外关系协调是组织工作的重要内容之一。因此了解职位、职权和职责的基本概念,认识组织中存在的纵向和横向的协调问题和协调机制,是组织工作的基本要求。

组织变革是一种有计划和目标趋向的改善组织机制和行为模式的活动。当今世界市场环境变化速度快,组织变革已成为组织生存与发展的必然要求和重要途径。实施组织变革,需要了解组织变革的内容、程序、克服变革阻力的方法以及组织变革的发展趋势。

【复习思考题】

1. 作为管理的基本职能,组织工作包括哪些内容?
2. 简述直线职能制组织结构的优点和缺点。
3. 简述事业部制组织结构的特点。
4. 职责、职权分别是什么含义?它们的关系应是怎样的?
5. 简述组织变革的类型。
6. 简述组织的构成要素。
7. 直线职权、参谋职权和职能职权的区别是什么?
8. 集权和分权的程度受到哪些因素的影响?
9. 可以按照哪些标准划分部门?这些不同的部门划分方式各有哪些优缺点?
10. 简述库尔特·勒温的组织变革三步骤模型。
11. 如何实施组织变革?
12. 组织变革的阻力有哪些?克服组织变革的阻力有哪些方法?

【知识应用与技能拓展】

杜邦公司组织结构的变革

美国杜邦公司(Du Pont Company)是世界上最大的化学公司,建立至今,已达200多年的历史。200多年来,尤其是20世纪以来,为适应市场环境的变化,企业的组织机构经过多次变革。杜邦公司所创设的组织机构,反映了企业组织机构发展演变的一般特点,并一度成为美国各公司包括著名大公司效仿的模式。

一、集权型单人决策式经营及其局限性

历史上的杜邦家族是法国王室的贵族,1789 年在法国大革命中衰败,老杜邦带着两个儿子伊雷内和维克托逃到美国。1802 年,儿子们在特拉华州布兰迪瓦因河畔建起了火药厂。由于伊雷内在法国时是个火药配料师,他的同事又是法国化学家拉瓦锡,加上美国历次战争的需要,工厂很快站住了脚并发展起来。

整个 19 世纪,杜邦公司基本上是单人决策式经营,如图 5-15 所示,这一点在亨利这一代尤为明显。

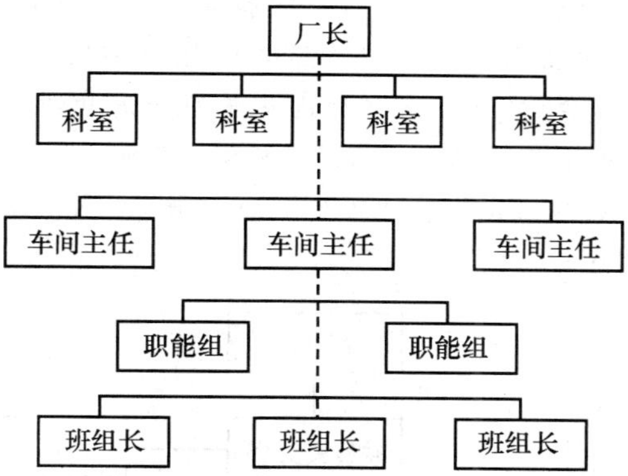

图 5-15 单人决策型组织结构图

亨利是伊雷内的儿子,军人出身,由于接任公司以后完全是一副军人做派,所以人称"亨利将军"。在公司任职的 40 年中,亨利挥动军人严厉粗暴的铁腕统治着公司。他实行的管理方式被称为"凯撒型经营管理"。这套管理方式实际上是经验式管理。公司的所有主要决策和许多细微决策都要由他亲自制定,所有支票都得由他亲自开,所有契约也都得由他签订。他一人决定利润的分配,亲自周游全国监督公司的好几百家经销商。在每次会议上,总是他发问,别人回答。他全力加速账款回收,严格支付条件,促进交货流畅,努力降低价格。亨利接任时,公司负债高达 50 多万美元,但亨利接任后却使公司成为该行业的领头羊。

在亨利的时代,这种单人决策式的经营基本上是成功的。这主要是因为:①公司规模不大,直到 1902 年合资时才 2 400 万美元;②经营产品比较单一,主要是火药;③公司产品质量占了绝对优势,竞争者难以超越;④市场变化不是很复杂。单人决策之所以取得了较好效果,这与"将军"的非凡精力也是分不开的。直到 72 岁时，亨利仍不需要秘书的帮助；任职期间，他亲自写的信不下25万封。

但是，正因为这样，亨利死后，公司的经营终于崩溃了。亨利的侄子尤金，是公司的第三代继承人。亨利是与公司一起成长的，而尤金一下子登上舵位，缺乏经验，晕头转向。他试图承袭其伯父的作风经营公司，也采取绝对的控制，亲自处理细枝末节，亲自拆信复函，但他终于陷入公司的错综复杂的矛盾之中。1902年，尤金去世，合伙者也都心力交瘁，两位副董事长和秘书兼财务总长相继累死。这不仅是由于他们的体力不堪重负，还由于当时的经营方式已经与时代不相适应。

二、集团式经营的首创

正当公司濒临危机，无人敢接重任，家族拟将公司出卖给别人的时候，三位堂兄弟出来力挽家危，以廉价买下了公司。三位堂兄弟不仅具有管理大企业的丰富知识，而且有在铁路、钢铁、电气和机械行业中采用先进管理方式的实践经验，有的还请泰罗当过顾问。他们果断地抛弃了“亨利将军”的那种单枪匹马的管理方式，精心地设计了一个集团式经营的管理体制。在美国，杜邦公司是第一家把单人决策改为集团式经营的公司，如图5-16所示。

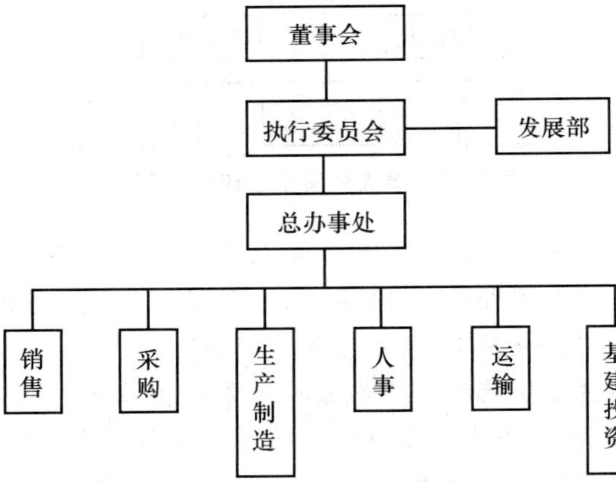

图5-16 集团型组织结构图

集团式经营最主要的特点是建立了“执行委员会”，隶属于最高决策机构董事会之下，是公司的最高管理机构。在董事会闭会期间，大部分权力由执行委员会行使，董事长兼任执行委员会主席。1918年执行委员会有10个委员、6个部门主管、94个助理，高级经营者年龄大多在40岁上下。

公司抛弃了当时美国盛行的体制，建立了预测、长期规划、预算编制和资源分配等管理方式。在管理职能分工的基础上，建立了制造、销售、采购、基本建设投资和运输等职能部门。在这些职能部门之上，是一个高度集中的总办事处，控制销售、采购、制造、人事等工作。

执委会每周召开一次会议，听取情况汇报，审阅业务报告，审查投资和利润，讨论公司的政策，并就各部门提出的建议进行商讨。对于各种问题的决议，一般采用投票、多数赞成通过的方法，权力高度集中于执委会。各单位申请的投资，要经过有关部门专家的审核，对于超过一定数额的投资，各部门主管没有批准权。执委会做出的预测和决策，一方面要依据发展部提供的广泛的数据，另一方面要依据来自各部门的详尽报告，各生产部门和职能部门必须按月按年向执委会报告工作。在月度报告中提出产品的销售情况、收益、投资以及发展趋势；年度报告还要论及五年及十年计划，以及所需资金、研究和发展方案。

由于在集团经营的管理体制下，权力高度集中，实行统一指挥、垂直领导和专业分工的原则，所以秩序井然，职责清楚，效率显著提高，大大促进了杜邦公司的发展。20世纪初，杜邦公司生产的5种炸药占当时全国总产量的64%～74%，生产的无烟军用火药则占100%。第一次世界大战中，协约国军队40%的火药来自杜邦公司。公司的资产到1918年增加到3亿美元。

三、充分适应市场的多分部体制

可是，杜邦公司在第一次世界大战中的大幅度扩展，以及逐步走向多角化经营，使组织机构遇到了严重问题。每次收购其他公司后，杜邦公司都因多角化经营遭到严重亏损。这种困扰除了由于战后从通货膨胀到通货紧缩之外，主要是由于公司的原有组织对成长缺乏适应力。1919年，公司的一个小委员会指出：问题在于过去的组织机构没有弹性。尤其是1920年夏到1922年春，市场需求突然下降，使许多企业出现了所谓存货危机。这使人们认识到：企业需要一种能力，即易于根据市场需求的变化改变商品流量的能力。继续保持那种使高层管理人员陷入日常经营、不去预测需求和适应市场变化的组织机构形式，显然是错误的。一个能够适应大生产的销售系统对于一个大公司来说，已经成为至关重要的问题。

杜邦公司经过周密的分析，提出了一系列组织机构设置的原则，创造了一个多分部的组织机构，如图5-17所示。

在执行委员会下，除了设立由副董事长领导的财务和咨询两个总部外，还按各产品种类设立分部，而不是采用通常的职能式组织如生产、销售、采购等。在各分部下，则有会计、供应、生产、销售、运输等职能处。各分部是独立核算单位，分部的经理可以独立自主地统管所属部门的采购、生产和销售。

在这种形式的组织机构中，自治分部在不同的、明确划定的市场中，通过协调从供给者到消费者的流量，使生产和销售一体化，从而使生产和市场需求建立密切联系。这些以中层管理人员为首的分部，通过直线组织管理其职能活动。高层管理人员总部在大量财务和管理人员的帮助下，监督这些多功能的分部，用利润指标加以控制，使他们的产品流量与波动需求相适应。

由于多分部管理体制的基本原理是政策制定与行政管理分开，从而使公司的最高管理层摆脱了日常性经营事务，把精力集中在考虑全局性的战略发展问题上，研究与制定公司的各项政策。

新分权化的组织使杜邦公司很快成为一个极具效率的集团，所有单位构成了一个有机的整体，公司组织具有了很大的弹性，能适应需求的变化。这使杜邦公司得以在20世纪20年代建立起美国第一个人造丝工厂，以后又控制了赛璐珞生产的75%～100%，垄断了合成氨，而且在30年代后，杜邦公司还能以新的战略参加竞争，那就是致力于发展新产品，垄断新的化学产品生产。从30年代到60年代，被杜邦公司首先控制的，有着重要意义的化学工业新产品有合成橡胶、尿素、乙烯、尼龙、的确良、塑料等，直到参与第一颗原子弹的制造，并迅速转向氢弹生产。

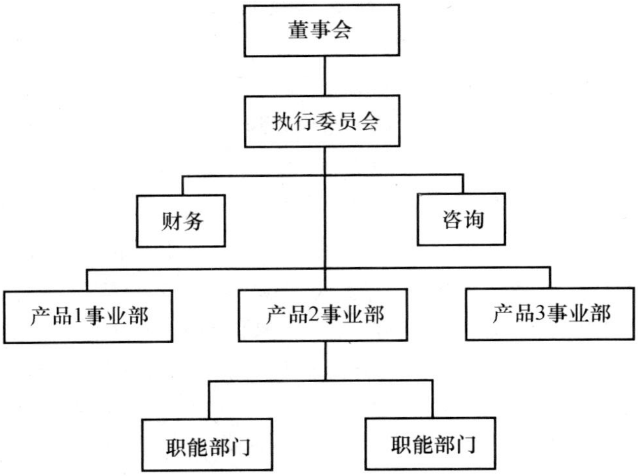

图 5-17 多分部型组织结构图

四、“三头马车式”的体制

杜邦公司的执行委员会和多分部的管理结构，是在不断对集权和分权进行调整的情况下去适应需要的。例如，20世纪60年代后期，公司发现各部门的经理过于独立，以致有些情况连执行委员会都不了解，因此又一次作了改革：一些高级副总经理同各工业部门和职能部门建立了联系，负责将部门的情况汇报给执行委员会，并协助各部门按执行委员会的政策和指令办事。

20 世纪 60 年代以后，杜邦公司的组织结构又发生了一次重大的变更，这就是建立起了“三头马车式”的组织体制，如图 5-18 所示。

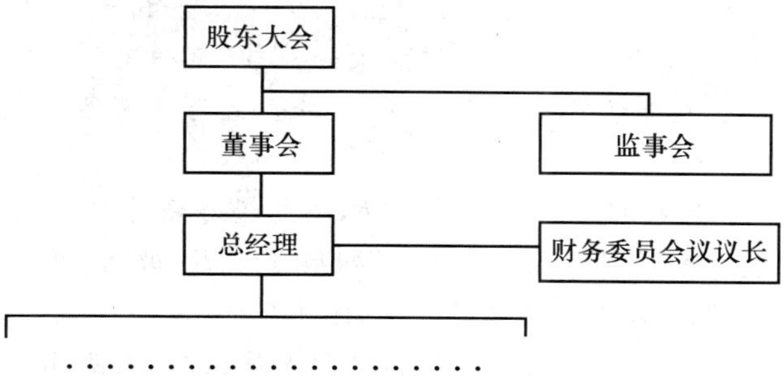

图 5-18 “三头马车式”组织结构图

新的组织体制是为了适应日益严峻的企业竞争需要而产生的。60 年代初，杜邦公司接二连三地遇到了难题：过去许多产品的专利权纷纷期满，在市场上受到日益增多的竞争者的挑战；道氏化学、孟山都、美国人造丝、联合碳化物以及一些大石油化工公司相继成了它的劲敌。以至于 1960 年到 1972 年，在美国消费物价指数上升 4%、批发物价指数上升 25%的情况下，杜邦公司的平均价格却降低了 24%，使它在竞争中蒙受重大损失。再加上它掌握了多年的通用汽车公司 10 亿多美元的股票被迫出售，美国橡胶公司转到了洛克菲勒手下，公司又历来没有强大的金融后盾，真可谓四面楚歌，危机重重。

1962 年，公司的第十一任总经理科普兰上任，他被称为“危机时代的起跑者”。公司新的经营战略是：运用独特的技术情报，选取最佳销路的商品，强力开拓国际市场；发展传统特长商品，开发新的产品品种，稳住国内势力范围，争取巨额利润。然而要转变局面决非朝夕之功，这是一场持久战。有了新的经营方针，还必须有相应的组织结构作为保证。除了不断完善和调整公司原设的组织结构外，1967 年，科普兰把总经理一职在杜邦公司史无前例地让给了非杜邦家族的人，公司财务委员会议议长也由别人担任，自己专任董事长一职，从而形成了一个“三头马车式”的体制。1971 年，科普兰又出让了董事长的职务。

这一变革具有两方面的意义。一方面，杜邦公司是美国典型的家族公司，公司几乎有一条不成文的法律，即非杜邦家族的人不能担任最高管理职务。甚至实行同族通婚，以防止家族财产外溢。现在这些惯例却被大刀阔斧地砍去，不能不说是一个重大的改革，虽然杜邦公司一直由家族力量控制，但是董事会中的家族成员比例越来越少。在庞大的管理等级系统中，如果不是专门受过训练的杜邦家族成员，一样没有发言权。另一方面，当代企业结构日益庞大，业务活动非常复杂，最高领导层工作十分繁重，环境的变化速度越来越快，管理所需的知识越来越高深，只有实行集体领导才能作出满意的决策。在新的体制下，最高领导层分别设立了办公室和委员会，作为管理大企业的"有效的富有伸缩性的管理工具"。科普兰说："三头马车式的集团体制，是今后经营世界性大规模企业不得不采取的安全措施"。

20世纪60年代后杜邦公司的几次成功，不能说与新体制无关。过去，杜邦公司是向联合碳化物公司购买乙炔生产合成橡胶等产品，现在，它自己开始廉价生产，使联合碳化物不得不关闭乙炔工厂。在许多化学公司挤入塑料行业竞争的情况下，杜邦公司另外找到了出路，向建筑和汽车等行业发展，使60年代每辆汽车消耗塑料比50年代增加3～6倍。70年代初，又生产了一种尼龙乙纤维，挤入了钢铁工业市场。

所以，可以毫不夸张地说，杜邦公司成功的秘诀首先在于使企业的组织结构设置适应需要，即适应生产特点、企业规模、市场情况等各方面的需要，而且这样的组织结构也不是长久不变的，还需要不断地加以完善和发展。①

思考题

1. 此案例所介绍的杜邦公司曾经创建的组织结构模式有哪些？这些组织模式的基本特点有哪些？

2. 早期组织结构为什么是有效的，而后来却不适应了？经过变革的组织结构相对于前一次组织结构有什么优点？

3. 查询杜邦公司组织结构现状，并指出可能存在的问题，并尝试提出相应建议。

【网络辅助阅读材料】

1. 刘琼.突破300亿，民企挑战组织专业化.http://event.sj998.com/html/2012-06-01/309162.shtml，2012-06-01

2. 周禹.宝洁：日化帝国百年传奇之第二章公司治理与组织结构.http://read.dangdang.com/content_1099402?ref=read-2-D&bookid=9375，2010-01

① 豆丁文档.杜邦公司组织结构演变.http://www.docin.com/p-231819213.html，2011-07-12

3. 肖中洁. 浦发革新组织架构，取消四大业务总部. http://finance.cb.com.cn/13531828/20130518/467995.html，2013-05-18

4. 刘新宇. 黄光裕表态做强“线上线下”，国美组织架构再生变. http://tech.hexun.com/2012-12-25/149448824.html，2012-12-25

5.(美)克莱·舍泽. 胡泳译. 无组织的组织力量. http://media.sj998.com/html/2009-09-03/154592.shtml，2009-09-03

第六章　领导与用人原理

【内容提示】

本章主要介绍领导者应具备的素质和能力，领导者的权力构成，有关领导的主要理论以及领导选人用人原理。通过本章学习，学生应掌握领导与用人的基本知识和基本理论，学会运用所学理论和方法分析解决组织中的领导与用人问题，为从事管理工作奠定领导与用人方面的理论基础。

引　　例

麦当劳快餐店的创始人是克罗克，他不喜欢坐在办公室里，大部分的工作时间都用在走动管理上，即到下属各公司、部门走走、看看、听听、问问。麦当劳公司曾有一段时间面临严重亏损的危机，克罗克发现其中一个重要原因是公司各职能部门经理有严重的官僚主义，习惯躺在舒适的椅背上指手画脚、抽烟和闲聊。于是，克罗克想出一个奇招，将所有经理椅子的靠背锯掉，开始很多人骂克罗克是一个疯子，但不久大家开始悟出他的一番“苦心”，他们纷纷走出办公室，深入基层，开展“走动管理”，及时了解情况，现场解决问题，终于使公司扭亏为盈。

第一节　领导与领导者

一、领导与权力

（一）领导的概念

领导一词通常有两种意义：一是指领导者，即组织中确定和实现组织目标的首领。一个组织的领导者，犹如一个交响乐队的指挥，他能影响乐队中的每一个成员，并把他们的才能充分地发挥出来，在他的指挥和统率下，整个乐队协调配合，从而能奏出和谐优美的乐章。领导人如不具备这种能力,即使组织拥有大量优秀人才,也很难发挥整体效能。二是指领导职能,即领导者借用一定的组织形式和工作方法,影响集体和个人为实现组织目标而共同努力的行为导向和人力资源整合活动。

管理者行使领导职能,需要准确把握领导概念中的以下内在含义:

(1)领导活动的目标导向是组织目标,衡量和评价领导能力、领导水平及领导效果的主要标准是组织目标的实现程度。

(2)领导是一个人际交互和影响过程。管理学家孔茨认为,领导一般可简单地解释为影响。领导者与其下属可以相互影响,但两方面的影响力是不同的。领导者对其下属的影响力要远大过其下属对领导者的影响力,正因如此,领导才得以实现。

(3)领导工作的主要内容是行为导向和人力资源整合。领导对下属的影响最终要通过下属行为的改变和强化来实现组织目标,而要发挥组织中人的作用,必须加强人力资源整合工作,以发挥系统的整体功能。

(4)领导效果受领导"四要素"即领导者、被领导者、行为对象(目标任务)、客观环境的综合影响。没有适用一切情况的领导方法,领导者要在系统思想的指导下,根据领导系统的特点创造性地运用领导科学理论和方法,才能发挥作为领导者的作用。

(二)领导者权力来源

领导者权力是指控制和影响被领导者的某种力量,是领导者向他人施加影响的基础和完成领导工作任务的必要条件。权力是个人及组织职位的重要特性,领导者权力大小和内容因领导职位和个人特点不同而不同,但领导者无论处于何种领导职位,都必须具备一定的领导权力,否则,就无法行使领导职能和实现组织目标。

领导者权力的构成也就是领导者影响力的来源。领导者的影响力主要来自两个方面:

一是职位权力,即领导者所处职位所赋予的法定权力。任何人只要处在某一职位,就自然地获得了这种权力,例如惩罚权、奖赏权等。对这种权力,下级是不得不服从的,即这种权力带有很大的强制性。正因如此,它所产生的服从往往具有表面性、暂时性的特点。

二是非职位权力,也叫个人权力。这种权力与领导者所处的职位无关,它是由于领导者自身的某些特殊条件和行为特征而产生的影响力。例如,领导者具备高尚的品德、丰富的经验、卓越的工作能力、良好的人际关系;领导者善于体贴、关心他人,使人感到可亲、可信、可敬;领导者具有某种专门的知识、技能和专长等。这种权力不随职位的变化而变化,不具有强制性,但它对人的影响是稳定的、长远的,下属会因此而心甘情愿地拥戴、服从领导者。

(三)领导者权力构成

按照美国学者约翰·费伦奇(John French)和伯特伦·雷文(Bertram Raven)1959年的研究,权力可以归纳为以下几类:

(1)强制力,即通过精神、感情或物质上的威胁,强制服从的一种权力。

(2)奖赏力,即可对下属提升、加级、表扬和赞赏的权力。

(3)合法力,即正统的权力,是组织章程上明文规定的种种权力,或在组织长期发展中形成并被公认的一种权力,后者一般是通过组织、文化和传统习惯产生影响。

(4)模范力,即领导者某些特殊素质所产生的魅力,对下属能够形成较强感染力的统御权力。

(5)专家力,是领导者的某些业务专长和技能能够使下属产生崇敬感而产生的权力。

(6)代表力,即被领导者自愿由领导者代表他们发言或做出决定,使被领导者相信领导者能够代表他们的利益而形成的权力。

上述六种权力中,前三种为外在的权力,来自领导者在组织中的地位,可称之为职位权力。而后三者属于内在的权力,来自领导者个人的品德、修养、知识和专长以及其他特殊的素质,使他们在下属中具有相当的吸引力和影响力,即威信,或称非职位权力。因此,领导权力是组织权力和个人威信的综合物,它是领导者对他人产生影响、使组织成员行为和态度发生变化、以达成组织目标的重要手段。

二、领导的功能

组织有三个基本构成要素,即共同目标、协作意愿和信息沟通。组织存在的目的是实现单个个人所无法实现的共同目标。正是因为这个共同的组织目标,才使组织的成员结合在一起,开展分工协作,发生人人之间的联系,在为实现组织目标而共同努力的过程中获得自身利益和精神满足。领导者是组织的人格代表,其任务就是利用领导者的影响力,发挥领导的功能,引导和激励员工更有效、更协调地开展工作,在满足个体合理需要的基础上,有效实现组织目标。脱离了组织目标,“在其位不谋其政”,就是领导的失职渎职行为。然而,组织目标不能脱离员工个人需要的满足,满足员工需要,促进员工的全面发展,不仅是员工工作积极性的源泉,而且是组织发展的目的本身,因为组织存在的目标就是帮助成员实现其共同目标,通过组织目标的实现来最大限度地满足员工个人的需要。因此，领导者要将个人目标与组织目标有机地结合在一起，帮助和带领其所属成员实现组织目标的同时，实现组织成员的个人目标，而这一任务的完成主要通过行使领导者权力、发挥领导的功能来实现的。组织中领导的功能主要有：

(一)决策和用人

领导的最终目的是有效地实现组织目标。组织目标的实现过程是一个艰苦卓绝的过程，在这个过程中会遇到各种困难和问题，这就要求领导者善于分析时局和判断形势，并利用领导者权力果断作出决策，为组织指明努力方向和奋斗目标。

人是生产力要素中具有能动性的因素，组织发展的根本在于人力资源，管理的关键也是用人。领导者要善于知人善任，在不拘一格地选拔能为组织做出贡献和善于协调工作的人员的同时，注意人员的合理配备和人力资源整合，以最大限度地发挥人的能动作用。

(二)任务指导

组织目标的实现最终要依靠广大员工的努力，员工承担的工作任务又是实现组织目标的基本控件，离开了员工出色的工作和高质量的工作成果，组织目标的实现将成为泡影。因此，领导的功能之一是开展任务指导，帮助员工树立正确的劳动态度，增强工作的责任心，不断提高工作技能和出色地完成工作任务。

(三)成员满足

员工的工作积极性是实现组织目标的原动力，而积极性来自于不满足的需要。只有满足员工不满足的需要，才能激发员工积极性，充分挖掘员工的劳动潜能和发挥其能动作用。员工的需要是多方面的，领导者要善于利用各种激励因素和方法，满足成员合理的物质利益和心理社会需要，激发其内在动力，激发员工的工作积极性，促使其形成有利于实现组织的态度和行为，积极地为组织发展而奋斗。

(四)沟通协调

由于人们的认识水平、价值观和态度、个体需要和个性的差异，个人和部门的矛盾甚至冲突是难免的，一定程度的矛盾和冲突不仅无碍于组织目标的实现，反而有利于促进组织发展。然而，矛盾和冲突的过度发展，将会造成个人和部门间的对抗甚至对立，从而严重损害组织利益和阻碍组织目标的有效实现。不协调或冲突的起因在很大程度上是因为缺乏有效沟通，领导的协调功能乏力。美国杰出的管理学家，巴纳德(Chest I Barnard，1886—1961)曾经指出，信息的有效性决定领导的有效性，领导的有效性决定组织的规模。领导的职责和功能之一是建立和维持一个内外开发、高效运行的沟通联络信息系统，利用个人和部门间的信息沟通，减少意见分歧，增进人们之间的相互理解，改善组织中的协作关系。同时，借助于信息系统改善领导功能，提高领导的效率和效果。

（五）形象塑造

在一个竞争与合作并存、全球化和以人为本呼声日渐高涨的现代社会，组织发展与外部环境密切相关，企业在消费者和社会公众中的形象关系到组织的生死存亡。作为组织的领导者，必须重视和加强组织形象塑造和建设工作。比如，建立组织与消费者和社会公众双向交流的互动平台；支持、指导、改善组织的公共关系活动；组织开展组织文化建设以及生态保护和环境责任审计认证工作等。

三、领导者素质

素质是指事物固有的性质和特点。起初，素质一词仅仅作为生理学范畴使用，本义是指人的神经系统、感觉器官和运动器官等生理系统的先天特点。这种先天特点是人们获取知识、才能的自然基础。随着社会的发展，素质一词的内涵和外延都拓宽了，被广泛应用于社会生活的各个领域，成为一个综合性的概念。现在，素质通常指人们从事活动所具备的先天和后天条件和决定个人得失成败的内在因素。

所谓领导素质，是指一个领导者在领导活动中经常起作用的那些内在要素的总和。它是领导者进行领导活动所必须具备的基本条件，也是一种潜在的领导能力。虽然不同的领导岗位所要求的素质有所不同，但有些素质是现代领导者都应该具备的。领导者所应具备的素质是多方面的，归纳起来，主要包括思想品德素质、知识素质、能力素质、心理素质和身体素质。

（一）思想品德素质

领导者的思想品质是其非职位影响力的主要来源。思想品德是一个综合的概念，一般应包括：

1. 政治品质

领导者应具有强烈的爱国主义、集体主义精神和民族尊严感；在大是大非面前要立场坚定、维护大局；树立正确的世界观、人生观和价值观，以及科学的权力观、政绩观和人才观；热爱世界和平；主张和维护公平正义、民主法制；能一心为公，不谋私利，与群众同甘共苦，不搞特殊化，组织观念和组织纪律性强；廉洁奉公，爱岗敬业，乐于奉献，具有强烈的政治责任感和艰苦奋斗、奋发有为的创新精神；要谦虚谨慎，戒骄戒躁，严于律己，平等待人；以人为本，宽容仁爱，不计较个人恩怨；要有脚踏实地的实干精神，能经常深入基层，体察民情，重视民意，关心群众，多为群众办好事。

2. 道德情操

要有明确的伦理观念、高尚的道德修养和高雅的生活情趣，诚实守信，勤劳节俭，谦虚谨慎，为人正派。

3. 理想抱负

具有远大理想和强烈的事业心、责任感，敢于进取，渴望在领导岗位上有所成就。

4. 言行作风

要勤于学习，善于辩证思考；以身作则，言行一致，严于律己，宽以待人，作风民主，深入群众，广开言路；善于调查研究，注意工作方法，一切从实际出发，讲求工作实效。

(二)知识素质

知识作为人类的宝贵财富，本身就是一种力量，而且是科学所赋予的力量。随着信息时代、知识经济的到来，领导者必须具有较丰富的科学文化知识、专业知识和合理的知识结构。合理的知识结构应是“T”形结构，或称纵横结构。这里的“纵”，表示在某一专业领域方面的知识深度；“横”，表示知识的跨度或广度。“T”形结构就是要求领导者既要有较宽的知识面，又要成为所在领域的“专家”。另外，这种结构还必须是一种动态结构，即领导者的知识结构必须随着社会的发展、科学技术的进步而不断更新。不同领域、不同部门的领导者所应具备的知识结构大不相同，但都需要具备以下基础知识：

1. 学科专业知识

领导者对所管辖范围或对象所属学科的专业技术知识应有一定程度的了解，成为自己主管的那个单位、部门或行业的内行。

2. 管理知识

懂得管理的基本原理和较多地了解各项专业管理知识，包括统计学、会计学、经济法、财政金融和外贸等方面的基本知识。领导者不仅要懂得现代管理学、领导科学的一般原理和方法，而且要熟悉本行业、本单位、本部门的特殊管理规律和方法；不仅要懂得各种传统的管理方法，而且要熟悉各种主要的现代管理技术，不仅要掌握本国的文化和管理特点，而且要学习国外先进的管理理念、管理理论和管理方法；不仅要懂得对财、物、信息的管理，而且要懂得对人的管理等。

3. 相关知识

包括政治学、法学、经济学、心理学、社会学、人才学、行为科学以及计算机、信息管理系统和网络等方面的知识，对高层次领导者还应具备历史学、哲学、人类文化学等方面的知识。

(三)技能素质

企业领导者的专业技能是一种综合性的能力，是多种能力的集合。一个人要能成为一名优秀的领导者，必须具有以下几种基本能力：较强的分析、判断和概括能力；多谋善断的决策能力；组织、指挥和控制能力；沟通、协调企业内外各种关系的社会交往能力；开拓创新能力和知人善任的能力；处变不惊，遇险不乱的应变能力等。

(四)心理素质

人的心理活动是认识过程、情感过程和意志过程的有机统一。心理素质具体表现在个体在认识、情感、意志方面所具备的品质。在领导活动过程中，领导者的行为始终要受到其心理的影响、制约和支配。因此，现代领导者只有具备良好的心理素质，才能提高领导行为的自觉性和有效性，实现其领导功能。领导者从事领导工作应具备的心理品质包括：敏捷的思维和超凡的睿智，善于透过现象看本质；健康、稳定的情感体验和情绪反应；坚强的意志和坚韧不拔的毅力。具体来讲，领导者在领导工作中要智力超群，情绪稳定，意志坚定，克服冷漠、虚伪、易怒、粗暴，狭隘、嫉妒等不良的心理；能够做到胸怀宽广，豁达乐观，处变不惊，遇险不乱，胜不骄、败不馁。

(五)身体素质

身体是领导者的自然素质，也是其他素质赖以存在和发挥作用的生理基础。领导者担负着指挥、协调与组织企业活动的巨大任务，这是一项不仅需要足够心智和情商的活动，而且需要消耗大量体力的工作。领导者必须有强健的体魄和充沛的精力，才能胜任领导工作。

四、领导者能力

领导者能力是指有效完成领导工作任务的心理条件和工作本领。领导者的能力是其素质在实际工作中的具体表现，一名领导者的素质如何，决定和影响着他的能力水平的高低和发挥。领导者能力的构成内容主要有：

(一)洞察能力

洞察能力是指能对复杂的社会现象、各种各样的领导工作进行全面客观的观察，透过现象看清事物本质的能力。作为一个领导者，无论所在企业大小，都必须保持对新鲜事物敏锐、迅速的洞察力，用战略眼光统揽全局，把握未来。所谓战略眼光，是指能够高瞻远瞩，高屋建瓴，在把握现在的基础上，预见事物明天的发展趋势。统筹全局、把握未来是要求领导者树立整体观念和系统观念，准确把握领导活动中的各个主要环节、各个不同的发展阶段，客观分析和科学判断事物的运动发展趋势。统揽全局,把握未来,是领导者洞察能力在空间和时间上的展开。领导者具备了这一能力,就能在复杂多变的市场经济环境中争得主动地位。

(二)决断能力

所谓决断,就是出主意、做决定,这是领导者主要的工作。在现代社会生产和科技迅猛发展的情况下,领导工作的复杂性和多变性日益显著。这就需要领导者有多谋善断的决策能力,如果优柔寡断,举棋不定,就会贻误时机。作为领导者,要善于根据事物的现实条件和可能性,集思广益,兼听多谋,充分发挥领导者的外脑——思想库、智囊团的作用,将各种意见进行综合分析,并在科学论证、定量分析的基础上对备选方案反复比较,果断地作出正确的决策。

(三)组织能力

组织能力,从广义上说,就是指把人力、物力和财力等各种生产要素科学地组织起来,卓有成效地去完成预定目标的能力。领导者在作出正确决断后,组织落实就是关键。因为只有把大家动员起来,投入到实现预定目标的实践中,美好的理想才能逐步变为现实。领导者的组织能力具体表现在三方面:一是统筹资源落实规划的能力;二是善于识人用人、调动下属和群众积极性的能力;三是善于灵活应变,妥善处理各种偶发事件的能力。

(四)协调能力

领导者的协调能力是指领导者正确处理企业内部及外部的关系,解决各方面矛盾的能力。领导者作为企业中的核心人物,必须具有良好的沟通和协调能力,企业组织的规模越大、越复杂,对领导者的协调能力要求越高。领导者要善于与人交往,倾听多方意见,吸取各个方面的智慧。对内要谦虚谨慎、平等待人,把企业中所有员工的行为都统一到企业的总体目标上来;对外要诚恳热情,不卑不亢,感情融洽,尽可能地为企业创造有利的外部条件。

(五)创新能力

领导者必须具备创新能力。这是由经营管理活动的竞争性质所决定的。随着经济全球化及市场竞争的加剧,使我们面临许多新的问题,需要我们创新思维方式,不断在实践中研究、探索、总结和提高。领导者只有具备创新能力,才能不故步自封,勇于打破常规,使领导活动充满活力,富有成效,不断开创新局面。同时,发挥领导者的创新能力,是提高企业竞争力的关键,只有敢于采用新思想、新技术、新工艺和新的工作方法,才能使企业不断前进,永远立于不败之地。

(六)应变能力

领导工作面临的情况是千变万化的,有时甚至瞬息万变,稍纵即逝,而且在决策的执行过程中往往会遇到各种各样的干扰,出现一些新问题。这些都要求领导者需具备快速的应变能力，注意信息的反馈，能审时度势，迅速作出决策。

（七）知人善任能力

古人说："为政之本在于任贤"，这个古老的格言，对于现代领导者也是十分宝贵的。当今社会的激烈竞争越来越集中到人才的竞争，而人才能否充分发挥作用却在很大程度上取决于领导用人制度和用人方法。所以，领导要重视人才的发现、培养、提拔和使用，知其所长，知人善任，爱才惜才。

（八）行为自控能力

由于领导者在组织中处于特殊地位，其影响力要大于一般成员的影响力，所谓一言以丧邦，说的就是领导者的一言一行对组织发展的意义。因此，领导者应学会控制自己的情绪冲动，善于将自己的行为置于理智的控制之下，说话办事要和颜悦色、心平气和，摆事实、讲道理，做到处变不惊，遇险不乱，临危不惧。

五、领导艺术

领导艺术指领导者在一定知识和经验基础上，在其实施领导职能过程中，运用特殊的手段和方法，创造性地开展领导工作，富有成效地解决各种实际问题，尤其是解决那些新奇、特殊或复杂的疑难问题的领导方式、方法和技能。它包括两个基本方面，一是以经验和知识为基础的，非规范化和非模式化而卓有成效的，富有创造性的领导方式和方法；二是以领导科学为基础的，科学的领导方式与方法的非规范化和非模式化的创造性运用。领导艺术属于运筹范畴，表现为高超的领导才能和艺术化的领导方法。它是领导者的学识、经验、才能、智慧、气质、个性等综合作用的结果和领导水平的反映。领导艺术的内容丰富多彩，但归根到底都是围绕着人、权、事和时间而展开的，因此可以将领导艺术分为待人艺术、用权艺术、处事艺术和运时艺术。

（一）待人艺术

所谓待人艺术，就是领导者如何正确、巧妙、富有成效和创造性地对待下属和组织内外的有关人员。它包括诸如识别和任用人才，授权、激励、考核、奖励与批评，以及同上下级之间进行沟通等方面的艺术。提高待人艺术，对于调动部属的积极性，实现人尽其才，才尽其用，保证工作目标的顺利实现具有重要意义。

（二）用权艺术

不同岗位的领导都拥有一定的权力，要掌好权、用好权，除了要树立正确的权力观和政绩观外，还要处理好集权、分权和授权的关系。领导应努力做好领导应干的事，凡是下属可以做的事，都应授权让下属去完成；凡是授权给下属的工作，领导应克制自己，不要乱插手，让下属充分施展才华；领导主要集中精力和时间，思考大问题,更好地发挥领导的主导作用。

(三)处事艺术

处事艺术指领导者在领导活动中统揽全局,掌握工作重心,拟订实施方案,安排工作程序,制定操作规程,建立责任制度等方面的艺术。它一方面表现为一种“应变艺术”,另一方面又表现为很强的“综合艺术”。所谓“应变艺术”,就是领导者在不违反原则和损害组织根本利益的前提下,根据环境、条件等变化,因时、因地、因人、因事随机应变,出色地采取不同的领导方式,妥善处理和解决实际问题,实施有效管理的一种领导方法。“综合艺术”则表现为长远目标与现实任务相结合的艺术、全局与局部统筹兼顾的艺术、从群众中来到群众中去的艺术、集体领导与个人分工负责相结合的艺术、依靠群众与依靠智慧相结合的艺术、一般号召与个别指导相结合的艺术、科学预测与科学决策相结合的艺术、抓住机遇以点带面的艺术、掌握工作节奏提高工作效率的艺术、识别人才选贤任能的艺术、战略上藐视与战术上重视相结合的艺术、调查研究和知人善任的艺术,等等。这些方面的领导艺术涉及领导科学的整个研究领域,需要在长期的领导实践中不断地学习、探索、总结和提高。

(四)运时艺术

运时艺术就是如何有效地把握和科学利用时间,也就是要求领导者要能有效地赢得时间,巧妙地节省时间,善于合理利用时间,向时间要效益、要财富、要成果、要产品、要生命。领导者应善于审时度势,抓住有利时机,取得工作主动,以免坐失良机陷入被动局面。办事、讲话、开会都要讲究效率,力求以较少的时间消耗完成更多的任务。

六、领导者有效的影响方式

(一)正确激励下属

首先,要学会抓住优势需要来激励下属。不同层次的人有着不同的需求,领导者应善于掌握下属不同的优势需要,把物质激励和精神激励有机地结合起来,同时要坚持实事求是、公平合理的原则。其次,满足下属的参与需求。下属一般较关注自己在企业中的重要性及责任,领导者要通过各种形式倾听下属的意见,充分发扬决策民主化,使下属意识到自己的工作对企业的重要性。再次,要正面激励为主,学会多奖励少惩罚,多表扬少批评。领导者通过奖赏或惩罚等手段对下属的行为结果加以控制,从而修正其行为。但领导者运用惩罚手段批评下属时要讲究批评的艺术。在批评下属时,特别要注意方式方法,尽量做到忠言顺耳,让下属心悦诚服地接受批评。最后,要善于运用目标激励。领导者必须把自己的设想及决策、组织的目标等传递给下属,以影响其行为,给其以希望,同时还要不断激励下属为实现组织目标而不断努力。

(二)加强上下级沟通

日本松下电器公司创始人松下幸之助有句名言:“伟大的事业需要一颗真诚的心与人沟通。”的确,沟通是人际关系协调的基础,是领导有效影响下属的重要方式,领导者掌握了沟通的艺术,也就掌握了事业成功的法宝。有效的沟通可以使领导者较容易地将部门的目标、规章制度、工作程序等向下传达,使下属准确理解领导意图;沟通可以减少消息的误传和曲解,消除领导与下属之间的隔阂,增进团结,创造一种和谐共事的工作环境;沟通可以协调组织内部各层活动,增强各级的联系,有助于决策的执行和有效的控制。

沟通的方法有很多,不同的领导者有不同的沟通方法和技巧,后面有关章节将作详细介绍。这里介绍领导工作中常用的几种沟通方法:

1. 逐一沟通

这是领导者对领导班子成员和下属逐个沟通的过程。这样做的好处是能分别了解每个人不同的看法,广泛征求意见、掌握情况、交流看法。

2. 座谈沟通

这是指领导者召集领导班子成员、下属人员或两方面人员一起,通过座谈会的形式进行沟通。这种沟通形式既可以听取各方面的不同意见,又可以对几种不同方案进行讨论,同时还可以使参加座谈的人互相启发,不断完善和补充,把讨论推向深入。

3. 重点沟通

这是指领导者根据问题的性质和难易程度,选择重点人员进行沟通。这些人可能是班子成员和下属人员,也可能是其他举足轻重、左右大局的人物。领导者要准确掌握他们的看法、意愿,取得他们对工作的理解和支持。

(三)合理授权

所谓授权,即上级领导委派给下属一定的权力,使下属在一定的监督之下,有相当的自主权和行动权开展工作。授权者对于被授权者有指挥和监督的权利,被授权者对授权者负有报告及完成任务的责任。授权实质上是将权力分派给其他人以完成特定活动的过程,它允许下属作出决策,也就是将决策权力从组织中的一个层级移交至另一个层级[①]。合理授权是领导者的一种重要领导方法,也是提高领导者影响力的重要方式。通过合理授权,可以节约领导者的工作时间,使领导者有较多时间去考虑和处理关系企业全局的重大问题,发挥领导者应有的作用;有效授权可以使上级和下级之间的沟通加深,产生更好的决策,并且决策速度会更快;合

① 魏延军,江洪明.如何授权:通过别人完成工作的艺术[M].北京:企业管理出版社,1999:29

理授权可以提高下属的积极性、满意度和技能水平。授权显示了领导对下属的信任,既激发了下级的工作热情及创造性,又增强其工作的责任心,同时也更充分发挥了下属的专长。

(四)塑造领导魅力

领导者要努力提高个人自身魅力,以其个性特征与作为(如品德、才能、学识、专长等非权力性影响力)影响其下属,使之心甘情愿地积极主动地改变行为,具体可从以下几方面努力:

1. 以崇高的品德赢得下属的敬重

德是人的灵魂。领导者的品德如何,直接决定着他是从善还是从恶,并直接影响到领导者的形象和权威。虽然品德的力量是一种看不见摸不着的无形力量,但却能形成强大的心灵感召力和震撼力,它对人们的行为动机的自我检查、行为过程的监督、行为后果的评估起着极大的影响作用。一名成功的领导者要具备高尚的道德情操、良好的思想品德和高度的敬业精神,要有高度的责任感和强烈的事业心,廉洁奉公,勤政为民,这是对领导者基本的道德要求。

2. 以广博的学识取得下属的信赖

丰富的知识是良好思想的基础,是卓越能力的前提。现代社会正处在一个信息爆炸、知识骤增的时代,为适应社会的发展和时代的需要,领导者必须具备广博的学识,具有合理的知识结构和扎实的专业知识,才能胜任日益复杂化的领导工作。一个知识面广、专业知识扎实、工作经验和社会阅历丰富的领导,会受到下属的信赖,并影响其努力提高自身的学识和能力。

3. 以卓越的领导才能赢得下属钦佩

领导者的能力直接关系到领导活动的成败。能力是知识和智慧综合的、具体的运用。知识不等于能力,知识渊博的人并非就有领导能力。一个成功的领导者固然要有崇高的品德、丰富的知识学问,但要把领导者良好的愿望变成现实,还必须具备相当的能力。领导者应该具备周密的观察思考能力、多谋善断的决策能力、较强的指挥协调能力、快速的应变能力和一定的社交能力等。对于才华超群的领导者,下属不仅打心眼里钦佩,而且十分乐意在其领导下工作,无形中增加了下属对领导者的向心力。

4. 以优良的领导作风获得下属的亲近

领导者作风是领导者品德、才学、经验、技能在领导活动中的外在表现。优良的领导作风是做好领导工作的前提条件和重要保证,是一种不容忽视的影响力。具体说来,优秀的领导应具有严谨务实、民主公正、言而有信、雷厉风行、廉洁自律的良好作风。

第二节　领导理论

20 世纪 30 年代以来，管理学开始关注领导及其效能问题，形成了各种各样的领导理论。按提出理论的时间先后顺序，现有的领导理论大致可分为三类：性格理论、行为理论和权变理论。

一、性格理论

西方一些管理理论在衡量和评价领导者的领导成效时，常常把领导者的个人性格和特征作为描述和预测的标准，试图通过区分领导者和一般人的不同特点来解释他们成为领导者的原因，这就是性格理论。性格理论主要回答什么样性格的人可以成为良好的、有效的领导者。

（一）吉赛利的性格理论

19 世纪末 20 世纪初，随着管理学、心理学等学科的产生和发展，人们开始对领导性格进行较系统的探讨，由此陆续出现了流派众多的领导性格理论，它们强调个人性格对领导的决定性影响，并从不同角度对领导者的性格特征进行了分类。比较有代表性的是美国管理学家吉赛利（Edwin E. Ghiselli）的八种个性特征和五种激励特征理论。吉赛利在 1971 年出版的《管理才能探索》一书中，研究的八种个性特征和五种激励特征如表 6-1 所示。

表 6-1　吉赛利关于个性特征和激励特征分类

个性特征	激励特征
1. 才智：语言与文辞方面的才能	1. 对工作稳定性的需求
2. 首创精神：开拓新方向、创新的愿望	2. 对金钱奖励的需求
3. 督察能力：指导和监督别人的能力	3. 对地位权力的需求
4. 自信心：自我评价程度	4. 对自我实现的需求
5. 适应性：与下属沟通、为下属亲近程度	5. 对事业成就的需求
6. 决断能力：决策判断能力	
7. 性别：男性或女性	
8. 成熟程度：经验、工作阅历	

表6-1中的激励特征是指管理者个人需求方面的特征,不同管理者个人需要的指出性可能存在差异。吉赛利对这些特征进行了科学的研究,具体分析了每个特征对领导者的领导行为的影响,并且指出了这些特征的相对重要程度,如表6-2所示。

表6-2 吉赛利的个性研究

个人特征	相对重要性	个人特征	相对重要性
督察能力	100	适应性	47
事业成就	76	首创精神	34
才智	64	对金钱奖励的需求	20
自我实现	63	对地位权力的需求	10
自信	62	成熟程度	5
决断能力	61	性别	0
对工作稳定的需求	54		

根据以上研究结果,吉赛利认为:首先,监察能力对于领导者的成功是十分重要的,是驾驭事业航程顺利前进所必不可少的,而对地位权力的需求并不重要。其次,才智和自我实现,以及对事业成功的追求等特征对一个人能否取得事业的成功关系较大,而对物质金钱的追求、工作经验等则关系不大。最后,男性与女性的区别与事业成功与否关系不大。

(二)现代领导特质理论

20世纪40年代以后,这类利用领导者的个人性格或个性特征来解释或预测领导效能的理论,逐渐被人们放弃。其理由是:①他们忽略了被领导者的地位和影响作用,事实上,领导者领导效能的高低与被领导者的素质以及配合程度有很大的关系,领导效能会因被领导者的不同而不同;②领导者的性格特征内容过于繁杂,而且随不同情况而变化,难以寻求由此获得成功的真正因素;③难以探索领导者所有性格特征彼此的相对重要性;④各种有关的实证研究所显示的结果相当不一致。

20世纪70年代,传统的领导特质理论逐步被现代领导特质理论所取代。现代领导特质理论认为,应该摒弃"天生论",领导是一个动态过程,领导者的特质和品质是在实践中形成的,可以通过训练和培养加以造就。

著名管理大师德鲁克(Peter F. Drucker)在他的《有效的管理者》[①]一书中指出有效的管理者之间是有差异的,就像医生、教员和音乐家一样,各有不同类型。

① (美)德鲁克(Peter F. Drucker).吴军译.有效的管理者[M].北京:求实出版社,1985

有效的管理者与无效的管理者之间，在类型方面、性格方面及才智方面，是很难加以区别的。有效性是一种后天习惯，使一种务实的综合。既然是一种习惯，便可以学会，而且必须靠学习才能获得。他认为一个优秀的管理者必须具备五种主要习惯：①要善于安排和利用自己的时间，善于集中自己的零星时间；②能够明确自己的努力方向，不要为工作而工作，而是为成功而工作；③善于发现和利用人之所长，包括自己的长处和他人的长处；④能分清工作主次，集中精力于少数主要领域，如果能取得优异成绩就可以获得卓越的成果；⑤能做出有效的决策。

领导特质理论是早期的主要领导理论，也是争议较大的理论。但从现代领导特质理论观点中可以看到，它与传统领导特质理论已有本质不同。第一，它肯定了有效领导的特质形成于后天，主要是通过学习与实践获得。这就改变了早期领导特质理论中的宿命论观点，为领导者培育优秀的特质指明了正确的方向。第二，它指明了对于不同类型的领导者在领导特质上有不同要求，应区别对待，不能千篇一律。这就为不同类型领导者的培训指明了方向。第三，它肯定了作为领导活动一般要求所必需的领导共性特质，这就为培养大批领导人才指明了方向。事实证明，具备某些特质确实能够提高领导者成功的可能性，但没有一种特质是成功的保证。

二、行为理论

随着人们对领导性格理论局限性的认识，研究人员开始把重点由研究领导者的内在特征转移到研究其外在的行为上，并由此产生了以下具有代表性的领导者行为理论：

（一）“工作中心”与“员工中心”理论

美国管理学家利克特（Rensis Likert）以及密歇根大学社会学研究所的有关研究人员曾举行进行了一系列领导研究，提出了“工作中心”与“员工中心”理论。该理论把领导者分为两种基本类型：“以工作为中心”（Job-centred）的领导与“以员工为中心”（Employee-centred）的领导。前者的特点是：任务分配结构化、严格监督、工作激励、依照详尽的规定行事；而后者的特点是：重视人员行为反应及问题，利用群体实现目标，给予组织成员较大的自由选择范围。

据此，利克特提倡员工直接参与管理。他认为有效的领导者是注重于面向下属的，他们依靠信息沟通使所有各个部门像一个整体那样行事。群体中的所有成员（包括主管人员在内）处于一种相互支持的关系中。在这种关系中，他们感到在需求价值、愿望、目标与期望方面有真正共同的利益。由于这种领导方式要求对人们采取激励的方法，利克特认为，它是领导一个群体的最为有效的方法。

利克特假设了四种管理方法：

1. 专制-命令式

管理人员非常专横，很少信任下属，采取使人恐惧与惩罚的方法，偶尔兼用奖赏来激励人们，采取自上而下的沟通方式，决策权也只限于最高层。

2. 温和-命令式

对下属有一定信任，奖赏与惩罚并用，允许一定程度由下而上的沟通，给下属一定决策权，但领导者仍牢牢掌握控制权。

3. 商议式

对下属有较大信任，会采纳下属意见，主要采用奖赏，偶尔用惩罚，采取上下双向沟通，赋予下属一定决策权，并在某种情况下进行协商。

4. 集体参与式

对下属充分信任，积极采纳下属意见，奖赏为主，更多地进行上下之间和同事之间的沟通，鼓励下属做出决策，并组织下属参与到管理之中。

通过依次对这些领导方式进行研究，利克特发现那些用集体参与方法去从事管理活动的管理人员，一般都是极有成就的领导者。运用这种方法来管理的组织，在制定目标和实现目标方面是最有成效的。他把这些主要归之于员工参与管理的程度以及在实践中坚持相互支持的程度。

(二)不成熟-成熟理论

美国管理学家阿吉里斯(Chris Argyris)的不成熟-成熟理论主要集中于对个人需求与组织需求问题的研究。阿吉里斯主张，有效的领导者应该帮助人们从不成熟或依赖状态转变到成熟状态。如果一个组织不为人们提供使他们成熟起来的机会，或不提供把他们作为已经成熟的个人来对待的机会，那么人们就会变得忧虑、沮丧，并且将会以违背组织目标的方式行事。不成熟和成熟的个人特点如表 6-3 所示。

表 6-3 阿吉里斯的不成熟-成熟连续流

不成熟的特点	成熟的特点	不成熟的特点	成熟的特点
被动性	能动性	目光短浅	目光长远
依赖性	独立性	从属的职位	显要的职位
办事方法少	办事方法多	缺乏自知之明	有自知之明和自我控制
兴趣淡漠	兴趣浓厚		

(三)领导行为四分图理论

1945 年，美国俄亥俄州立大学研究者们设计出了著名的领导行为四分图，也称二维构面理论(two dimension theory)。他们以领导行为为独立维度,收集了大量的下属对领导行为的描述,开始时列出了1 000多种刻画领导行为的因素,最后归纳为结构维度和关怀维度两大类。

结构维度指的是为达到组织目标,领导者界定和构建自己与下属角色的倾向程度,它包括任务规定明确,组织条理分明,任务委派职责明确,使用职权与奖惩去监督和促使绩效目标的实现。

关怀维度指的是领导者尊重和关心下属的看法与情感、建立相互信任的工作关系的程度。高关怀维度的领导者表现出愿意帮助下属解决个人问题,对人友善,平易近人,公平对待每个下属,并对下属的生活、健康、地位和满意度等问题十分关心。研究发现,这两种因素虽有一定关联,但却是基本分开的和独立的,领导者行为可以是单一的组织型或关怀型,也可以是两者的任意组合,具体可以用四分图组合成四种典型的行为类型,如图6-1所示。

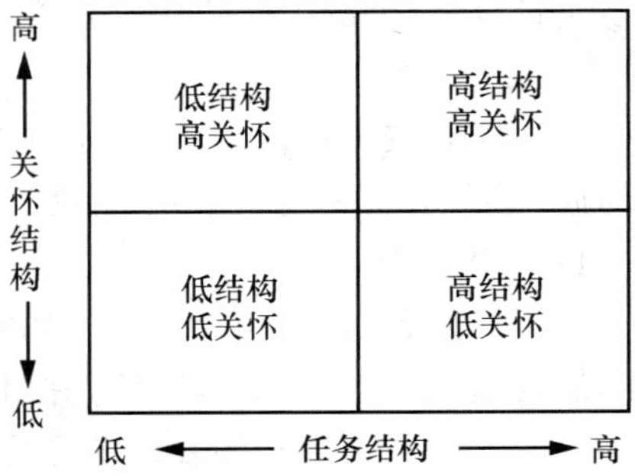

图6-1　领导行为四分图

理论的提出者企图发掘这些领导方式与一些绩效指标之间的关系。结果发现,在生产部门内,工作技巧评定结果与结构化程度呈正相关,而与关怀程度呈负相关。但在非生产部门内,这种关系恰恰相反。一般来说,高结构和低关怀的领导方式效果最差。

(四)管理方格图

1964年,美国管理学家罗伯特·R·布莱克(Robert R. Blake)和简·莫顿(Jane Mouton)将领导者对人的关心和对生产的关心结合起来,设计了一个巧妙的管理方格图,醒目地表示出领导者对生产关心程度和对人的关心程度。横坐标与纵坐标分别表示对生产和对人的关心程度,每个方格就表示"关心生产"和"关心人"这两个基本因素以不同程度相结合的一个领导方式。对生产的关心表示为主管者对各种事物所持的态度,例如政策决定的质量、程序与过程;研究的创造性;职能人员的服务质量,工作效率及产品质量等。对人的关心含义也很广泛,例如个人对实现目标所承担的责任,保持职工的自尊,建立在信任而非顺从基础上的职责,保持良好的工作环境以及只有满意感的人际关系等。这和上述二维构面理论极为相似:①它也是采取二维构面来说明领导方式;②它也以坐标方式表现上述二维构面的各种组合方式,各有9种程度,因此可以有81种组合,形成81个方格。这就是所谓“管理方格”，其中有 5 种典型的组合表示典型的领导方式，如图 6-2 所示。

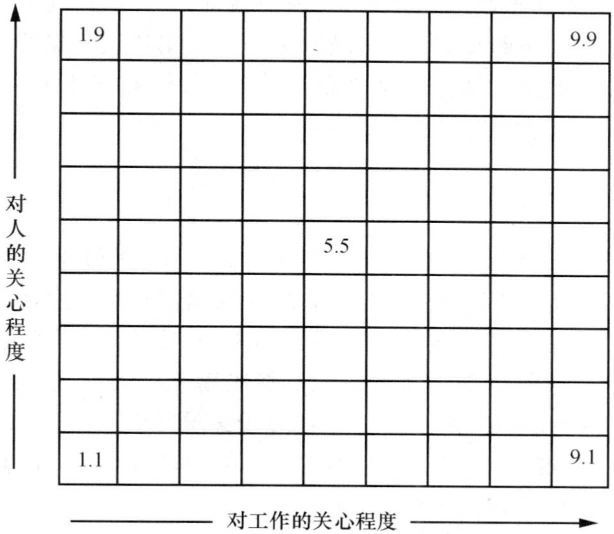

图 6-2　领导方格图

1.1 型　贫乏型管理，表示对人和工作都极不关心，这种方式的领导者只做一些维持自己职务的最低限度的工作，也就是只要不出差错，多一事不如少一事，因而称为“贫乏型的管理”。

9.1 型　任务型的管理，表示对工作极为关心，但忽略对人的关心，也就是不关心工作人员的需求和满足，并尽可能使后者不至干扰工作的进行。这种方式的领导者拥有很大的权力，强调有效地控制下属，努力完成各项工作，因而被称为“任务型的管理”。

1.9 型　乡村俱乐部型管理，表示对人极为关心，也就是关心工作人员的需求是否得到满足，重视搞好关系，强调同事和下级同自己的感情，但忽略工作的效果，因而被称为“乡村俱乐部型的管理”。

5.5 型　中庸型的管理，表示既对工作关心，也对人关心，兼而顾之，程度适中，强调适可而止。这种方式的领导既对工作的质量和数量有一定的要求，又强调通过引导和激励促使下属完成任务。但是，这种领导往往缺乏进取心，乐意维持现状。因而被称为“中庸之道型管理”。

9.9 型　协调型管理，表示对人和工作都极为关心。这种方式的领导者能使组织的目标与个人的需求最有效地结合起来，既高度重视组织的各项工作，又能通过沟通和激励，使群体合作，下属人员共同参与管理，使工作成为组织成员自觉自愿的行动，从而获得高的工作效率，因而被称为“团队型管理”。采用这种方式的领导能充分调动组织成员的积极性，把个人与组织目标结合起来，形成人人为组织目标的实现而努力的生动活泼的局面，其关键在于如何协调个人与组织的目标。

三、权变理论

领导的权变理论是在前两种现代领导理论研究的基础上发展起来的。这个理论所关心的是领导者与被领导者的行为和环境的相互影响。这种理论的基本观点是：领导的作用在于领导人们的行为，而人们的行为又受其动机和态度等因素以及客观环境的影响。因此，讨论领导效能就不能脱离人们的动机和态度以及当时当地所处的环境。绝不能以为某一种领导方式可以普遍应用于所有的情况和所有的人群。相反，必须把这种环境因素，包括组织人员的动机与态度同时进行考虑。代表性的领导权变理论有以下几种：

（一）领导方式连续统一体理论

早期领导理论研究一般认为领导者或者是独裁的，或者是民主的，美国学者坦南伯姆（R. Tannenbaum）和施密特（W. H. Schmidt）在 1958 年提出了领导连续方式统一体模型。他们认为领导风格并不是只有独裁和民主这两种极端的方式，而是在这两种极端之间，以领导者为中心还是以下属为中心程度不同而存在着一系列领导方式。这些方式有相应的对下属的授权程度和决策方式，如图 6-3 所示。

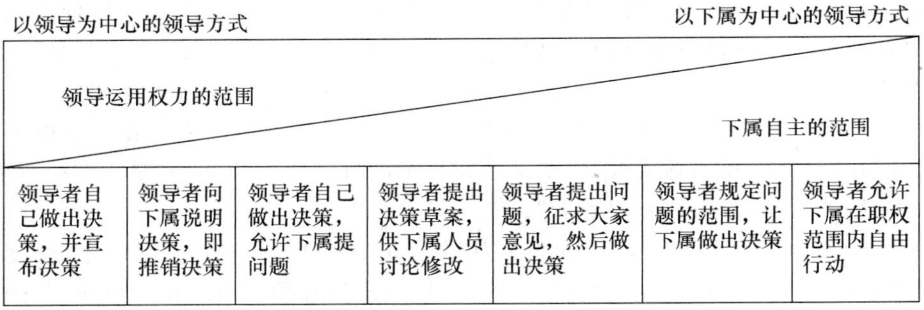

图 6-3　领导方式连续统一体模型

图 6-3 中所列的七种领导风格，没有哪一种总是正确的或错误的，也没有哪一

种是最好的或最坏的，在不同的领导者、下属和情境之中，有不同的最适合的领导风格。此外，组织环境和社会环境也会对领导风格产生影响。他们认为，一个成功领导者不一定是专权的人，也不一定是放任自由的人，而是能够针对不同环境采取恰当措施的人。比如，一个好的化学实验室主任，在涉及危险化学品的使用时，他是专制的，但涉及制定研究方向与计划时，他又是民主的。

(二)菲德勒的权变模型

20 世纪 60 年代，美国管理学家菲德勒(Fred E. Fiedler)在大量研究的基础上提出了有效领导的权变模型，认为对领导研究的注意力应该更多地放在环境变量上，虽然不存在一种普遍适用的最佳领导方式，但在每一种情况下都可以找到一种与该特定环境相应的有效领导方式。

第一，菲德勒提出了两种领导方式：一是任务导向型，即以工作为中心，任务分配结构化、严密监督、依照详尽的规定行事；一是关系导向型，即以下属为中心，重视人员的反映及问题，利用群体实现目标，给予成员较大的自由选择的范围。菲德勒用一种称为“你最不喜欢的同事”(LPC)的问卷来测定领导者的领导方式。一个领导者如对他最不喜欢的同事也给予较好的评价，那么他对人是宽容、体谅的，是关系导向型；反之，若一个领导者对他最不喜欢的同事以较低的评价，说明他惯于命令和控制，更多地关心工作，是任务导向型。

第二，菲德勒分析了环境因素，他认为影响领导方式有效性的有三个主要因素：

(1)职位权力。职位权力指的是与领导人职位相关的正式职权以及领导者从上级和整个组织各个方面所取得的支持的程度。这一职位权力是由领导对其下属的实有权力，包括所拥有的奖惩权。当领导者拥有一定的明确的职位权力(分为强与弱两类)时，更容易使群体成员遵从他的指导。

(2)任务结构。这指的是任务明确程度和人们对这些任务的负责程度(分为高与低两种程度)。如果领导者对所承担任务的性质清晰明确而且例行化，则领导者对工作质量较易控制。当然，群体成员也有可能对自己所担任的任务性质模糊不清或其任务多有变化，这时领导者就应更好地担负起他们的工作职责。

(3)领导者与下级的关系。菲德勒认为，从领导者的角度看，他与下级的关系是最重要的。因为职位权力与任务结构大多可以置于组织控制之下，而上下级关系可影响下级对一位领导者的信任和爱戴，从而决定是否乐于追随他共同工作。

第三，菲德勒提出了理论模型，他将三个基本因素组合成八种不同的环境类型，并对 200 多个团体进行了调查，找出了不同环境类型下最适应、最有效的领导类型，其结果如表 6-4 所示。

表 6-4　不同环境下的有效领导类型

环境的有利程度	最有利→最不利							
上下级关系	好				差			
任务结构	明确		不明确		明确		不明确	
职位权力	强	弱	强	弱	强	弱	强	弱
环境类型	1	2	3	4	5	6	7	8
有效的领导方式	任务导向型			关系导向型				任务导向型

菲德勒的研究结果表明，在对领导者有利和最不利的环境类型下，采用任务导向型效果较好；在对领导者环境条件一般的情况下，采用关系导向型较有效。

（三）领导生命周期理论

领导生命周期理论又称领导寿命循环理论，最初是由美国心理学家卡曼（A. K. Karman）提出的，后经保罗·赫塞（P. Hersey）和肯尼思·布兰查德（K. Blanchard）加以发展。该理论认为，成功的领导者要根据下属的成熟程度选择合适的领导方式。所谓成熟度是指人们对自己的行为承担责任的能力和愿望的大小。它取决于两个方面：任务成熟度和心理成熟度。任务成熟度是相对于一个人的知识和技能而言的。如果一个人拥有工作的知识、能力和经验，无须别人指点就能完成工作，那么他的工作成熟度就是高的；反之，则是低的。心理成熟度与做事的愿望和动机相关，如果一个人能够自觉地去完成工作，而无须外部的激励，则认为他有较高的心理成熟度。

领导生命周期理论是建立在布莱克和莫顿的管理方格图理论和阿吉里斯不成熟-成熟理论的基础上的。他们也设计了一个方格图，横坐标为任务行为，纵坐标为关系行为，在下方再加上一个成熟度坐标，从而把原来由布莱克和莫顿提出的由以人为主和以工作为主构成的二维领导理论，发展为由关系行为、任务行为和成熟度组成的三维领导理论。在这里，任务行为是指领导者和下属为完成任务而形成的交往形式，关系行为是指领导者给下属以帮助和支持的程度。由此，何塞和布兰查德提出了四种领导方式：命令式、说服式、参与式和授权式。

（1）命令式（高工作-低关系）：领导者对下属进行分工并具体指导下属应当干什么、如何干、何时干等，它强调直接指挥。

（2）说服式（高工作-高关系）：领导者既给下属以一定指导，又注意保护和鼓励下属的积极性。

（3）参与式（低工作-高关系）：领导者与下属共同参与决策，领导者着重给下属以支持，促其搞好内部的协调和沟通。

(4)授权式(低工作-低关系)：领导者几乎不加指点，由下属自己独立地开展工作，完成任务。

同时，何塞和布兰查把成熟度分为四个等级，即不成熟、初步成熟、比较成熟和成熟，分别用 M_1，M_2，M_3，M_4 表示。

M_1：下属缺乏接受和承担任务的能力和愿望，他们既不能胜任，又缺乏自信。

M_2：下属愿意接受和承担任务但缺乏足够的能力，他们有积极性但没有完成任务所需的技能。

M_3：下属具有完成领导者交与的任务的能力，但没有足够的动机。

M_4：下属能够而且愿意去做领导者要他们做的事。

根据下属的成熟度和组织所处的环境，何塞和布兰查提出了应变领导模式理论，如图 6-4 所示。

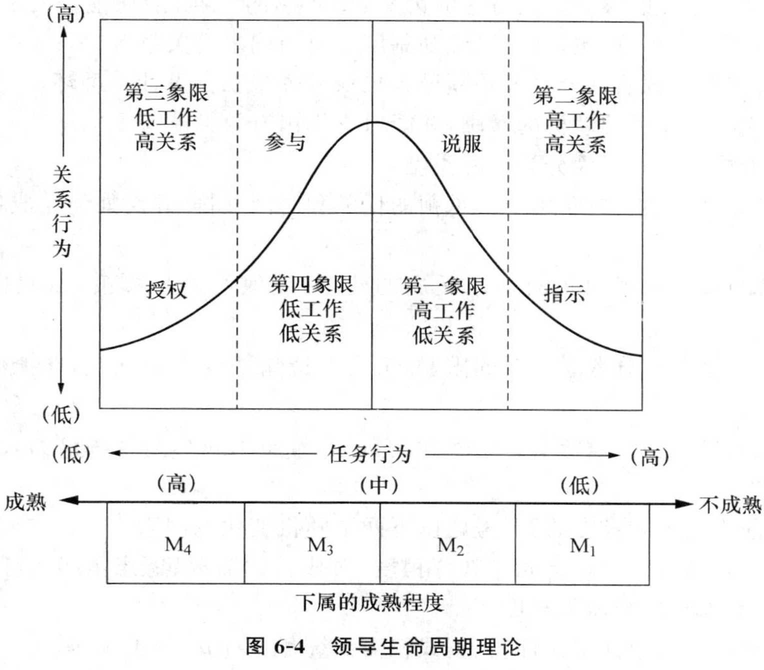

图 6-4 领导生命周期理论

当下属有很高的成熟度时，领导者不仅要减少对活动的控制，而且也要减少对下属的帮助。当下属的成熟度为 M_1 时，领导者要给予明确而又细致的指导和严格的控制，采取命令方式；当下属成熟度为 M_2 时，领导者既要保护下属的积极性，交给其一定的任务，又要及时加以具体的指点以帮助其较好地完成任务；当下属处于 M_3 时，领导者主要是要解决其动机问题，可通过及时的肯定和表扬以及一定的帮助鼓励，树立下属的自信心，因此，领导者可采用低工作-高关系的参与式领导方式；当下属处于 M_4 时，由于下属既有能力又有积极性，则可以采用授权式领导方式，只给下属明确的目标和工作要求，具体行为由下属自我控制。

由权变领导模式理论可见，领导的有效与否在于把组织内的工作行为、关系行为和下属的成熟度结合起来的程度。随着被领导者从不成熟走向成熟，领导行为也要随之调整，才可能取较好的领导效果。

（四）路径-目标理论

该理论是由美国管理学家罗伯特·豪斯（Robert House）于 1971 年提出的。他认为领导者的主要职能是为下属制定明确的目标，帮助他们寻找实现目标的最佳路径，并帮助他们清除障碍。领导者影响着介于行为与目标之间的路径，因此，领导者应当充分考虑影响个人行为的因素：①下属的特性，诸如他们的需要、自信心和能力；②工作环境，包括任务、奖励制度以及与同事的关系等。

显然，富有成效的领导方式是领导者采取种种步骤去设计一种环境，使群体成员潜在地或明显地受其动机的激励，并能对它作出有效的响应。

该理论将领导者行为分为四种类型：

（1）指导型。让下属明确他们承担的任务和时间安排，并对如何完成任务给予具体指导。

（2）参与型。在做决策时征求下属的建议，让他们参与决策，以此提高激励效果。

（3）支持型。充分考虑下属的需要，努力营造愉快的组织气氛，在他们受挫时提供支持。

（4）成就导向型。设定富有挑战性的目标，希望下属尽量发挥潜力，达到自己的最高水平。

具体采用何种领导方式，要考虑以下两个随机变化的因素：

（1）下属的特性，包括下属受教育程度、对成就的需要、愿意承担责任的程度、领悟能力、对独立性的需求程度等。

（2）环境因素，包括工作性质、正式权力系统、主要的工作群体等。

对于依赖性比较强的下属，一般采用指令型领导方式比较有效；对于自信能掌握命运的下属，一般对参与型领导方式比较满意；对于工作性质和任务比较明确，下属也知道如何做，支持型领导方式比较适合；对经验比较丰富、能力比较强的下属，一般对成就导向型领导方式比较满意。因此，根据路径-目标理论，领导者必须分析下属的特性和所处的客观环境，选择一种恰当的领导方式。

四、领导理论的发展

领导的有效性是一个十分复杂的问题，上述领导理论试图从不同角度描述领导者或领导行为的特征，但都或多或少地存在一定的片面性。人们发现，一些富有成效的公司领导者虽各有独特的性格特征、领导风格和方式，但是都同既有的各种领导理论"对不上号"。在20世纪的世界舞台上，强者辈出，如被公认具有魅力的领导者富兰克林·罗斯福、约翰·肯尼迪、马丁路德·金等，在他们身上有着某种特殊的人格魅力，他们都拥有无数的追随者，并对这些追随者拥有巨大的影响力和号召力。20世纪70年代以来，美国的一些大公司，诸如美国电话电报公司、国际商用机器公司、美国通用汽车公司、摩托罗拉公司等着手于公司的"改革"规划，并且在短期内取得成效，这里具有"改革精神的"领导人显得十分重要。在这种背景下，越来越多的学者开始从另外一个角度研究领导问题，在已有理论的基础上又提出了许多新的领导理论。

（一）魅力型领导理论

1977年，罗伯特·豪斯(Robert J. House)率先提出一个关于领导魅力的理论模型。魅力型领导者是指具有自信并且信任下属，对下属有高度期望，有理想化的愿望以及使用个性化风格的领导。简言之，就是指用自己独特魅力领导激励下属的领导者。这种魅力来自领导者的高度自信、远见、清楚表达目标的能力、对目标的坚定信念、不循规蹈矩的行为和对环境的把握能力等。许多学者的研究区别出了领导魅力与无领导魅力的领导者之间的关键特点，如表6-5所示。

表6-5　魅力领导者的关键特点

关键特点	特点说明
自信远见	魅力型领导对他们自己的判断力和能力充满信心，魅力型领导有远大的理想目标，认为未来会更美好，他们的理想目标与现状差距越大，下属越有可能认为领导者有远见卓识
清楚表达目标的能力	魅力型领导能够明确地陈述目标，善于运用各种语言和非语言的表达技巧，使下属的情绪深受感染，最终变成激励下属努力工作的动力
对目标的坚定信念	魅力型领导被认为具有强烈奉献精神，愿意从事高冒险的工作，承受较高代价，为了实现目标能够自我牺牲

续表6-5

关键特点	特点说明
不循规蹈矩	魅力型领导者的行为往往被认为是创新的、反传统的、反规范的。当获得成功时，这些行为令下属们惊诧而崇敬
作为变革的代言人出现	魅力型领导者被认为是激进的变革代言人，而不是传统的卫道士
对环境具有较强的敏感性	魅力型领导者能够对需要变革的环境加以限制，对资源进行切实可行的评估

越来越多的研究表明，魅力型领导对下属产生了实质性影响。魅力型领导者与下属较高的工作绩效和较高的满意程度有着显著的相关性。跟随魅力型领导身后的下属们，受到领导独特魅力的激励后，更为自信，更为努力。他们在工作中经历了更多有趣、富有挑战的事，从领导那里获得了更多的支持和赞赏。与那些不具领袖魅力的追随者相比，他们的绩效要高得多，并且由于他们喜欢和崇拜自己的领导，也会表现出更高的满意度。

(二)交易型与变革型领导理论

1978 年，伯恩斯(James Mac Gregor Burns)在对政治型领导人进行定性分类研究的基础上，提出领导过程应包含交易型和变革型两种领导行为，这一分类为领导行为理论的研究开辟了新的思路。1985 年，巴纳德·巴斯(Bernard Bass)正式提出了交易型领导行为理论和变革型领导行为理论，它比以往理论采用更为实际的观点，具有较强的实际应用价值，在实践中得到了广泛应用。巴纳德·巴斯认为，领导者有两种类型，即变革型领导与交易型领导，它们是两个相对的概念。

20 世纪 80 年代以前创立的行为理论和权变理论，如前面提到的菲德勒的权变模型，路径-目标理论等，都是以交换型领导行为为基础的。所谓交易型领导，指的是领导者主要通过在奖酬基础上的即时交换来影响下属的努力与绩效水平。领导者为成员确定具体目标、实现目标的具体方式及实现目标将会得到的报酬。如果成员偏离了特定的方式，其绩效就要受到控制，并要采取正确的措施。所谓变革型的领导，是指将组织中成员的个别利益转化成组织整体的利益，同时可以对组织成员产生深远的影响，更重要的是能带领成员朝向一个明确且具体的目标前进，进一步达成组织的需求。也就是说，变革型领导行为通过引导下属超越自我利益，向下属灌输共同的组织价值观，可以帮助下属达到最高的绩效水平，以促进整个组织的变革。尽管变革型领导是在交易型领导基础上形成的，但两者有很大区别，如表

6-6 所示。

表 6-6　交易型和转换型领导者的特征和方法

交易型领导者	变革型领导者
1. 权变奖励：领导者根据下属的努力状况及绩效水平对其进行奖励。承诺为努力提供奖励的交换，良好绩效是奖励的前提	1. 领导魅力：提供远见和使命感，潜移默化自豪，获得尊重和信任
2. 例外管理（积极型）：领导者仔细观察和寻找与准则和标准背离的行为，并采取修正行动	2. 鼓舞激励：领导向下属传达高期望，使用各种方式增强努力，用简单的手段表达重要的意图
3. 例外管理（消极型）：仅在标准没有达到时才进行干涉	3. 智力刺激：提升智力，鼓励下属理性的、谨慎的思考，尝试用崭新的、创新的方法和途径解决问题
4. 自由放任：放弃责任，避免做出决策	4. 个性化关怀：给予每个人关注，个性化地对待每名员工，给予针对性的培训和建议

(三)自我领导和超级领导理论

自我领导理论是由查理·曼茨(Charles Manz)和亨利·西姆(Henry Sim)提出的，它是指员工应用自我观察的行为技巧、自我设定目标、暗示管理、自我回报、活动预演以及自我批评等自我激励和自我导向的方式，圆满地完成工作。简言之，自我领导就是自己领导自己。那么员工如何能够学习成为自我领导者呢？答案在于超级领导的支持。

超级领导是一种发动被领导者领导自己、影响别人的新型领导模式，即对自我领导进行领导，帮助自我领导者将个人身上的自我领导潜能开发释放出来，帮助自我领导者成功地领导自己。这个模式一反把被领导者单纯当做被领导者的传统，把他们都当成富有主动精神和责任感的准领导者甚或实际领导者，积极释放他们的能力，使其以领导的角色和方式致力于推进共同事业，共同完成领导任务、实现领导目标。一方面，超级领导能够极大地调整自己与员工的相互关系，把本来处于对立状态的相互关系朝着缓和甚至同化的方向扭转；另一方面，他还能够至少在形式上改变员工的地位，消除被动状态下不可避免的消极因素，并极大地调动员工的积极性、主动性和创造性。超级领导的起点是给予员工一系列正面观点，并给员工以表率和示范，还须与员工进行自我期望的正面沟通，对于自我领导的进步给予回报，并将自我领导设定为组织文化的基本组成部分。如同领导的其他替代品一样，超级领导是对管理者发展的一个挑战，因为他们必须放弃某些以前学习的直接控制。超级领导理论的倡导者们坚信，这种领导模式使领导以更加民主、更加适合生产力的发展要求来实现自身的发展和价值。

总之，超级领导同自我领导一样，都是强调员工的自我管理和个人自制。如果说自我领导是迈向成功的引擎的话，那么超级领导则为自我领导提供了一种逻辑框架，一种人与人之间进行合作的方式以及使下属发展的机制。自我领导强调的是被领导者本身的领导能力，而超级领导强调的是领导者激发、开发释放被领导者的领导能力，以使组织获得强大的抵御各种挑战冲击的能力，从而增强组织的创造力，壮大组织的发展能力。

(四)巴斯的改革精神领导理论

美国管理学家巴斯(Bermard M. Bass)把领导者分为两类："执行型"和"改革型"。前者为下属提出需要做什么、有哪些要求，并且帮助下属树立信心，只要付出必要的努力，一定能够达到组织与个人的目标；后者则通过提高对完成任务的价值与重要意义的认识，通过强调集体和组织的利益高于个人的利益，以及通过强调追求更高层次的需求等来激励下属完成比原来预期的更多的工作。

巴斯认为，过去的领导理论对于执行型的领导者完全适合。同时，这些理论在过去、现在，甚至将来都仍然适用、有益。但是，作为一个领导者，为了取得更有成效，以及对自己的组织发挥重大的影响力，就必须运用自己个人的想象力和精力去鼓舞下属，因此具有改革精神的领导者将更有利于组织的发展。

美国管理学家博伊德(Richard Boyd)在巴斯理论的基础上，提出"改革精神"的领导者必须具备五种新的领导技能：

(1)预见技能，对经常不断变化的内外环境能深谋远虑。

(2)说服技能，运用说服和榜样诱导下属按领导者或整个组织的意图行事。

(3)价值观综合技能，把员工在经济、安全、心理、精神、美学和物质等方面的需求统合起来，以便使人们有共同的动机、价值观和目标。

(4)授权技能，乐意并且有效地与下属分享权力。

(5)自省或反省技能，既明白自己的需求与目标，也了解下属的需求与目标。

博伊德理论的一个重要观点是，上述这些新的领导技能并不是生来就具备的，而要在实践中锻炼、培养、学习和提高。

第三节 用人原理

一、人才的含义及基本要素

(一)人才的含义

人才,是指具有特定知识、才干和能力,并以其创造性劳动对社会发展和人类进步做出或可能做出较大贡献的人。

创造性劳动,既包括物质领域的创造,如科学发明、技术革新,又包括精神领域的创造,如艺术构思、理论建树等。

人才所涉及的范围十分广泛,它包括各行各业具有某种专门知识和才能的人,也包括不同层次不同水平的人,凡是具有一技之长,或者有一定的专业知识和专门技能,掌握本职工作的规律,在工作岗位上做出贡献或将要做出贡献的人都是人才,都是推动事业发展的有用之才。“只有无能的管理,没有无用的人才”。从广义讲,具有某种专长或某项技能者都是人才。

一般来讲,人才具有以下特征:

1. 社会性

人才并不是单个人所固有的抽象物,人才产生和发展需要一定的社会条件,与人才所处的工作和生活的社会环境以及具体的历史条件密切相关。在不同的历史条件下,对人才的要求也不尽相同,不同时代的人才无不打上时代和社会的烙印。人才不能孤立地存在,人才只有与其他人才和人力组成一定的群体结构,才能有所创造,对社会有所贡献。

2. 智能性

任何人才都具有一定的专门知识、技能和聪明才智,并善于运用专门知识、技能和聪明才智,研究和解决该专业范围内的实际问题和理论问题,这是他们进行创造性劳动并取得成果、做出贡献的条件和保证。

3. 进步性

任何人才都是通过他们的创造性劳动成果或绩效对当时的社会发展和进步起着某种促进作用。

4. 创造性

创造性就是开拓精神和创新能力,它是人才特性中最有活力的要素,也是人才和普通人的主要区别。在知识经济时代,创造性不仅是人才应具备的基本特征,也是衡量一个人是不是人才最重要的标准。

(二)人才的基本要素

人才的构成要素包括德、才、学、识、体等五项内容。一个人才，就是由这五个基本要素组合而成的有机统一体。

德，是人们常说的品德、道德、德性的等，包括人生观、世界观、道德观和政治观等。不言而喻，这对任何人都很重要，对领导者和人才当然更重要。“人之初，如玉璞，信与情，俱可塑，若不教，行乃偏，教之道，德为先。”《新三字经》开篇的句子，不仅说明了品德的重要，而且说明一个人的品德是后天形成的。社会实践充分证明，人们的品德一旦形成，便具有很强的稳定性。

才，就是人们通常说的才能、才学、能力等。才能往往和人们说的知识密切相关，是人们运用知识的能力表现，主要包括思维能力、管理能力、交往能力和专业技能等。

学，是人才的知识、学问。在当今时代，现代科技、生产、领导与管理等从实践到理论的发展都日新月异，知识和产品的老化周期都急剧缩短，要跟上时代前进的步伐，就必须不断地学习，更新知识，否则就难免掉队。

识，是人才的见识、见解能力，包括科学的预见能力、敏锐的洞察力、果断的决策能力，这是知识和技能在人们身上的综合体现。

体，是人才的体能与心理素质。人才应该具备良好的身体与心理素质，这是人才发挥作用的基础。

二、人才的选拔

选用人才是领导工作成败的决定性因素，选拔人才也是使用人才的前提和基础，是人才的潜在能力转变为现实能力的关键环节。“十步之内，必有芳草”。每个组织都聚集着各种人才。只要领导者认识到人才的意义，真心实意地寻求，众多的人才就会脱颖而出。

(一)人才选拔的原则

人才选拔是一项政策性和纪律性很强和技术要求很高的工作，领导者选拔人才必须遵循一定的原则，才能保证这项工作正常开展和造就优秀人才脱颖而出的良好氛围，避免和杜绝选人失察和选人用人中的不正之风。一般来说，人才选拔必须遵循以下基本原则：

1. 德才兼备原则

古今中外，选拔人才的具体条件多种多样，但德和才是两个必须重点考查的方面。中国古代，孔子提出“举贤才”；唐太宗李世民认为用人要“德行学识为本”；等等。西方国家提出若干选拔人才的条件,其中也总是包括德和才。可见,德才兼备是选拔人才的基本标准和普遍原则。德的内容具有多层次性,而且在不同历史时期有不同的具体要求。当今对企业人才而言,除了德的基本要求外,还要强调两条:一是有强烈的事业心和工作责任感;二是顾全大局,不谋私利,密切联系群众。选人才,不可重才轻德。处理好德与才之间的关系,最基本的原则是德才兼备。忽视德的因素是错误的,并十分有害,当然,也不能空洞地强调德。德与才,二者应该是一个有机的统一体。

2. 群众公认原则

相信群众、依靠群众,是领导民主作风的具体体现和管理民主化的必然要求。领导者选拔人才要善于走群众路线,多征求群众意见,尊重民意。不过,坚持群众公认原则不等于简单地以得票多少取人,而必须把群众公认原则与其他原则结合起来,对人才作出综合评价。

3. 注重实绩原则

注重实绩原则就是要求在人才选拔工作中根据对象的一贯表现和工作成绩,善于选拔那些在本职岗位做出突出贡献、具有真才实学的人才,并委以重任。

4. 因岗择人原则

科学管理要求因事设岗,而不是因人设岗。不同的工作岗位对人才素质有不同的要求。因此,在选拔人才时要把岗位素质要求作为选拔人才的具体依据。在人才选拔时,凡符合岗位标准者就选用,凡不符合者就不用,以保证每个岗位的人员质量。

5. 扬长避短原则

俗话说,人无完人,金无足赤。十全十美的人才是不存在的,即使是天才,也有不足和缺点。因此,选拔人才因从大局出发,根据工作需要,用人所长,容人所短,而不能求全责备、吹毛求疵。

6. 与时俱进原则

不同的历史时期,面对不同的形势和任务,人才选拔的标准也有所不同。人才选拔工作要在保证"德"的前提下,根据时代的要求和组织发展的需要,对"才"的标准作出必要的调整。当今时代,应特别注重选用那些奋发有为、勇于开拓进取、善于沟通、富有创新精神的开放型、开拓型、创新型人才。

(二)人才选拔者的条件

人才的选拔,一是由组织的主要领导者亲自发现,二是靠组织、人事部门发掘,这些都要依靠人来选拔。这就提出一个选人之人的条件问题,选人者具有良好的条件,就会选出大量有用之才。反之,就可能埋没人才,有才之士未被选中,却可能把无用之才安排到重要岗位。所以，选人之人的条件不可忽视。

人才选拔者应具有下列条件：

1. 作风正派

选人之人必须能够坚持原则，按照政策办事，用人出以公心，这才可能把人选准、选好。选人者出于私心，从个人或小集团的利益出发，拉山头，搞宗派，就会造成混乱，该选者未选，不该选的选上了，就会给事业造成不应有的损失。

2. 心胸开阔

心胸狭窄，不能容人者，就会选不出人才。选人之人要有容人的度量，要容人之过，容人之短，胸怀大局。对于曾经对自己有意见或提过意见的人不可小肚鸡肠、耿耿于怀。总之，选人者必须从大局出发，以事业为重，不斤斤计较个人的恩怨得失，不求全责备，不以貌取人，不以言废人。

3. 善于用人

选人与用人相联系。选人之人善于用人，就是要求选人者能够识别每个人的专业、能力、爱好、特长，将合适的人放在合适的工作岗位上，发挥其最大作用。

4. 具有选才之能

能否发现人才，发现什么层次和质量的人才，与人才发掘者的才能直接相关。选人之人不但必须具有相应的知识，而且应具有选才之能。因为能者知能，贤者知贤。选人者本身要有高人一等的德才水平，利用人才共生效应去寻求优秀人才。

(三)人才选拔的方法

1. 在竞争中选人

竞争是一种广泛存在的自然现象和社会现象，一切有生命存在的地方都存在竞争。在市场经济条件下，企业之间的竞争实质上就是人才的竞争。在人才的选拔中引入竞争机制，就可以造成一种催人奋发、促人向上的环境。在竞争中，实行优胜劣汰，谁的事业心强、才能大、绩效高，就选用谁。选拔中最重要的是绩效，它是人才的觉悟、学识、能力等最有说服力的综合反映。组织应建立严格的人才绩效考核制度，把伯乐相马改为伯乐赛马，让“千里马”在竞争中一展身手，显露才华。

2. 让群众参与选拔

坚持群众路线是人才选拔民主化的基本原则和重要途径。广大职工群众与各种人才的接触，特别是与潜在人才的接触，更为广泛、直接，他们最了解情况。所以，让群众参与选人，就能把具有真才实学而且思想作风过硬、行为正派的人推举出来，并使投机分子难以蒙混过关，还可防止用人上的不正之风。

3. 选拔人才制度化，依靠制度选人

人才选拔制度是顺利开展人才选拔工作、促使优秀人才脱颖而出的根本保障。

实现人才选拔制度化，首先要有一套完善的人才选拔程序；其次，要建立完整的人才信息网络，利用各种渠道，广泛收集人才信息，建立人才档案，包括人才的政治、知识、技能、智力、特长、工作绩效等情况。既要有历史的概况，也要有现实表现的详细数据和潜在能力的考察。此外还应根据实际情况建立和完善选人方法，如考试制、委任制、选举制、聘用制、自荐等。

4. 评价中心法选人

评价中心法是将被测试者置于某种模拟的情境中，通过被测评者的行为表现对其进行评价。比如，当某职务需要一名管理人员时，便把备选者置于一个模拟的工作环境中，根据表现来评价他们的工作能力，从而决定是否入选。评价中心法是现代人员素质测试的一种新方法评价中心起源于德国心理学家 1929 年所建立的一套用于挑选军官的非常先进的多项评价程序。后来首先被 AT&T 公司采用，用于评价高级管理人员。评价中心技术的应用效果已得到国内学术界和众多人力资源部门的公认。

评价中心法主要采取文件筐法、角色扮演法、无领导小组讨论法等。

(1)文件筐法。把备选者安置在一个模拟的工作岗位上，给他一堆属于该级管理人员需经常处理的文件，既有来自上级的又有来自内部的，既有琐事，又有大事，要求其在规定时间内把这些文件处理完，一般限制在 3 小时内处理完 25 件公文。处理完后，备选者说明处理的理由。评价中心的工作人员根据每个备选者处理公文的正、误、速度、程序、处理方式及理由等，做出是否胜任该级职务的评价。

(2)角色扮演法。要求备选人扮演一个特定的管理角色来处理日常事务，以此来观察备选人的多种表现，根据其处理人与人之间的矛盾、待人接物、商谈辞令等，评价其担任这一职务的人际关系能力。

(3)无领导小组讨论法。让若干备选者在一起，讨论某一个实际业务问题。小组没有领导，不提讨论要求，被试者可以自由讨论。评价中心根据每个被试者在讨论中的表现及所起的作用，给予评分。主要测试被选者的主动性、领导能力、说服能力，人际协调团结能力、沟通能力以及创新力、心理承受力等。

除了上述三种方法外，评价中心法还有一些具体的补充方法，如心理测试(智力和个性测试)、综合文化水平和专业知识考试等。把这些综合起来考核，就大致可以把最能胜任这项工作的管理者选拔出来。

三、人才的使用

人才选拔的最终目的是人才的使用。把人用好，充分发挥人才的应有作用，是领导者知人善任的根本环节，也是组织事业繁荣发展的关键所在。彼德·德鲁克说过:“有效的管理者能使人发挥长处,即运用每一个人的长处作为共同绩效的建筑材料……就可以以一当十,以十当百,发挥相乘的效果。”人才的使用,关键在于贯彻执行正确的用人原则。

(一)量才使用

首先贯彻学用一致的原则,按照人才所学专业,安排工作岗位。所谓“学”,应包括学历教育、自学、短期培训以及在实践中所学到的知识与技能。其次要贯彻能级原则,根据才能大小使用。同样擅长技术管理,可是有人能胜任总工程师,有人能胜任技术科长,有人只能做一般技术管理工作。在用人上不可大材小用,也不可小材大用,应该根据每个人才的专业、能力、智能类型,合理安排其工作。

(二)扬长避短

一个人,如果扬其长则可能是一个人才,用其短便可能是庸才。所以,用人必须扬长避短,这是领导用人的一条重要原则。用人注意“避短”,既要避其能力方面的短处,又要避其思想品质方面的弱点,不在工作安排上给其造成某些缺点错误膨胀的机会。用人坚持扬长避短原则,有利于国家、社会,也有利于个人。

(三)用人不疑

信任是发挥人才作用的第一前提。对人才的使用,必须坚持用人不疑,疑人不用的原则。每一个人都有自尊心,信任就是充分尊重他的自尊心。对长处比较多的同志要尊重他的自尊心;对缺点比较多的人也应尊重他的自尊心。批评、帮助这些人,首先要充分尊重他们的人格和自尊心,批评缺点的目的是更好地发挥他的长处。缺点较多的人在心理上更希望得到别人的尊重和关心,自尊心尤为强烈,这要特别引起重视。

(四)有职有权

对人才的使用,应贯彻有职有权的原则,按照每个人才所承担的工作责任,给予相适应的职权。职权是尽职尽责所必须的条件。要让人才在领导的监督之下对本职范围内的工作自主地进行决断和处理。这可以加强下属的责任心,充分发挥人才的聪明才智,打开工作新局面,提高工作的效率和质量。

【本章小结】

领导是领导者影响群体和个人以达到组织目标的活动过程。领导者权力是领导者向他人施加影响的基础和完成领导工作任务的必要条件。领导者权力的构成有两个方面:一是职位权力,二是非职位权力。在组织中,领导的功能主要有决策与用人、任务指导、成员满足、沟通协调、形象塑造等。

领导者要发挥领导的功能，必须具备一定的素质条件，包括思想品德素质、知识素质、技能素质、心理素质和身体素质。此外，领导者在领导工作中应讲究和学会领导艺术，创造性地开展领导工作。领导艺术指领导者在一定知识和经验基础上，在其实施领导职能过程中，运用特殊的手段和方法，创造性地开展工作，富有成效地解决各种实际问题的领导方式、方法和技能。领导是一个影响的过程，领导者除了要掌握待人艺术、用权艺术、处事艺术、运时艺术外，还应掌握有效的影响方式。

现代领导是在领导科学理论指导下的自觉活动，学习了解领导理论，是对现代领导者的基本要求。领导理论大致可分为三类：性格理论、行为理论和权变理论。随着时代的发展，领导理论又有了新的发展，关注和了解领导理论发展动态和最新观点，有助于领导者与时俱进，开拓创新，卓有成效地开展领导工作。

知人善任是领导者必备的领导技能和重要职责之一，这就要求领导者树立正确的人才观，讲究用人之道，善于识人、选人、用人。

【复习思考题】

1. 领导者的影响力从何而来？
2. 领导者应完成哪些任务，做好哪些工作？
3. 领导者应具有哪几方面的素质？
4. 理想的领导者的知识结构应当是怎样的？
5. 管理方格图划分出的五种典型的领导方式是什么？
6. 菲德勒的权变理论所指出的决定领导方式有效性的环境因素有哪些？
7. 领导行为应如何随着职工成熟度的变化而变化？

【知识应用与技能拓展】

繁荣和衰退的差别何在？

通用电器公司(GE)总裁杰克·韦尔奇从1981年起，被授权管理这个在全球市场上有600亿美元销售额的公司。1998年，GE公司被《财富》杂志的商业专家评为“世界上最令人钦佩的公司”。与之相对比，比尔·阿吉从1988年担任莫理森-纳得森建筑公司的总裁，1995年公司的董事会解雇了他，源于他使得这家公司从20世纪90年代初到90年代中期依然问题累累。

许多业内人士都认为两家公司的成败是由于领导者的不同。韦尔奇用对下属放权的方法管理公司。他深知他不可能知道GE公司所有的大大小小的事情,他的领导方式就是对下属进行授权。他鼓励那些了解部门行情的管理者,让他们规划如何高效地取得最大的成果。阿吉则不同,他亲自对许多业务进行决策,即使他并没有相关的知识,他也不会采取适当的方法来获取决策所需的信息。比如阿吉认为公司应该将它的领域扩展到建筑业之外,集中制造有轨车。然而,他和整个公司并不具有在这个行业竞争所需的知识,在这种情况下投入了大量的资源,当然最终会失败。

韦尔奇认识到,领导者成就的很大部分取决于招聘和培养有才能的管理者,帮助他们成为各个组织的栋梁。他尊重下属,希望他们支持自己,真诚希望他们从工作中得到快乐,GE的管理者和员工都尊重、喜欢并且忠诚于韦尔奇。当然,在与员工建立和谐关系的同时,韦尔奇对不断提高GE的盈利方面从不忽视。

相反,阿吉喜欢使用那些对他随声附和的缺乏经验的管理者。莫理森董事会的一个成员说:“阿吉害怕有才能的人在他的身边”。一些确凿的事实可以支持这个断言。1989年,该公司的高层管理者平均年龄为53岁,到了1993年的时候,平均年龄仅有40岁,有些副总裁的年龄刚超过30岁,公司的财务主管仅有28岁。当莫理森开始走下坡路的时候,阿吉又开始责怪他亲手提拔的管理者,甚至解雇了一些。剩下的管理者开始相信,如果他们想继续留在他们现在的职位上,他们就必须上报给阿吉有关自己部门和项目的完全乐观的业绩。阿吉从不在意员工的感受,对可能疏远其他人的行为毫无知觉,尤其是对忠诚于莫理森公司的员工更是这样。比如,公司创始人哈里·莫理森的画像在总部挂了很长时间,已经成为了公司的精神象征。他却把画像取下来,挂上了他和他妻子的一张大的合影照。

阿吉似乎过度关心能反映公司短期业绩的数据。为了达到好的短期业绩,他时常卖掉公司的部分资产,并且将这部分收益纳入营业收入。韦尔奇从不这样,他努力使长期的业绩最大化,只要员工尽可能高效率和有成效地工作,他就不是特别关注短期效益。比如,GE的塑料事业部有一年的增长达到了10%,许多管理者会对短期内这样的增长率表示满意,但韦尔奇并不高兴,他相信这个部门可以做得更好,奠定一个有利于长期成功的坚实的基础。与之相反,飞机发动机部门比上一年的收入降低,仅他认为这个部门比国际上的其他竞争者做的好得多。因此,他对短期的下降不大在意,韦尔奇给飞机部门相当高的奖金作为回报,而塑料事业部的奖金却下降了。[①]

① 侯贵松. 领导力[M]. 北京:中国纺织出版社,2006:1

思考题

1. 杰克·韦尔奇与比尔·阿吉的领导风格与方式有何独特之处？
2. 你认为领导者应如何开展有效的领导？

【网络辅助阅读材料】

1. MBA智库文档. 非常时期，需要非常领导. http://doc.mbalib.com/view/6d8138ca1558a04e9aeaf3adc6d35d84.html，2012-12-07

2. 陈铎. 领导决定着成效——中美专家谈实践卓越绩效模式. http://doc.mbalib.com/view/a4e0ce406c43331e078fd1f53796e6da.html，2013-04-09

3. 秦建民. 管理与领导辨析. http://doc.mbalib.com/view/4e1944312a4a7ff1c33c592892e5fb96.html，2013-08-02

4. 谭小芳. 如何有效提升领导艺术？ http://www.boraid.com/article/html/171/171675.asp，2011-06-24

5. 总裁学习网. 李嘉诚用人之道. http://www.cs360.cn/qiyezhanlue/fzzl/hyzx/42281/，2011-09-24

6. 中国贸易网. 宝洁公司用人观. http://hr.cntrades.com/show-54070.html，2006-11-09

7. 盛若蔚. 选人用人不可唯票取人. http://www.qstheory.cn/dj/gcsk/201307/t20130730_254435.htm，2013-07-30

第七章　激励原理

【内容提示】

本章阐述了激励的概念、激励的过程、激励因素。从内容型激励理论、过程型激励理论和行为改造型激励理论三个方面介绍了激励理论，对激励的原则和方法进行了探讨。通过本章学习，学生应该能够应用激励理论和方法分析解决组织中人的行为动力问题，并为建立长期有效的组织激励机制奠定理论基础。

引　　例

亨利已经在数据系统公司工作了5年。在这期间，他从普通编程员升到了资深的程序编制分析员。他对自己所服务的这家公司相当满意，很为工作中的创造性要求所激励。一个周末的下午，亨利和他的朋友及同事迪安一起打高尔夫球。他了解到他所在的部门新雇了一位刚从大学毕业的程序编制分析员。尽管亨利是个好脾气的人，但当他听说这新来者的起薪仅比他现在的工资少30美元时，不禁发火了。亨利迷惑不解，他感到这里一定有问题。下周一的早上，亨利找到了人事部主任埃德华，问他自己听说的事是不是真的？埃德华带有歉意地说，确有这么回事。但他试图解释公司的处境："亨利，编程分析员的市场相当紧俏。为使公司能吸引合格的人员，我们不得不提供较高的起薪。我们非常需要增加一名编程分析员，因此，我们只能这么做。"亨利问能否相应调高他的工资。埃德华回答说："你的工资需按正常的绩效评估时间评定后再调。你干得非常不错！我相信老板到时会给你提薪的。"亨利在向埃德华道了声："打扰了！"便离开了他的办公室，边走边不停地摇头，对自己在公司的前途感到很疑惑。[①]

① 王凤彬，刘松博，朱克强. 管理学教学案例精选[M]. 上海：复旦大学出版社，2009：185

第一节　激励的概念与作用

一、激励的概念

（一）激励的含义

管理者要发挥领导职能，就要懂得如何激发人的工作积极性，要弄清在怎样的条件下，人会更愿意工作，工作得更有效率。每个人都需要激励，需要自我激励，需要得到来自同事、群体、领导和组织方面的激励。激励问题的核心是研究组织中人的行为，研究如何激发、指导、引导人的行为，调动人的积极性。

在管理学中，激励是指主管人员以提供满足人们生理和心理等方面需要的外部条件的方式，激发和诱导人们的行为动机，使人们因内在动力而不是依靠外部压力去积极从事实现组织目标及成员个人目标的活动。通俗地讲，激励就是激发和鼓励的意思。激励的概念包括以下含义：

(1)激励的出发点是满足组织成员的各种需要，即通过系统的设计适当的外部奖酬形式和工作环境，来满足企业员工的外在性需要和内在性需要。

(2)科学的激励工作需要奖励和惩罚并举，既要对员工表现出来的符合组织期望的行为进行奖励，又要对不符合组织期望的行为进行适当惩罚。

(3)激励贯穿于员工工作的全过程，包括对员工个人需要的了解、个性的把握、行为过程的控制和行为结果的评价等。因此，激励工作需要耐心，锲而不舍。

(4)信息沟通贯穿于激励工作的始末，从对激励制度的宣传、员工个人的了解，到对员工行为过程的控制和对员工行为结果的评价等，都依赖于良好的信息沟通。组织中信息沟通是否通畅，是否及时、准确、全面，直接影响着激励制度的实施效果和激励工作的成本。

(5)激励的最终目的是在实现组织预期目标的同时，也能让组织成员实现其个人目标，达到组织目标和员工个人目标的和谐统一。

（二）需要、诱因、动机与行为之间的关系

从心理学角度来看，激励是引起行为的一种刺激，也就是运用各种手段激发和强化个体动机，使被激励者产生某种积极地行为。人会产生某种特定的行为是由其动机决定的。一个人愿不愿意从事某项工作，工作的积极性是高还是低，完全取决于他是否具有进行这项工作的动机及动机的强弱。

需要　是指个体生理、心理上的某种欲望。心理学认为，需要是有机体的内部

环境对外部生活条件的需求在人脑中的反映。需要经常以愿望、兴趣、理想等形式表现出来，它可能是个人体内维持生理作用的物质因素（如水、食物等），也可能是社会环境中的心理因素（如爱情、社会赞许等）。个人缺乏这些东西的时候，身心便失去平衡，而产生紧张状态，感到不舒服，在诱因的作用下，便产生行为的动机。

诱因　能够激起有机体的定向行为，并能满足某种需要的外部条件或刺激物，叫做诱因或目标。诱因是个人身外的刺激，如食物的香味、电视的广告、优厚的报酬等。这些都是人的外部刺激因素。

动机　是指引起个体和维持个体活动，并使活动朝向某一目标（个人需要的满足）的心理过程和内部动力。当一个人饥饿的时候，他便四处寻找食物，直到肚子填饱，行为才告停止。在这里饥饿就是动机，它引起觅食的行为。动机是在需要的基础上产生的，它引起和维持人的行为，并将其导向一定目标。动机的形成是一个复杂的心理机制和心理过程。比如，一个正常的人在行动之前，往往会问一问自己：我为什么要这样做，这样做的后果是什么，他人怎么看待我的所作所为等这样一些问题。只有自己在心理上说服自己，这种心理活动才能转化为某种行为的内在动力，激励其行动。

动机作为一种心理过程，它不同于外界的刺激作用。受光声的刺激产生视觉、听觉不是动机，但由于家庭经济的拮据而产生谋求第二职业的需要，这种支配和调节谋求职业行动的内在动力，便是动机。像这种由动机引发、维持与导向的行为，即称为动机性行为。可以说，人类的行为无一不是动机性行为。一个动机获得满足了，另一个动机继之而起，或同时有几个动机引导一个人复杂的行为。如果外在条件一定，则对某一需求目标（如食物）的动机强度与身体组织缺乏的程度直接相关；而内部条件若一定时，对目标的需要强度就随外部因素而变化，如诱人的食物色、香或看到别人吃得津津有味，会增加主体对食物的需要强度，而紧迫环境（如突发的危险）则会或使人忘却饥饿。可见，人类的行为并非机械件地反映外部刺激，它因时、因地、因情及因个人内部的身心状况的不同，而表现出不同的方式。所以说，人类的行为是内在和外在条件交互影响的结果。德国心理学家库尔特·勒温（Kurt Lewin，1890—1947）将行为（B）定义为个体（P）与环境（E）交互作用的结果，即 $B=f(P,E)$，较能说明行为的真正含义。

通过以上分析，可以将需要、诱因、动机和行为之间的关系概括为：需要是动机产生的基础，诱因是动机产生的重要条件，动机是行为的内在动力，行为是动机的外在表现和获取需要目标、满足个体需要的重要途径。

（三）激励过程

从个体的角度看，动机的激发与产生是一个复杂的心理过程。在这个过程中，诱因是激励的外部条件，需要是激励的基础，动机是个体的内在激励过程，需要、动机、行为和目标之间相互联系、相互作用、彼此制约，共同决定一个激励的过程，如图 7-1 所示。

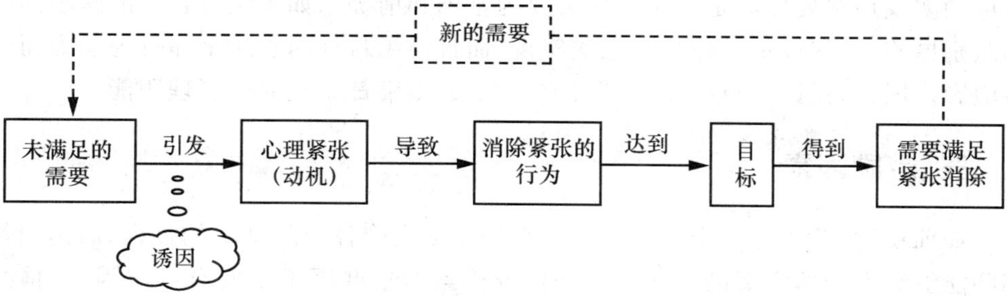

图 7-1　激励的过程

从图 7-1 中可以看出，激励过程从人的需要开始，到实现目标和满足需要告终。人们总是有不同强度的多种需要，未满足的需要会使人们产生紧张的心理状态，这种紧张的心态会导致人们产生寻找满足需要的特定目标行为。如果目标达到，需要得到满足，紧张心态得到缓解，激励过程也就完成了。然后，新的需要发生，又开始新的激励过程。

二、激励的作用

1. 激励是充分调动员工的积极性、保持工作的有效性和高效率的需要

美国哈佛大学威廉·詹姆斯（W. James）曾经做过一次实验，结果发现，在按时计酬的制度下，个人如果未受到激励，仅能发挥其能力的 20%～30%，受到正确而充分的激励，就能发挥到 80%～90%，乃至更高。由此，詹姆斯总结出一个激励公式：工作绩效＝能力×动机激发。也就是说，在一个人的能力不变的情况下，工作成绩的大小就取决于激励的程度。管理者要针对实际情况，采取有效的管理措施，满足员工的正当需要，激发其动机与行为，实现管理目标。

2. 激励是提高组织绩效的需要

管理学的研究表明，组织的绩效＝F（能力、激励、环境）。也就是说，组织的绩效本质上取决于组织成员的能力，被激励情形和工作情境或氛围。所以，管理者不仅要持续地提高员工的素质和能力，创造良好的工作氛围和工作条件，还要不断激励他们。

3. 激励是实现组织目标和成员个人目标的共同要求

组织的目标是靠人的行为实现的，而人的行为是由积极性推动的。从组织发

展的角度看，管理者激励员工，就是要激发和鼓励员工采取符合组织目标要求的行为，充分调动其工作的积极性、主动性和创造性。从管理的目的看，满足成员需要不只是实现组织目标的手段，而是管理目的本身。实现组织目标固然重要，但组织目标的实现最终要以满足员工个体需要为基础和前提。如果没有合理的激励制度和激励措施，不仅成员个体目标无法实现，而且组织目标因缺乏个体行为动力而成为泡影。因此，无论是对组织还是对成员个人，激励都是重要的管理职能。

三、激励因素

如前所述，激励是一个通过提供外部诱因激发个体行为动机的过程，而诱因是那些能够满足个体需要的一切外部条件或因素。这些因素主要有物质因素、情感因素、精神因素和信息因素。

（一）物质因素

物质因素就是能够满足个体需要的外部物质条件。现实社会中的每一个人都为了生存和发展，都需要一定的外部物质条件，都有其自身的物质利益需要。马克思曾经指出："人们为之奋斗的一切，都同他们的利益有关。"[①]恩格斯也曾指出："每一个社会的经济关系首先是作为利益表现出来。"[②]

在西方管理史上，曾一度把物质激励提高到至高无上的地位，提出了所谓"X理论"的人性假设，把工人看成是为金钱而劳作的机器。被西方誉为科学管理之父的泰罗就是物质激励的典型代表，其倡导的计件工资制，就是希望通过物质激励来调动工人的劳动积极性，提高资本主义工厂的生产率。尽管"X理论"有其片面性，把物质激励作为调动人的积极性的唯一手段而忽视人的社会心理需求有违人的本性，但重视物质激励、以合理的经济手段激发工人的劳动积极性，即使在当今社会也还是应该值得肯定和提倡的。我国传统的激励也重物质激励，《孙膑兵法》中的"夫赏者，所以喜众，令士忘死也"说的就是物质激励的作用。

（二）情感因素

情感是人们对客观事物的一定倾向、好恶态度以及这种倾向、态度的主观体验。情感在调节人的活动方面起着非常重要的作用。列宁指出："没有人的情感，就从来没有，也不可能有对真理的追求。"[③]韩非子说："凡治天下必因人情"。儒家文化倡导"和为贵"，日本企业十分重视"感情投资"，都说明了情感的作用。现实生

---

① 马克思恩格斯全集.第1卷[M].北京：人民出版社，1995：187

② 马克思恩格斯选集.第2卷[M].北京：人民出版社，1995：537

③ 列宁全集.第20卷[M].北京：人民出版社，1991：255

活中的每一个人都有自己的情感需要,如沟通、归属、融洽、关怀、亲和、尊重等。了解员工的情绪感受或情感体验,满足个体的情感需要,是激励的重要内容。

战国的商鞅认为,情感有“二端”(好恶),情感激励要求尽力激发人的积极情感,努力克服人的消极情感,“使人在其中能认识和领会真正合乎任性的东西”[①]。情感激励的核心是尊重人、信任人和关心人。“士为知己者用”,管理者只有学会并做到尊重人、信任人和关心人,才能从被尊重、被信任、被关心中激发员工的积极情感,心悦诚服地服从组织的安排和号召,并通过努力工作、奋发向上来回报组织和社会。

(三)精神因素

精神因素是指那些能够产生激励作用的个体意识形态,如价值观、成就感、理想和抱负等。梅奥的人际关系学说认为,人不仅是“经济人”,还是“社会人”,人除了有金钱的需要外,还有社会心理方面的需要,满足人的社会心理需要,激发员工的士气,是调动积极性的重要途径。马斯洛的需求层次理论认为人不仅有生理、安全、社交和爱的需要,还有“自我实现”的需要。由此可见,不仅需要有丰富的物质生活、情感生活,还需要有丰富的精神生活,获得精神上的满足是人的积极性的重要来源。社会中的每个人都自己的价值观、世界观、人生观,都有自己的理想和抱负,都期望通过自己的努力实现自我的人生价值。因此,重视员工的精神生活,满足其正常的、积极的、健康的精神需要,是激励工作的重要内容。管理者要学会运用思想教育工作和精神激励手段(表扬、先进称号、晋升、制裁、批评),帮助员工树立正确的理想信念和正确的世界观、人生观、价值观以及强烈的工作责任心和社会责任感,使其从自身全面发展和精神满足中激发出无穷的人生力量和工作积极性。

(四)信息因素

在当今社会,信息已成为一种重要的资源,组织和个体的信息需求比以往任何一个时期都显得强烈和迫切,信息已成为激励的重要因素之一。所谓信息,是指反映客观世界上一事物状态、特性、关系及其发展变化的表征或标志。由于客观世界不断运动变化,反映这些运动变化的信息也就不断产生。信息激励就是通过满足员工信息需要激发员工劳动积极性的激励形式。如扩大员工的决策知情权、安排在职学习和岗位培训、组织员工参观考察、及时通报厂情厂况和发布相关信息、提供必要的通信手段和条件等,都是信息激励的形式。

系统论和行为科学研究表明,人对环境的适应能力和行为的判断能力取决于其接受的信息量。从个体与组织和社会发展的关系看,在充满竞争的现代社

① 马恩全集.第2卷[M].北京:人民出版社,1972:44

会,禁锢封闭,就难以发现自我的不足,容易滋生自满情绪,遏制组织的长远发展。从组织中管理主体和客体的关系看,领导者对员工封闭有关组织发展的信息,不仅无形中在领导与群众之间树立了一道信息沟通的屏障,疏远了干群关系,而且难以使职工树立完整的主体意识,影响集体精神、敬业精神的培养。从个体的社会关系和心理平衡的要求看,个人的情绪和情感与其亲属的状况有密切关系,每个人都会从其对亲属的寄托和从亲属的慰藉中获得一种心理平衡和奋发向上的精神动力。因此,扩大员工的信息接受范围和接受量,对调动员工的积极性有十分重要的作用。

第二节　激励理论

自从管理理论产生以来,特别是行为科学管理理论产生后,诸多管理学家、心理学家和社会学家们从不同角度研究了如何激励人的问题,提出了许多激励理论。我们可以将这些激励理论归纳划分为三大类,即内容型激励理论、过程型激励理论和行为改造型激励理论。这些理论从不同的侧面探讨了人的行为的动因,为我们激发调动人的工作积极性提供了理论依据。

一、内容型激励理论

作为人类行为的原动力,需要是激励理论的重点研究内容之一。对需要的研究就是研究人们究竟在努力寻求什么,以及管理者应提供什么来满足他们。

(一)马斯洛的需要层次理论

需要层次理论是美国社会心理学家亚伯拉罕·马斯洛(Abraham Maslow)提出来的。马斯洛是一名心理学家和行为科学家,主要著作有《人类动机理论》(1943年)、《动机和人》(1954年)。马斯洛认为,要激发人的积极性,必须要两个基本前提:其一,人是有需要的动物,人的需要取决于他已经得到了什么和还没有得到什么,只有尚未得到满足的需要才能影响人的行为。其二,人的需要可按其重要性分级排列,某一层次需要满足后,另一较高层次的需要才会出现并控制其行为。马斯洛把人的需要从低级到高级分为五个层次,如图7-2所示。

生理需要　是人的最基本的需要,如食物、水、衣服、住所、医疗等,维持生存必不可少的需要。

安全需要　包括人身安全、财产安全、职业保障等方面的需要。强调远离危险,生命财产不受到威胁,未来生活有保障。

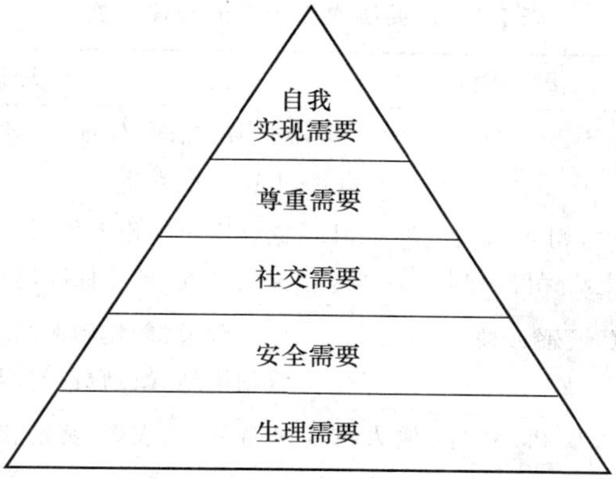

图 7-2　马斯洛的需要层次

社交需要　主要是感情和归属方面的需要。包括与周围的人保持友谊，渴望与他人进行情感交流，自己能归属某个团体，并能得到团体成员的照顾和关心等。

尊重需要　包括自尊和受到他人的尊重。具有自尊心、自信心，期望自己的能力、成就、名誉和地位得到别人的承认和尊重。

自我实现需要　是指实现个人理想、抱负的需要。能够从事自己最适宜的工作，发挥自身最大的潜力，成就自己所期望的目标，从自己的成功中得到满足。

马斯洛认为，这五个层次的需要是由低级到高级逐级上升的，只有当低一级的需要得到最低限度的满足之后，才会追求高一级的需要。需要从低级向高一级的需要上升时，也是逐步的、从少到多的转变，并不是从低一级的需要突然跳到高一级的需要。在正常情况下，大多数人的需要都是以某一层次的需要为主，同时兼有其他层次的需要。另外，如果人们较低级的需要受到威胁时，也会放弃较高级的需要，转而追求较低级的需要。

马斯洛的需要层次理论在管理实践中得到了管理者的普遍认可，但人们也提出了一些问题，比如对人们需要的这种划分、归纳、排列是否符合客观实际，是否科学，一个人在同一个时期是否只有某一种需要等，这些还有待于进一步研究。

马斯洛的需要层次理论的主要贡献是明确提出了需要是影响行为的主要因素，并且在不同时期不同条件下，人的需要是会改变的。这为管理者根据不同人的不同需要层次，设置管理目标，激励调动员工的积极性提供了依据。在管理中，要根据不同人的需要，以及不同层次的需要，找出相应的激励因素，有针对性地采取管理措施，引导和控制人的行为，实现组织目标。不同需要层次应采取的相应的管理措施，如表 7-1 所示。

表 7-1 需要层次与相应的管理措施

需要层次	激励因素	管理措施
生理需要	食物、住所、婚姻	适当的薪酬、保证基本福利待遇、提供基本的工作条件等
安全需要	人身与财产安全、职业保障、生活保障、保险	提供安全工作条件、保证工作稳定、建立退休养老制度、各项保险制度等
社交需要	友谊、情感、归属	加强沟通、创建和谐的人际关系、公平公正的管理措施、鼓励员工参与一些组织团体等
尊重需要	地位、权利、自尊、他人的尊重	职务升迁、表彰、奖励、赋予更多的责任、尊重员工等
自我实现需要	成长机会、个人事业的成功	有挑战性工作、鼓励员工创新、参与组织决策、为个人成长创造机会等

(二)奥尔德佛的 ERG 理论

美国耶鲁大学的克莱顿·奥尔德佛(C. Alderfer)于 1969 年在《人类需要新理论的经验测试》一文中提出了一种与马斯洛的理论密切相关的新的需要层次理论。他把人的需要归纳为三种:生存需要(existence needs)、关系需要(relatedness needs)和成长需要(growth needs)。

生存需要 是指维持一个人生存的全部物质和生理需要,包括衣、食、住、行以及组织为成员所提供的工资、福利和安全条件等。这种需要相当于马斯洛的需要层次理论中的生理需要和安全需要。

关系需要 是指维持重要人际关系的需要。这种需要是在工作中通过与其他员工的感情交流和相互关怀,以及与工作以外其他人员的交往得到满足。这种需要相当于马斯洛的需要层次理论中的社交需要和尊重需要中的外在部分尊重需要。

成长需要 是指个人追求自我提高和发展、获得自尊及充分发挥自己能力的需要。这种需要只有通过发挥个人的潜力和才能而得到满足,相当于马斯洛的需要层次理论中的尊重需要和自我实现需要。

相对于马斯洛的需要层次理论,ERG 理论提出了不同的观点。首先,对于一个人来说,各种需要可以同时存在,并发挥激励作用,后工业时代员工的生存需要和发展需要可以同时得到满足。其次,针对马斯洛提出的"满足—前进"这一理论观点,奥尔德佛提出了"挫折—倒退"新观点,即人的需要不只是较低层次需要得到满足后才会产生较高层次的需要，如果较高层次需要不能得到满足时，有可能退而求其次，对较低层次需要的欲望会加强。生存、关系和成长三种需要的关系如图7-3所示。

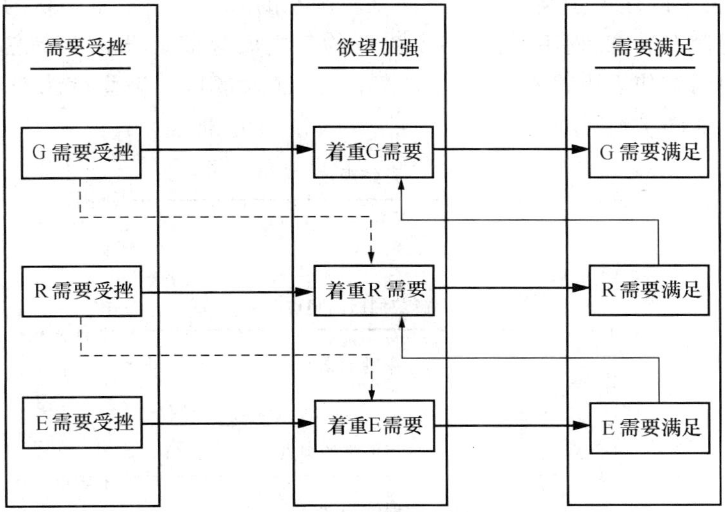

图7-3 生存、关系、成长三种需要的内在联系

说明：—— 满足—前进；

- - - - 受挫—倒退。

奥尔德佛的ERG理论修正了马斯洛需要层次理论的某些缺陷，对人们不同需求的认识更切合实际。人们所受的教育及所处的家庭背景和文化环境不同，某种需要对某个特定人的重要程度或所产生的驱动力是不同的，不同文化修养的人对各个需要层次重要程度的认识也不可能是相同的。因此，应用ERG理论，要把握个人需要的"满足—前进"和"挫折—倒退"的规律，正确对待员工的个人需要，设法为员工提供能满足其高层次需要的环境和条件。在制定组织发展目标时，要考虑员工实现个人成长的需要。如果忽视或压抑了个体高层次的合理需要，员工的成长需要长期得不到满足，就会使其倒退到低层次需要上去。

(三)赫兹伯格的双因素理论

这种激励理论也叫"保健—激励理论"，是美国心理学家弗雷德里克·赫茨伯格(Frederick Herzberg)提出来的。20世纪50年代后期，赫茨伯格等人对他们所在地区9个企业的203名会计师和工程师进行实际调查，要他们回答两个问题：第一，什么因素使你愿意干你的工作？第二，什么因素使你不愿意干你的工作？通过调查发现，被调查者的回答相当一致，使员工感到不满意的因素大多是工作本身以外的环境条件因素，而使员工感到满意的因素大多是与工作本身有关的因素。在此基础上，赫兹伯格提出了双因素理论，其主要结论是：

（1）修正了以往关于满意的对立面是不满意的观点。赫茨伯格认为，满意的对立面应该是没有满意，而不是满意；不满意的对立面应该是没有不满意，而不是不满意。激励因素使人由没有满意转向满意；保健因素将不满意变为没有不满意。两者的比较如图 7-4 所示。

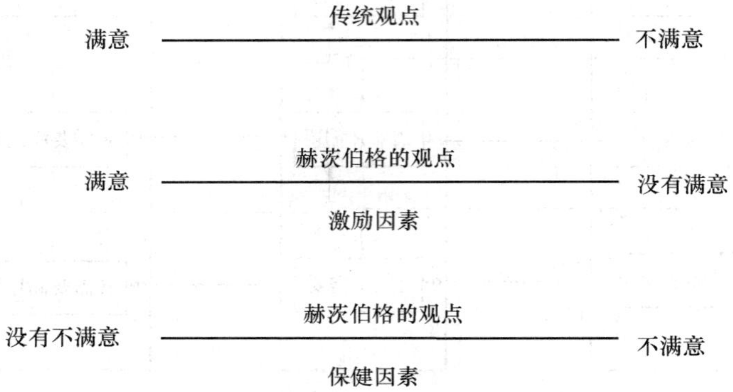

图 7-4　赫茨伯格关于满意的观点与传统观点相比较

（2）不是所有的需要得到满足都能激励起人们的积极性，只有那些被称为激励因素的需要得到满足，才能极大地调动起人们的积极性。在对调查材料进行分析研究的基础上，赫茨伯格把影响员工行为的因素归纳为两大类：保健因素和激励因素，如表 7-2 所示。

表 7-2　保健因素与激励因素

保健因素	激励因素	保健因素	激励因素
薪酬	工作本身的挑战性	工作环境条件	成就
监督	赏识	公司政策	
管理措施	成长和晋升的机会	人际关系	
安全	责任		

保健因素包括公司政策、管理措施、监督系统、人际关系、工作环境条件、薪酬、安全等。这些方面如果得不到满足，会导致员工的不满意，但如果得到了满足，只是消除了员工的不满意，但对员工不具有激励作用，只能作为激励的起点。

激励因素包括工作本身的挑战性、工作上的成就感、所承担的工作责任、个人成长和晋升的机会、工作成绩得到赏识等。这些方面如果得到满足，能够使员工感到满意，会极大地激发调动员工的积极性。

(3)不具备保健因素时，将引起许多不满，但具备时并不一定会调动强烈的积极性。

(4)激励因素是以工作为核心的，也就是说与工作本身、个人的工作成效、工作责任感、通过工作本身获得晋升等有直接关系，保健因素则是本身的工作以外的，更多的是与工作外部环境相关。

赫茨伯格双因素理论的重要贡献在于它不仅揭示了需要对人的行为的重要影响，而且还区别了不同需要对人的行为的不同作用，把工作本身看做是一种内在激励。这种理论对企业管理的启示是：作为管理者要调动员工的工作积极性，必须首先要保证员工在保健因素方面得到满足，要给员工适当的工薪，改善他们的工作条件，对员工的监督要能为他们所接受，以防止不满情绪产生。但管理者也应全面认识保健因素的用规律，因为保健因素的作用是一条递减的曲线，当员工的工资、奖金等报酬达到某种满意程度后，其作用就会下降，因此，管理者要善于把保健因素转化为激励因素。在满足保健性需要的基础上，充分利用激励因素去激发调动员工的工作热情和积极性。

(四)麦克利兰的成就需要理论

美国哈佛大学教授麦克利兰(D. C. Mclelland)在大量调查研究的基础上提出了成就需要理论。他认为，组织中的人有三种基本需求，即成就、权力和社交需要，并以成就需要为主导；一个组织的成败，与它们具有高成就需要的人数有关。成就需要理论的基本内容如下：

权力需要 是想要影响和控制他人的欲望。具有较高权力需要的人对影响和控制他人表现出极大的兴趣，这样的人一般倾向于寻求领导者的地位，喜欢承担责任。他们常表现出喜欢争辩、十分健谈、直率、头脑冷静、善于提出问题，也喜欢教训别人，喜欢演讲。组织中管理者的权力可分为两种：一是个人权力，表现为围绕个人需要行使权力，在工作中需要及时的反馈和倾向于自己亲自操作；二是职位权力，它要求管理者与组织共同发展，自觉地接受约束，从体验行使权力的过程中得到某种满足。

归属需要 是指建立友好和亲密的人际关系的需要。具有较高归属需要的人通常从社会交往和友爱中获得快乐，比较注重保持一种融洽的社会关系，渴望享受与他人亲密无间和相互谅解的乐趣，随时愿意安慰和帮助危难中的伙伴。高归属需要者通常喜欢合作性的而非竞争性的环境，往往把友谊看得比权力更重要。一

般来说,成功的管理者归属需求不高。

成就需要 是指追求卓越、愿意为成功而努力的内驱力。具有高成就需要的人,对工作的成功有强烈的要求,把具有挑战性的成就看成是人生最大的乐趣,把个人成就看的比金钱更重要。他们所呈现出来的特点是:①总想把事情做得更好;②喜欢表现自己,能够独当一面;③事业心强,愿意接受挑战,敢冒一定的风险;④对自己所承担的工作完成情况,希望得到及时而明确的反馈,以便知道自己是否在取得进步;⑤一旦选定目标,就会全力以赴投入工作,直至成功完成任务。

麦克利兰通过研究发现,高成就需要者在其能独立负责、可获得信息反馈和具有中度风险的工作环境中,可以被高度激励。对于处在较高位置的管理人员来说,成就需要往往比较强烈。最优秀的管理者往往是权力需要很高而归属需要很低的人。对于一般员工,可以通过培训激发其高成就需要。

在组织管理中,要始终把握好管理者对这几种需要的欲望。对于具有高成就需要的管理人员,组织应给予挑战性的工作任务,把他们放在有困难的岗位上,以满足他们的成就需要,激发他们致力于获得成就的行为。要避免把他们放在没有挑战性的岗位上,以免挫伤他们的积极性。当然,也要赋予他们较大的权力,满足他们对权力需要的欲望。对于低成就需要的管理者或员工,组织可以分配给他们一些例行的工作任务,同时要尽量为他们创造有利条件,对他们进行成就需要教育培训,争取使更多的员工具有高成就需要。

二、过程型激励理论

(一)弗隆的期望理论

期望理论是美国心理学家维克托·弗隆(V. H. Vroom)在1964年出版的《工作与激发》一书中提出的。弗隆认为,个体作为一个有思想、有理性的人,对于生活和事业的发展,有既定的信仰和基本的预测,只有当一个人预期到某一行为能给自己带来有吸引力的结果时,才会采取特定的行为。这种思考判断过程包括三种关系,如图7-5所示。

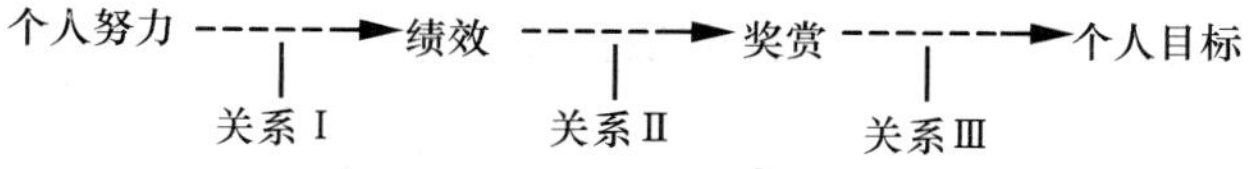

图7-5　期望理论中的三种关系

努力与绩效的关系 即个体感觉到通过一定程度的努力而达到工作绩效的可能性。如需要付出多大努力才能达到某一绩效水平?付出一定程度的努力后达到

该绩效水平的概率有多大？

绩效与奖赏的关系 即个体对于达到一定工作绩效后可获得理想的奖赏结果的信任程度，如当我达到这一绩效水平后会得到什么奖赏？

奖赏与个人目标的关系 即个体达到工作绩效后所能获得的奖赏对个体的重要程度，如该奖赏能否达到我所期望的目标？

对一个人来说，调动他的工作积极性的动力有多大，即激励力量有多大，取决于期望值和效价的乘积。期望理论模型用公式表示为：

$$M = V \times E$$

式中：M 为激发力量，指被激发的工作动机的强烈程度，即为达到工作绩效而做的努力程度；V 为效价，指个人对他所从事的工作或所要达到的目标的估价，或者说达到目标对于满足他的需要的价值大小，效价有正值、零和负值；E 为期望值，指一个人根据他的经验、能力，判断一定的行为能够实现某项目标的概率估计。

上述公式表明，假如一个人把目标的价值看得越大，估计实现的概率越高，那么激发的动机就越强烈，焕发的内部力量也就越大，反之则越小。

效价与期望概率不同的结合，会产生不同的激发力量，一般有下列五种情况：

$$M_{高} = V_{高} \times E_{高}$$
$$M_{中} = V_{中} \times E_{中}$$
$$M_{低} = V_{低} \times E_{低}$$
$$M_{低} = V_{高} \times E_{低}$$
$$M_{低} = V_{低} \times E_{高}$$

从不同的结合情况可以看出，只有目标效价和期望概率都高，才会产生高的激发力量。两者之中任何一项的值较低，都会降低激励效果，不能充分调动激励对象的积极性。如果目标定得很高，但实现的可能性很小，则会失去激励作用；反之，目标定得太低，虽然很容易达到，但也会使激励作用大大降低。因此，任何一个组织或个人在制定期望目标时，都要考虑适度和可行。

期望理论对管理者的启示是：在管理工作中，管理人员首先要确定适宜的目标，所设立目标既要有一定的挑战性，又要让员工觉得有实现的可能性，经过努力能够达到目标。同时，要尽力发现员工在技能与工作需求之间的对称性，为员工提供担任多种任务角色的机会，使每个员工能够承担最适合自己能力的工作，提高他们最终实现目标的期望值，激发他们完成工作任务的主动性。另外需要注意的是，不同目标的效价是不同的，同一个目标对于不同人的效价也可能是不同的，并且效价和期望概率都是员工个人的主观估计。因此，管理人员要对员工进行积极的引导，让员工能够正确认识组织目标与个人目标之间的关系，使员工对目标效价有正确的认识，在帮助员工获得最大的满足的同时，保证组织目标的实现。

期望理论的重要贡献体现在它指出了个人的奋斗目标如何影响其行动的努力程度，以及个人所选择的行动取决于他对这个行动成功达到目标的可能性估计。但是，西方国家的许多评论家认为，期望理论只是一种理想理论。这种模式只有在个体清楚地意识到“个人努力—绩效—组织报酬—个人目标”这一系列关系的前提下才能激发一个人内部的潜力，预测一个人可能发生的行为，这实际上是很困难的，因此认为期望理论实际应用价值是有限的。

(二)亚当斯的公平理论

公平理论亦称社会比较理论，是美国心理学家亚当斯 (J. S. Adams)提出的。该理论侧重于研究工资报酬的合理性、公平性对员工积极性和工作态度的影响。

亚当斯通过大量的研究发现，员工对自己是否得到公平待遇十分敏感。公平感是员工的一种心理感觉，是通过比较来判断的。一个人的工作动机与行为不仅受其所得报酬绝对值的影响，而且受到相对值的影响。组织中的员工总喜欢把自己付出的劳动和所得报酬与他人进行比较，通过比较判断是否公平，进而影响他们在工作中的努力程度。员工的付出包括教育程度、工作经验和努力程度、能力水平等；所得报酬包括薪酬、升迁、表彰等。这种公平感是通过横向比较和纵向比较两种方式来判断的。

所谓横向比较就是将自己所获报酬与付出的比率同他人所获报酬与付出的比率相比较，以判断是否公平。用公式表示为：

$$\frac{O_p}{I_p}=\frac{O_x}{I_x}$$

式中：O_p 为员工对自己所获报酬的感觉；O_x 为员工对别人所获报酬的感觉；I_p 为员工对自己付出的感觉；I_x 为员工对别人付出的感觉。

横向比较可能会出现三种结果：如果等式两边的比率相等，员工会觉得是公平的，他会继续保持现实的工作积极性和努力程度，不会对报酬和付出要求改变；如果左边小于右边，员工会感觉不公平，产生不满情绪，他可能会找上司要求增加报酬，或减少自己的付出使自己心理上达到平衡，如果达不到要求，他可能选择离开这个组织；如果左边大于右边，说明员工以较少的努力获得了过高的报酬，在这种情况下，他可能会自觉地增加付出，甚至认为如果积极工作会得到更高的报酬，而更加努力工作。

所谓纵向比较就是将自己当前所获报酬与付出的比率同自己过去所获报酬与

付出的比率相比较，以判断是否公平。纵向比较同样可能会出现三种结果：一是当前所获报酬与付出的比率大于过去所获报酬与付出的比率；二是两者相等；三是当前的比率小于过去的比率。只有呈现前两种结果时，员工才会感觉公平、满意，保持其工作的积极性，或进一步增强工作的努力程度。否则，员工就会产生不满情绪和消极怠工行为。

亚当斯及后来的研究者在研究关于工资报酬方面的不公平感对人们的劳动态度的影响后，得出如下结论：

(1)在计时工资制下，当人们感到报酬过高时，他会以提高产量、改进质量，即增加自己对工作的“贡献”，来消除不公平感；当感到报酬过低时，就会降低产量、质量，即减少自己的“贡献”，来求得心理平衡。

(2)在计件工资制下，当职工感到报酬过高时，为了“保护”现有定额标准，防止企业降低单件工资及避免职工间可能出现的矛盾，他会降低产量，但力图提高质量，既降低自己的“报酬”又增加“贡献”来消除不公平感；当感到报酬过低时，就会力图增加产量，但可能会不太注意质量，即增加自己的“报酬”，但并不增加自己的“贡献”，以获得公平感。

公平理论的重要贡献在于它揭示了公平性对员工态度和行为的作用，员工不仅关心自己的绝对报酬，而且还关心自己的报酬与他人报酬之间的关系，以及自己当前报酬与过去报酬之间的关系。当通过比较发现不平衡时，内心就会感到不悦和不安，从而就会采取相应的行动，以消除或减轻这种不公平的心理感受。

公平理论也有自身的缺陷，主要在于所谓公平与否是员工的主观判断，而这种判断往往会出现偏差。一般人总是对自己的付出估计过高，对别人的付出估计过低，而在所获报酬方面的估计则相反，由于个人的这种主观判断偏差，导致实际上的公平而感觉不公平，从而影响其工作情绪和努力程度。

公平理论对管理者的启示是：管理者要高度重视员工的主观公平感对其工作积极性的影响。在管理上，要克服个人偏见和情感因素，公平合理地处理员工提职、提薪等问题，一视同仁，尽量减少员工产生不公平感的客观因素。确定员工的报酬时，要注意实际工作绩效与报酬之间的合理性，坚持绩效与奖酬挂钩的分配奖励制度，特别是要注重员工之间所获报酬的相对值，力求等式在客观上成立，避免员工产生不公平感。由于员工对公平的主观判断易于出现偏差，在对员工激励过程中还应注意对员工进行思想上的教育和引导，使员工正确评价自己的付出，不要盲目攀比，树立正确的公平观。

(三)洛克的目标设置理论

目标设置理论的基础框架是由美国马里兰大学管理学兼心理学教授洛克(E.

A. Locke)在 1967 年提出来的。该理论描述了有意识的目标和工作绩效之间的关系,认为设置工作目标是一种强有力的激励,是完成工作的最直接的动机,也是提高激励水平的重要过程。洛克通过工作实践发现,外来的刺激因素,如奖励、工作反馈、监督的压力等都是通过目标来影响动机。从激励的效果看,有目标比没有目标好,有具体的目标比空泛的、号召性的目标好,有能被执行者接受而又有较高难度的目标比随手可得的目标好。有的学者还认为,遇到难度很高、庞大复杂的目标,可以把它划分为若干阶段性目标,通过对各个阶段目标的逐一完成,最后达到总目标,这是完成艰巨目标的有效方法。

目标设置理论的提出,引起了行为科学家们的广泛兴趣,纷纷从事相关研究并提出自己的观点。美国管理学家休斯(C. L. Huse)认为,成长、成就和责任感都要通过目标的达成而满足个人的需要,因此,重视目标和争取完成目标是激发动机的重要过程。他还特别就企业目标与个人关系问题进行了研究,他认为管理者帮助下属明确并达成个人目标是激发动机的关键,但这要求把组织目标与成员个人目标结合起来,在达成组织目标的同时使个人目标能够实现。他将重视目标的人的特征与重视任务的人的特征作了对比,如表 7-3 所示。

表 7-3　重视目标的人与重视任务的人的特征对比

重视目标的人	重视任务的人
寻求结果的反馈信息,需要对自己的成绩作评价	不求反馈和对工作成绩的评价,追求赞许
把金钱看成是衡量成就的标准,而不是对工作努力所作的鼓励	金钱鼓励会直接影响工作成绩,工作努力程度随金钱鼓励相应地改变
对现实目标愿意承担个人责任	不管成功的机会如何,避免承担个人责任
追求工作改革,喜欢创造性的工作机会	喜欢稳定的工作,从创造性的工作中得不到满足感
寻求有适度冒险的目标	寻求风险很低或很高的目标
从解决难题中获得成就满足	从解决难题所获得的满足,不如从完成任务所获得的满足
有指向目标的强大动力和精力	精力不一定集中指向目标,目标动力不一定强大
工作主动积极,不喜欢别人指手画脚	听从上级指示,接受他人建议
根据成功和失败的现实,确定较高水平的抱负	抱负水平与成功失败无关

重视目标的人所寻求的和所期望的与重视任务的人具有很大的差别。管理人员要激发员工的工作积极性，就必须使员工了解组织的目标和明确自己的个人目标，让员工清楚在组织目标实现的工程中，个人目标也能够实现。

目标的确立应包括以下五个步骤：

(1)环境刺激，由组织提供对行为的刺激。一般包括：确定组织目标和目标完成后的报酬是什么，如增加工资，升迁等。

(2)目标确立参与过程，是指由下级和上级双向联合决策的过程，即参与目标确立。

(3)确立目标特征，即目标的明确程度、难度、挑战性、平等竞争和反馈功能。

(4)目标努力意向，指接受或承担义务。这是职工对报酬价值与达到目标的满足程度的评价。

(5)输出，包括工作绩效和满足状态等因素。

把目标确立作为促进工人行为和动机的手段而进行的组织研究成果表明，目标确立法是相当有效的一种方法，许多组织的应用实践都证明上述方法很有效。

三、行为改造型激励理论

(一)强化理论

强化理论是美国心理学家和行为科学家斯金纳(B. F. Skinner)提出的。他研究了鸽子、老鼠和人的行为，确定了操作性条件反射的要素和定律。他的开拓性工作成就了一整套被称为行为分析的哲学，为行为矫正技术奠定了基础。

强化是心理学术语，是指通过不断改变环境的刺激因素来达到增强、减弱或消失某种行为的过程。强化理论认为，行为是结果的函数，人们之所以习得某种行为是因为该种行为能帮助其获得他们想要得到的东西而逃避不想要的东西，因此该行为结果是否得到强化影响着这一行为的重复倾向。

斯金纳认为，人们为了达到某种目的，会采取某种行为，如果这种行为的后果对个体有利，他就会重复这种行为，如果不利，这种行为就会减弱或消失。因此，管理者可以通过控制人们行为的后果来修正人们的行为，这就是强化理论。强化激励模式强调行为结果对职工行为本身的反作用，主张通过给某种行为以肯定或否定等强化刺激，达到加强积极行为、减弱消极行为、修正固有行为等目的。

强化的具体方式有四种：正强化、惩罚、负强化和忽视。

正强化　就是奖励那些符合组织目标的行为，以便使这些行为得以进一步加强，重复地出现。正强化的因素通常有表扬、增加工资、奖金、分配干有意义的工作等。

惩罚 当员工出现那些不符合组织目标的行为时，采取惩罚的办法，可以迫使这些行为少发生或不再发生。与正强化是鼓励所希望行为更多地出现不同，惩罚力图使所不希望的行为逐渐削减，甚至完全消失。惩罚包括批评、降薪、降职、罚款等。

负强化 不同于正强化和惩罚，负强化是事前的规避。它通过对什么样的行为会不符合组织目标的要求，以及如果员工发生不符合要求的行为将予以何种惩罚的规定，使员工从力图避免得到不合意、不愉快结果的考虑中对自己的行为形成一种约束力。

忽视 也就是自然消退，是对已出现的不符合要求的行为进行"冷处理"，达到"无为而治"的效果。通常是不理睬或者以蔑视的态度对待这些行为。

斯金纳主张，作为一个管理者应多采用奖励手段，少用慎用惩罚手段，因为采用惩罚手段在消除员工不良行为的同时，可能会给员工带来心理上的创伤，导致员工情绪低落甚至会形成矛盾冲突。应用强化理论，组织要有鼓舞人心的奋斗目标，并让员工参与设置具体工作目标，对员工工作成果及时反馈，使员工随时知道自己行为的结果，对员工的行为改进及突出贡献及时给予奖励。为了使强化达到预期的效果，要注意根据不同的情况采用不同的强化方式，譬如，为了对员工行为进行持续不断的激励，管理者可以分阶段设立生产经营目标，员工完成每个阶段目标都及时给予正强化；为了减少不良行为的重复出现，消除人们的侥幸心理，对每一次妨碍组织的行为都及时予以负强化。这种连续不断的强化措施，能够增强强化的效果。

不同的强化措施对不同的员工可能效果不同。这是由于不同人的年龄、性别、职业、学历不同导致需要的不同。因此，管理者应善于了解和掌握不同的强化措施对不同员工的作用，针对不同员工采用不同的强化措施，提高强化的效果。同时，四种强化方式可配合使用，重点应放在积极的强化而不是简单的惩罚上，虽然惩罚表面上会产生较快的效果，但通常作用是暂时的，而且会产生副作用。

(二)归因理论

归因理论由美国心理学家海德(F. Heider)首先提出，后由伯纳德·韦纳等人加以发展。这一理论主要研究组织成员行为的因果关系，通过改变组织成员的自我感觉和自我认识，达到激励组织成员行为的目的。

韦纳认为，人们对过去的成功或失败主要归结于四个方面的因素：努力、能力、任务难度和机遇。这四种因素又可按内因与外因、稳定性和可控性作进一步分类：努力和能力属于内因，而任务难度和机遇则属外因；能力和任务难度属于稳定因素，努力与机遇则属不稳定因素；努力是可以控制的因素，而任务难度和机遇则超出个人控制范围。其中,“能力”作为心理学术语,指的是人们能够顺利完成某种活动的条件,具有先天素质的成分。这种先天素质只是个体获得从事某种活动所必需的知识和技能的可能性。这种可能性能否转化为现实性,又取决于后天的许多复杂条件,很难笼统地将其划分为可控或非可控因素。韦纳还认为,将成功与失败的根源归结于何种原因,将对组织成员以后的积极性产生较大的影响。

(1)如果将成功归因于内因,会产生满意和自豪;归因于外因,会产生侥幸心理。将失败归因于内因,会产生内疚和无助的感觉;归因于外因,会产生气愤和敌意。

(2)如果将成功归因于稳定因素,会产生自豪感,从而提高以后工作的积极性;归因于不稳定因素,则会产生侥幸心理,工作的积极性可能提高也可能降低。将失败归因于稳定因素,将会产生绝望的感觉,会降低以后工作的积极性;将失败归因于不稳定因素,则会生气,可能会提高以后工作的积极性。

(3)如果将成功归因于可控因素,则会积极的去争取成功;归因于不可控因素,则不会产生多大的动力。将失败归因于可控因素,则会继续努力;归因于不可控因素,则会绝望。

归因理论给管理者很好的启示,即当下属在工作中遭受失败后,管理者应帮助他寻找原因(归因),引导他继续保持努力行为,争取下一次行为的成功。

四、综合型激励理论

(一)波特和劳勒的激励模式

美国学者波特(L. W. Porter)和劳勒(E. E. Lawler)在对以往的激励理论进行综合的基础上,于1968年提出了综合型激励模式,如图7-6所示。

该模式强调内在激励与外在激励的结合。内在激励因素包括学习新知识和新技能、责任感、成就感等,外在激励因素包括工资、福利、工作条件等。

波特和劳勒激励模式涉及员工的努力程度、工作绩效、内外奖酬及满足程度等变量。

(1)努力程度是个人所受到的激励强度和所发挥出来的能力。努力程度取决于个人对报酬和奖励的价值的主观看法,以及个人对努力将导致的奖酬概率的主观估计。奖酬对个人的价值因人而异,取决于个人需求强度,每个人通过努力最终得到的满足又会以反馈的形式影响个人对奖酬价值的认识,而个人对努力导致奖酬概率的估计也受到过去经验和工作绩效的影响。如果他有把握完成任务或过去曾经完成过类似的任务,他会更愿意作出努力。

(2)工作绩效是员工的工作表现和实际成果。工作绩效取决于个人能力的大

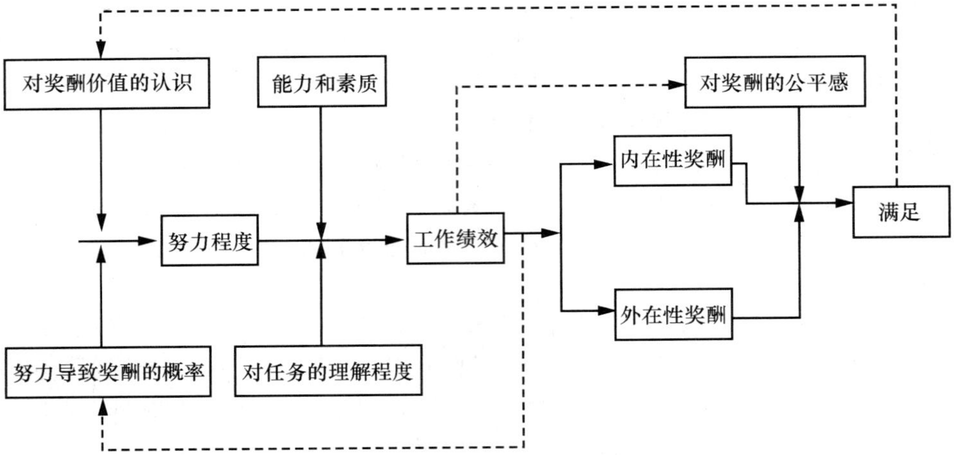

图 7-6 波特-劳勒激励模式

小、努力程度及对所需完成任务的理解程度，如对完成组织目标所需从事的活动及各种相关影响因素的认识程度等。

(3)奖酬是完成组织任务、取得工作绩效所能获得的各种奖励和报酬。奖酬包括外在报酬和内在报酬，两种报酬共同影响着员工的满足感，但内在报酬更能使员工产生较高的工作满意度。奖酬必须以工作绩效为依据，使员工感到公平，如果奖酬与工作绩效不具有密切的关系，奖酬就不能成为提高工作绩效的刺激物。

(4)满足是个人在实现某项预期目标是所体验到的满意感觉，它是一种态度，一种内在的认知状态，是各种内在因素如责任感、成就感等的总和。内心的满足将导致进一步的努力。

波特和劳勒激励模式是以激励→努力→绩效→奖酬→满足为主轴线，但同时指出员工的努力能否达到预期的工作绩效水平，还受员工自身的能力和素质以及对承担角色理解程度的影响。只有工作热情而没有真才实学和应有的素质，是很难实现预期的绩效水平；而如果员工对组织的意图和期望领会不透，则很难取得组织所期望的工作绩效，甚至会导致错误的结果，给组织造成损失。该激励模式还指出，员工的满足程度不仅取决于他们所想要得到奖酬的绝对量，还取决于员工对所得奖酬与他人对比时的公平感。

波特和劳勒激励模式对管理者的启示是：对员工的激励是一项很复杂的工作，要想有效地激励员工，首先应为他们设置明确的目标，并明确员工达到目标要求后，其个人目标能得到怎样的满足。同时，要重视对员工的培训，不断提高他们的能力，并帮助员工克服实现绩效标准中所遇到的困难，为员工实现目标提供良好的工作条件，创造一个有利的工作环境。

(二)迪尔的综合激励模式

美国组织行为学家迪尔(W. R. Dill)在1981年提出了一个用数学公式表示的综合激励模式，公式如下：

$$M = V_{活} + E_1\left(V_{成} + \sum_{i=1}^{n} E_{2i} V_i\right)$$

迪尔所购建的此模型是基于个体所受到的总激励水平(M)是其内在性激励($M_{内}$)与外在性激励($M_{外}$)之和。内在性激励又可分为过程导向的、由任务活动本身所激发的激励($M_{活}$)和结果导向的、由任务完成时的成就所激发的激励($M_{成}$)。外在性激励又包含个体对付出努力后能否完成任务的期望值(E_1)、完成任务后能否获得各种外在奖酬的期望值(E_2)和各种外在奖酬的效价(V)。将这些变量之间的关系用数学公式表达，并进行整理，从而得到迪尔的综合激励模式。

该模式表明，有效激励员工，管理人员需要从五个方面着手，即提高各个自变量的数值：

提高 $V_{活}$　即提高任务活动本身的吸引力和价值。这主要有赖于提高工作的趣味性和挑战性。要尽量丰富员工的工作内容，避免过分单调乏味，要经常有些变化，有些新颖性；要使工作具有适当的难度，赋予更多的责任、权力，要能够充分发挥员工的聪明才智。要使员工充分了解和明确工作任务和目标，减少不确定性。在工作中为员工提供适当的交往机会，以满足人们社交和友谊的需要。

提高 $V_{成}$　即提高完成任务时多获得成就的吸引力。这需要注意给员工分配的任务要有一定的完整性，不要分割太细，使员工清楚自己所承担任务的重要意义，用户的反馈信息要及时告诉任务的承担者，使他们清楚自己所负的责任。

提高 V_i　即提高各种外在奖酬的诱诱惑力。管理者要根据每个员工的不同需要和爱好，有针对性地采取奖励措施。这就需要经常与员工交流沟通，了解员工的有关情况。外在性奖酬的吸引力主要取决于其使用价值，可考虑提供多种奖酬，让员工根据自己的需要自主选择。

提高 E_1　即提高员工对付出努力后能达到预期绩效的期望值。这需要有计划地培训员工，提高其完成任务的工作能力；向员工讲清楚组织的要求和意图，避免员工做无用功；为员工创造良好的工作条件，帮助他们克服工作中遇到的各种困难；对员工的阶段工作效果要及时反馈，便于及时针对出现的偏差采取纠正措施。

提高 E_{2i}　即提高员工在完成任务后能确保获得各种外在奖酬的期望值。这需要制定合理的奖酬政策，并向员工明确宣布。要认真执行按绩效付酬的原则，信守诺言，赏罚分明，处事公正。

迪尔的综合激励模式虽然是用数学公式的形式呈现，但把公式中的变量定量化是有困难的。因此，该模式主要用于激励的定性分析，其实用价值在于为管理者提供了一套系统的、条理分明的分析思路，有助于找出提高激励水平的有效途径和策略。

第三节　激励原则与方法

一、激励的原则

（一）以人为本原则

无论是何类型的组织，员工都是最宝贵的资源，组织的共同原景是组织发展的长远基础。在泰罗时代，人们把金钱刺激看做是提高生产率的唯一手段，而忽视了员工的社会心理需要，结果导致了员工的强烈不满。现代管理要求一切激励措施都要以满足人的需要为根本出发点和归宿，以促进人的全面发展为根本目的。只有这样，才能激发职工的主人翁意识和责任感，充分发挥员工的主人翁作用，促进组织的可持续发展。

（二）差异化和多元化原则

差异化是指激励要因人而异，针对不同的人要采用不同的激励方式。多样化是指激励不应拘泥于一种方式，应根据不同的情况，灵活运用多种激励方式。组织中员工的条件不同需要也会不同，而每个员工的需要又是多种多样的，不断变化的。因此，激励的方式也必须是多种多样的，才能保证激励的有效性。

（三）时效性原则

时效性原则指激励必须及时，不能拖延。时过境迁，激励就会失去作用。组织应及时地根据员工的绩效给予相应的奖励。对于员工的错误行为，先应及时制止，不让其延续或蔓延，然后根据不同的情形分别采取不同的处理措施。

（四）物质奖励与精神奖励相结合原则

人的需要既有物质方面的，也有情感、精神方面的。一个人为某个组织贡献自己的力量，是与他所能够获得的报酬密切联系在一起的。在员工物质利益没有满足之前，首先要在物质方面给予更多的奖励，但同时也不能忽视其他方面的需要，尤其是精神方面的奖励，对于物质条件比较充裕、事业心强的员工，显得尤为重要。

(五)外附激励与内滋激励相结合原则

外附激励是通过满足员工物质性的需要和社会感情需要，比如工资、奖金、各种福利待遇、信任、表扬、尊重、荣誉等这些外部因素，来激发员工的积极性。内滋激励是指在管理过程中，通过引导组织成员的内发性需求激发其工作行为动机的过程。比如，通过思想政治工作和职工培训，帮助员工依靠工作本身中所蕴藏的因素，比如工作的趣味性、挑战性、完成工作的成就感等，激发其树立远大的理想和抱负、强烈的事业心和工作责任感以及良好的敬业精神和成就感等，使员工因实现自我价值的需要而自觉增强工作的积极性、主动性和创造性，出色地完成工作任务。外附激励在外在的诱因消失后便会随之消退，而内滋激励则不管环境条件如何变化，都能持续地发挥作用，是一种很有效而成本低廉的激励手段。管理者结合使用外附激励和内滋激励，更能激发和保持员工持久的工作热情和积极性。

事实上，内滋激励和外附激励、在管理实践中是交织在一起的。内滋激励的作用需通过外附激励来加强，外附激励也只有在转换为内滋激励的情况下，才能长期稳定地激发被激励者的工作热情。倘若一个管理者只注意内滋激励，只要求职工要有理想、有抱负，要为事业而拼搏，却不能为职工做一些实实在在的事情，对他们工作上、生活上遇到的困难不闻不问；或者相反，只注意外附激励，不去提高员工的思想素质和抱负水平，被激励者的工作积极性都不可能持久。

(六)公平原则

根据公平理论，员工对于自己所获得的报酬不是只注重绝对量，更注重可比的相对量。因此，管理者必须要充分考虑对员工激励的公平性。对员工等量的劳动成果要给予同等的待遇，多劳多得，少劳少得，形成一个公平合理的工作和竞争环境。

二、激励的方法

管理者要有效激励员工的积极性，必须灵活运用多种激励方式和方法。一般来讲，激励的方法主要有三大类：物质激励、工作激励和情感激励。

(一)物质激励

1. 薪酬激励

薪酬激励是指通过合理的薪酬制度设计和薪酬结构分配，激发组织成员的积极性、主动性和创造性，为组织创造更多经济效益和社会效益。薪酬激励中的薪酬是组织成员通过完成组织所安排的工作任务而获得的经济方面的报酬，一般包括基本工资、奖金、津贴和补贴等。相对于其他激励方法，薪酬方法是最直接和最常用的激励方法，可以有效激发员工的热情，改善员工的工作绩效，提升组织的竞争力。

2. 物质奖赏

物质奖赏就是以物质利益作为激励手段，如奖金、住房、带薪休假、获得培训机会等激发员工为组织多做贡献。组织应该根据自身发展的需要，制定相应奖励制度，对于员工的积极行为，要及时给予奖励，使其巩固和保持下去。物质利益是人们生存和发展的基础，是最基本的利益。当然，不同的人对物质利益的要求是不同的，同时物质奖赏有其局限性，激励作用持续时间往往较短。

3. 惩罚

在经济上对组织成员进行惩罚是一种管理上的负强化，属于一种特殊形式的激励。在惩罚激励中，组织首先要制定系列的员工行为规范，并规定逾越这一行为规范的惩罚标准。人们避免惩罚的愿望会促使其行为符合特定的行为规范。在运用惩罚激励时，要注意不要只是规范和约束，要把惩罚变成引导和帮助员工端正行为，注意在疏导中化消极为积极，最终达到激励的目的。

（二）工作激励

1. 工作设计

工作设计主要是解决组织向其成员分配工作任务和职责的方式问题，包括创造一个良好的工作环境和生活环境。工作设计的发展，经历了工作专业化、工作扩大化、工作轮换和工作丰富化等阶段。工作丰富化是指通过改进工作设计、丰富工作内容，赋予组织成员更多的尝试机会，来增加工作本身的刺激性和挑战性，使组织成员得到更多地发挥聪明才智和取得个人成就的机会，从而一方面提高工作效率，另一方面增加职工的满足度。工作丰富化立足于满足成就感、创造欲、自我实现等高级心理需求，从而使组织成员从工作本身得到激励。工作丰富化的措施有：①在决定工作方法、工作程序和速度等方面给职工以较大的自主权；②鼓励下属参与管理和鼓励人们之间的相互交往；③赋予职工明确的工作责任；④及时反馈，确保人们能看到自己的工作对组织或部门所做出的贡献；⑤在分析和改变工作环境的物质条件方面，让职工也参加，提出自己的意见或建议。

2. 参与管理

参与管理是指让员工参与组织重大事项的决策，使员工产生主人翁责任感，从而激发员工的工作积极性。管理者要鼓励员工多提合理化建议，并让员工参与组织管理，赋予员工更多的权力和责任，尽可能使员工的聪明才智和潜在能量得到最大限度的施展和发挥，激励员工全身心投入到组织发展中来。

（三）情感激励

1. 目标激励

目标激励是指通过目标的正确设置激发员工的动机，驱使员工去努力工作，以实现预期目标。任何组织的发展都需要有自己的目标，这是目标激励的基础。但目标激励要求把组织的目标与员工个人的目标结合起来，在组织目标的实现过程中必须使员工个人的需要得到满足。这样才能使员工自觉努力工作，发挥自己最大潜能，从而保证组织的目标得以实现。应用目标激励首先要保证目标设置适当，既不能过高，也不能过低，要求员工通过努力才能够实现。其次，要对目标进行必要的分解，将既定目标分解成若干小目标，这样可利用分阶段的目标对员工行为进行连续导向，形成持续的激励力量。

2. 榜样激励

榜样是为员工树立了一个学习的典范和努力的方向。对先进人物的大力宣传和表彰，会在组织内形成一种比学赶帮的氛围，激励员工加倍努力工作。另外，在组织中，各级主管人员的言行对员工具有很大的影响。管理者应以身作则，通过自己的良好行为和敬业精神来影响和激励员工努力工作。

3. 关怀激励

关怀激励是指管理者通过对员工的关心，使员工感受到体贴和温暖，从而激发员工的积极性。作为一名管理者，如果经常关心员工的生活和工作情况，帮助其解决一些实际问题，会使员工产生很强的归属感，激发其工作的积极性。因此，管理者要经常保持与员工良好的沟通，懂得如何体贴员工，在管理者与员工之间编制一条感情的纽带。

4. 思想政治工作

思想政治工作是精神激励的主要形式。心理学研究表明，人的行为呈积极或消极状态与价值观念、思想意识、道德水平等深层次心理因素有着密切的关系。思想政治工作正是以职工的思想、观念、立场为作用对象，通过理性教育和情感感化提高职工的思想觉悟，达到激发积极性的目的。思想政治工作的重要意义在于：它对提高人们的觉悟，加强组织性纪律性，努力学习精通本职业务，掌握现代科学技术知识，促进我国的社会主义现代化建设，培养有理想、有道德、有文化、守纪律的社会主义劳动者，具有重要作用。思想政治工作的重点是：突出理想信念教育；注重宣传科学文明；强化法制观念和职业道德教育。

【本章小结】

行为科学研究表明，需要、诱因、动机和行为之间有着密切的关系，激励就是指主管人员以提供满足人们生理和心理等方面需要的外部条件的方式，激发和引导人们的行为动机，使人们因内在动力而不是依靠外部压力去积极从事实现组织目标的活动。

本章将激励理论归纳划分为三大类:内容型激励理论、过程型激励理论和行为改造型激励理论。

内容型激励理论是研究人的心理需要如何形成激励的理论,主要有:马斯洛的需要层次理论、奥尔德佛的ERG理论、赫兹伯格的双因素理论和麦克利兰的成就需要理论等。

过程型激励理论是侧重研究人的激励认知过程的理论,主要有:弗隆的期望理论、亚当斯的公平理论和洛克的目标设置理论等。

行为改造型激励理论是侧重研究如何改造和转化人的行为,变消极为积极的一种理论,主要有:斯金纳的行为强化理论和归因理论。

综合型激励理论是将上述各种激励理论综合起来,主要有:波特和劳勒的激励模式和迪尔的综合激励模式。

管理者要想更有效的激发人的积极性、主动性和创造性,必须了解人的心理活动和行为规律,了解各种激励理论,遵循正确的激励原则,灵活运用各种激励方法,以最大限度地激发员工的工作动机,有效实现组织目标和促进员工的全面发展。

【复习思考题】

1. 什么是激励?激励因素有哪些?
2. 简述激励的过程。
3. 简述马斯洛需要层次理论的基本观点。
4. 什么是保健因素和激励因素?在实践中如何应用?
5. 什么是期望理论?它在实践应用可能会遇到哪些问题?
6. 公平理论的主要内容有哪些?如何消除和减轻员工的不公平感?
7. 根据强化理论,如何正确应用正强化和负强化?
8. 简述归因理论的主要内容及其在管理中的应用。
9. 分析解释波特和劳勒的综合激励模式,并列出其理论要点。
10. 激励应遵循的原则有哪些?
11. 激励的方法有哪些?
12. 深入实际查找现实中存在的激励问题,并尝试用激励理论分析问题的原因,提出改进建议。

【知识应用与技能拓展】

巴迪快餐店的强制性培训制度

巴迪快餐公司是一个家族公司，位于石山脚下。巴迪·佛瑞斯特在1951年创立该公司，开始在他的货车后面销售家里自制的土豆片。现在，巴迪已经是一家拥有3 600万美元资产的快餐食品公司了，正在试图夺回被油炸玉米饼食品公司和其他竞争者抢占的市场。20世纪80年代早期，巴迪把他的公司传给了他的儿子巴迪·约，巴迪·约目前正在考虑自己的儿子马克接任自己，成为公司老板。

六个月前，马克进入巴迪快餐成为一位销售人员，四个月后被迅速提升为销售经理。马克刚刚毕业于本地一所大学，获得市场营销MBA学位。巴迪·约希望马克能够实施有助于公司转向的战略。马克的第一个战略是引进一套新的销售绩效管理系统。根据该系统要求，公司一位绩效不佳的销售人员及其主管被要求一起参加一项强制性的培训。马克·佛瑞斯特希望这些培训能够激励员工提高销售业绩。下面是三位销售人员因业绩低于前一季度而被要求参加培训的反应：

琳达·刘易斯　琳达是一个工作努力的员工，她对自己的工作理念感到自豪。她花了很多时间阅读培训材料，学习销售技巧，在业余时间观看培训录像，在电话里向高级销售人员请教。琳达毫无保留地听取意见，按大家需要的去学习经营。大家都称赞琳达的愉快态度，称她为真正的团队合作者，为公司投入了150%的时间。由于经济低迷，琳达那一个季度做得非常艰难，但她尽最大的努力达到自己的销售目标。琳达感到上一季度没有达到业绩目标不是因为自己不努力，而是运气不好。她相信下一季度事情会有转机。

马克让琳达参加训练班，这让琳达很沮丧，因为这是她三年来第一次没有完成销售指标。虽然琳达愿意做任何有助于成功的事情，但她仍然希望培训班能错开周六开课。难道马克没有意识到琳达养育了三个男孩，周末是她家庭的重要时间吗？由于琳达是一位乐于奉献的员工，所以她将想办法去重新安排自己的家庭时间表。

迈克尔·本杰明　迈克尔很高兴能在巴迪快餐公司工作，虽然他并非真的那么喜欢销售工作。迈克尔接受这个职位，是因为他不用努力工作，每天有许多空闲时间。迈克尔被要求参加培训是因为他的客户满意报告分值较低，准确地说是全公司最低的。迈克尔一般只是对客户进行“录音式”的陈述，并不认真听取客户的需要。因此，迈克尔在新销售订单中犯了不少错误，延误了发货，丢失了巴迪快餐公司的一些市场和商誉。迈克尔并不在意，这是因为他的大多数客户交易额并不大，他也不认为这值得他花费时间。

公司的任务结构近期发生了变化，迈克尔不再面向大商店做销售，他现在不得不面向基层的便利店做销售，这意味着他不可能像以前那样获得高额佣金。也就是说，要想赚同样的钱，他必须销售两倍的货物。迈克尔认为这种任务调整不公平，感到培训班是浪费时间。他认为销售团队中其他成员做得好是因为他们有好的领导。他和办公室的其他人不团结，认为其他人的成功和晋升主要是"他们认识某些人"而不是努力工作。他感到无论对工作付出多少努力，都不会得到恰当的奖励。

凯乐·社伯　最近五年的三年中，凯乐都是部门里最好的销售员，有望被提升为销售经理。在马克加入公司时，凯乐和巴迪·约一起帮助马克学习经营的方方面面。凯乐认为他和巴迪·约的亲密关系会保证他晋升到垂涎已久的销售经理岗位，当他得知马克得到了本来属于他的岗位时，心中充满了抵触情绪。

上个季度，凯乐的工作习惯发生了明显变化。凯乐经常约会迟到或者失约，不回电话或不听从上级的命令。他的销售业绩大幅度下滑，收入遭受巨大损失。虽然凯乐过去对巴迪·约和公司很卖命和忠心，但他现在想另寻出路。巴迪快餐公司位于农村，这限制了凯乐的其他工作机会。不过，他在一家位于大城市的竞争对手那里获得了销售经理岗位，只是凯乐的妻子因为家庭亲戚关系不愿离开这个地方。现在又要面临马克倡导的强制性培训班，凯乐感到很痛苦。①

思考题

1. 你已经了解了巴迪快餐公司的三个员工，解释他们产生困惑的原因。

2. 针对案例中三位销售人员的状况，分析公司在激励方面可能存在的问题以及问题产生的根源。

3. 你认为如何才能帮助三位销售人员摆脱消极的工作情绪、创造满意的销售业绩？

【网络辅助阅读材料】

1. 总裁网. 全球领先企业薪酬激励新思维. http://wisdom.chinaceot.com/news_detail-classid2-11-id35994.htm，2012-08-11

① (美)史蒂文 L. 麦克沙恩(Steven L. McShane)，(美)玛丽·安·冯·格里诺(Mary Ann Von Glinow)著. 井润田，王冰洁，赵卫东译. 组织行为学[M]. 北京：机械工业出版社，2007：118

2. 普若非. 某科技公司的人才激励系统搭建案例. http://wenku.baidu.com/view/eb87d791daef5ef7ba0d3c73.html,2011-05-20

3. MBA智库文档. 负激励在企业管理中的应用. http://doc.mbalib.com/view/7c82acba64f57b68559f1a7da14c3f46.html,2011-07-16

4. 清华大学工商管理研修班. 一次失败的调薪. http://www.tshmba.com/glzs/2012/0314/3727.html,2012-03-14

5. 百度文库. 员工激励——以华为公司为例. http://wenku.baidu.com/view/6675ebc905087632311212cc.html,2012-10-15

第八章　沟通原理

【内容提示】

本章主要介绍沟通的概念、沟通的过程、沟通的各种类型、沟通网络、沟通的障碍、有效沟通的原则和方法以及非正式沟通的性质和管理对策等内容。通过本章学习，学生应该能够比较系统地了解沟通知识和原理，掌握有效沟通的技能。

引　　例

在中国企业发展进程中，有一样看似平常但却意义非凡的东西：铁锤。1985年，张瑞敏用它砸了76台冰箱，向海尔人宣告品质的重要；18年后，茅忠群用它砸了一面墙，向方太人宣扬沟通的可贵。

2003年，宁波方太厨具有限公司总经理茅忠群，为了打破部门壁垒，扭转部门本位主义，策划了一次“砸墙行动”：将办公室各部门之间的隔墙砸掉，形成一个开放的办公区，尽管当时业务特别繁忙，砸墙对正常业务工作产生了不少的干扰，方太总裁茅忠群毅然举起大锤，重重地砸向各部门之间的隔墙。“砸墙行动”砸掉的不仅是有形的墙，更是心理的“墙”，“砸墙行动”对员工产生了极大的震动，让员工看到了公司决策层改变现状的决心。

茅忠群是睹物思人，从现实中隔开各部门的墙，联想到横在不同部门间，最终导致本位主义的心理上的墙。他说，墙拆掉以后，就不再有墙里墙外之分，大家都是自己人，能够更好地交流沟通，擦出创意的火花。

其实，扫除沟通障碍的，并不是那堵坍塌了的墙，而是茅忠群表现出来的决心和决心下的行为。就好比让海尔人意识到品质重要性的，不是那76台报废了的冰箱，而是张瑞敏借“砸”这一行动传达出的毅然决然。

所以，要想沟通顺畅，必须从“头”做起。只有领导意识到沟通重要，宣传沟通重要，并且亲力亲为，下面的人才会以领导为表率，名正言顺、底气十足地敞开来沟通。简单地说，领导想它通、让它通，它才能通。通了，信任才能建立起来，人们心中那堵无形的墙才会逐渐瓦解。

这方面最有影响力，也最具表率作用的，当属在众多光环笼罩下的前GE领袖杰克·韦尔奇。虽然他头上的某些光环正在质疑声中褪色，但从他在GE员工和公众中所造成的影响来看，绝不失为一位卓越的沟通专家。传记作家罗伯特·斯拉特说，在韦尔奇所有的管理秘诀中，积极交流的能力可能是最主要的。他的这种卓越能力，在他任职GE期间，表露无遗。

首先，亲历亲为。韦尔奇总是不遗余力地描述GE愿景，反复向员工灌输GE的核心价值。对于各种沟通渠道，比如年度报告、致股民的信、新闻发布会以及面对面的交谈，他都运用得游刃有余。而在每年年底，他会给他的每一个直接报告者一份长达两页的评估，全部手写。

其次，上行下效。凭韦尔奇一人之力，并无法疏通整个庞大的GE。他的解决方法是：以身作则，将沟通变为一个串联的过程。他的道理很简单：每个管理者都会仿效他们上级的行为，而他们的下属则依照他们的行为做相同的事。

再次，群策群力。在20世纪80年代末创立的“群策群力”沟通论坛，是韦尔奇大力倡导的沟通“民主化”的产物。上至GE的高层管理者，下至最基层的员工，都可以在这个论坛上自由交换看法。下属们可以任意挑衅自己的领导，将各种问题和建议抛给他们解决。正像GE的信条卡片（GE会将企业的价值观印制在一张所有员工都必须随身携带的钱包大小的卡片上）写的那样，“GE的领导者……总是不折不扣地随时接受任何渠道的信息……并致力于解决之道”。

拥有上百年历史、结构庞大分散的GE之所以能保持畅通、高效的沟通，韦尔奇功不可没。他一边用决心激励着员工，让员工明白强调沟通不是一句空话，他要看到实效；另一边他用实际行动告诉员工该怎么做，让员工有效仿的榜样和行动的支持。

所以，砸倒那面墙后，茅忠群要做的还有很多。[①]

第一节　沟通的概念、作用与过程

在各项管理活动中，相互沟通必不可少。领导者的所有职能，如指挥、组织、协调等，都有赖与下属的有效沟通来实现。为了激励员工，领导者需要与他们一起制定目标，并详细进行指导；在制定决策时，又需要从员工中获取信息；决策制定后，

① MBA智库资讯．沟通从“头”开始．http://news.mbalib.com/story/29790，2010-08-26．编写时略有改动

还需要将决策内容传达给员工;在贯彻实施时,又要及时将工作绩效反馈给员工等,所有这些都离不开有效的沟通。沟通有如人体血液的循环,是组织活力的来源,也是组织成员间的黏合剂。

一、沟通的概念

沟通是指一定组织的成员,将信息以可理解的方式进行传递,以期对方做出某种心理和行为反应的人际交互行为和过程。具体来说,沟通是两个或两个以上的人或团体,通过一定的渠道,传递和交换各自的意见、观点、思想、情感和愿望,从而达到相互了解、相互认知的过程。它既涉及信息和情感的传递,又涉及接受者对所传递信息的理解和情感的共鸣。

沟通具有以下特点:

1. 沟通双方互为主体

在沟通过程中,沟通双方既是沟通的主体,又是沟通的客体,沟通双方的信息交流都带有一定的目的、意图、期望等。当甲方作为发送者时,乙方为接收者。这时甲方是主体,乙方是客体。相反,当乙方作为发送者、甲方是接收者时,主客体关系便发生颠倒。因此,沟通中的主体和客体是相对的,双方互为主体,又互为客体,这种主客体关系总处在不断的变动之中。

2. 沟通不单纯是信息交流行为,往往也是交流思想、感情、态度、观点的行为

人们在沟通时不是机械地相互传递信息,而总是带着某种思想、情感、态度、观点。因此,沟通总是人性化的沟通,即使就信息传递本身而言,也不同程度地受到主体思想、情感、态度和观点的影响。如人们在信息加工时,多多少少地会留下自己情感和态度的烙印。

3. 沟通总是出于某种目的和动机,目的和动机不同,沟通行为及效果也会有所不同

组织中的沟通并非都是出于实现组织目标的需要,也有处于个人目的和动机沟通。由于目的和动机不同,人们就可能选择不同的沟通渠道和沟通形式,并且沟通目的和动机对沟通效果也会产生影响。比如,出于良好愿望和正当动机的沟通往往被对方所理解并得到对方的积极响应与支持,而出于不当目的和动机的沟通不仅不能引起对方的共鸣,而且有可能导致主体某种程度的行为失常,失去对方的信任,阻碍沟通的正常进行。因此,沟通双方能否彼此了解对方的目的和动机,对沟通行为及效果具有决定性的影响。

4. 沟通需要沟通双方具备统一的或大体相近的符号系统

符号是人们在相互沟通的过程中用来代表任何东西的社会客体,它可以是语

言的，也可以是非语言的。只有统一的符号及意义体系才能够保证沟通的相互理解。如果所使用的符号不一致，便会因不能译码和接受而发生沟通障碍。因此，沟通过程中所使用的符号必须是通用的。这种通用不仅是形、声的通用，更重要的是意义的通用。

5. 在沟通过程中，有可能产生特殊的沟通障碍

“特殊”意指这种障碍与沟通渠道无关，也同使用的符号无关，而是由社会、心理或文化因素所造成的。例如，由于人的知识、经历、职业、政治观点等不同，对同一信息可能有不同看法和不同理解。

二、沟通的作用

管理者自觉的、主动的沟通活动，可以使组织成员团结一致，为实现组织目标而同努力。如果没有沟通，群体、组织的活动也就无法进行，既不可能保障计划的有效实施，又不可能实现部门和成员间的互相协调合作。因此，沟通对于协调组织内部、外部以及各个部门、各组织成员，从而有效地实现组织目标，都有着重要的意义。通过有效的沟通，可以使组织内部分工合作更为协调一致，保证整个组织体系统一指挥、统一行动，实现高效率的管理；可以使组织更好地适应外部环境的变化，增强应变能力，从而保证组织的存在与发展。所以，规范、有序、高效、灵活的沟通活动是组织管理的重要基础和重要职能，是实现组织目标的必要条件。具体来说，沟通在管理中的重要作用体现在以下几个方面：

1. 增强组织的激励

沟通通过相互传递信息、思想和情感，有助于改善群体成员的认知，帮助员工树立正确的世界观、人生观和价值观，端正工作态度，培养员工的积极情感，激发群体成员的工作积极性、主动性和创造性。

2. 引导组织行为，实现有效控制

通过沟通，使组织成员了解组织、了解形势，认识到只有组织目标的实现才能帮助个人目标的实现，从而引导个体行为与组织目标达成一致。管理者通过有效沟通，宣传组织的规章制度和群体规范以及岗位责任要求，告诉员工可以做什么，如何来做，不可以做什么，没有达到标准时应如何改进，从而实现对员工行为的正确引导和有效控制，使组织行为按照改善群体功能、促进组织发展所要求的方向发展。

3. 促进合作，协调关系

协调是一个组织保持内外平衡的重要条件。当一个组织需要贯彻某项决策，或者是为了适应外部环境的变化，组织内部需要做出某些变革时，组织成员之间的

意见沟通有助于改变他们原有的态度，激发员工的合作意愿。组织内人与人之间、部门与部门之间也经常因缺乏沟通、缺少了解而发生冲突，并影响组织的整体利益。在这种情况下，也需要通过沟通来统一认识，协调关系，以排除误解和对立，促进有效协作。

4. 改善决策质量，加快决策执行

沟通可以帮助决策者有效获取决策所需要的信息，使决策者能够正确选择并评估各种备选方案，改善决策的质量，提高科学决策的水平。通过有效的沟通，可以统一思想，统一行动，使组织内部分工合作更为协调一致，减少决策执行的障碍。借助于沟通，组织统一将目标分解下达到各个部门和个人，使他们明确自己的权利、责任和义务，增强执行决策和完成任务的自觉性和主动性，加快决策的执行进程。

5. 满足员工需要，提高员工满意度

满足员工需要不仅是激励的手段，而且是组织目标和目的本身。对大多数员工来说，工作群体是其主要的社交场所。组织内沟通为员工提供了一种情感和情绪的表达机制，员工可以通过沟通表达自己的思想、意见、态度和各种情感，自由地倾吐自己的心声，从而不仅可以满足了其社交、自尊的需要，而且可以满足其猎奇心、平衡心态的需要，进而提高工作满意度和生活的幸福感。

三、沟通过程

沟通的起始点是信息的发送者；终结点是信息的接受者。当终结点上的接受者反馈其想法、意见时，他又转变为信息的发送者，最初起始点上的发送者就成为了信息的接收者。沟通就是这样一个轮回反复的过程。在这个过程中，需要被传递的信息首先被信息的发送者进行编码（转化为信号形式），然后通过媒介物（或称通道）传送给信息的接收者，由信息的接收者对收到的信号进行解码（转译为可理解的形式），最后信息的接收者作出反应并将相关信息反馈给信息的发送者，如图8-1所示。一个完整的沟通过程必须具备以下七个要素：信息源、编码、信息、通道、解码、接收者的反馈。

1. 信息源

信息源即信息的发送者。信息产生于信息的发送者，它是信息发送者经过思考或事先酝酿策划后才进入沟通过程的，是沟通的起始点。在沟通之前，信息源必须有一个沟通的意图，然后沟通才能进行。

2. 信息

信息事实上是经过信息源加工过的物理产品，可以是语言、文字、图案、影片、

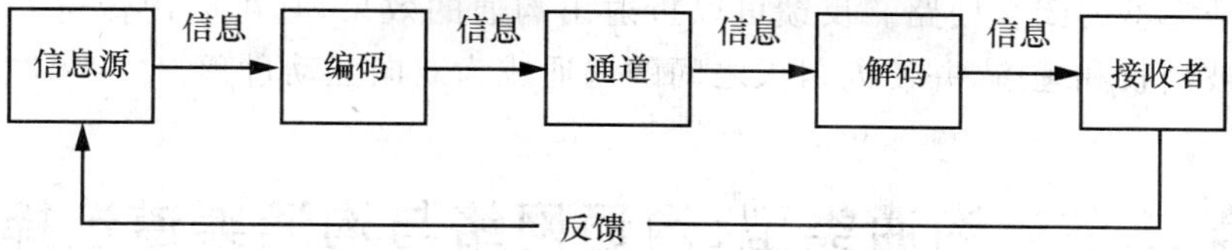

图 8-1 沟通的过程

符号等形式。

3. 编码

信息源将自己的意图和沟通内容按照一定的逻辑和方式转换成沟通渠道或媒体可以接受和便于传输的信号形式，这个过程就叫编码。

4. 通道

通道即传送信息的媒介物，或者信息沟通所采用的方式和手段，如人工传递、面谈、电话、通信等。随着通信工具的发展，信息发送的方式越来越多样化。人们处理通过语言面对面的直接交流外，还可以借助电话、传真、电子邮件来发送信息。信息发送时，发送者不仅要考虑选择合适的方式传递信息，而且要注重选择恰当的时间与合适的环境。

5. 解码

接收者必须先将通道中加载的信息翻译成他理解的形式，这就是对信息的解码。一个人的技能、态度、知识和文化背景不仅影响着他传送信息的能力，同样也影响着他接收信息的能力，这意味着信息发送者所表达的意思并不一定能使接收者完全理解。沟通的目的就是要使信息接收者尽可能理解发送者真正的意图。信息发送者和接收者采取一种共同语言进行沟通，是正确译码的重要基础。信息源应该擅长于写或说，接收者则应擅长于读或听，而且二者均应具备逻辑推理能力。

6. 接收者

接收者即信息指向的客体或对象。传递的信息是为接收者接收，如果发送者传递的信息没人接收，或接收者不能尽职，信息就会丢失。所以，要千方百计地引起接收者的注意。

7. 反馈

如果信息的接收者对沟通信息源传送给他的信息进行了解码和读认，并向信息源传递相关信息，这就意味着反馈。反馈对信息的传送是否成功以及传送的信息是否符合原本意图进行核实，它可以确定信息是否被理解了。当接收者确认信息已收到，并对信息发送者做出反馈，表达自己对所获信息的理解，沟通过程便形成了一个完整的闭合回路。反馈可以折射出沟通的效果,它可以使传送者了解信息是否被接收和理解,并使人与人之间的沟通成为双向互动过程。

第二节　沟通类型、沟通网络与沟通渠道选择

一、沟通类型

组织内的沟通种类繁多,按其划分标准不同,可作如下分类:

(一)单向沟通与双向沟通

根据沟通时信息发送者与接收者是否交换位置,将沟通分为单向沟通与双向沟通。

1. 双向沟通

双向沟通的信息交流是双向的,即为有反馈的沟通。信息的发送者以协商和讨论的姿态面对接收者。信息发出后,还要及时听取反馈意见。必要时,发送者和反馈者还要进行多次重复沟通,直到双方共同明确为止,如开座谈会、情况汇报等。在双向沟通中发送者可以知道接收者是否真正理解信息以及如何理解信息的;接收者也可以了解自己理解的信息是否正确,并可进一步要求发送者提供更多的信息。

2. 单向沟通

单向沟通的信息流动是单向的,信息发送者以指示和命令方式向接收者发信息,另一方只接收信息。双方无论在语言上还是情感上都没有信息反馈,如电话通知、书面指示等。严格来说,人与人在直接沟通时总是双向沟通的,因为在直接沟通时信息发送者可能没有得到接收者的言语反馈,但往往可以得到一些接收者的非言语反馈。

3. 两者的比较

美国心理学家莱维特(H. J. Leavitt)通过实验得出结论,单向沟通的速度比双向沟通的速度快;双向沟通比单向沟通准确;单向沟通中,信息的接收者由于不能确定对方的真实意图,因而对自己的判断显得信心相对不足;双向沟通中,传达信息的人感到心理压力较大,因为随时会受到信息接收者的批评或挑剔,并且容易受干扰。从这些结论可以看出,若需要迅速地传达信息,单向沟通的效果好,但准确性较差;若需要准确地传达信息,双向沟通较好,但速度较慢。单向沟

通和双向沟通效率的比较实验所得出的主要结论如表 8-1 所示。[①]

表 8-1　单向沟通和双向沟通的比较

沟通效果	单向沟通	双向沟通
沟通速度	快	慢
沟通内容的准确性	低	高
沟通者的心理压力	小	大
沟通前的准备工作	较充分	较不充分
沟通时需要的应变能力	较弱	较强
沟通对促进人际关系	较不利	较有利
沟通时的群体规模	较大	较小
接收者接收信息的把握程度	小	大
工作秩序	好	差

(二)口头沟通与书面沟通

根据传递信息的方式不同,沟通可分为口头沟通和书面沟通。口头沟通是采取口头语言进行信息传递的沟通,如会谈、讨论、演说以及电话等。书面沟通是指采用书面文字的形式进行沟通,如各种文件、报告、通知等。

口头沟通比较灵活,很少受时间、地点和场合的限制,双方可以自由交换意见,可以运用一定的体语、手势、表情和语调来增加沟通的效果,能够做到立即反馈,以使交谈双方可以根据双方的要求加以调整。但它也存在信息容易损失,缺乏权威性,正确性较差等缺点。书面沟通比较正式,权威性强,准确性高,可以长时间保存,接收者可以反复阅读等。但也存在缺乏亲近感、沟通周期比较长等不足,应变性也比较差。书面沟通和口头沟通的特点和效果如表 8-2 所示。

表 8-2　书面沟通和口头沟通之比较

项目	书面沟通	口头沟通
优点	适合传达事实和意见	适合表达感觉和感情
	适合传达复杂或困难的信息	更加个性化
	可以进行回顾	成本较低
	便于存档保管以后以便日后查证	可以根据语言和非语言的反馈,
	在发送信息前可以进行细致地考虑和检查	及时进行改正和调整

① 胡君辰.现代实用管理心理学[M].上海:上海科学技术出版社,1992:25

续表8-2

项目	书面沟通	口头沟通
缺点	耗时 反馈有限且缓慢 缺乏有助于理解的非语言暗示 有时人们不愿意阅读书面的东西 你无法了解你所写的内容是否被人阅读	说话时较难进行快速思考 话一出口就很难收回 有时难以控制时间 容易带有过多的个人色彩而影响信息的可靠性

(三)正式沟通与非正式沟通

按沟通的渠道或途径不同可分为正式沟通和非正式沟通。

正式沟通是通过组织正式结构或层次系统运行的,一般指在组织系统中,依据组织明文规定的原则或规章制度所进行的信息传递与交流。例如,组织规定的汇报制度,定期或不定期的会议制度,按组织系统逐级下达上级的批示,或下级逐级向上汇报反映情况等,都属于正式沟通。正式沟通的优点在于沟通渠道较为固定,信息传递准确,其缺点是沟通速度较慢,也可能会引起信息的失真。

非正式沟通是在正式沟通渠道之外进行的信息传递和交流。一般而言,在非正式沟通中,无论是沟通对象、时间还是沟通内容,均存在很大的不确定性和偶然性。非正式沟通的形式多种多样,例如,员工之间私下交换意见,议论某人某事以及传递小道消息等。非正式沟通听起来顺耳,但在组织中有其特殊的地位和正式沟通不可替代的作用,因为人们真实的思想和动机往往是在非正式的沟通中表露出来的。非正式沟通的优点在于沟通的形式多种多样,弹性大,沟通速度很快,缺点是难以控制,传递的信息不确切,容易失真,如果放任自流可能会影响组织的稳定。

(四)上行沟通、下行沟通、横向沟通与斜行沟通

根据信息的流向不同,沟通还可以分为上行沟通、下行沟通、横向沟通与斜行沟通,如图 8-2 所示。

上行沟通是下属通过内部管理层次,将信息逐级向上发送的沟通方式。这种沟通非常重要,这是因为上行信息中通常包括组织目前运行中的状态、遇到的问题、成员的士气等信息,是上级及时调整组织行为、组织激励等的信息支持,是决策的基础。只有上行沟通畅通,高层管理部门才能掌握全面的情况,做出正确的决策。但是这种上行沟通通常会受到上行渠道中诸多中间环节上的信息传递角色即主管人员的阻碍,他们不把所有的信息真实地传递上去,尤其是不把对自己不利的信息传递给他的上司,于是上行信息在他们那儿被加工、被删除、被组合,最终传递

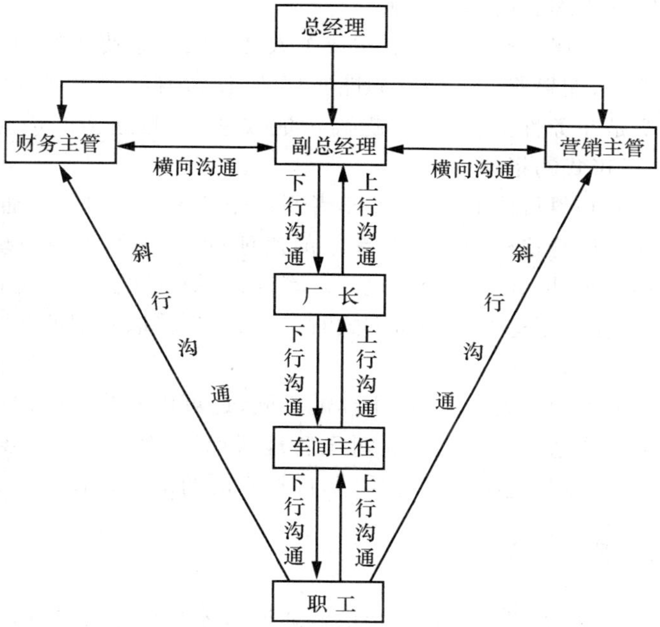

图 8-2 上行沟通、下行沟通、横向沟通和斜行沟通

上去的可能是完全失真的信息。

有效的上行沟通通常存在于参与式的和民主的组织环境之中。用于上行沟通的典型方法除指挥系统以外，还有建议制度、申诉和请求程序、调解会议、共同制定目标、小组会议、门户开放政策、协商会议以及巡视员等形式。

下行沟通是上级主管通过内部的管理层次，将信息逐级向下发送的沟通形式。通过下行沟通，各级主管对下级工作给予指导和帮助，员工从中了解上级对其期望和要求，从而增加上下级之间的相互了解与合作。下行沟通所运用的各种媒介方式包括指示、谈话、会议、电话、广播等，沟通方式包括各种备忘录、信函、手册、公司政策声明、工作程序等。在下行沟通过程中，信息向下属传送时往往会出现遗漏或被曲解以及过程迟缓等问题，因此，要了解接收者是否按照发送者的意图去理解信息，必须要有一个信息反馈系统。

横向沟通是指沿着组织结构中的横线进行的信息传递，它包括同一层级上的管理者或员工进行的跨部门、跨职能的沟通。横向沟通是为了增强部门间的合作，减少部门的摩擦，并最终实现组织的总体目标，这对组织的整体利益有着重要的作用。法国管理学家法约尔设计出了一种“法约尔桥”，利用这种“法约尔桥”，常规的事项均可以在同一管理层内协商解决。

斜行沟通是指不属于同一组织层次或个人之间的信息传递的沟通形式。在直线部门和职能部门，如果职能部门有职能职权的，便常有斜行沟通发生。斜行沟通的信息交流主要是业务性的，尽管能提高沟通效率，但是这样的沟通可能是危险的，因为它脱离了正式的指挥系统。

对于横向沟通和斜行沟通，有一些学者不主张甚至反对这种沟通形式，认为它会破坏统一指挥。尽管这样的看法有一定的道理，但是这两种沟通现在仍广泛存在并应用于各种组织，因为它有助于提高效率，跨组织层次交流比正式途径更快地传递信息。不过，在使用这两种沟通方式时，组织应当采取专门的防卫措施以免潜在问题的发生。

关于沟通的分类很多，比如按照主体的不同，还可以分为人际沟通、群体沟通、组织沟通和跨文化沟通等不同类型。对于管理者而言，要灵活的结合传递信息的特点、人员的特点以及沟通渠道的性质等，选择不同的沟通方式。

二、沟通网络

在沟通过程中，信息必须经过一定的沟通通道才能传递给对方，而沟通通道是多种多样的。各沟通渠道按一定的规则组合在一起的形态，就叫做沟通网络。与沟通渠道相类似，沟通网络也可以分为两大类型：正式沟通网络和非正式沟通网络。

（一）正式沟通网络

正式沟通网络一般是指在组织系统内，依据组织明文规定的原则进行的信息传递与交流而建立起来的网络，它反映了一个组织的内部结构。

在正式沟通网络中，以五个组织成员参与的沟通来看，可能存在的沟通网络有60多种，但主要的典型的形式有五种，如图8-3所示。

1. 链式沟通网络

链式沟通网络即信息沟通网络呈现链条形状。它的组织系统的工作执行能力最强，但基层的工作积极性、主动性较差，难以根据环境的变化进行组织系统的工作调整。中间环节越多，沟通的速度就越慢，信息失真的可能性也越大。

2. 轮式沟通网络

轮式沟通网络即信息沟通网络呈现车轮的形状。在组织中，位于中心地位的领导者是各种信息的汇集点和传递中心，四个下级只分别了解本部门的情况，并向领导汇报。这种网络集中化程度高，信息传递的速度快、效率高。但因信息过分集中容易使下属感到不满意，导致士气低下。

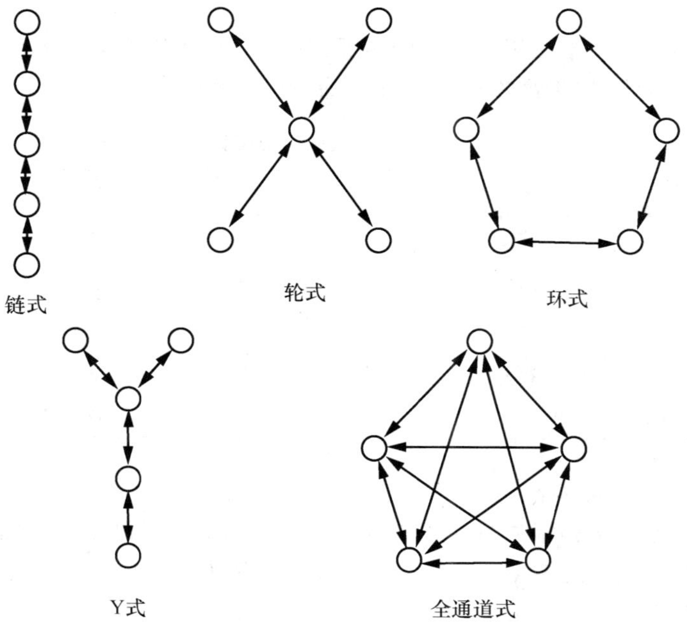

图 8-3　正式沟通网络的类型

3. 环式沟通网络

环式沟通网络即信息沟通网络呈现圆环的形状。它没有一个固定的信息中心，其成员之间总是互相传递信息。这种情况有利于组织成员集思广益，共同参与决策；能够很好地调动大家的积极性与主动性，较快地适应工作变化。但是组织的集中化程度和领导人的预测程度都较低，缺乏中心任务，往往会产生议而不决的现象。

4. Y 式沟通网络

Y 式沟通网络即沟通网络呈现大写英文字母“Y”的形状。在组织中，这种网络一般表示在不同层次的逐级沟通中，两位领导通过一个人或一个部门进行沟通。集中化程度高，解决问题速度快，组织中领导人员预测程度较高，但是容易产生多头领导的局面。

5. 全通道式网络

这是一个开放式的网络系统，其中每个成员之间都有一定的联系。网络中的沟通渠道很多，组织成员士气高昂，合作气氛浓郁。学习型组织及高效、自治性团队均属于这类沟通形态。但是由于这种网络沟通渠道太多，易造成混乱，且又费时，影响工作效率。

以上五种沟通网络使用于不同的情况，各类组织应根据本单位的实际情况，选用合适的沟通网络，以提高沟通的有效性，如表 8-3 所示。

表 8-3　五种沟通网络形态比较

评价标准	链式	轮式	环式	Y 式	全通道式
开放程度	适中	低	适中	适中	高
信息传递速度	适中	快	慢	快	快
信息正确性	适中	高	低	较高	适中
控制力	较高	高	低	高	低
全体成员满意度	适中	低	高	较低	高

(二)非正式沟通网络

非正式沟通网络是指通过非正式沟通渠道联系的沟通网络。美国心理学家戴维斯曾经对非正式沟通网络进行了专门的研究，发现有四种类型的非正式沟通网络的存在，如图 8-4 所示。

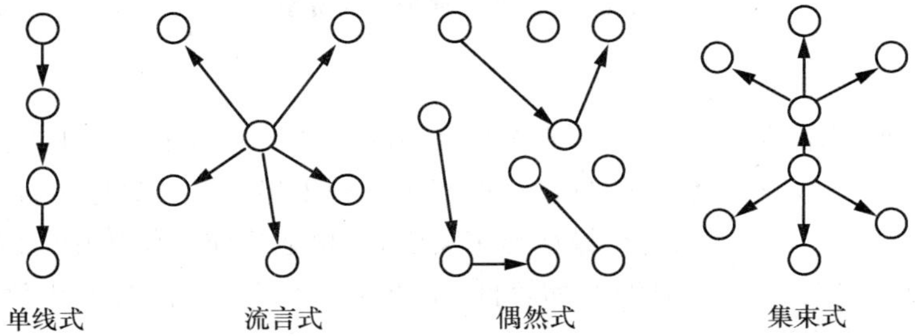

图 8-4　非正式沟通网络的类型

单线式　即通过一连串的人把消息传播给最后的接收者。

流言式　一个信息传递者主动地把信息传给其他许多人。

偶然式　凭着一些偶然的机会信息持有者把信息传播给其他人。

集束式　传播者有选择地把信息传递给有关的人，这是传播小道消息最普遍的形式。

研究表明，非正式沟通渠道的消息传播普遍采用集束式，都只把消息告诉经过选择的对象。社会心理学的研究也正式，向他人传递什么类型的信息，人们一般都是有所选择的，最需要知道某个不幸消息的人往往可能听到得最少。

三、沟通渠道的选择

沟通渠道是指沟通中传递信息的载体或媒介。沟通中信息传送的渠道多种多样,但不同渠道的功效是不同的。常识告诉我们,对于有些事情,可能更适宜通过口头交谈的方式进行面对面的沟通,而不宜采用电话或书信的方式进行沟通。事实上,各种通道在传递信息方面的能力是不同的。一些通道比较丰富,它们拥有以下几方面的能力:①同一时间传递多种信息线索;②促进快速反馈;③直接亲身的接触。另一些通道则比较贫乏,并在上述三个方面的得分也很低。如图 8-5 所示,从通道丰富性角度上看,面对面交谈的得分最高,因为它在沟通过程中传递的信息量最大,也就是说,它提供了大量的信息线索(语言、体态、面部表情、手势、语调)、即时反馈(言语和非言语两种方式)以及亲身的接触。非私人性的书面媒体,如公告和一般文件,丰富性程度最低。

对通道的选择还取决于信息是常规的还是非常规的。常规信息通常是直来直去的,其模棱两可的程度最低。非常规信息较为复杂,有潜在的误解可能性。管理者可以采用丰富性程度低的通道对常规信息进行有效沟通,而对非常规信息来说,在沟通中只有选择丰富性程度高的通道才能有效。

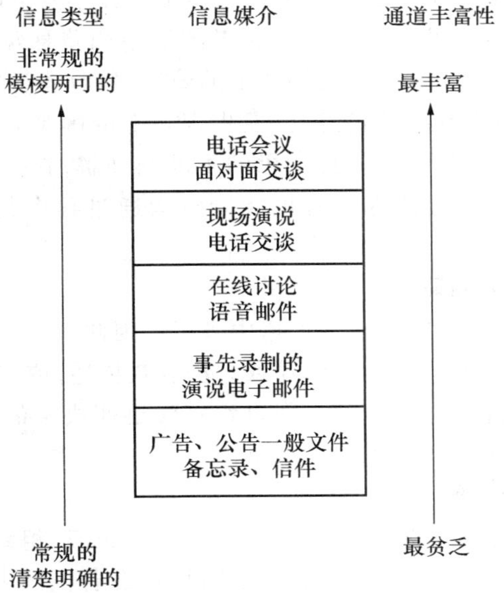

图 8-5 通道丰富性的层次

第三节 沟通障碍、沟通原则及沟通策略

一、沟通障碍

在沟通过程中，无论是组织正式的或非正式的沟通，都会遇到各种干扰，影响接收者获得信息或信息被丢失或曲解，我们把这些干扰称之为沟通障碍。沟通中的障碍可能来自于沟通的主体，也可能来自于沟通的过程和沟通的环境。

(一)沟通主体的障碍

沟通主体的障碍主要包括来自发送者的障碍及接收者的障碍。

发送者的障碍 一般是由于目的不明、对信息含义理解不同、表达模糊、编码失误等造成的。信息发送者可能对自己将要传递的信息内容、交流目的缺乏真正的理解，或者用了不恰当的符号来表达自己的思想，或者在对传送的信息实际把握不准，或者在将思想意思转化为信息符号时出现了技术上的错误等，这些都会造成信息传递困难，或译码困难或理解困难，从而造成沟通的障碍。

接收者的障碍 接收者在接收信息时会因为自己本身的问题造成沟通中的障碍。接收者在接收信息过程中由于与发送者的地位相差悬殊，在沟通中表现出担忧、恐惧、紧张等心理反应，从而引发沟通上的障碍；接收者与发送者在知识和经验水平上的差距，使接收者在接收信息时，发生理解上的困难和偏差；接收者自身的价值观、理念不同于他人导致对信息意思的不准确理解；在接收信息的技术失误、接收者的心理状态、行为习惯等均有可能导致沟通过程中的出现这样或那样的障碍。

(二)沟通过程中的障碍

沟通一定要通过媒介，在一定的渠道中进行。因此，沟通过程中的障碍可能由于媒介选择与信息符号选择不匹配而导致无法有效传递；或信息传递渠道过于差、负荷过于重等导致传递信息的速度下降以致丧失迅速决策的时机；或因为传递的技术有问题导致信息传递失误等。

(三)沟通环境的障碍

沟通环境的障碍主要表现在沟通的空间上存在距离、组织结构所造成的障碍等。组织中的管理者和员工，员工与员工之间均存在着空间上的距离。由于空间距离的阻塞，双方无法在面对面的情况下沟通意见，因而在选用沟通媒介时受到限制。另外，由于各个成员社会背景不同所造成的社会距离，亦形成沟通的障碍。同

时组织机构过于庞大,中间层次太多,信息从最高决策层到下级基层单位而产生失真,而且还会浪费时间,影响及时性。

二、沟通原则

为了达到有效沟通的目的,作为主管人员,在进行沟通过程中,应遵循以下原则:

(一)准确性原则

在沟通过程中,信息包含的内容和所传达的意义必须准确无误,才能实现沟通的意图和目的。否则,不仅不能进行有效沟通,而且有可能因为信息失真而带来双方在意义理解上的误差引发群体冲突。

(二)完整性原则

人们对于符号的认识和理解总是与其的背景和周围的符号联系在一起,而不是从孤立的符号中读取意义。因此,沟通中的符号系统以及信息内容越是完整,越有利于促进有效沟通。

(三)及时性原则

所谓及时性原则,是指沟通双方要尽可能加快信息交流的速度,使信息发生效用。它包括三个方面:及时发送,及时反馈和及时利用。及时原则,要求我们一方面正确区分信息的性质,分清信息的轻重缓急;及时处理既重要又紧迫的信息,推迟处理次要信息,以保证重要信息的及时传递和利用。另一方面,应减少不必要的沟通层次,层次越多,信息在渠道中滞留的时间就越长。因此,要及时沟通,对非常规信息应建立起越级报告或直接下达的机制,以减少中间层次。

(四)适量性原则

所谓适量性原则,是指在沟通过程中,接收者在一定时间内接收的信息不足或过量,都会影响他对信息的正确处理。信息量不足,接收者就无法完整、准确地理解信息内容;信息量过载,容易造成浪费,且不能使有用的信息发挥作用。适量原则是沟通优化的客观要求。因此在管理沟通过程中,一方面,限定信息发送范围,严格按照既定的信息发送范围传递信息,有选择地根据沟通的目的、内容和不同对象进行沟通;另一方面,注意信息加工,考虑接收者的承受能力,对各种信息进行必要的综合加工。

(五)灵活性原则

所谓灵活性原则,是指沟通系统必须留有必要的余地,以适应各种变化。传统的组织内部的信息沟通,主要是依靠纵向的自上而下的命令式传递,而现代组织的信息沟通,更多地利用非正式沟通和横向联系的方式,如观察办公室、饭桌上的交谈等，以增加沟通的可靠性。因此，一方面要重视非正式沟通渠道，因为它作为正式沟通的必要补充，在一定程度上可弥补信息传递缓慢、层次过滤多的不足，也有助于形成组织内和谐的气氛，增加组织的内聚力，更有效地实现组织目标。另一方面也有利于保持重要沟通环节的弹性。在关键的沟通环节上，应适当增加保护“线路”，以确保沟通系统的可靠性。

(六)有效性原则

所谓有效性原则，是指在沟通过程中沟通者要把着眼点放在如何实现沟通的有效性上，而不要拘泥于某种固定的模式上。要根据不同的对象、场合、内容和目的，运用灵活多变的方式，以达到最佳的沟通效果。有效的沟通要靠沟通双方的共同努力，一方面要摸清沟通对象的心理状况，消除对方心理上的异常反应，这是保证有效沟通的一项重要工作；另一方面努力避免接收者处在防御性状态，特别是在消极性反馈的沟通中，管理者更应最大限度地削弱对方的消极对抗情绪。

三、改进沟通的策略

(一)改进沟通的准则

哈罗德·孔茨教授认为沟通是否有效，可用预期的效果来评价。为此他提出了八项准则帮助克服组织沟通中的障碍，提高沟通的效果。[①]

因为不论是管理人员，还是非管理人员，都是为实现组织共同目标的工作者。所以进行有效沟通是组织中所有人的职责。沟通是否有效，可用预期的效果来评定。下列几项准则可以帮助我们克服沟通中的障碍：

(1)信息发送者必须对他想要传递的信息有清晰的想法，这就意味着进行沟通的第一步必须阐明信息的目的，并制定实现预期目的的计划。

(2)有效的交流需要以信息发送者和接收者都熟悉的编码、解码信号。因此管理人员(特别是参谋人员)应当避免使用不必要的术语(这些术语可能只有专家才会懂)。

(3)不能脱离实际制定沟通的计划。相反，应该同别人协商并鼓励他们参与来收集事实，分析信息，并选用最合适的媒体。

(4)要考虑信息接收者的需要。无论何时信息都要使用，或在短期内，或在较远的未来。沟通的内容对于接收者来说都要有价值。

(5)在沟通中，要注意把握声音语调、措辞以及讲话内容与讲话方式之间的和谐一致等，这些都会影响信息接收者所做出的反应。

---

① 哈罗德·孔茨等.管理学[M].北京：经济科学出版社，1998：362

(6)只传递而没有沟通的情况屡见不鲜,这是因为信息只有为接收者所理解了,沟通才算是完整的。除非发送者得到反馈,否则他就决不会知道信息是否为人所理解。可以通过提问、去询问以及鼓励信息接收者要对信息有所反响等方式来取得反馈。

(7)沟通的职能不只是传递信息而已,它涉及感情问题。一方面,沟通本身包含着情感的表达和传递,体现着信息传递者对个人和组织的态度和感情;另一方面,沟通双方的情感因素直接影响沟通的效率和效果。因此,有效沟通需要从“心”开始,注重和加强组织中的情感管理。

(8)有效的沟通,不仅是发送者的职责,也是接收者的职责。因此,在沟通的过程中,“倾听”对于双方来说都很重要。“倾听”是对信息进行积极主动的搜寻,而单纯的“听”则是被动的。在“倾听”时,信息接收者和发送者都在思考。基思·戴维斯和约翰·纽斯特龙提出了改善“倾听”的十条指南:①在有人发言时,停止谈话;②让谈话者无拘束;③向谈话者显示你是要倾听他的话;④克服心不在焉的现象;⑤以设身处地的同情态度对待谈话者;⑥要有耐心;⑦不要发火;⑧与别人争辩或批评他人时要平和宽容;⑨提出问题;⑩停止谈话。

(二)掌握关注、理解、接收、行动四个沟通步骤

只有充分掌握关注、理解、接收和行动四个步骤后,管理者才能设法改善每一阶段的信息沟通,从而最终改善整个管理沟通系统。

1. 关注

管理者在传递信息过程中要保证其信息具有特色和足够的吸引力,使接收者对其关注,这是沟通成功的第一步。在企业的上行沟通中,只有一些特殊的偏离政策、计划、指令信息才会引起管理者的警觉。而在下行沟通中,只有对下级完成任务具有关键性的信息才会引起下级的注意。为此,管理者应该慎重选择发送的信息,重要的信息要特别对待,采用以文件、单独发送等形式,或在书面报告之外再通过电话传递,以引起信息接收者的特别关注,在员工们最需要时进行信息沟通等。

2. 理解

引起人们的关注还须保证人们按照信息的本意去理解,沟通者与接收者之间要能相互信任。管理者要想下属全面地理解所传达的信息,一方面要发展信任,上下级之间如果缺乏信任,沟通的信息就会停止流动或歪曲信息。成功的管理者发现,在每一次沟通中,跟踪的重复性减少了,因为他们提高了下属信息来源的可信度,就不会因为每次沟通没有跟踪而导致理解损失。另一方面必须尽量减少信息沟通中模棱两可的做法或说法,根据接收者的水平确定编码或符号,使用双向沟通、口头沟通，并学会积极地倾听。为了改善沟通，管理者不仅寻求被理解而且寻求理解，这需要管理者培养自己的倾听能力与技巧。

3. 接收

沟通的目的就是使接收者接收信息。通常下属拒绝按上司指示去做的情况是很少的，如果他们对上司的权威性抱有怀疑，或者上司的命令有悖于他们的利益，他们就会犹豫。因此，管理者要想让下属很好地接收信息，应该努力使自己“与众不同”，成为下属心目中的“权威”和“可靠的人”；多表扬，少批评，尽量使下属感到不拘束；培养积极的沟通态度，根据下级的需要，尽量分享与下级有关的信息。

4. 行动

如果沟通过程发展到了行动阶段，表明沟通基本完成。但出于种种原因，沟通往往难以进入行动阶段。因此，管理者必须随时准备回答接收者的问题，为他们提供帮助，还要进行督促检查，只要所期望的行动没有完成，管理者的沟通责任就没有结束。

(三)采用双向性、支持性、重复性、综合性四种沟通方式

1. 双向性沟通

信息沟通过程中，采用双向性沟通比采用单向性沟通更为有效，更适应于现代组织信息内容复杂的要求，能够更加准确地传递信息，因为发送者根据接收者的反馈情况不断地调整表述方式，从而提高接收者对信息的理解程度，保证了信息沟通的质量。我国越来越多的企业在经营管理的实际工作中，已经或者正在采取多种有效方法来发展双向沟通。

2. 支持性沟通

在支持性沟通中，接收者对发送者的行为方式表示欢迎，表现出愿意沟通的行为反应，信息沟通的效果自然提高。管理人员要发展支持性沟通，应该做到：

(1)在信息沟通中，多以合作的态度，以帮助对方解决问题的方式进行交谈，从而提高信息沟通的质量；反之，则会引起对方的抵触情绪。

(2)作为信息发送者，管理者应表现出真诚、朴实的态度，作为信息接收者的下属也会作出相应的反应，否则将会导致沟通的困难或障碍。

(3)设身处地为沟通的对方着想，以增加相互理解，使沟通更为容易。沟通者与接收者之间的经验和背景的差距越大，就需要付出更大的努力去寻找相互经验中的交叉部分以作为相互理解的共同点。

(4)以平等方式来对待下属，表明对下属的信任和尊重，从而得到下属友好的反应，这样信息沟通会更为有效。如果管理者自以为比别人高明，居高临下，指手画脚，就势必会引起对方的抵制。

(5)提倡共同商量、相互讨论的行为方式，避免独断专横、蛮不讲理的行为。管理者若能虚怀若谷，愿意更多地听取对方的意见，共同讨论和商量，双方之间就会出现融洽的气氛，下属也更容易接收自己参与讨论了的信息；反之，如果管理者态度生硬，不容对方插嘴，即使自己无理也要争三分，那么就很容易引起双方的争论，并竭力为自己的观点辩护。

3. 重复性沟通

由于存在着大量的信息过载和外来干扰，任何信息如果仅发送一次的话，或许根本接收不到。重复性沟通就是一条有效的弥补措施。信息的重复可以吸引人们的注意，提高员工对该信息的敏感性和警觉性。如果每天提醒员工节约成本，他们就会更加注意它。另外，重复信息可加深其影响。反反复复地听过的信息人们更能记住。尽管有时人们的确发现重复信息特别烦人，但事实上他们对这些信息也就记得更牢。

4. 综合性沟通

为了提高沟通的有效性，同一信息可以借助不同的渠道和辅助工具选择不同的方式来进行传送，尤其是重要的信息更应如此。有效信息沟通的一个重要方法就是提供能互相加强的各种沟通渠道。比如说，把正式沟通渠道和非正式沟通渠道巧妙地结合起来，共同发挥它们的积极作用，就能相互弥补，提高沟通的质量。有效信息沟通的另一个重要方法是利用多渠道沟通方式传递信息。例如，在口头要求的同时加上便函通知，在书面报告之外再通过电话传递，等等。

(四)正确认识和管理非正式沟通

尽管正式沟通在组织中占据重要地位，但它并不是组织沟通形式的全部，组织内的非正式网络也起着不容忽视的作用。非正式沟通与正式沟通的不同之处在于其沟通目的、对象、时间及内容等都是未经计划或难以预测的。非正式沟通传递的信息有时又称为小道消息。

1. 非正式沟通产生的原因

相对于正式沟通，非正式沟通需要的产生是由于正式沟通方面有一定的沟通障碍。通过这种沟通途径来交换或传递信息，常常可以满足个人的某些需要。例如同事之间通过交换消息，可以增进相互之间的友谊和感情，从而获得人们的社会需求的满足；人们由于自身利益的需要，会主动打听相关的收入方面的消息；为了满足安全的需要，乐意打听人事变动方面的消息等。这种消息对于组织成员来说，往往是他们最感兴趣可又是最缺乏的消息，所以组织中有一些人热衷于传播此类消息，虽然有这些人本身的原因，但也与组织正式沟通渠道的不良有关。

具体来说，非正式沟通的产生大致有以下几个方面的原因：

(1)如果人们缺少有关某一事态的信息时,他们就会通过非正式沟通获取这一信息。

(2)当人们对某一事态感到不安时,他们也会积极参与信息传播。

(3)与人们有利害关系的信息,容易导致小道传播。

(4)当人们得到最新信息时,他们更热衷于小道传播。

(5)有时当一些正式信息不便于在正式渠道中沟通传递时,组织的领导或是其他成员就有可能利用非正式渠道来传递这些信息,使之起到正式渠道起不到的作用。

2. 非正式沟通的特点

非正式沟通具有以下主要特点:

(1)沟通的路径是非正式的。非正式沟通不是组织和规划的,因此沟通的路径也是非正式的,信息传递具有发散性特点,可以由一点任意流向沟通网络中的另一点,具有自由流动的性质。

(2)沟通的内容是非正式的,主要是就相互关心的话题进行沟通。虽然沟通中也会涉及大量的工作内容,但是沟通行为并非是按照正式沟通的正式要求进行的。

(3)沟通的发生发展是随机的。非正式沟通没有按照正式的规则进行,其发生和发展是随机的,一般没有正式的议题、形式和发起者。

(4)非正式沟通的信息交流速度较快。由于这些信息与职工的利益相关或是他们比较感兴趣的问题,再加上没有正式沟通那种程序,信息传播速度大大加快。

(5)非正式沟通效率较高。由于非正式沟通不是基于管理者的权威,而是基于员工的愿望和需要,一般是有选择地、针对个人的兴趣传播信息,因此这种沟通常常具有较高的效率。但是非正式沟通也存在着信息的准确性无法保证等问题,同时由于不具备硬性的约束力和强制的保密性,可能会影响组织稳定,如果任其发展,有时还会带来其他负面影响。

3. 非正式沟通的作用

非正式沟通的优点是沟通方便、内容广泛、方式灵活、速度快,而且由于在这种沟通中比较容易表露思想、情绪和动机,因而能提供一些正式沟通中难以获得的信息。非正式沟通有如下作用:

(1)可以满足职工情感方面的需要。

(2)可以弥补正式通道的不足,组织的管理者为了某些特殊的目的,往往不便于通过正式渠道传播信息,此时非正式渠道便发挥其作用。

(3)可以了解职工真正的心理倾向与需要。通过正式的渠道,员工心中存在戒备,不便于透露真实的想法,而通过非正式渠道便可以在很大程度上克服这个问题。

(4)可以减轻管理者的沟通压力。

(5)可以防止管理者滥用正式通道,有效防止正式沟通中的信息“过滤”现象。

4. 非正式沟通的管理对策

非正式沟通有其积极的一面,但也有其自身的缺点和问题,主要表现在:信息的准确性和可靠性欠缺,容易歪曲事实、以讹传讹,并且易被一些人利用,助长组织中的不良行为或习性,影响组织的凝聚力和人际和谐。可见,合理利用非正式沟通可弥补正式沟通的不足,密切组织中的人际关系,节约决策的信息成本。但非正式沟通的过度或不良发展,会对组织管理带来不利影响。为此,应采取以下管理对策:

(1)畅通正式沟通渠道,推进政务公开。非正式沟通往往起源于人类爱好闲聊的特性,闲聊时的信息称为传闻或小道消息(并非谣言)。组织政策和重要决策缺乏透明度往往为小道消息传播者提供了个人想象和猜疑的空间,助长不良的非正式沟通。畅通正式沟通渠道,实行政务公开,那些有关部门组织政策和决策的小道消息就失去了滋生和生存的空间。如公布进行重大决策的时间安排,公开解释那些看起来不一致或隐秘的决策和行为。

(2)客观公正,以事实说话。比如,对目前的决策和未来的计划,在强调其积极一面的同时,也指出其不利的一面;公开讨论事情可能的最差结局,这肯定比无言的猜测引起的焦虑程度低。对于那些一时难以辩解或不便于进行公开辩解的小道消息和谣传,组织的管理者可以借助于具体事实,当人们发现道听途说的小道消息和谣传与事实不符时,也就会自动终止传遍和改变对于事件的态度。

(3)丰富员工的业余生活。闲散和单调是招摇生事的温床。健康向上、丰富多彩的业余生活有利于遏制和避免非正式沟通的不利方面。

(4)培养成员对组织的信任感和忠诚心。成员对组织的信任感和忠诚心不仅使员工能够从维护组织的利益和荣辱出发自觉抵制不良的非正式沟通,而且有利于发挥其积极作用。因此,组织的管理者平时应注意以自身的优良表现和实际行动取信于人,做员工信得过的当家人。

(5)提高主管人员的有关知识和技能。在对组织主管人员的训练中,应增加非正式沟通方面的知识,使他们正确认识非正式沟通的两面性和特点,以正确的态度和方式对待非正式沟通。在处理非正式沟通问题时,注意工作的方式方法,做到因势利导,疏而不堵,绝不能动不动就兴师问罪,无限上纲。当然,对于那些心怀恶意和敌对的非正式沟通行为,则要坚决禁止和给予严厉的制裁。

【本章小结】

沟通是指一定组织的成员，将信息以可理解的方式进行传递，以期对方作出某种心理和行为反应的人际交互行为和过程。沟通对组织发展的作用主要有：增强组织的激励，引导组织行为，促进合作和协调关系，改善决策质量，满足员工需要。沟通必须具备以下七个要素：信息源、编码、信息、通道、解码、接收者和反馈。

沟通的类型很多。根据沟通时信息发送者与接收者是否交换位置，将沟通分为单向沟通与双向沟通；根据传递信息的方式不同，沟通可分为口头沟通和书面沟通；根据沟通的渠道或途径不同，可分为正式沟通和非正式沟通；根据信息的流向不同，沟通还可以分为上行沟通、下行沟通、横向沟通与斜行沟通。

组织中的沟通网络可分为正式沟通网络和非正式沟通网络。正式沟通网络有链式、轮式、环式、Y 式、全通道式五种类型；非正式沟通网络有单线式、流言式、偶然式、集束式四种类型。沟通渠道多种多样，可综合考虑信息的内容、通道的丰富性和信息的常规化程度，进行合理选择。

组织沟通必须遵循的原则有：准确性原则、完整性原则、及时性原则、适量性原则、灵活性原则和有效性原则。

有效沟通还要求正确认识沟通障碍，掌握改进沟通的准则，把握关注、理解、接收和行动四个沟通步骤，灵活运用双向性、支持性、重复性和综合性四种沟通方式。同时，要根据非正式沟通的特点、性质和作用采取相应的管理对策。

【复习思考题】

1. 说明沟通的过程。
2. 试比较不同的沟通方式对信息传递的影响。
3. 管理者该如何认识和利用非正式沟通？
4. 试比较正式沟通网络的特点。
5. 沟通的原则有哪些？
6. 管理者该如何发展支持性沟通？

【知识应用与技能拓展】

迪特尼·包威斯公司的员工意见沟通系统

迪特尼·包威斯公司是一家拥有12 000余名员工的大公司,公司高层管理者非常重视员工意见沟通和沟通系统建设。现在,公司的员工意见沟通系统已经相当成熟和完善。公司的"员工意见沟通"系统是建立在这样一个基本原则之上的:个人或机构一旦购买了迪特尼公司的股票,他就有权知道公司的完整财务资料,并得到有关资料的定期报告。本公司的员工也有权知道并得到这些财务资料和一些更详尽的管理资料。

迪特尼公司的员工意见沟通系统主要分为两个部分:一是每月举行的员工协调会议,二是每年举办的主管汇报和员工大会。

一、员工协调会议

早在20年前,迪特尼·包威斯公司就开始试行员工协调会议,员工协调会议是每月举行一次的公开讨论会。在会议中,管理人员和员工共聚一堂,商讨一些彼此关心的问题。无论在公司的总部、各部门、各基层组织都举行协调会议。这看起来有些像法院结构,从地方到中央,逐层反映上去,以公司总部的首席代表协会会议为最高机构。员工协调会议是标准的双向意见沟通系统。

在开会之前,员工可事先将建议或怨言反映给参加会议的员工代表,代表们将在协调会议上把意见转达给管理部门,管理部门也可以利用这个机会,同时将公司政策和计划讲解给代表们听,相互之间进行广泛的讨论。

要将迪特尼12 000多名职工的意见充分沟通,就必须将协调会议分成若干层次。实际上,公司内共有90多个这类组织。如果问题不能在基层协调会议上解决,将被逐级反映上去,直到有满意的答复为止。事关公司的总政策,那一定要在首席代表会议上才能决定。总部高级管理人员认为意见可行,就立即采取行动,认为意见不可行,也得把向大家解释不可行的理由。员工协调会议的开会时间没有硬性规定,一般都是一周前在布告牌上通知。为保证员工意见能迅速逐级反映上去,基层员工协调会议一般先行召开。

同时,迪特尼公司也鼓励员工参与另一种形式的意见沟通。公司在四处安装了许多意见箱,员工可以随时将自己的问题或意见投到意见箱里。

为了配合这一计划的实行,公司还特别制定了一项奖励规定,凡是员工意见被采纳并产生了显著效果,公司将给予优厚的奖励。令人欣慰的是,公司从这些意见箱里获得了许多宝贵的建议。

如果员工对这种间接的意见沟通方式不满意，还可以用更直接的方式来面对面和管理人员交换意见。

二、主管汇报

对员工来说，迪特尼公司主管汇报、员工大会的性质，和每年的股东财务报告、股东大会相类似。公司员工每人可以接到一份详细的公司年终报告。

这份主管汇报有20多页，包括公司发展情况、财务报表分析、员工福利改善、公司面临的挑战以及对协调会议所提出的主要问题的解答等。公司各部门接到主管汇报后，就开始召开员工大会。

三、员工大会

员工大会都是利用上班时间召开的，每次人数不超过250人，时间大约3小时，大多在规模比较大的部门里召开，由总公司委派代表主持会议，各部门负责人参加。会议先由主席报告公司的财务状况和员工的薪金、福利、分红等与员工有切身利益关系的问题，然后便开始问答式的讨论。

在员工大会上，有关个人的问题是被禁止提出的。员工大会不同于员工协调会议，提出来的问题一定要具有普遍性、客观性，只要不是个人问题，总公司代表一律尽可能予以迅速解答。员工大会比较欢迎预先提出问题的方式，因为这样可以事先充分准备，不过大会也接受临时性的提议。

迪特尼公司每年在总部要先后举行十余次的员工大会，在各部门要举行100多次员工大会。那么，迪特尼公司员工意见沟通系统的效果究竟如何呢？在20世纪80年代全球经济衰退的形势下，迪特尼公司的生产率每年平均以10%以上的速度递增。公司员工的缺勤率低于3%，流动率低于12%，在同行业最低。

思考题

1. 根据案例材料，分析迪特尼公司沟通系统建设的成功要素及理论依据。

2. 根据迪特尼公司的沟通制度取得的效果，谈谈它对改进我国企业沟通的启示意义。

3. 请回忆在过去的生活、学习或工作中你遭遇过的一次沟通失败的经历，分析其中的沟通障碍及其对沟通的影响。然后就你当时是如何处理这些障碍的，你现在是如何看待自己当时那种处理方式的，以及你对有效沟通的认识，与班级其他同学进行交流。

【网络辅助阅读材料】

1. 傅强. 演讲不是忽悠，是沟通！ http://manage. org. cn/book/201009/72997. html，2010-09-07

2. 张生泉. 语言沟通与人际交往. http://pinglun. eastday. com/p/20111120/u1a6213990. html，2011-11-20

3. 新华网. 要成功先沟通. http://news. xinhuanet. com/book/2010-06/21/c_12243373_6. htm，2010-06-21

4. 宋小岑. 你的沟通力对你公司很重要. http://www. ceconline. com/mycareer/ma/8800067548/01/，2013-06-28

5. 阿里巴巴管理资讯. 组织中的沟通：从心开始. http://info. 1688. com/detail/1002727315. html，2008-08-19

第九章　控制原理

【内容提示】

本章共有三节内容。第一节阐述控制及管理控制概念、管理控制的作用、管理控制系统的构成，并对管理信息系统作了简要介绍；第二节重点阐述控制工作的基本原理、控制过程与控制类型；第三节结合管理工作实际介绍预算控制和常用的非预算控制方法。通过本章学习，学生应该能够了解和掌握管理控制的基本原理和方法，学会应用所学理论和方法分析解决组织中的控制问题。

引　例

美国某信用卡公司的卡片分部认识到高质量客户服务是多么重要。客户服务不仅影响公司信誉，也和公司利润息息相关。比如，一张信用卡每早到客户手中一天，公司可获得 33 美分的额外销售收入，这样一年下来，公司将有 140 万美元的净利润，及时地将新办理的和更换的信用卡送到客户手中是客户服务质量的一个重要方面，但这远远不够。

决定对客户服务质量进行控制来反映其重要性的想法，最初是由卡片分部的一个地区副总裁凯西·帕克提出来的。她说："一段时间以来，我们对传统的评价客户服务的方法不大满意。向管理部门提交的报告有偏差，因为它们很少包括有问题但没有抱怨的客户，或那些只是勉强满意公司服务的客户。"她相信，真正衡量客户服务的标准必须基于持卡人的见解。这就意味着要对公司控制程序进行彻底检查。第一项工作就是确定用户对公司的期望。对抱怨信件的分析指出了客户服务的三个重要特点：及时性、准确性和反应灵敏性。持卡者希望准时收到账单、快速处理地址变动、采取行动解决抱怨。

了解了客户期望，公司质量保证人员开始建立控制客户服务质量的标准。所建立的 180 多个标准反映了诸如申请处理、信用卡发行、账单查询反应及账户服务费代理等服务项目的可接受的服务质量。这些标准都基于用户所期望服务的及时性、准确性和反应灵敏性，同时也考虑了其他一些因素。

除了客户见解，服务质量标准还反映了公司竞争性、能力和一些经济因素。比如，一些标准因竞争引入，一些标准受组织现行处理能力影响，另一些标准反映了经济上的能力。考虑了每一个因素后，适当的标准就成型了。接下来，公司开始实施控制服务质量的计划。

计划实施效果很好，比如处理信用卡申请的时间由35天降到15天，更换信用卡从15天降到2天，回答用户查询时间从16天降到10天。这些改进给公司带来的利润是巨大的。例如，办理新卡和更换旧卡节省的时间会给公司带来1 750万美元的额外收入。另外，如果用户能及时收到信用卡，他们就不会使用竞争者的卡片了。

该质量控制计划的实施还给公司带来了其他的潜在收入和益处，如该计划使整个公司都注重客户期望，各部门都以自己的客户服务记录为骄傲，并且每个雇员因对改进客户服务做出了贡献而士气大增。每个雇员在为客户服务时，都认为自己是公司的一部分，是公司的代表。信用卡部客户服务质量控制计划的成功，使公司其他部门纷纷效仿。

第一节　控制的概念与作用

控制是一项重要的管理职能，控制与计划是密不可分的，离开了控制，计划目标将无法实现。要使计划任务和目标转化为现实可能，主管人员就必须在管理工作中执行控制职能，其内容包括制定控制标准、按照既定的目标和标准对组织活动进行监督检查等，保证工作能够按预定的计划进行。

一、控制与管理控制的概念

(一)控制的概念

自从1948年维纳(Nobert Wiener)出版了著名的《控制论——关于在动物和机械中控制和通讯的科学》一书以来，控制论的思想和方法已经渗透到几乎所有的自然科学和社会科学领域。在控制论中，“控制”的定义是：为了改善某个或某些受控对象的功能和发展，需要获得并使用信息，以这种信息为基础而选出的加于该对象上的作用，就叫做控制。控制一般是指按给定的条件对系统及其发展过程加以调整和影响，使系统处于最佳状态并达到预定目标的一种行为。

(二)反馈

控制的基础是信息，而控制的实现则是借助于信息反馈。所谓信息反馈，就是指由控制系统把信息传输出去，又把其作用结果返送回来，并对信息的再输出发生影响，起到控制的作用，达到预定的目的。控制论的基本原理就是反馈。如反送回输入端的系统信息的作用结果是抵消输入信息，称负反馈，若是增强输入信息，称正反馈。反馈控制系统一般由以下三个基本要素构成：

标准　标准是系统的输入信息，是控制要达到的目的。

传感器　测量系统的输出信息，并经过必要的转换后反送到输入端的装置。

控制器　将输出信息与输入信息进行比较，求其偏差，并利用偏差信息对系统进行调节，以达到期望输出的装置。

从测量信息、传递信息、找出偏差、采取纠正措施到使系统恢复到预定状态，这一过程的每一个环节都需要时间，这些时间加在一起，就构成了系统的时滞。它意味着在管理控制中仅仅有反馈控制是不能满足管理工作要求的，必须寻找一种面向未来的控制方法，以防患于未然。

(三)管理控制的概念

控制理论首先是从工程控制发展起来的，后来人们发现管理中也有类似的问题，并将工程控制原理和方法运用于管理之中，进而发展了管理控制的理论和方法。

管理控制是指为了确保组织目标以及为此而拟订的计划得以实现，管理者根据事先确定的标准或因发展需要而重新拟订的标准，对下级工作和各项组织活动进行检查、分析和评价，发现偏差并采取纠正措施的活动。或者说，管理控制就是管理者为保证实际工作及其结果能与计划目标相一致而采取的一系列管理活动。

二、管理控制的重要性

1. 管理控制是有效实现计划目标、促进组织系统有序高效运行的重要保证

任何组织、任何活动都有既定的目标，计划工作的任务之一就是在科学预测基础上，并充分考虑到了各种有利条件和影响因素，制定组织的发展目标和实现目标的关键措施。但由于环境条件是变化的，预测不可能完全准确，并且还会发生难以预料的情况，主管人员也会受到其自身的素质、知识、经验、技巧的限制，从而使制订出的计划在执行过程中出现偏差。这时，控制工作就起了执行和完成计划的保障作用。通过控制，主管人员可以及时发现偏差及偏差产生的原因，采取相应的纠偏措施，使组织系统朝着组织目标所指定的方向和要求有序、高效运行。

2. 管理控制是衡量工作业绩、采取正确激励措施的重要依据

通过控制工作，在明确目标和制定控制标准的基础上，及时了解各部门、各级人员的工作进展和最终成效，这就为采取正确的激励措施提供了科学的依据。管

理人员可以根据管理控制所得到的关于部门和员工工作绩效的信息，在查明原因和明确责任的基础上，该奖的奖，该罚的罚，做到赏罚分明，从正反两方面激发和调动广大员工的工作责任心和积极性。

3. 管理控制是改善管理工作、促进管理现代化的重要手段

控制工作的重要性还表现在它在管理的各个职能中所处的地位及其相互关系。控制工作通过纠正偏差的行动与其他管理职能紧密地结合在一起，使管理过程形成了一个相对封闭的系统。在这个系统中，计划职能选择和确定组织的目标、战略、政策和方案以及实现它们的程序。然后，通过组织、领导等职能去实现这些计划。为了保证计划目标的实现，就必须在计划实施的不同阶段，根据由计划产生的控制标准，检查计划的执行情况。这就是说，虽然计划工作必须先于控制活动，但其目标是不会自动实现的。一旦计划付诸实施，控制工作就必须穿插其中。它对于衡量计划的执行进度，乃至发现并纠正计划执行中的偏差都是非常必要的。同时，要进行有效的控制，还必须制订计划，必须有组织保证，必须要配备合适的人员，必须给予正确的指导与领导。所以说，控制工作存在于管理活动的全过程中，它不仅可以维持其他职能的正常活动，而且在必要时，还可以采取纠正偏差的行动来改变其他管理职能的活动。虽然有时这种改变可能是很简单的，例如在指导中稍作变动即可，但在许多情况下，出色的控制工作有助于确立新的目标、提出新的计划，促进组织结构和人员配备的优化以及在领导方法和决策工作的重大改进。

三、管理控制系统

任何组织若要有效实现组织目标，必须有一个与之相适应的管理控制系统，因为组织中的控制活动是通过组织的管理控制系统来完成的。管理控制系统主要由以下要素构成：

1. 控制的目标和标准

控制的目标和标准即进行控制活动的目的取向和衡量部门和员工工作绩效的尺度，这是进行管理控制的依据。

2. 控制的主体

控制的主体即各级管理者及所属的各职能部门。

3. 控制的对象或客体

管理控制的对象或客体是组织的整个活动。由于组织活动总是由具体的部门和人员来承担的，控制的对象或客体也可理解为组织中所有的部门和人员，包括管理者自身的行为也必须受到控制和约束。

4. 控制的方法与手段

控制的方法与手段即为实现有效的控制，控制主体所采用的各种方法和手段。管理控制系统的基本结构如图 9-1 所示。

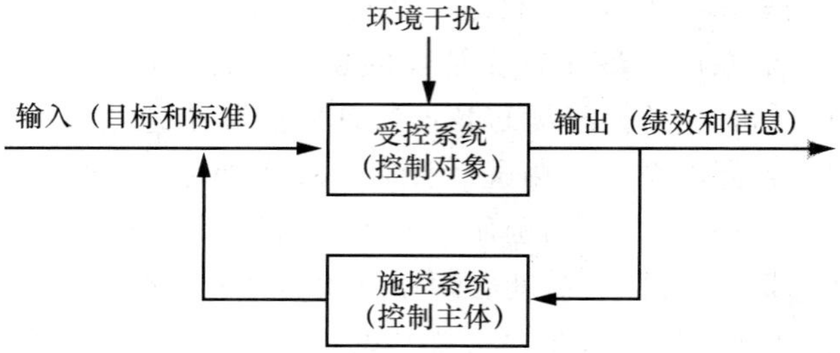

图 9-1 管理控制系统的结构

在图 9-1 中，控制对象与控制主体被明确地区别开来，是一种外部对于对象的控制。实际上，在组织中控制主体往往也是控制的对象，两者有时是重合的、统一的，这属于自我控制，即人们以自己的方式行事、自己调控自己的行为。自我控制是一种内部控制，因为它不是借助于外部的力量，而是依靠对象自身的纠错能力实施的控制。就管理控制而言，在大部分情况下，内部控制与外部控制需要相互配合，因为没有至高无上的权力，也没有不受约束的行为和个人的绝对自由。

四、管理信息系统

（一）管理信息系统的概念

管理信息系统（management information system，MIS）是一个为组织决策和管理控制服务的计算机信息系统，它对组织的信息资源进行统一的管理，辅助有关人员对控制对象的运行状态和运行结果以及组织环境的变化进行信息采集、加工、分析和处理，并向管理控制系统的决策机构提供有关的控制信息，以支持组织管理控制工作。一个管理信息系统应当向主管部门提供四种主要的信息服务：确定信息需要、搜集信息、处理信息和使用信息。

（二）管理信息系统的发展阶段

管理信息系统的发展是随着计算机技术、通信技术、网络技术和数据库技术、控制技术以及管理科学的发展而发展的。管理信息系统的发展大体经历了四个阶段：

第一阶段，数据处理阶段（1953—1958 年） 第一代计算机开始进入大企业。大企业把计算机看做企业管理手段进步的标志，当时流行的观念是：要先进，就得有计算机。这一代计算机的硬件是由电子管和磁带记录器组成的，软件很少，因而功能有限，多用于企业的财会部门，从事单项数据处理。从数据处理的方式来看，首先出现的是批处理(batch process)，即当数据积累到一定数量后，再一次性的统一的集中处理。随着计算机技术的发展和迅速普及，组织已经能够实现对管理控制信息的实时处理(real-time process)，即事件发生时可对事件进行及时的连续的处理。

第二阶段，信息管理阶段(1958—1966 年) 计算机技术进入了第二代，晶体管代替了电子管，磁芯存储器取代了磁带存储器，计算机的内存扩展了，运算速度加快了，输入—输出功能更强了，特别是软件的进步成为这一代计算机的重要标志。这一阶段管理信息系统的发展得益于数据库技术和网络技术的发展。与前一阶段相比，这一阶段在管理信息系统所涉及的广度与深度上都有了显著的进步。管理信息系统已经不再满足于进行一般的事务处理和代替管理人员的复杂劳动，它还能为管理人员提供辅助决策方案，为决策科学化提供了应用技术和基本工具。这一阶段，管理信息系统在组织中的地位得到了明显的巩固和提高，已成为管理者实施管理控制的不可缺少的有力武器。管理信息系统的应用遍布组织的各个角落，包括生产作业、采购、人事、市场、工程、研究与开发等各个领域。管理信息系统的开发也是面向整个组织的，因此能够有效地实现信息共享，使组织的各类资源尽可能地得到最佳配置，使组织的总体效益最优。

第三阶段，智能管理阶段(1966—1974 年) 第三代计算机问世，采用的是集成电路装置，从而使计算机日益朝着大型化的方向发展。通过与终端的远距离通信，把信息集中到中央处理机，提高了信息处理的能力，扩大了资源共享的程度。第三代计算机引起的组织变化是很大的。设置在总部的中央处理机系统，使得全公司的信息实现了高度集中统一的管理。并且为了设计、使用和维护大型计算机的软件和硬件，在大公司的管理组织中分化出了专门的信息处理职能和相应的机构，这是一种专业化的具有通信和控制功能的高度集权的组织。管理学家们注意到第三代计算机促进了大公司重新集权化的趋势。随着管理信息系统的发展，除了要求完成大量的数据组织、存储、查询、统计、报表等主要工作外，还要逐步增加模型决策的功能。这一时期的管理信息系统与初级阶段相比增加了模型库和模型库管理系统等部件。DSS 语言使人机交互、模型库系统、数据库系统三者有机结合起来。并使管理信息系统上升到决策支持系统的新台阶上，使那些原来不能用计算机解决的问题逐步能用计算机解决。

第四阶段，知识管理阶段(1974 年至今) 面对新经济浪潮，知识管理正成为一个热门话题。知识管理可以说是管理信息系统的又一新阶段。知识管理是建立在信息管理基础上的。我们仍处在应用第四代计算机的阶段。超大规模集成电路和更加丰富的软件，一方面继续扩展计算机的功能，另一方面使计算机日益小型化、微型化、廉价化。微型计算机逐步进入家庭，集成电路被装在诸如电话、复印机、打字机、传真机等各种办公设备上，使之成为一种“智能化”的装置。特别是分布式数据库技术和计算机网络管理软件使得管理信息系统的发展进入了数据的系统处理阶段。计算机已经能够把企业生产经营过程中的数据全面地收集和存储起来，并向企业的各个环节或职能部门提供信息，形成了以信息系统为主的管理中心，使管理职能进一步集中，使整个管理系统发生了质的变化。

(三)管理信息系统的开发

组织要开发和建设管理信息系统，就必须先设计出一个良好的管理信息系统。组织管理信息系统项目的实施包括以下主要环节：

1. 系统规划

管理信息系统的开发和建设对组织来说是一项投资巨大、周期长、影响面广的大型系统工程。因此，只有做好系统规划，采取恰当的开发方法，才能保证系统开发的质量，才能保证开发出的管理信息系统符合组织的要求。这一阶段的核心工作是进行系统开发的可行性研究，并撰写可行性研究报告。

2. 系统分析

系统分析是在系统规划阶段的基础上所做的实质性的开发工作。这一阶段需要对组织的信息需求(包括知识需求)做出全面的考察，并确定未来新系统的要求。之后，要采用有效方法和工具(如工程化的方法和工具等)来表达系统分析的成果，即系统的逻辑模型。

3. 系统设计

在系统分析的基础上，首先进行系统总体框架结构的设计，为后面具体的物理设计制定蓝图。有了这一蓝图后，还需要进行代码设计、输入/输出界面设计、数据库设计以及处理模块的设计等。

4. 系统实施

在系统设计的基础上，完成程序编制工作，并调试系统，使系统投入试运行。

5. 系统维护

这一阶段主要包括系统使用中的管理、维护与系统评价等工作。维护既包括日常性更新，也包括对系统功能的调整和扩展。系统评价则是将系统实际运行效果与当初的系统开发目标进行对比，考察系统能否较好地满足组织管理控制工作的需要，并为组织的维护提供有价值的意见或建议。系统评价可以在系统运行中定期或不定期地进行。

第二节 控制过程、控制类型与控制原则

一、控制的过程

从对控制概念的讨论中可知，控制的依据是标准，控制的基础是信息，控制的目的是通过一系列纠偏措施来保证计划目标的有效实现。因此，我们可以将控制的过程划分为三个相互紧密联系的基本环节：制定标准、衡量成效和纠正偏差。

（一）制定标准

标准是计量实际或预期工作成果的尺度。组织工作千头万绪，影响实现组织目标的因素多种多样，要有效控制这些因素，首先应该明确控制的对象是什么。没有对象的控制，是盲目的控制，是不可能有成效的。控制对象，就是体现目标特性、影响目标实现的要素。只有明确了对象，才能有的放矢地制定标准。由于计划是进行控制的根据，所以从逻辑上讲，控制过程的第一步是制订计划。但是因为各种计划的详尽程度和复杂程度不尽相同，还因为在大多数的经营活动中，主管人员没有这么多的精力和能力去通过自己亲自仔细、全面的观察来实行控制，所以需要建立专门的标准。这种标准是从一个完整的计划中所选出来的、对工作成果的计量具有重要意义的关键点。它们可能是生产经营活动中的一些限定因素，或者是使计划能更好地发挥作用的一些因素。有了这样的标准，主管人员不必考虑计划执行中的每一个步骤，就能够了解有关工作是如何进行的。

但是，对主管人员来说，因为各类企事业单位和组织都有其特殊性，所要执行的计划多种多样，还因为所要计量的工作成果各不相同，所以也就不存在所谓普遍适用的控制标准。

从计划中选择关键控制点的能力是一门管理艺术，有效的控制就取决于这种能力。作为一个主管人员，在确立标准时就应当自问：能最好反映本部门目标的是什么？在经营工作中出现偏离目标的情况时，能最好地向我指出这种情况的是什么？能最好地计量关键点偏离于标准误差的又是什么？谁对此负责？什么样的标准最省钱？经济适用的信息要符合什么标准？等等。

如上所述，标准不可能只有一种，而是可以有许多种。计划方案的每一个目标，每一个目的，这些方案所包括的业务活动，每一项方针政策，每一种程序和每一项预算，都能成为衡量计划的实际执行或预期执行情况的标准。但是从下面的讨论中我们就可以知道，最理想的标准是可考核的标准。

在实际工作当中，按照不同的依据，可把标准分成不同的类型。例如分成实际标准和财务标准；财务标准又包括费用标准、资本标准和收入标准等；或者分成无形标准和有形标准等；或者分为定性标准和定量标准等。但不管采用哪类标准，都需要按控制的对象来决定。

1. 实物标准

这是一类非货币标准，普遍适用于使用原材料、雇员、提供劳务和产品等的基层单位。这些标准反映了定量的工作成果。例如单位产量工时、生产每马力所需要的燃料数、货运量的吨千米、单位台时产量、每吨铜的导线尺数、每日门诊病人数等。实际标准也可以反映质量。例如，轴承面的硬度，公差的精密度，飞机上升的速率，纺织品的耐久性、颜色的耐褪性等。从某种意义上说，实物标准是计划工作的基石，也是控制的基本标准。

2. 费用标准

这是一类货币标准。这些标准把货币价值加到各种经营费用之中，例如单位产品的直接费用和间接费用，单位产品或工时的人工费用，单位产品的材料费用、机时费用，单位面积的用地费用等。这里要记住的是，在管理学中产品也往往包括医疗服务中的病人、预防措施的对象以及医学教育的受教育者等。

3. 资金标准

这是用货币来计量实物项目的标准，与一个企事业的资金投入有关，而与经营费用无关。对于新的投资和综合控制来说，最广泛运用的标准就是投资回收率。

4. 收入标准

这是把货币价值与销售额相联系而产生的。这类标准多种多样，例如公共汽车每乘客/千米的收入、每销售一吨钢材的货币收入、平均每治愈一个病人的收入等。

5. 计划标准

为了控制，也许会指派一个主管人员去编制一个项目计划，例如编制一个要正式实施的新产品发展计划或提高医务人员素质的计划。在评价计划执行情况时难免有主观判断的因素，因此需要利用计划规定的时间日程以及其他的因素作为客观的判断标准。

6. 无形标准

这是一类既不能用实物也不能以货币形式来计量的标准。主管人员能够以什么样的标准来确定其下属的工作人员的能力呢？他们又能够用什么样的标准来确定一项庞大的调查计划意图已被所有的有关人员所理解了呢？这类问题表明，要确定既无明确的定量标准又无明确的定性标准的目标是非常困难的。在任何一个组织中,都存在着许多无形的标准。这是因为对所有各种工作的预期成果还缺乏彻底研究的缘故。或者,一个更重要的原因是在工作中或涉及人们相互关系的地方,特别在基层以上的各级机构中,很难衡量什么是“好的”、“有效的”或“有效能的”。虽然心理学家和社会学家所提出的试验、调查和抽样方法使得判断人们的行为和动机已有可能,但是对于人们相互关系的许多管理控制却仍要以无形的标准、主观的判断、反复的试验,有时甚至是纯粹的预感等为依据。

7. 目标标准

这是一类比较理想的控制标准,即在各级管理机构中建立一个可考核的完整的目标体系,这样就可以使无形标准的作用(尽管它仍然是重要的)逐渐减小。可考核的目标可分为定量目标和定性目标两种。定量目标多半是采取上面所概括的各种标准形式,它是可以准确地考核的。定性目标虽然也可考核,但却不可能和定量目标一样考核得那么精确。不过,这可用详细说明计划或其他具体目标的特征和完成日期的方法来提高可考核的程度。

(二)衡量成效

实际上可以把这看做是控制过程的一个“反馈”。有了标准以后,还需要明确衡量的手段和方法是什么,落实进行衡量和检查的人员,然后通过衡量工作中的成效,获得大量信息。这样一方面可以反映出计划的执行进度,使主管人员了解到哪些人员或哪些组织部门的工作成效显著,以便对他们进行奖励;另一方面可使主管人员及时发现那些已经发生或预期将要发生的偏差。

按照标准来衡量实际成效的最好办法是树立在向前的思维和工作习惯,即不应把衡量成效看做是一项机械性度量,消极地等待问题和偏差已经发生时才采取措施,而是要有预见性地、积极主动地观察分析实际工作情况,发现问题产生的苗头和可能出现偏差时及时提出警示并采取必要的措施,从而可使差错在其实际发生之前就被发现并采取适当的措施加以避免。但是我们往往会发现,这样做不一定行得通。机灵的有远见的主管人员常常能预见可能出现的偏差,在缺乏这种能力的情况下,也应尽可能地及早发现已经出现的偏差。

如果有了恰如其分的标准,以及准确测定下属工作成效情况的手段,那么,就能对实际或预期的执行情况进行评价。但是,对某些特殊业务工作而言,要制定出精确的标准可能会存在困难。例如,对技术性很强的工种,不仅难于确定标准,而且也难于进行评价。尤其是对那些各级组织的主管人员,更难评价控制他们的工作成效,而恰恰就是这些主管人员和他们的工作,特别需要评价和控制。这是因为主管人员不仅是计划的执行者,而且还是计划的制订者和执行的监督者,他们的工作成效,不仅决定着他们个人的前途,而且还关系到整个组织的未来。因此,不但要对他们的工作进行衡量评价，而且要对他们的个人素质进行考评。解决的办法是拟订一些可考核的标准，用定量的或定性的“有形”标准去取代那些无形的、笼统的、往往掺杂有许多主观因素的标准。

(三)纠正偏差

这是控制的关键。它之所以重要，就在于它体现了执行控制职能的目的，并且将控制工作与其他管理职能有机结合在一起。如果制定的标准反映了组织的实际情况，也就是在实际的衡量中，通过用该标准与计划的执行情况进行比较，并能追踪那些对产生偏差负有责任的人，那么就能使偏差得到迅速纠正，因为主管人员能根据组织结构而准确地知道必须在什么地方由谁负责采取纠正措施。

纠正计划实际执行中的偏差，是整个管理系统中的一部分工作内容。主管人员通过对获得的偏差信息进行分析，就可以找出偏差出现的原因和应该对此负责的人员，然后通过重新制订计划或修改目标来纠正偏差；或者通过其他管理工作职能，例如重新委派主管人员，加强对人员的培训或明确职责来纠正偏差；也可以通过改善指导与领导的方法来纠正偏差，例如更充分地阐明所布置的任务或采用精神奖励和物质奖励相结合的激励方法等。

有些观点认为，纠正偏差不仅是控制过程的一个重要步骤，而且还是其他各项管理职能都能发挥其作用的一个关键环节。的确，在工作陷入困境时，控制活动绝不是只限于按照标准来计量实施的成效情况而不做其他任何努力。控制活动与其他管理职能是交错重叠的，主管人员各项工作是统一的，管理的计划、组织领导、控制、沟通等各项职能是一个有机完整的系统。

二、控制的类型

控制的类型很多，按不同的依据进行分类，在实际工作中比较常见的分类方式有以下几种：

(一)按控制的时间性分类

按照控制措施的作用时间可将管理控制分为前馈控制、同期控制和反馈控制，这是最主要的一种分类方法。

1. 前馈控制

前馈控制又被称为事前控制或预测控制，即控制行为发生在执行计划的行动之前，或尽管计划已经执行，但控制行为是在问题出现之前实施的。从理论上说，前馈控制是管理者最希望采取的控制行为，因为它能在工作开始前就对工作执行中可能产生的偏差结果进行预测和估计，并提前采取相应的防范措施，以避免那些预计可能出现的问题。例如，公司的管理者可能在签订一笔大宗订单前就已经开始人员的招聘及培训工作，以防止延期交货事件的发生。前馈控制的优点是能够防患于未然，避免出现问题后再加以补救，甚至造成无能为力的局面。并且前馈控制对事不对人，易于被相关人员接受而不至于产生抵触情绪。

前馈控制虽然理想，但实施起来却并非易事。原因在于前馈控制需要准确及时地获取相关信息并准确地进行预测，并且要求管理人员对控制过程十分了解，尤其是要能够理解前调控制因素对计划的可能影响。因此，管理者往往不得不借助于同期控制和反馈控制。

2. 同期控制

同期控制又常被称为现场控制、同步控制、过程控制或事中控制，它是指在工作进行之中所实施的控制。同期控制的主要职能包括监督和指导两项。监督是指按照预定的标准来检查正在进行的工作，以保证目标的实现。指导是指管理者针对工作中出现的问题，根据自己的经验指导下属改进工作，或与下属共同商讨纠正偏差的措施，以便有关人员能够正确地完成规定的任务。在实施同期控制时，管理者往往亲临现场，这便于发生问题时及时加以纠正。尽管可能有一段延迟时间，但延迟一般都很小。

随着计算机在企业管理中应用的日益普及，同期控制方式的应用也日益广泛。如在许多计算机系统中就预先设置了有关错误提示及纠正错误的措施，一旦错误出现，操作人员可以立即清楚地知道发生了何种错误，下一步该怎么做。

同期控制的优点是：同期控制的指导功能，有利于提高员工的工作能力和自我控制能力。相比较而言，同期控制能基本做到及时地发现问题并及时地加以纠正。

但同期控制也存在一定的局限性，主要表现在：同期控制在很大程度上受管理者时间、精力和业务水平的制约，其应用范围也较窄，并且容易造成控制者与被控制者之间的对立。因此，同期控制不大可能成为日常性的控制方式，而只能作为其他控制方法的补充。

3. 反馈控制

反馈控制又常被称为事后控制，指的是在工作结束或行为发生之后的控制。反馈控制是最常用的一种控制类型。如对不合格产品的修理、对某月某地某些品牌商品的市场销售业绩的评价等，都属于反馈控制。

反馈控制的优点是：能够真实地了解计划执行效果，便于总结规律，为进一步实施战略目标创造条件，从而形成良性循环，提高工作效率和效果。当反馈结果表明实际情况与预先制定的标准之间偏差很小时，意味着计划目标已达到；而当反馈结果显示实际情况与标准之间存在很大的偏差时，管理者就应当仔细分析产生较大偏差的原因，是否是由于外部环境与内部条件发生了较大变化，或者是由于计划制定得不够合理，据此总结经验，使新计划更为有效。另外，通过反馈控制能够获取员工绩效评价方面的信息，因而有助于增强员工的积极性。反馈控制的最大缺点是在采取措施前，偏差已经产生，损失也已经造成，如同亡羊补牢。但事实上反馈控制是大多数情况下唯一能采取的控制方式，正因为如此，传统的控制方法也大多是事后控制。

(二)按控制的直接性分类

按控制的直接性可将管理控制分为间接控制和直接控制。

1. 间接控制

间接控制是指通过建立的控制系统来对被控对象进行控制。

2. 直接控制

直接控制是指相对于间接控制而言，依靠主管人员的个人素质进行控制。

与直接控制相比，间接控制有一定的滞后性，但可以减弱由于主管人员时间、精力不够和业务素质不高对控制效果造成的影响。

(三)按控制对象的层次分类

按控制对象的层次可将管理控制分为作业控制、战术控制和战略控制。

1. 作业控制

作业控制又称运作控制，主要是针对基层业务活动进行的控制，以确保完成相应的作业计划。

2. 战术控制

战术控制是为完成中层管理计划而进行的控制活动。

3. 战略控制

战略控制是为完成高层管理计划(战略规划)而进行的控制活动。

三个层次的控制既有区别，又有一定的联系。较低层的控制是较高层控制的基础，并应服从于较高层控制的目标。

(四)按控制的重心分类

肯尼斯(Kenneth Merchant)对管理控制提出了一种新的分类方法，即按控制重心的不同将管理控制分为结果控制、人员控制和行动控制。

1. 结果控制

结果控制主要是对具体结果进行度量，包括对预算中差异的百分比的测定、单位时间所能完成的项目的数目及其与预算的对比，以及依据其他一些参数实施控制。

2. 人员控制

人员控制是对执行任务的人员进行控制。

3. 行动控制

行动控制包括建立某些协议和计划,并根据相关协议和计划对进程进行监控。如将任务分解成任务链、控制进入某些领域的通道、建立防火墙等。

(五)按控制方法分类

按控制方法的不同,可将管理控制分为预算控制和非预算控制。

1. 预算控制

预算是计划的数量形式,或转换为控制标准的计划。计划编制工作以编制预算为起点,又以确定计划预算为终点。通过编制和执行预算来对计划的实施进行监督和约束的控制方法。

2. 非预算控制

非预算控制是指控制的标准或依据不是来自预算,而是依据其他方面的标准或要求。

三、控制工作的基本原则

在管理工作中,要使控制工作发挥有效的作用,建立的控制系统和实际控制工作就必须遵循以下原则:

(一)反映计划要求原则

反映计划要求的原则是指计划越是明确、全面、完整,所设计的控制系统越是能反映这样的计划,控制工作也就越能有效地为主管人员的控制需要服务。

每一项计划、每一种和每一方面的工作都有其各自的特点,它们产生的信息和需要的信息也各不相同。控制的任务是保证计划能如预期那样发挥作用,所以一个控制系统就不能在没有计划的情况下设计。在设计控制系统、运用控制技术进行控制工作之前,必须要有计划,而且还必须反映计划所提出的要求。这实际上意味着控制系统不仅应当具备迅速报告计划执行情况及实际偏差的功能,而且还应具备能预告可能出现偏差的功能,以便能留有采取措施的时间,而这个系统的建立,也必须根据计划的特点和要求加以设计。

控制和计划既有联系,又有区别,它们是一个事物的两个方面。首先,计划是实现控制工作的依据,主管人员往往是根据计划来设计控制系统,确定控制工作的标准。其次,控制是实现计划的保证。例如,预算是计划的一种,是数字化的计划,它可以促使一个组织预先(不管是一周还是更长时间)对预期的现金流动、开支和收入、资金支出或人时、台时利用等进行数字上的整理;同时,预算也是一种控制方法,我们可以根据预算来确定控制的标准,并以此检查计划的执行情况。必须指出,虽然某些控制技术,例如预算、定额工时和定额费用以及各种财务比率等,在各种不同情况下得到广泛的应用，但是绝不能认为，这些得到广泛运用的任何一种方法在任何一种情况下都是适用的。主管人员必须经常了解计划以及计划实施过程中要加以控制的关键因素，选择适用的方法和信息。

(二)组织适宜性原则

组织适宜性原则是指组织机构越是明确、全面和完整，设计的控制技术越是能反映组织机构中的岗位职责，也就越有利于纠正偏离计划的误差。

由于控制工作的目的是要对实施计划的活动进行衡量、测量和评价，并及时地采取纠正措施以确保计划的实现，而计划又是由人来执行的，所以一旦出偏差，就必须由那些通过组织机构的职能而被授权来执行计划的主管人员负责。因此，控制工作除了要能及时地发现执行过程中发生偏离计划的情况外，还必须知道发生偏差的责任和采取纠正措施的责任应由谁来负责。

组织结构作为明确组织中人员权责的框架体系，提供了哪些部门(或人员)要对计划的实施以及计划执行中的偏差负责的主要线索，因此，拟订的控制系统和方法必须要考虑组织结构。同理，控制技术和控制系统也应当考虑职位的情况。无可否认，控制越是能够反映组织机构中负责采取措施的职位职责，就越有利于纠正偏离计划的差错。

(三)控制关键点原则

控制关键点原则是指主管人员越是尽可能选择计划的关键点来作为控制标准，控制工作就越有效。

由于主管人员的精力有限，控制工作的标准应选择那些计划的关键点，即有效的控制应着重于那些对计划的完成有着举足轻重的关键问题。对一个主管人员来说，随时注视计划执行的每一个细节，通常是效率低下甚至是没有必要的，他们应当将注意力集中于计划执行中的一些主要影响因素上，并据此来掌握任何一个偏离计划的重要偏差，而不必去注意每件事的每个细节。一般地说，没有什么简易的准则可以直接告诉他们应当注视哪些关键点，因为关键点的选择是一种管理艺术。

(四)例外情况原则

例外情况原则是指主管人员越是把注意力集中在例外的情况，控制工作就越有效。

主管人员应当重地关注一些重要的偏差，也就是说应把控制的主要注意力集中在那些超出一般情况的、特别好的或特别坏的情况上。这样，才能使控制工作既有好的效能，又有高的效率。不过，只注意例外情况是不够的。在偏离标准的各种情况中，有一些无关紧要，而另一些则不然。某些方面微小的偏离可能比其他方面较大的偏离情况影响更大。例如，一个主管人员可能会对于办公室的人工费用比预算高出5%给予关注，但对即使比预算高出20%的邮资费用则可能表现出无所谓的态度。因此，仅立足于寻找例外情况是不够的，例外的原则必须与控制关键原理相结合，必须寻找在关键问题上的例外情况。这里，这两个原则似乎相互混淆了。它们的确有某些近似之处，然而控制关键点的原则强调控制必须去注意需要观察的点，而例外情况原则强调的是必须观察在这些关键点上所发生的偏差大小。

(五)直接控制原则

直接控制原则是指主管人员及其下属的素质越高，就越能胜任所承担的职务，就越不需要间接控制。

直接控制是相对于间接控制而言的。金无足赤，人无完人。一个人，无论他是主管人员还是非主管人员，在工作过程中常常会犯错误，或者往往不能觉察到即将出现的问题。这样，在控制他们的工作时，就只能在处理了偏差后，通过分析偏差产生的原因，然后才去追查其个人责任，并使他们在今后的工作中加以改正。如前所述，这种控制我们把它称为“间接控制”。显而易见，这种控制的缺点是在出现了偏差后才去进行纠正。针对这个缺陷，直接控制原则强调的是，主管人员及其下属素质越高，也就越能在事前觉察出偏离计划的误差，并及时采取措施来预防它们的发生。这意味着任何一种控制的最直接方式，就是采取措施来尽可能地保证主管人员的素质。

第三节　控制方法

管理控制的具体方法多种多样，每一种控制方法都有其适应的对象。管理者应根据控制对象的特点和控制的目的，选择适当的控制方法。由于控制的种类和方法很多，限于篇幅，本节介绍几种常用的、具有一般意义的控制方法。

一、预算控制

(一)预算控制的含义

预算就是用数字编制的未来某一时期的计划。在管理控制中使用最广泛的一种控制方法就是预算控制。预算控制清楚地表明了计划与控制的紧密联系。预算是计划的数量表现，预算的编制既是作为计划过程的一部分开始的，而预算本身又是计划过程的终点，是一种转化为控制标准的计划。

编制预算实际上就是控制过程的第一步——拟订标准。由于预算是以数量化的方式来表明管理工作的标准，从而本身就具有可考核性，因而有利于根据标准来评定工作成效，找出偏差（控制过程的第二步），并采取纠正措施，消除偏差（控制过程的第三步）。无疑，编制预算能使确定目标和拟订标准的计划工作得到改进。不仅如此，预算的最大价值还在于它对改进协调和控制的贡献。当为组织的各个职能部门都编制了预算时，就为协调组织的活动提供了基础。同时，由于对预期结果的偏离将更容易被查明和评定，预算也为控制工作中的纠偏奠定了基础。所以，预算可以促进和改善计划和协调职能，并为控制提供基础，这正是编制预算的目的所在。

（二）预算的种类

按照不同的预算内容，可将预算分为经营预算、投资预算、财务预算三大类。

1. 经营预算

这是组织开展各项日常活动的预算，包括销售预算、生产预算、直接材料采购预算、直接人工预算、制造费用预算、单位生产成本预算、推销及管理费用预算等。其中销售预算是最基本和最关键的预算形式，因为它是销售预测的最正式和最详细的说明，而企业主要是靠销售产品和劳务所提供的收入来维持经营费用的支出并获利的，因而它也是预算控制的基础。生产预算是根据销售预算中的预计销售量，按产品品种、数量分别编制的。直接材料采购预算、直接人工预算和制造费用预算是在生产预算和生产进度日程表的基础上编制的，它依据企业生产成本统计。推销及管理费用预算，包括制造业务范围以外预计发生的各种费用明细项目（如销售费用、广告费、运输费等）。对于实行标准成本控制的企业，还需编制单位生产成本预算。

2. 投资预算

对固定资产的购置、扩建、改造、更新等，要可行性研究的基础上编制预算。它具体反映在何时进行投资、投资多少、资金从何而来、何时可获收益、每年的净现金流量为多少、需多长时间收回投资等问题。由于投资的资金来源往往是企事业单位的限定因素之一，而对厂房和设备等固定资产的投资又往往需要很长时间才能收回，因此投资预算应力求与组织发展战略和长期计划紧密联系在一起。

3. 财务预算

财务预算是在计划期内反映有关预计现金收支、经营成果和财务状况的预算，包括现金预算、项计收益表和预计资产负债表等。前述的经营预算及投资预算中的资料，均可折算成现金反映在财务预算内，故亦被称为“总预算”。

现金预算主要反映计划期间预计现金收支的详细情况。在完成了初步的现金预算后，就可以知道在计划期间需要多少资金，财务主管人员就可以预先安排和筹措，以满足计划实施对资金的需求。为了有计划地安排和筹措资金，现金预算的编制期应越短越好。预计收益表(或称为预计利润表)是用来综合反映企事业单位在计划期间生产经营和业务活动的财务情况,并作为预计最终成果的重要依据,是财务预算中最主要的预算表之一。预计资产负债表主要用来反映在计划期末那一天预计的财务状况。它的编制需以计划期间开始日的资产负债表为基础,然后根据计划期间各项预算的有关资料进行必要的调整。

(三)预算方法

1. 增量预算法

增量预算法简称增量预算,又称调整预算法,一般都是以基期的各项费用项目的实际开支数为基础,然后再根据计划期间业务量水平和各种影响成本因素的变化情况,通过调整有关原有费用项目来编制预算的一种方法。如编制费用预算是在现有基础上增加一定的百分率,就叫增量预算法;相反,则称之为减量预算法。增量预算的方法假定:现有的业务活动是企业所必须的,原有的各项开支都是合理的,增加费用预算是值得的。这种方法以过去的经验为基础,实际上承认过去所发生一切都是合理的,主张不需要在预算内容上做较大改进,而是沿袭以前的预算项目。正因为如此,增量预算往往不加分析地保留或接受原有的成本项目,可能使原有不合理的费用开支继续存在下去,造成预算上的浪费。同时,它只对目前已经存在的费用项目编制预算,而对那些对企业未来发展有利、确实需要开支的项目却未给予考虑,这将对预算单位一些有价值的改革创新思想的应用产生不利影响。

2. 零基预算法

零基预算全称叫做以零为基础的编制计划和预算的方法,它是美国德州仪器公司彼得·派尔(Peter Pyhrr)20世纪70年代提出的一种预算方法。

零基预算法与传统的增量或减量预算法截然不同,它的基本原理是:对于任何一个预算期,任何一种费用项目的开支数,无论是原有项目还是新项目,不是从原有的基础出发,即根本不考虑基期费用的开支水平,而是一切以零为起点,从根本上来考虑各个费用项目的必要性和水平。

零基预算法的程序包括以下四个步骤:

(1)在审查预算前,主持这一工作的主管人员首先应明确组织的目标,并将长远目标、近期目标、定量目标和非定量化目标之间的关系和重要次序搞清,建立起一种可考核的目标体系。

(2)在开始审查预算时,将所有过去的活动都当做重新开始。要求凡是在下一年度继续进行的活动或续建的项目,都提交计划完成情况的报告;凡是新增的项目都必须提交可行性分析报告;所有要继续进行的活动和项目都必须向专门的审核机构证明自己确有存在的必要;所有申请预算的项目和部门都必须提交下一年度的计划，说明各项开支要达到的目标和效益。

(3)在确定出哪些是真正必要的项目之后，根据已确定的目标体系重新排出各项活动的优先次序。

(4)编制预算。资金按重新排出的优先次序分配。尽可能满足排在前面的需要，如果分配到最后，对于一些可进行但不是必须进行的活动已无多少剩余的资金可供分配，那么最好将这些活动暂时放弃。

3. 弹性预算法

弹性预算与固定预算相对应。固定预算是根据一定计划期内的业务量水平为基础来确定各费用项目的预算。它的缺点在于：每当实际发生的业务量与编制预算时所根据的业务量发生差异时，各费用项目的实际数与预算数就无可比基础。要使之可比，就必须根据实际业务量的变动对原预算数进行调整，于是产生了弹性预算方法。

所谓弹性预算，就是编制费用预算时，考虑到计划期间业务量可能发生变动，编制出一套能适用多种业务量的费用预算，以便分别反映在该业务进行的情况下所应开支的费用水平。

4. 项目预算法

项目预算法是一种主要用于政府部门的，将计划、规划、预算结合在一起的系统控制方法。它强调的是目标和实现目标的规划，是按规划的项目或方案拨款而不是按职能部门上年的预算基础增加或减少一笔开支。

(四)编制预算的程序

编制预算之前，首先应建立一套制度。通过预算制度的建立，为预算的控制和执行提供保障。同时选择出预算的类型，确定预算的期限、分类等。在此基础上，可以参考下述步骤来编制预算：

(1)上层管理者将可能列入预算或影响预算的计划提交预算委员会或相关决策机构。预算委员会在综合考虑各种因素后，预计未来某一时期内的业务量。根据预测业务量、价格与成本预测该时期的利润。

(2)预算负责人向各部门管理者提出有关预算的建议并提供必要的资料。

(3)部门管理者根据计划和拥有的资料，编制出本部门的预算，并由他们相互协调可能发生的矛盾。

(4)企业预算负责人将各部门的预算汇总整理成总预算，并预拟资产负债表及损益表计算书，以及组织未来预算期限内的财务状况。最后将总预算草案交预算委员会和上层决策机构核查批准。

在采用预算手段进行控制时要注意以下几点：第一，预算不宜太细，要有一定的灵活性，大项收支要严，小项收支可以宽松一些。第二，预算目标不能代替组织目标，按预算规定办事，但不能不考虑组织目标的达成，即预算目标要服从组织的总目标。第三，预算的标准要适当，要切实可行，防止偏高或偏低的标准，否则难以实现或起不到应有作用，这样控制就失去了意义。第四，在实施过程中，必须经常检查和分析预算执行情况，必要时可修改预算，使之能适应组织发展的需要。

二、定额控制

定额是指在合理的劳动组织和一定的技术水平下，生产单位合格产品或完成单位业务量所必须消耗和占用的资源数量标准。在经营和业务活动中，对人、财、物的使用和消耗实施严格的定额管理，通过人员的定编，制定劳动定额、物资消耗定额及财务定额等管理措施，可以有效地控制人、财、物的占有与消耗，使各项资源更加合理组合，更加有效利用。因此，定额控制对于节约开支、降低成本、增加盈利将起到非常重要的作用，是一种重要的控制方法。

三、进度控制

进度控制即根据确定的计划，对作业、工作和工程的进展情况在时间上加以约束和控制的控制方法。进度控制目的是使各项活动按期正常进行，在时间上衔接，步调上协调，保证按期完成任务，这种控制常常用甘特图(线路图)、网络图等方法进行。

四、规章制度控制

在管理工作中，通过规章制度进行控制是一种最普遍的控制方法，如制定和贯彻落实生产责任制、技术操作规程、劳动管理制、财务管理制度、经济核算制度等，借以控制员工行为和生产经营管理活动。例如，通过建立健全工作报告制度，规定下属部门和下级人员定期或不定期向上级分管领导报告工作和项目进展情况，以便主管人员全面掌握计划实施情况和有关控制信息，就是一种有效的控制方法。

五、目标控制

目标管理是由美国管理学家德鲁克在 1954 年正式提出的。目标管理的概念是把经营的目的和根本任务转化为企业的方针和目标，实现各层次的目标管理，一方面激发有关人员的责任心和创造性，另一方面把总的目标层层分解，最终转化为个人的目标。目标管理在本质上是一种控制。通过目标的分解使控制的标准清晰、明确，各级管理人员容易做出判断；目标管理强调让管理人员和员工参与制定工作目标，员工的态度和行为与组织目标更为贴近；并且在工作中注重推行自我管理，这使得对人员行为控制变得更加简便有效，因此有人称目标管理为“管理中的管理”。

六、专题分析报告

专题报告和分析对于具体问题的控制是非常有效的。这是由于专题分析报告具有非例行工作的特点，使人们能够高度重视非一般性的问题，这样可以揭示出对改善效率有重大意义的关键所在。

七、比率分析

在实际工作中，仅从有关工作成效绝对数的度量中很难得出正确可靠的结论，只有根据它们之间的内在联系，相互对照分析才能说明问题。比率分析就是将资产负债表和收益表的相关项目进行对比形成一个比率，从而分析和评价经营成果和财务状况。常用的比率分为两大类：财务比率和经营比率。财务比率包括流动比率、负债比率、赢利比率等。通过对其分析，可以帮助我们了解企业的偿债能力和赢利能力等财务状况。经营比率包括库存周转率、固定资产周转率、销售收入与销售费用的比率等反映企业经营效率的高低和各种资源是否得到了充分利用。

八、经营审核

经营审核是组织中有关人员对会计、财务等活动所做的定期和独立评价。除此之外，还要对组织的政策、业务手续、职权运用、管理质量、管理工作的效果等诸方面做出正确的评价。

九、现场视察

深入现场也是控制的一种重要方法。主管人员通过深入现场调查、视察，也能从中得到有益的信息和情报。

十、盈亏平衡分析

所谓盈亏平衡分析，就是通过对销售量、成本和利润三者之间相互依赖关系的分析，找出企业的盈亏平衡点和盈利情况，据此对企业经营实施控制的一种方法。

盈亏分析又称量本利分析，它是一种分析企业经营情况和经营决策的有效方法。在盈亏分析中，将企业的总成本按照性质分为固定成本和变动成本（或可变成本）。所谓固定成本是指不随销售量变化而变化的那部分成本，例如折旧费、设备大修费、办公费、新产品研制费等。变动成本则是指随销售量变化而变化的那部分成本，例如原材料、工时费、燃料和动力费等。通过对固定成本、变动成本、销售量和利润之间相互依赖关系的定量分析，对比企业的经营计划目标，就可以决定采取怎样的控制措施，以促进企业经营目标的实现。

【本章小结】

控制一般是指按给定的条件对系统及其发展过程加以调整和影响，使系统处于最佳状态并达到预目标的一种行为。管理控制是指为了确保计划目标得以实现，管理者根据事先确定的标准或因发展需要而重新拟订的标准，对下级工作和各项组织活动进行检查、分析和评价，发现偏差并采取纠正措施的活动。管理控制工作的重要性具体体现在：管理控制是有效实现计划目标、促进组织系统有序高效运行的重要保证，是衡量工作业绩、采取正确激励措施的重要依据，是改善管理工作、促进管理现代化的重要手段。

组织中的控制活动是通过组织的管理控制系统来进行的。管理控制系统的主要构成要素有控制的目标和标准、控制的主体、控制的对象或客体、控制的方法与手段等。

管理信息系统是一个为组织决策和管理控制服务的计算机信息系统，管理信息系统在经历了数据处理阶段、信息管理阶段、智能管理阶段后，目前已进入知识管理阶段。管理信息系统的开发与建设一般包括五个环节：系统规划、系统分析、系统设计、系统实施和系统维护。

在管理工作中，要使控制工作发挥有效的作用，建立的控制系统就必须符合控制工作的基本原则，包括反映计划要求原则、组织适宜性原则、控制关键点原则、例外情况原则、直接控制原则。

管理控制的过程一般包括三个相互紧密联系的基本环节：制定标准、衡量成效和纠正偏差。

管理控制的类型和方法很多，可按不同的分类依据和标准对其进行分类。按控制方法的不同，可将管理控制划分为预算控制和非预算控制两大类型。预算控制根据预算编制的方法不同又可分为增量预算法、零基预算法、弹性预算法和项目预算法等。常用的非预算控制方法包括定额控制、进度控制、规章制度控制、目标管理、专题分析报告、比率分析、经营审核、现场视察和盈亏分析控制法等。其中有些技术和方法，已在其他相关课程中有所涉及和详细介绍过，本章只作一般介绍。

【复习思考题】

1. 什么是管理控制？它与工程控制有什么联系和区别？
2. 管理控制一般可分为哪几种类型？它们各有什么特点？
3. 试解释计划与管理控制之间的关系。
4. 什么是零基控制？它有什么优点？
5. 常用的非预算控制方法有哪些？

【知识应用与技能拓展】

成本控制助推沃尔玛繁荣

在美国《财富》杂志发布的世界500强名单中，美国零售业巨头沃尔玛公司，2011年位居第一位。2012年，尽管由于全球经济不景气，使得消费景气度降低，沃尔玛退居第三位，但其仍然实现营业收入4 470亿美元。

沃尔玛为什么能在世界500强榜单中名列前茅？在一次中外零售企业高层对话上，记者就此问题询问在场的零售企业的总裁们，他们中有人说沃尔玛的竞争力是天天低价，有人说是物流配送，还有人说是增值服务。

清华大学经济管理学院教授、中国零售业研究中心主任李飞认为："这些答案看起来似乎都对，又都不对。"李飞经过研究发现，沃尔玛的优势是天天低价。之所有能实现天天低价，是由于沃尔玛有主导竞争力的成本控制能力。对于这种成本控制能力，李飞有自己的一些观点。

一、天天低价源于成本控制

零售企业的竞争力应该包括三个层次：竞争的资源、竞争的能力和竞争的优势。提升零售企业竞争力也要从这三个层次入手，这三个层次每一个层次都是不可缺少的。

一是表现层，即竞争优势，它是企业竞争能力的外在表现。其要素都是顾客可以直接感知的，如产品质量、服务实现诺言、价格诚实、沟通守信、分销便利和环境舒适等。

二是中间层，即竞争能力，它是竞争优势形成的内在原因，包括业态创新能力、店铺扩张能力、营销管理能力、成本控制能力和财务运作能力等方面。

三是核心层，即竞争资源，它是竞争能力形成的关键因素，包括企业的人员、设备和企业所拥有的业务流程、制度和文化。

沃尔玛成功的原因是什么？就此问题，一些国外专家研究得出的结果是，沃尔玛的竞争优势就在于价格的优势，天天低价，不过天天低价是价钱属性，不是产品、不是服务、不是环境，而是价格。

沃尔玛有五项竞争能力，最为核心的是成本控制能力，其他的业态创新能力、快速扩张能力、财务运作能力和营销管理能力都是围绕着成本控制能力来运行的，这五个能力最终都在不同的方面节省了沃尔玛的整个运营成本，都是为运营成本服务的，为竞争优势服务的。

在业态创新上，创新的都是围绕着低成本运营的这些业态进行组合的。比如说营销管理，在营销管理当中，通过天天低价这个稳定的促销手段，大大降低了促销的费用，同时增加了单位成本和每个员工销售额的增加，就是单位成本下降了。

二、成本控制源于竞争资源

沃尔玛的成本控制能力最终来源于什么？应该来源于竞争资源，也就是说企业资源是围绕着控制成本运行的。

同时，沃尔玛的低成本业务流程是非常重要的。另外，沃尔玛有两种设备来保证成本控制，一个设备是配送中心，还有一个是信息系统。另一方面就是沃尔玛自身的制度和独特性的问题。

有人问过沃尔玛全球总裁李斯阁沃尔玛成功的因素是什么？他自己的认识是什么？李斯阁给出这样一个回答，成功的因素在于配送中心、信息系统和企业文化。

沃尔玛低成本业务流程都是围绕低成本运行形成一个业务流程，比如说低成本采购、批量采购、集中订货，这使它的成本大大下降了。

采购价格降低以后，又有自己的配送系统，所以低成本对店铺进行配送，这种配送使其形成了天天的低价格销售，由于实现了天天低价格的销售，使它的销售量大大增加，销售量增加使得采购量增加，采购量的增加又回到低成本采购上，形成了业务流程低成本运行。

沃尔玛在全球建立了62个配送中心，为450多家店铺进行配送，配送半径最远为500千米。

沃尔玛大约80个店铺需要建立一个配送中心，10万米^{2}的店铺面积一般有1万米^{2}左右的配送中心，配送中心有6个，比如有服装的配送中心、进口商品的配送中心、退货的配送中心等。

在中国,沃尔玛的物质设备就是信息系统。沃尔玛的信息系统建设累计已经达到7亿美元了,很多扫描系统都是在全球零售业最早开始用的,不断进行信息系统的开发和建设,使沃尔玛总部在一个小时之内可以对全球的店铺库存和销售情况盘点一下,可以及时了解到销售情况,也可以使得厂商了解自己的产品卖得如何,使商场和厂家的库存大大降低,利润增加,这两种物质设备都是围绕着成本控制进行的。

三、制度文化的核心是控制成本

沃尔玛是有独特的组织制度和文化的,不过这些制度和文化本质上是为控制成本服务的。沃尔玛提倡的是忠于顾客。忠于顾客的内涵就是提供有价值的商品给顾客,忠于顾客的外延就是实行天天低价,为顾客节省每一分钱。这不仅仅是制度,而是已经成为了沃尔玛的文化。

沃尔玛在企业和员工间建立了伙伴关系。每一位员工都是沃尔玛的合伙人,是伙伴关系的外延,与员工共同分享,每个员工在退休的时候、离开沃尔玛的时候会分享一部分利润分成,另外,也可以以比较低的价格购买沃尔玛的股份。[①]

思考题

1. 这则案例说明了什么问题?

2. 你是否认同上述关于沃尔玛实现天天低价的观点,零售百货业实施成本控制要树立怎样的成本控制观念、抓住哪些关键控制点?

3. 结合案例,阐述控制系统要发挥作用,应具备哪些条件?

【网络辅助阅读材料】

1. 中国会计网. 忽视成本控制的负作用. http://www.canet.com.cn/caiguan/cbgl/201305/297206.html, 2013-05-01

2. MBA智库资讯. 科尔尼:降低管理费用的3A方法. http://news.mbalib.com/story/32838#blz-insite, 2011-04-28

3. MBA智库资讯. 集团内部控制体系设计的"三维度". http://news.mbalib.com/story/31837, 2011-01-14

4. MBA智库资讯. 案例分析:企鹅帝国失控下的反思. http://news.mbalib.

① 喻春来. 解析沃尔玛成功之道:成本控制力. http://dycj.ynet.com/3.1/0502/15/819207.html, 2005-02-16 com/story/42177，2012-10-09

5. 崔巍. 企业年度预算那点事. http://www.emkt.com.cn/article/541/54168.html，2011-12-20

6. 0MBA 智库资讯. 全面预算管理："一个痛苦的年度仪式"？http://news.mbalib.com/story/13520#blz-insite，2009-09-30

7. 阿里巴巴管理资讯. 沃尔玛也卖病猪肉 扩张过快管理失控. http://info.1688.com/detail/1046749681.html，2012-09-05

8. 韩言铭. 缺乏有效管控：俏江南患上资本运作综合征. http://cjb.newssc.org/html/2012—02/08/content_1495935.html，2012-02-08

第十章　管理创新

【内容提示】

本章围绕管理创新这一主题，阐述了管理创新的概念、本质、管理创新的重大意义以及管理创新的条件、内容和应遵循的原则；最后，总结了21世纪的时代特征及时代发展对管理实践的要求，并对管理的未来趋势和管理创新的重点领域进行了展望。

引　例

日本企业的质量管理，已经历了1946—1954年引进和推广美国的统计质量管理阶段(SQC)、1955—1970年推行全面质量控制阶段(TQC)，1970年以后质量管理技术方法大发展阶段。

全面质量管理作为上世纪管理学的一次重大创新，给日本企业带来了持续增长的活力。日本的全面质量管理有以下鲜明的特点：

1. 把质量管理提到了经营思想革命的高度

日本企业界认为，抓住质量管理这个中心环节，即可带动企业经营管理的全部链条。因此，通过建立和运行以质量为中心的综合管理体系，组织企业所有部门、全体人员积极参与，从而科学地、经济地开展研制、生产、售后服务等经营活动，为用户提供满意的产品和服务。

2. 实行“全过程的质量管理”

日本企业突破了以往狭义的质量概念，由产品质量扩大到产量、成本、交货期等多方面。日本的质量管理不是仅仅局限于生产过程，而是强调“以市场、顾客、消费者为中心”，动员企业的所有部门和人员，在设计、试制、生产、销售、服务的全过程中实行系统的质量管理。

3. 倡导企业中全部门的积极参与

它不限于质量管理和生产管理部门，也涉及新产品开发、成本管理、市场营销管理以及劳务管理等部门。日本企业认为，质量管理不单单是质量部门的事，企业的所有部门都有责任来保证产品质量。在日本企业，从企业领导到每一个从业人员都通过各种不同的方式参加质量管理活动，如自愿或半自愿组成的质量活动小组就取得了明显的效果。

4. 全面质量管理的触角延伸到了对供货方的引导和控制

在企业之间，通过订货企业对外协企业的质量管理指导，把外协企业紧紧地扣住，从而推动企业经营管理的全盘工作。

全面质量管理为日本企业带来了丰厚的收益。据美国质量管理专家J.M.朱兰博士估计，1962—1972年日本企业通过质量管理小组提出合理化建议500万项，仅此一项就为日本企业增加了250亿美元的收益，比日本1955年的国民生产总值还要多。

第一节　管理创新的概念与意义

一、管理创新的概念

从现有的文献来看，管理创新有多种定义。常修泽等人在《现代企业创新论》一书中认为："管理创新是指一种更有效而尚未被企业采用的新的管理方式或方法的引入。"①

芮明杰在《管理创新》一书中将管理创新定义为："创造一种新的更有效的资源整合范式，这种范式可以是新的有效整合资源以达到企业目标和责任的全过程式管理，也可以是新的具体资源整合及目标制定等方面的细节管理。"

加里·哈梅尔教授则认为，管理创新可以定义为对传统管理原则、流程和实践的明显背离，或者对惯常的组织形式的背离，这种背离极大地改变了管理工作的方法。

我们主张将管理创新定义为：按照社会化大生产和生产力发展以及人的全面发展要求，在管理实践中引入新思维、新组织、新方法、新手段、新的管理制度和管理模式，以不断改进和完善企业的决策、计划、组织、指挥、控制、协调、领导与用人、激励、沟通等管理职能，提高组织运行效率和促进组织发展的活动。这一概念包含以下含义：

① 常修泽等. 现代企业创新论[M]. 天津：天津人民出版社，1994：8

1. 管理创新是社会化大生产和生产力发展以及人的全面发展的客观要求

我们知道，分工不仅是社会化大生产的基础，而且体现了一个社会的生产力发展水平。随着社会经济和科学技术的发展，分工也在不断深化和发展，为了对分工进行有效的整合，必然会提出管理创新的要求。人既是管理的主体，又是管理的客体。在生产力诸要素中，人是唯一具有能动作用的要素。但在旧的分工体系下，人的全面发展并没有得到应有的重视，甚至一度被当做会劳动的机器，导致了人性异化和管理者与被管理者的对立，影响了社会和组织的和谐发展。因此，人的全面发展不仅是管理创新的客观要求，而且是组织发展目标本身。

2. 管理创新的内容广泛

提出一种新的经营思路并加以有效实施、创设一个新的组织机构并使之有效运转、提出一套新的管理方式方法、采用某种新的管理手段、创立一种新的管理制度或管理模式等都属于管理创新。

3. 管理创新的直接目的是提高组织的运行效率和促进组织发展

管理创新的效果最终要由组织运行效率和组织发展与否来加以检验。管理的生产力作用归根到底要体现在组织的投入产出比率即组织运行效率上，脱离组织运行效率，管理创新就会失去方向，成为徒劳无益的活动。

二、管理的本质是创新

管理的本质是什么？有人认为，管理的本质是人财物、产供销、责权利；也有人认为，管理的本质是资源整合；还有人认为，管理的本质是用人，是决策。我们认为，无论是从生产力发展的要求看，还是从管理的社会历史过程看，管理的本质是创新，这是因为：

第一，管理理论的作用在于为人类的管理实践提供一般性指导，而不是提供解决实际问题的具体模式和现成方法。我们知道，管理学是对人类管理实践经验的理论抽象，从实践中抽象出的管理学理论虽然反映了人类管理实践活动的一般规律，但由于各个组织自身的情况千差万别、各不相同，人们在应用这些管理理论时只有结合本单位、本部门的具体情况，在管理理论的指导下创造性地开展管理活动，才能取得实效。如果脱离实际，教条式地生搬硬套书本理论，就无法发挥管理的生产力作用。例如，计划的程序和方法为我们开展计划工作提供理论指导，但不同组织所要求的计划信息则是不同的，这就要求我们根据组织的需要收集计划信息，创造性地开展计划工作。

第二，管理具有很强的地域专用性和针对性，有效的管理模式和方法必须考虑特定地域的自然、社会、经济、文化特征，有的放矢，因地制宜，因时制宜。管理既是一种社会现象,也是一种文化现象。由于不同地域、不同组织的文化背景和文化模式不同,对管理的要求也就自然有所不同。一方面管理要能够反映特点地域和特定组织的文化特征,另一方面要反映其文化发展的要求。因此,在管理实践中,学习别国或他人的管理经验是必要的,但如果一味地生搬硬套,搞拿来主义,则无济于事。只有在学习消化的基础上,结合组织自身实际,不断开展管理创新,才能探索出一条适合于自身的管理模式和管理现代化道路。

第三,管理模式与管理客体是一种动态的适应过程,这意味着任何一种管理模式都有其历史局限性,管理创新才是永恒的主题。任何一种管理模式都是历史的产物,即使是作为科学管理理论,也因为人类的有限理性和对象的运动变化,而只能成为暂时被接受的真理。西方科学哲学家波普(Karl. R. Popper)20 世纪 30 年代在其《研究的逻辑》中认为,任何一种科学理论都不过是某种猜想或假说,其中必然潜藏着错误,即使它能够暂时逃避实践的检验,但终有一天会暴露出来,从而遭到实践的反驳或"证伪"。恩格斯也曾指出:"今天被认为合乎真理的认识,都有它隐蔽着的、以后会显露出来的错误的方面。"[①]正因为管理模式的历史局限性,人类一刻也没有停止过管理创新,并以此推动着组织和整个人类社会的不断向前发展。

三、管理创新的意义

管理创新的重大意义主要表现在以下方面:

1. 降低交易成本,提高组织运行效率,促进组织发展

管理创新的结果是为企业提供更有效的组织体制、管理方式、方法和手段,从而有利于降低组织的运行成本,提高资源利用效果和资源配置效率。具体表现在管理创新可以加快资金周转速度,降低资源消耗,提高劳动生产率,优化产品结构,改善产品和服务质量,等等,从而促进经济效益的持续增长和组织发展。伦敦商学院加里·哈梅尔(Gary Hamel)教授曾撰文指出,推动通用电气、杜邦、宝洁等著名企业成功的关键因素并不是其勤奋的员工、伟大的领导者等,而是这些企业所进行的管理创新;管理原则和管理流程的创新能够创造持久的优势,使竞争地位发生巨大转变,在过去 100 年间,管理创新比其他如何类型的创新都发挥了更大的作用。例如,杜邦公司于 1903 年率先开始进行投资回报率计算,从而在资本预算方法的发展中扮演了先锋角色。几年之后,杜邦公司还开发出了一种对公司众多产品部门的绩效进行比较的标准化方法,诸如此类的创新使杜邦成为美国的工业巨头之一。

---

① 马克思恩格斯全集.第 21 卷[M].北京:人民出版社,1965:338

2. 为技术创新提供条件和保障

哈佛大学的经济学家理查德·弗里曼(Richard Freeman)认为,现代产业的一个显著特点就是技术创新主要由专门机构(R&D体系或工业实验室)承担。统计资料显示,企业规模与R&D项目的规模呈明显的正相关关系,技术创新成效显著的企业,其成长速度将大大超过一般的企业。[①] 无论从理论上还是从实践中看,都可证明技术创新是企业成长与发展的重要力量。然而,技术创新的投入与产出是一个不确定的过程,这种不确定性大大高于生产经营过程的不确定性。技术创新的不确定性程度是由诸多因素造成的,除了技术领域的因素外,还受到技术创新主体的创新能力、行为方式、投入的各种资源数量和质量,以及技术创新过程的管理效率等因素的影响。因此,技术创新的成功与否首先取决于创新主题的选择是否科学以及创新的具体组织与管理。美国率先研制成功原子弹,固然首先应归功于科学家们的巨大努力,但如果没有出色的管理组织能力和所依赖的管理组织,成功可能要延迟许多时日。可见,技术创新的过程不仅仅是个技术问题,也是个管理问题。管理可以降低技术创新过程中资源配置的不确定性,提高投入于技术创新过程中资源的配置效率。事实上,技术创新与管理创新是相互配合、互相促进的。管理创新将有助于技术创新提高投入产出效率,有助于技术创新的成功,而技术创新本身以及技术创新成果的应用将给管理创新带来新的手段、方法和机会,推动和促进管理创新,如新产品开发成功后的市场创新就是其一。

3. 促进产权制度创新

现代经济学认为,一套有效率的产权制度是现代市场经济和微观组织有效运行的基本前提。所谓产权,是指设立于财产之上的一组权利,是人们围绕财产的归属、占有、支配和使用而形成的行为规范及相应的经济关系。在现实经济中,由于产权制度不合理,如产权初始安排不合理、产权不明晰等,导致了资源的低效利用和盲目配置,引起了大量的外部负效应。外部负效应是指私人成本低于社会成本所导致的资源配置的浪费,如企业掠夺性地开采矿产资源而不支付任何补偿,结果导致社会生态环境的破坏,而整治生态环境需要巨大的社会成本支出。产权制度创新的一个主要功能就是要引导企业在最大限度上将外部效应内在化,使私人收益率接近或等于社会收益率,从而改变当事者的决策行为,提高资源利用和配置的有效性。然而,产权制度创新实际上也是一个不确定性的过程,也有个投入产出效率的问题。为了尽可能减少这种不确定和增强人们对产权制度创新结果的预期,创新主体必须估计和预测有关因素变化对创新成本和收益的影响,设计创新方案,

---

① Christopher Freeman. The Economics of Industrial Innovation. MIT Press,1982:131-147

组织创新方案的实施以及设计预案等。可见，制度创新过程实际上伴随着管理科学化和管理创新问题，这种管理的科学化程度越高，管理创新越是适应产权制度创新的需要，产权制度创新的效果就越好。因此，企业制度创新离不开管理创新的配合，管理创新本身将有助于制度创新目标的实现。如斯隆所创新的事业部制，被公认是重大的管理创新成果，但事业部制本身则为企业纵向一体化或横向一体化的展开提供了有效的组织保证，而纵向一体化或横向一体化作为一种企业产权制度创新，促进了外部效应内在化和组织运行效率的提高。

第二节 管理创新的条件、内容与原则

一、管理创新的条件

管理创新作为一种打破常规的创造性活动，是对旧的低效的组织结构、管理手段、方式方法、管理制度和模式等的替代和更新，管理创新意味着人们行为方式及相互关系的变化。管理创新在本质上是利益主体为追求自身收益最大化而打破旧秩序建立新秩序的行为。这个过程要得以进行，至少应具备以下几方面的条件[①]：

1. 创新主体的创新意识

创新主体是管理创新的倡导者和实施者，一般是组织的领导和高层管理者。意识决定行动，如果创新主体缺乏创新意识，管理创新也就无从谈起。主体的创新意识包括对管理创新重要性和必要性的认识、善于发现和捕捉创新的机会、了解管理创新的内容和需要解决的关键问题、明确管理创新的目标以及对创新风险的估计等。只有主体坚信管理创新能够给组织及自身带来可观的利益、并且愿意承担创新风险时，管理创新才有可能发生。

2. 创新能力

创新能力直接关系到创新意愿能否付诸实施并最终获得创新成果。管理创新可以被理解为一种更有效率的管理模式的生产过程。管理创新能否成功进行，不仅取决于创新主体的主观愿望，还要看组织是否具有创新方案的设计和生产能力。实践中一些创新之所以以失败而告终，在很大程度上是由于组织缺乏创新能力。组织的管理创新能力可能来自作为创新主体的管理者个人，也可能来自组织群体。管理创新能力可以分为创新设计能力、创新组织实施能力和创新的服务保障能力

---

① 芮明杰.现代企业管理创新[M].太原：山西经济出版社，1998：117-119

等。作为组织的管理者，自身不一定要具备创新设计能力，但必须具备创新的领导、组织和服务保障能力，否则，创新难以成为现实。

3. 基础管理条件

基础管理主要指一般的最基本的管理工作，如基础数据、技术档案、统计记录、信息收集归档、工作规则、工艺流程安排、员工奖罚办法与规则、会计核算、岗位职责标准等。任何一项创新方案的实施都要求一定的基础管理条件。正如在一个软弱的地基上是不可能筑起高楼大厦一样，如果不具备一定的基础管理条件，再好的管理创新方案也是无法发挥效用的。为什么日本企业管理模式创新的成功是在学习了美国企业管理经验之后才发生呢？道理很简单，因为在美国企业管理中基础管理一环是相当好的，学好美国企业管理的基础环节，为日本企业基础管理方面打下了扎实的基础，使更上一层楼成为可能。另外，基础管理好可以提供许多必要的准确的信息、资料、规则，这本身将有助于创新的顺利进行。

4. 创新的文化氛围

创新的文化氛围决定组织成员对待创新的态度和支持、参与创新的程度。富有创新力的组织，通常具有某种共同的文化，如鼓励试验、宽容失败、不论成功还是失败都给予奖励等。充满创新精神的组织文化通常有如下特征：接受模棱两可、容忍不切实际、外部控制少、接受风险、容忍冲突、注重过程甚于结果和强调系统开放等。我们知道，管理创新是一项需要付出心智、热情和成本的活动，一项创新能否顺利实施及效果的好坏，与创新成本的高低具有很大的关系。创新主体作为一个经济人，也会有自己的成本收益预期，当实际的创新成本大大超过创新主体的事前预期时，创新就可能因此而停滞抑或半途而废。组织的创新氛围不仅影响创新成本，而且影响创新的动力。创新氛围浓郁，创新主体的思想和行动得到员工的理解和支持，创新成本就会大大降低。此外，任何创新方案都不可能尽善尽美，它需要在实施过程依靠组织成员的协作和共同努力，不断加以修正和完善。良好的创新氛围有助于人们解放思想，开动脑筋大胆设想，为创新不断增添新的活力，并从每一次创新进步的喜悦中获得新的动力。相反，在恶劣的创新氛围下，成员间的埋怨、嫉妒心理就会日渐膨胀，创新所需要的协作难以有效生成，创新的阻力和成本加大，久而久之，将窒息创新者的创新热情和导致组织中新思想、新想法的泯灭，取而代之的将是思想僵化、故步自封、墨守成规、安于现状、不思进取的过时恶俗文化。

二、管理创新的内容

管理活动涉及组织的方方面面，管理创新的内容十分广泛。首先，从管理职能方面看，在决策、计划、指挥、组织、控制、协调、监督等方面均存在创新的可能性。事实上，现有的管理方式方法均是过去创新的结果，而且还会因具体管理工作的展开需要进行不断创新，以提高资源配置效率。第二，从企业再生产过程和业务流程涉及的各个环节看，无论是采购、生产、销售、售后服务等环节，还是在基础设施建设、人力资源管理、研究与开发等方面，均存在创新的可能性。诸如全面质量控制(TQC)方法、网络计划方法、经济批量采购等均是过去创新的成果，而目前盛行的流程再造，则是这方面新一轮的管理创新。第三，从组织中每个管理人员所处的特定管理岗位和所涉及的管理事务方面来看，每个管理人员均有可能在其工作范围内进行创新，无论是管人、管事，还是处关系，都存在创新的空间。

管理创新既可能是突然的、急剧的，也可能是渐进的、缓慢的；既包括组织管理方面的重大变革，也包括日常管理工作的每一次微小改进。可以说，人类的管理创新无时无刻不在发生和进行。实际上，某些微小的管理变革有时会产生意想不到的效果。例如，达美乐比萨店创业者摩纳翰曾经承诺：如果配送时间超过 30 分钟，则退还 3 美元。正是由于这一小小承诺及由此带来的销售管理方式的变革，使达美乐比萨店迅速成为全美国第二大比萨店。[①] 当然，一个组织选择何种管理创新，主要决定于组织自身特点和具体情况，不能一概而论。从管理实践的需要看，管理创新主要包括以下内容：

1. 发展思路创新

发展思路或称经营思路，是关于组织发展方向、发展重点、发展途径、策略方针等方面的思维框架。一个好的发展思路如果能够付诸实施，将会给组织创造巨大的发展空间和美好的前程。管理的起点是计划，管理贵在计谋策划，如果缺乏正确的发展思路的指导，计划的科学性就会大打折扣。一些组织或企业在发展过程中步履维艰、管理落后、效益低下、开创不了新局面，从根本上讲是缺乏好的发展思路。许多成功的企业正是因为在发展思路方面有所创新，才超出对手一筹。发展思路的创新对企业来说并不是一件容易的事，但一旦实现就会成为企业制胜的法宝。福特汽车公司在本世纪初萌生让“工薪阶层都拥有自己一部车”的新思路，导致了 T 型车的问世，这不仅使福特汽车公司从此有了巨大的发展，也使这一思路的实质——“价廉物美、薄利多销”的管理思想成为日后众多企业学习的榜样。

2. 组织结构创新

组织是管理的载体，管理效率的高低在很大程度上决定于组织结构的合理化程度。随着组织规模的扩大、技术进步和外部环境的变化，组织结构也必须适时创

① 齐择虎. 利用速度创造竞争优势. 经济管理，2002，(7)

新，以适应管理现代化的需要。就企业组织而言，一个企业从其创立到做强做大，一般要经历从直线型、职能型、直线职能型的结构创新和组织转型，一些大的公司企业还要经历事业部制、矩阵制乃至多维立体制的组织结构创新。20世纪70年代以来，尤其是90年代以来，组织结构创新出现了一些新的趋势，其中包括扁平化趋势、管道化趋势、柔性化趋势、分立化趋势、信息中心化趋势等；另外，虚拟企业、工作团队、网络组织、无边界组织、学习型组织等组织结构模式也已成为经济生活现实。由此可见，组织及组织结构不可能一成不变，它必须适应环境的变化和科学管理的要求而作出必要的创新。事实证明，那些一劳永逸的组织结构观念和僵化的组织结构体系已经不能适应现代经济、社会和科学技术发展和管理科学化、现代化的需要，如何从过去刚性的组织结构转变为柔性的组织结构，已成为众多企业面临的重大课题。

3. 管理方式方法创新

从管理者个人的层面上看，在明确目标的前提下，管理的方式方法将直接关系到管理者做事的效率和效果。在一家大型组织中，改变管理者工作方式的一个重要途径就是重新设计控制其工作的各项流程，这些流程会确立对管理者的工作加以控制的方式和方法。从整个组织的层面上看，管理方式方法是组织资源整合过程中所使用的工具，直接涉及企业资源的有效配置。第二次世界大战后，许多管理专家、企业家把当时的科学成果引入到企业管理之中，创造出了许多被称之为“现代管理方法”的管理方式方法，如线性规划、目标管理、全面质量管理、统计分析、网络计划技术、库存管理、投资项目经济评价方法、决策技术、市场预测技术、企业形象设计方法和技术(CIS)等。这些方法的创立及运用，对促进企业资源配置效率的提高发挥了积极的作用。管理方式方法创新的领域很多，其中包括：引入新的领导方式；对人的管理方式方法的发展；生产、经营、服务等方面管理方式方法的发明与创造；企业生产组合的创新，流程的创新；等等。

4. 管理手段创新

管理手段指的是管理的物质技术基础，是提高管理效率的物质技术保障。新的管理方法如果没有管理手段的支撑，将难以发挥其应有的作用。例如，要实现无纸化办公、数字化营销、引入ERP方法等，如果没有计算机和网络平台的支持，则是不可想象的。事实上，信息技术支持的管理手段已经对组织管理带来了革命性的影响，这种影响不仅表现在提高了组织管理的效率和扩大了企业的市场范围，而且表现在由此引发了一系列管理创新，有效地提高了组织的环境适应性和企业的市场竞争力。

5. 管理制度创新

管理制度是指在一定的产权制度下企业从事正常经营管理所必要的行为规范

和人际关系准则,其中包括要素配置与利用制度,生产经营制度,财务、会计、统计、会议制度,经济责任制,领导体制和人力资源管理制度,等等。

现代管理依靠的是制度和理性,而非个人好恶和主观臆断。科学管理要求变革包括管理行为本身在内的行为方式和人际关系模式,而行为方式和人际关系模式变革以及好的行为和人际关系的维持需要制度创新加以保障。高效管理离不开一套好的制度保障,现代管理不能只讲人情、亲情而不讲原则和规制,否则企业永远也摆脱不了任人唯亲、奖罚不公、效率低下的旧制度羁绊和家族企业裙带关系、公有制企业"父子"关系的纠葛,企业也难以获得正常利润和超常规发展。可见,制度创新是管理创新的重点内容和根本保障。

然而,历史上的制度创新并非都是有效的,现实中企业制度创新既有成功的经验,又有失败的教训,制度是一把"双刃剑"。因此,企业在引入新制度时要小心检验制度创新的效果,正确甄别良莠。一般来说,有效率的制度创新会带来工作责任感、团队意识、合作精神、奉献精神的不断增强,价值观与行为方式的好转,决策民主化、科学化、法制化程度提高,企业内部层级节制、权力制衡机制乃至整个企业激励约束和经营机制的优化,组织运行效率和经济效益、生态效益和社会效益的提高。当然。制度创新所带来的效益有的是明显的,有的不那么明显;有的是短期效益,有的是长期效益;有的表现为经济效益,有的则表现为生态效益和社会效益。因此,引入怎样的新制度,是单项突破还是整体推进,一切取决于决策者的价值观和目标导向以及企业自身所具备的条件。

树立正确的制度观念,遵从制度创新的规律,把握创新要点,是有效创新的必要前提。在管理制度创新过程中,要注意切实把握好以下要点:

(1)要注重宣传和弘扬法制社会"依法治企"和"以人为本"的科学理念,最大限度地降低新制度导入的阻力和成本。

(2)制度的作用在于优化和规范行为,帮助人们形成合理的预期,而不是"修理"、"整治"特定个体与人群,制度的公正性、公平性体现在所有的制度均是对事(行为本身)不对人。

(3)制度是管理手段而不是目的,不必为制度而制度,搞形式主义。

(4)制度的制定与实施要权衡利弊得失、成本与收益,既要有生产成本和收益的概念,又要有制度成本和制度效益的概念。

(5)制度有效变迁的基础是员工的广泛参与。

(6)讲制度不等于不讲人情和处理问题的方式方法,在执行制度的过程中需要思想政治工作的密切配合,晓之以理,动之以情。理性地讲,员工世界观、价值观和人生观的培养,科学文明的传承,职业道德教育,企业文化建设,是企业固本治标的大计。否则,再好的制度也无济于事。

(7)新制度的导入总会有阻力,要咬紧牙关度过磨合期,因为制度的直接作用在于培养人的行为习惯,而习惯的形成需要时间。

(8)正式制度要科学、规范、文字优雅,好的制度需要领导、相关专业人员和优秀文案人员的密切配合。

(9)正式制度与非正式制度(习俗与传统)同等重要,不可偏颇,更不能崇洋媚外,搞拿来主义。

(10)领导干部要身先士卒,做遵从制度的模范,企业制度创新不能与国家法律和政策相抵触。

6. 管理模式创新

管理模式是指一个组织的管理理念、组织结构、管理方式方法、管理手段、管理制度等管理系统要素的有机结合而形成的独具一格的组织管理范式。我们知道,管理系统的各个组成要素之间不是一种机械式的简单组合关系,而是相互联系、相互影响,是一个不可分割的有机整体,它们共同决定管理的功能和效率。一家企业的管理手段也许非常先进,但这并不意味着先进的管理手段必然带来管理的高效率,如果管理系统要素之间不能很好地协调,很有可能出现设备先进而效率低下的情况。因此,管理创新主体在管理创新中不仅要关注那些局部的创新,而且要关注各个局部创新间的协同和整合,讲求管理创新的整体设计和管理模式的优化。这种从组织自身特点和整个组织管理系统或子系统优化的要求出发,对组织管理的各个方面进行整体创新设计,并将创新设计有计划地付诸实施,以创建高效的组织管理范式的活动,就叫管理模式创新。管理模式创新既可以是组织管理系统整体性的创新,也可以是某个子系统的局部创新,如生产管理模式、财务管理模式、人事管理模式等方面的创新。不过,局部管理模式创新并不是孤立的,它总是要受到系统整体的约束,其创新效果最终要由对组织整体效率的影响来加以检验。

三、管理创新的策略

加里·哈梅尔教授(Gary Hamel)根据其多年研究,认为如果想把企业转变成为管理创新的“永动机”,可以从下面几个方面入手[①]:

1. 致力于解决重大的管理问题

问题越是重大,创新的机会就越大。虽然重大的问题并非必然带来重大的突破,但细小的问题从来不会带来重大的突破。大约 80 年前,通用汽车公司(General

① 加里·哈梅尔. 管理创新——理由、内容与方法[J]. 商业评论,2006,(3):102-118

Motors)创造了事业部制的组织结构,以便应对一个看上去非常棘手的问题:怎样理顺通用汽车下属子公司间庞杂的关系?正是凭借这一管理创新,通用汽车才能充分利用它的规模效应和范围效应。1931年在斯隆(Sloan)的领导下,通用汽车最终取代了福特汽车公司,成为世界上最大的汽车制造商。

为了最大限度地增加管理突破的可能性,企业需要从一个既有重要意义又使人振奋的问题入手。下面三个引导性问题将有助于企业找到这一突破口:

第一个问题,有哪些取舍是让公司一直左右为难,似乎永远也做不好的?人们总是有一种想超越这种似乎无法调和取舍的欲望,而推动管理创新的动力往往就是这种强烈的欲望。计算机操作系统 Linux 是近年来管理创新领域最广为人知的例子,开源式开发就包含两个彼此对立的思想:彻底的分散化和严格的大规模项目管理。

第二个问题,大型组织不擅长什么?大公司不擅长主动变革,不善于对行动敏捷的后起之秀做出反应,也不善于释放一线员工的想象力和创造鼓舞人心的工作氛围等。企业通过实施目前所力所不能及,但经过努力可以变为力所能及的事情。

第三个问题,你的公司未来即将面临哪些新挑战?变革步伐越来越快、顾客权力快速增强、产品和服务迅速大众化等,这些突变将会要求企业进行管理创新和商业模式创新。

2. 寻找新的管理原则

在组织中无处不在、挥之不去或前所未有的任何问题,都不大可能用从别人那里拿来的旧原理加以解决。管理创新的要求是全新的问题要有全新的原则。现代管理实践建立在一套原理的基础之上,这些传统原理可以追溯到一个世纪或更长时间以前:专业化、标准化、规划和控制、等级制,以及外部激励至上等。企业所面临的挑战是寻找非传统原理来打开管理创新的新局面。企业可以从两个简单的问题开始探索:什么事物会展现你想要在组织中构建的特征或能力?是什么使哪些模范公司拥有那些令人羡慕的特性?

例如,假设你的企业目标是使公司的行动速度跟上环境的变化速度,在变化日趋加快的世界中,持续不断地进行战略更新是保证企业不失去竞争力的唯一途径,而从工业时代继承来的所有管理原理则会降低而不是提高企业的适应能力。专业化尽管有许多好处,却限制了能够带来突破性创意的那种跨领域学习,寻求更高程度的标准化常常导致一种趋同的不良倾向:新颖、古怪的事物会被视为对常规的危险背离。精心设计的规划控制系统麻痹了高层管理者,使他们误以为环境比实际上更加容易预测。过分强调金钱报酬,会导致管理者们忽视自愿奉献和自我组织对于协调个体行动的作用。对等级制和职位权力的遵从,往往会强化过时的信念体系。

3. 解构正统的管理思想

要充分了解新管理原则的威力，企业必须摆脱过去的惯例对想象力的束缚。怎样才能找到正统的管理思想呢？创新管理者可以召集一群同事、问问他们对变革、领导或员工参与等一些关键管理问题抱有什么信念。一旦大家开诚布公地说出了革新的信念，就可以发现大家共有的那些信念。例如，如果问题是有关战略变革的，你可能会发现你的大多数同事相信：变革必须从最高层开始；需要一场危机来激发变革；需要一位强有力的领导者在大公司中实现变革；人们通常反对变革；任何变革总会有赢家和输家等。这些观念似乎非常正确，但作为管理创新者必须能够将貌似正确的东西和绝对正确的东西区分开来。以“首席执行官负责制定战略”这个典型为例，尽管这个观点看起来合情合理，却可能诱使员工相信，他们无法影响公司的战略方向，他们只是战略的执行者而非创造者。但是，如果企业的目标是加快战略革新的步伐，或者充分调动每位员工的想象力和激情，那么以首席执行官为中心制定战略的观点，就可能起到消极的作用。

企业如何挑战这种根深蒂固的正统思想呢？以 Google 公司为例。Google 公司的高层管理团队并没有花大量时间去凭空想象出一个宏伟的战略，相反，他们努力创造了一个环境，培育出了大量的“小 Google”(Googlettes)：员工们自己创立的小项目，有朝一日可能会发展为有价值的新产品或新服务。Google 寻找那些爱好古怪奇特、兴趣异乎寻常的新员工——那些不怕挑战传统智慧的人，并在雇用这些人后，鼓励他们把 20%的时间花在他们认为有利于 Google 用户和广告客户的任何事情上。公司把大多数员工组织成以项目为核心的小型团队，只对他们进行少量监督(Google 公司的一位管理者宣传说自己有多达 160 名直接下属)，而这些团队当中有大量的横向沟通和内部竞争。Google 的开发人员把自己最有前景的发明发布在 Google 公司实验室网站上，让那些富有探索精神的大用户有机会评估这些新想法。很少有企业像 Google 公司那些系统性地广泛分担战略创新的责任。Google 的经验表明，那种认为首席执行官任战略总设计师的传统观点，只不过是一个传统而已。这个观点并非完全错误，但也远非完全正确。当你以批判性的眼光来检验其他管理格言时，你很可能会发现许多管理格言也是同样不可信的。随着旧事物不再确信无疑，进行管理创新的空间就增大了。

4. 效仿另类组织，重新界定能力范围

为摆脱传统管理思维的束缚，企业对那些明显不遵守传统的组织的一些实际做法进行研究，可以得到许多有益的启示。世界上存在着各种各样异乎寻常的组织生存模式，它们与过去常见的最佳实践几乎没有任何相似之处。例如，想象一下一家拥有超过 200 万成员的企业却只有一条招募原则：你必须想要进来。该公司几乎不存在等级制度，但是它的成员遍布整个地球。它的全球总部不到100名员工，各地的领导者都是选举产生的，而非任命的。该公司既没有规划，也没有预算。它有使命，但没有详细的战略或运营规划。然而这样一个组织却在向数百万人提供一项复杂的服务，并且已经繁荣发展了60多年。它就是匿名戒酒协会(Alcoholics Anonymous，AA)。这个协会由数千个自我组织的小型团队组成。两句简单的忠告激励着该协会的成员："要有节制"和"帮助他人"。组织的凝聚力来自两个方面：一是坚持12步计划；二是遵循该组织运作原则中概括的12项传统。该协会虽然已经成立几十年，但它仍然处于管理先锋的地位。它为企业管理提供很多启示：在公司中究竟能将自治和自我指导推进到什么程度？是否有一些简单的原则既可以释放基层员工的主动性，同时又能够确保工作重点和纪律性？是否存在一些令人称道的目标能够激发人们的志愿服务精神？

孟加拉国乡村银行(Grameen Bank)的例子是对创造性管理思维的又一次激励。该银行的使命是让最穷的穷人成为企业家。为了实现这个目标，它为无人联合企业提供不需担保、手续简便的小额贷款。借贷者可用这些资金创办一些小型业务，如篮筐编织、刺绣、运输服务和家禽饲养。该银行的贷款有95%贷给了妇女，事实也证明她们既是信用良好的借贷者，又是精明的商人。小额信贷为这些妇女提供了一个改善家庭福利和自身社会地位的机会。到2004年为止，乡村银行已经为400多万名借贷者提供了资金。发展中国家某位贫困的女性，比你公司里最优秀的同事更容易获得资金来投资于某个创意，这难道不有点奇怪吗？借鉴乡村银行可以为没有银行业务记录的个人提供几百万笔无担保贷款的管理办法，企业就可以想出办法为普通员工的创新计划提供资金，这样做就可能是一项管理创新。

第三节 管理学的新近发展

第二次世界大战以后，随着电子计算机的问世和工业自动化的迅速发展，加上20世纪70年代后系统科学的进一步发展，以及以信息技术为代表的新技术革命，进一步深化了人类对管理的认识，管理学的学科领域日渐增多，在诸如电子商务，数字化营销，企业信息化，流程再造，学习型组织建设，知识管理，文化与跨文化管理，核心竞争力与管理新战略等研究领域取得了一系列理论成果。下面对20世纪80年代以来比较有影响的管理新论加以简要介绍。

一、基于核心竞争力的战略管理理论

(一)战略管理的概念

战略(strategy)这一词汇来自希腊语"strategos",意思是"将军"或"指挥官"。战略是指导战争全局的计划和策略。战略管理思想由来已久,我国古代所谓的"韬略"就孕育着战略管理的思想。但在管理学发展史上,企业战略管理理论形成于20世纪50年代末60年代初,后来经迈克尔·波特(Macheal Porter)等战略管理学家的发展,尤其是20世纪80年代基于核心竞争力战略管理思想的提出,进一步丰富了战略管理理论的内涵,战略管理理论已成为企业管理的核心理论和计划方法。

战略管理可以被定义为:制定、实施和评价使组织能够达到其长期目标的战略方针、方案、政策的跨功能决策科学和管理艺术。战略管理的着眼点是企业的竞争优势和长期利益,而不是如何解决眼前的管理问题或从谋求短期利益的较快增长出发考虑问题。战略管理具有全局性、长远性、纲领性、抗争性、风险性的特点。

(二)战略管理思想的演变

随着经济的快速发展、企业间的竞争不断激化,加速了企业兴衰的演变过程。在市场经济最发达的美国,平均有62%的公司存活不到5年,寿命超过20年的只占公司总数的10%,只有2%的公司能存活到50年以上。其中,中小企业的平均寿命不足7年,大企业的平均寿命也不到40年。因此,企业发展战略问题引起了诸多经济学、管理学家的兴趣。

在企业战略管理理论中,以哈佛大学商学院的迈克尔·波特(Michael E. Porter)为代表的竞争战略理论影响力最大,一直处于主流地位。波特将企业成败的核心归结为竞争,认为竞争战略就是在某一产业中寻求有利的竞争位势,即针对决定产业竞争的各种影响而建立一个有利可图和持之以恒的地位。20世纪80年代初,波特在他的代表作《竞争战略》和《竞争优势》一书中系统阐述他的战略管理思想,认为企业在考虑竞争战略时必须将企业与所处的环境相联系,而行业是企业最直接的环境;每个行业结构又决定了企业的竞争范围,从而决定了企业的潜在利润水平。在这种战略思想指导下,波特认为企业获得竞争优势的要素主要有两个核心点:其一是产业选择问题,即从长期营利能力和决定长期营利能力的因素来认识各产业所具有的吸引力,因为各个产业并非都提供同等的持续获利机会,一个企业所属的产业的内在营利能力是决定该企业获利能力的一个要素。其二是竞争地位问题,如何在一个选定的产业内取得企业的竞争优势地位。在多数产业中，不管其营利能力如何，总有一些企业比其他企业更有利可图。上述两个因素共同决定企业战略的选择。

按照波特的分析，在任何产业里，竞争规律都寓于五种竞争力量之中：新竞争者的进入，替代品的威胁，买方的讨价还价能力，供方讨价还价能力，现有竞争者之间的竞争。所以，波特的竞争理论模型可概括为：市场结构决定企业的战略定价，而企业的战略定位又决定了企业的结构、系统和计划，并影响企业的绩效，最终决定企业的可持续竞争优势。

在此基础上，波特又提出了赢得竞争优势的三种通用的基本战略：总成本领先战略、差异化战略和集中化战略。通过对不同产业的具体分析，把上述三种战略的应用具体化，进一步强调了企业竞争优势确立的条件与基础。在 1985 年出版的《竞争优势》一书中，波特试图从企业的内在环境出发，提出了以价值链分析为基础的战略分析模型以弥补原有理论的不足。对此，波特强调指出，企业正是通过比竞争对手更廉价或更出色地开展这些重要的战略活动来赢得竞争优势的。

综上所述，波特竞争战略强调的是企业的竞争优势源于企业的外部要素——市场结构或市场机会并与企业所在的产业发展状况息息相关。

20 世纪 80 年代，早期的实证研究进一步引起了人们对企业优势外部决定论的质疑。战略专家罗曼尔特(R. P. Rumelt)对产业的研究结果证明："产业中长期利润率的分散程度比产业间的分散程度要大得多。"[①]事实上，产业内的分散程度比产业间分散程度要大 3～5 倍。"很明显，最重要的超额利润的源泉是企业具有的特殊性，而非产业内的相互关系。"[①] 近些年来，信息技术的迅猛发展使企业面临的环境迅速变化，竞争加剧，这使得企业不得不把注意力从关注其外部产品市场环境转向其内在环境，注重对自身独特的资源和知识的积累。在这种背景下，基于核心竞争力的战略管理理论也就应运而生。

(三)基于核心竞争力的战略管理思想

核心竞争力，亦称核心能力，是指在一定环境中支撑企业持久生存与发展、供企业长期依赖并开发的核心技能的集合，是可持续竞争优势和主要利润的源泉。[②]哈默认为，核心竞争力是"组织中的积累性学识，特别是关于如何协调不同的生产技能和有机结合多种技术流的学识"。核心能力包括两个方面的含义：一是生产经营者获取资源或技术并将其集成、转化为产品综合优势的能力，亦即技术创新和产

① (丹麦)尼古莱·J·福斯，克里斯第安·克努森. 企业万能：面向企业能力理论[M]. 哈尔滨：东北财经大学出版社，1998：82

② 李品媛. 企业核心竞争力研究——理论与实证分析[M]. 北京：经济科学出版社，2003，4(1)

品创新的能力;二是生产经营组织调动各生产要素,使生产、经营、销售各个环节协调统一、高效运转的能力,亦即市场创新、机制或制度创和管理创新的能力。核心能力的实质是企业的技术创新、管理创新和制度创新能力,缺乏核心能力的企业是无法获得持续竞争优势的。

在一个稳定的市场周期内,企业核心竞争力的水平和价值决定了企业在市场中的竞争地位。因此,企业战略管理的关键在于培养和开发企业的核心竞争力。① 核心竞争力的形成要经历企业内部资源、知识、技术等的积累、整合过程,只有通过这一系列的有效积累与整合,形成持续的竞争优势后,才能为获取超额利润提供保证。

由于核心竞争力是一种独特的能力,只有当资源、知识和能力同时符合珍贵(能增加企业外部环境中的机会或减少威胁的资源、知识和能力才是珍贵的)、异质(企业独一无二的,没有被当前和潜在的竞争对手所拥有)、不可模仿(其他企业无法获得的)、难以替代(没有战略性等价物)的标准时,它们才成为核心竞争力,并形成企业持续的竞争优势。因此,要培养和发展核心竞争力,企业应首先分析自身的资源、知识和能力的状况,然后依据上述标准,进行培育和开发,最终形成企业的持续竞争优势。显然,基于核心竞争力的战略管理要求企业从自身资源和能力出发,在自己拥有一定优势的产业及其关联产业进行多元化经营,从而避免受到产业吸引力诱导而盲目地进入不相关产业进行经营。

二、企业文化理论

(一)企业文化理论产生的背景

第二次世界大战后,日本的生产率增长为美国的 4 倍。一个资源匮乏的国家,在经历了第二次世界大战的惨重失败后,却出人意料地在短短不到 30 年的时间内迅速崛起,一跃成为当时继美苏之后的世界第三大工业国和经济强国。是什么因素促成了日本经济的辉煌?这一问题引起了众多经济学家、管理学家的浓厚兴趣。20 世纪 70 年代中后期,美国企业界日益受到来自日本的挑战,在企业管理方面已明显感到落后于日本。美国的管理专家威廉·大内和理查德·帕斯卡尔在 1973—1974 年曾考察了 20 多家日本企业和美国企业,他们发现没在美国的典型的日本企业管理方法和美国企业大不一样,但管理却很成功。在这些企业里就职的美国雇员都说:“这是我工作以来最好的地方”。同时,他们也考察了美国设在日本的企业,这些企业都试图把典型的美国经验移植到日本,结果都惨遭失败。他们

---

① 李品媛.企业核心竞争力研究——理论与实证分析[M].北京:经济科学出版社,2003,4(1):215

通过比较研究发现,日本企业之所以成功,是因为他们更重视管理的软性因素,更重视把先进的科学技术与本民族的文化传统相结合,更重视培植企业自身的"社风"、"经营理念"和"价值观"等。威廉·大内认为,讲求"信任"、"微妙性"和人与人之间的"亲密性"是日本企业管理的精髓。理查德·帕斯卡尔等人则通过研究,提出7S模式,即战略(strategy)、结构(structure)、制度(systems)、人员(staff)、作风(style)、技能(skills)和最高目标(super ordinate goals)。他们认为,美国企业比较重视前三个因素,即硬性因素,而日本企业在重视前三个因素的同时,更加重视后四个因素,即软性因素(文化因素),这正是日本企业取得成功的关键之所在。著名的管理经验主义学者德鲁克凭借他多年的管理经验和敏锐的眼光,也几乎得出了与上述研究相同的结论,认为日本的成功在于他们正确地解决了现代企业中的行为准则问题。

然而,也有一些美国人并不认为美国企业管理落后,他们也在认真总结本国企业成功的经验。托马斯·彼德斯(Thomas J. Peters)和小罗伯特·沃特曼(Robert H. Waterman, Jr.)通过总结美国43家优秀公司的成功经验所得出的结论是:尽管企业与企业之间的管理风格不同,而共同点也是具有优秀的公司文化。《创造企业精神》一书的作者在研究18家杰出企业的创业精神和管理理念后认为:"人"是企业内最重要的资源,而使人生生不息地运作的动力,则是上下一致共同遵循的价值体系——企业精神。[①] 从20世纪70年代末80年代初,美国管理学界先后发表了不少关于企业文化的论著,包括理查德·帕斯卡尔的《日本企业管理艺术》、威廉·大内的《Z理论——美国企业界怎样迎接日本的挑战》、狄尔和肯尼迪《企业文化》、马斯·彼德斯和小罗伯特·沃特曼的《追求卓越——美国管理最佳公司的经验》等。这些著作从理论和实践上总结了企业文化的特征,被称为美国企业文化的四重奏,在国际上具有广泛的影响。由此,从美国开始掀起了全球性的企业文化热潮。

(二)什么是企业文化

企业文化是一个颇有争议的概念。美国的威廉·大内认为:"一个公司的文化由其传统和风气所构成。此外,文化还包含一个公司的价值观,如进取性、守势、灵活性——即确定活动、意见和行动模式的价值观。"[②]美国托马斯·彼德斯和小罗伯特·沃特曼指出:"所谓公司文化,包含为数不多的几个基本原则,这些原则是算

① (美)泰伦斯·迪尔,爱伦·肯尼迪.企业文化[M].长河出版社,1983

② (美)威廉·大内:Z理论[M].北京:中国社会科学出版社,1984:169

数的，必须严肃对待，它们代表了公司存在的意义。”[①]哈佛大学教授泰伦斯·狄尔和麦肯锡咨询公司顾问阿伦·肯尼迪在1981年出版的《公司文化》中指出：“企业文化由价值观、神话、英雄和象征凝聚而成，这些价值观、神话、英雄和象征对公司的员工具有重大的意义。”

企业文化有广义企业文化和狭义企业文化之分。从广义来说，它既包括一个企业的物质文化（有形的“显文化”或“硬文化”），也包括一个企业的精神文化（无形的“隐文化”或“软文化”），如生产经营的环境，设备和产品，企业的组织结构和各种规章制度，企业的经营管理哲学、经营风格，群体内部相互沟通的方式、相互制约的规范，企业职工的共同价值观念、历史传统、生活习惯、办事准则，等等。

在管理学中，企业文化是指在一定的社会历史条件下逐步创造和发展起来的，影响企业凝聚力、创造力、适应性和持久力，具有自身特色的企业价值观、经营特色、经营哲学、伦理道德、企业精神、厂风厂貌等各种文化因素的有机复合体。[②]

（三）企业文化的结构

企业文化主要由三个部分构成：企业核心价值观念及企业精神、企业制度、企业行为风貌。[③]

1. 企业核心价值观及企业精神——精神文化

企业核心价值观念主要指企业的基本信仰、追求和经营管理的基本信念。它涉及企业是为了什么而经营，企业追求什么样的目标，企业提倡什么，反对什么，以什么样的指导思想进行经营管理等方面的问题。企业精神是统帅组织内部人们思想和行为的价值观、理想信念、道德风尚、行为风范、生活情趣等企业文化构件的集中表现形式，是组织内部诸文化要素中的核心要素。企业整体价值观念及企业精神是职工团结一心、努力工作的精神源泉，也是企业赖以生存和发展的精神支柱，对企业的成败兴衰起决定作用。

2. 企业制度——制度文化

企业制度一般是指约束组织成员及利益相关者的行为规则，包括正式的约束和非正式的约束。前者包括企业产权制度和管理制度，后者是人们在长期交往中无意识形成的、非成文的行为规范，包括伦理规范、道德观念等意识形态。企业制度具体规定了组织成员及相关利益主体在相互交往和经济活动中的必须遵守的行为规范，或者不遵守这些规范所要承担的成本，包括经济利益损失、道德舆论谴责

---

① （美）托马斯·被辂斯，小罗伯特·沃特曼. 寻求优势[M]. 北京：中国财政经济出版社，1985：52

② 王成荣. 企业文化理论与实践[M]. 北京：中国社会科学出版社，1991：13

③ 王成荣. 企业文化理论与实践[M]. 北京：中国社会科学出版社，1991：66

和人际关系的恶化等。理论和事实证明，一套好的企业制度是企业生存与发展的基本前提。所谓“不以规矩、不成方圆”，说的就是制度对与组织和社会发展的作用。

3. 企业行为风貌——行为文化

企业行为风貌是企业职工从事生产经营活动和处理相互之间关系所表现出来的外部行为特征，具体可表现为企业的风格、风气、传统和习惯等。企业风貌决定于企业的核心价值观念和企业制度。一个企业是否具有良好的风貌，对企业职工的工作追求、工作干劲、凝聚力、创造力及企业整体形象都有直接影响。

上述三个方面在企业文化整体结构中处于不同地位。其中，企业行为风貌处于企业文化结构的表层，企业制度处于企业文化结构的中层，企业整体价值观念及企业精神处于企业文化结构的深层。三者是依次递进、相互影响的关系，但深层文化是企业文化的核心，表层文化和内层文化是由深层文化决定的。

(四)企业文化的功能

1. 凝聚功能

由于企业文化体现着强烈的“群体意识”，可以改变原来那种从个人角度建立价值观念的一盘散沙状态。它像一根纽带，把职工个人的追求和企业的追求紧紧联系在一起，像磁石一般，将分散的职工个体力量聚合成团结的整体力量。因此，企业文化比企业外在的硬性管理方法本能地具有一种内在凝聚力和感召力，使每个职工产生浓厚的归宿感、荣誉感和目标服从感。企业文化的这种凝聚功能尤其在企业的危难之际和创业、开拓之时更显示出其巨大的力量。

2. 导向功能

企业文化的导向功能主要表现在企业价值观对企业主体行为，即企业领导者和广大职工行为的引导上。由于企业价值观是企业多数人的“共识”，这种导向功能对多数人来讲是建立在自觉的基础之上的。他们能够自觉地把自己的一言一行经常对照企业的要求进行检查，纠正偏差，发扬优点，改正缺点，使自己的行为符合企业价值观的要求。对少数未取得“共识”的人来讲，这种导向功能就带有某种强制性质。企业的目标、规章制度、传统、风气等迫使他们按照企业整体价值取向行事。企业价值观的这种导向作用是十分明显的。如美、日企业的价值观中都把顾客看得很重要，都有着强烈的创新意识，这种价值观就引导职工为顾客提供一流的产品和服务，引导职工在工作中不怕风险和失败，勇于打破旧框框，实现产品和技术的革新。我国企业的价值观中也有诸如集体意识、创业意识和勤俭意识等，这些意识时我国企业职工的行为也起到相应的引导作用。

3. 激励功能

积极的企业文化强调尊重每一个人，相信每一个人，凡事都以职工的共同价值观念为尺度，而不是单纯以领导者个人的意志为尺度，职工在企业中受到重视，参与愿望能够得到充分满足。因此，企业文化能够最大限度地激发职工的积极性和首创精神，使他们以主人翁的姿态，关心企业的发展，贡献自己的聪明才智。实际上，在企业文化的激励下，职工积极工作，将自己的劳动融化到集体事业中去。共同创造、分享企业的荣誉和成果，本身又会得到自我实现及其他高层次精神需要的满足，从中受到激励。所以，一种积极的企业文化，具有良好的激励功能，能够使职工士气步入良性循环轨道，并长期处于最佳状态。

4. 约束功能

企业文化对职工行为具有无形的约束力。它虽然不是明文规定的硬性要求，但它以潜移默化的方式，形成一种群体道德规范和行为准则（即非正式规则体系）以后，某种违背企业文化的言行一经出现，就会受到群体舆论和感情压力的无形约束，同时使职工产生自控意识，达到内在的自我约束。企业文化把以尊重个人感情为基础的无形的外部控制和以群体目标为己任的内在自我控制有机融合在一起，实现外部约束和自我约束的统一。

5. 协调功能

企业文化的形成使得企业职工有了共同的价值观念，对众多问题的认识趋于一致，增加了相互间的共同语言和信任，使大家在较好的文化氛围中相互交流和沟通，减少各种不必要的摩擦和矛盾，使企业上下左右的关系更加密切、和谐，各种活动更加协调，个人工作也比较心情舒畅。企业文化充当着企业“协调者”的角色。

6. 提高素质功能

人的素质是企业素质的核心，人的素质能否提高，很大程度取决于他所处的环境和条件。优秀的企业文化体现卓越、成效和创新。具有优秀文化的集体是一所“学校”，为人们积极进取创造良好的学习、实践环境和条件，具有提高人员素质的功能。它可以培养人的崇高理想和高尚道德，锻炼人的意志，净化人的心灵，使人学到为人处世的艺术，学到进行生产经营及管理的知识、经验，提高人的能力，有助于人的全面发展。

7. 塑造形象功能

企业文化比较集中地概括了企业的基本宗旨、经营哲学和行为准则。优秀的企业文化通过企业与外界的每一次接触，包括业务洽谈、经济往来、新闻发布、参加各种社会活动和公关活动，甚至通过企业制造的每一件产品、企业职工在社会上的每一个言行，向社会大众展示着本企业成功的管理风格、良好的经营状态和积极的精神风貌,从而有利于塑造良好的企业形象,帮助企业赢得较高的美誉度和用户忠诚度。

(五)企业文化建设的步骤

建设一种具有自身特色的企业文化是一个循序渐进的长期过程。一般而言,企业文化建设应遵循以下步骤:①回顾历史,总结经验;②重塑企业文化架构,设计整体方案;③确立新的价值观念和企业精神;④全面实施文化建设方案;⑤认真分析文化建设中的问题,研究对策;⑥总结、评价和巩固文化建设的成果。

三、企业再造理论

(一)再造理论的提出

企业再造(corporation reengineering)的理论首先由迈克尔·哈默已于 1990 年提出。迈克尔·哈默(Michael Hammer)与詹姆斯·钱皮(James Champy)于 1993 年在《再造企业》(Re-engineering the Corporation)一书中对企业再造理论进行了系统阐述。该书总结了过去几十年来世界成功企业的经验,阐明了生产流程、组织流程在企业决胜于市场竞争中的决定作用,提出了应变市场变化的新方法——企业业务流程再造。该书的出版在美国和世界各地引起了强烈的反响,在管理理论界掀起了研究企业再造理论的热潮,同时也使不少企业开始了"企业再造"理论的实践尝试。美国的一些大公司,如 IBM、柯达、通用汽车、福特汽车和 AT&T 等纷纷推行 BPR,试图利用它发展壮大自己。实践证明,这些大企业实施 BPR 以后,取得了巨大成功。20 世纪 90 年代以来,企业组织发展进入了一个新的时代,"获得一个合适的组织"在全球范围内引起了广泛的注意,扁平化组织、授权、再造和团队的思想日益高涨,这些思想集中反映了信息时代引起的环境变化给管理实践带来的挑战。"适应你所处的环境,而不是试图控制它,指望使用 19 世纪的组织去迎接 21 世纪的挑战已近乎不可思议。

(二)企业再造的含义

哈默将企业再造(又称业务流程重组,business process reengeering,BPR)定义为:将组织的作业流程,作根本的重新思考与彻底翻新,以便在成本、品质、服务与速度上获得戏剧化的改善。在这个定义中最关键的词语是"流程",它是业务流程重组的核心内容。

所谓业务流程,是指企业以输入各种原料和顾客需求为起点,到企业创造出对顾客有价值的产品或服务为终点的一系列活动。流程有大有小,对于一个制造企业而言,从原材料投入到产品产出,这个过程可以看做一个大流程。该流程又可以细分为若干子流程,如购货订单执行流程(即从接受购货订单到把货物送到顾客手中这一全过程)就是一个子流程。企业管理者不能把改革的眼光放在业务流程中各项任务的效率提高上,而应该把眼光放在整个业务流程上。他要考虑流程中的每一项任务对于整个流程来说能发挥什么样的作用,要做出哪些相应的改革。

(三)BPR的本质特征

1. BPR的出发点是面向顾客、面向顾客的需求

为顾客创造价值、满足顾客需求,是生存与发展的前提和企业竞争力的不竭源泉。20世纪80年代以来,消费者需求向多样化、个性化方向发展,产品更新换代速度加快,企业间竞争更加激烈,市场环境更加难以把握,促使企业由生产型、经营型向经营服务型转变,以满足顾客需求为导向谋求自身生存与发展的经营理念成为企业战略管理的核心思想。例如,美国有一家大型保险公司,在以往的流程下客户索赔竟然要经过250道程序,导致客户怨声载道,顾客数量不断减少。对于客户来说,他关心的不是企业内部的流程是否严密和精细,而是如何得到便捷、高效、优质的服务。所以,企业再造理论主张以顾客需求为根本出发点,彻底转变思想观念,对企业内部原有的管理方式和业务流程进行改造和重建,寻求最直接、最便捷的方式满足顾客需求,鼓励员工按提高顾客满意度的思路行事,而不是按取悦领导的思路行事。

2. 再造的对象是流程,即为完成某一目标或任务而进行的一系列逻辑相关活动的有序集合

业务流程重组不同于组织结构的改变。哈默等人认为,现代企业面临的问题究其根源,并不在于组织结构,而是流程结构。对流程结构的重新设计会导致出现一个全新的组织结构形式,但是业务流程重组不等于对一个组织进行重组或精简。他说:“如果不改变原有的流程,而只是在原有流程上建立新的组织,这无异于新瓶装旧酒。”传统组织提倡按职能进行组织结构设计,每一职能又细分为许多项简单重复的任务。要把种种简单的任务都连接起来,就需要有复杂的流程。这种做法造成了组织内部各部门之间信息堵塞,每个部门只考虑本部门的工作效率,却忽视了整个流程的效率提高。流程观念则认为业务流程必须简单化,这是适应当前时代对质量、服务、灵活性和低成本的需要。整个组织的活动是通过一个流程满足顾客需求,而非一个个部门的单独活动。因此,我们考虑的是“这个流程能创造多少价值?”“我们可否重新设计此流程使之能创造更大的价值?”。

3. BPR的主要任务是对流程进行根本性反省、彻底的再设计

企业再造过程涉及两个方面,对过去流程的再认识和对新流程的设计。哈默指出,再造工程并不是简单地破除原有的工作流程以及信息工程技术在管理中的简单应用;相反,再造工程是建立在总结旧的工作流程的积极经验的基础上,应用

新技术，建立新的工作流程。哈默等人所说的对业务流程的“重新设计”，意指抛弃两百年来人们普遍接受的专业分工等级管理理论，“一切从头做起，一切从零开始”，是一场彻底的革命。

4. BPR 的目标是绩效的巨大飞跃

哈默和钱皮认为业务流程重组是“针对企业业务流程的基本问题进行反思，并对它进行彻底的重新设计，以便在成本、质量、服务和速度等当前衡量企业业绩效的这些重要尺度上取得显著的进展。”比如生产周期缩短 70%，成本降低 40%，顾客满意度、产品质量和总收入提高 40%。IBM 信贷公司通过再造，使得为顾客提供融资服务的周期减少了 90%，由原来的 7 天压缩为 4 小时，而生产能力却提高了 100 倍。福特汽车公司再造后，把负责贷款支付的人员由 500 人减少到 150 人，一些分公司把耗费在贷款支付的营业费用减少了 95%。

四、学习型组织理论

(一)何谓学习型组织

1990 年，美国麻省理工学院斯隆管理学院彼得·圣吉(Peter M. Senge)教授出版了他的旷世之作《第五项修炼——学习型组织的艺术与实务》，引起了管理界的轰动。该书作为管理学的经典之作，荣获世界企业学界最高荣誉——开拓者奖，美国《商业周刊》极力将圣吉推崇为当代最杰出的管理大师之一。学习型组织理论问世以来，在美国排名前 25 位的企业中，至少已有 20 家按照学习型组织的模式改造自己；在世界排名前 100 位的企业中，也有 40%按照学习型组织的模式进行彻底改造。美国壳牌石油公司总裁卡洛亲自推动学习型组织的建立，微软公司之所取得了巨大的成功，其秘密之一正是创建了学习型组织。

美国《财富》杂志曾明确指出：“20 世纪 90 年代以来最成功公司，将是那些建立在学习型组织基础之上的公司。”壳牌石油公司企划总监德格认为：“唯一持久的竞争优势，或许是具备比你的竞争对手学习得更快的能力。”在急剧变化的世界，应变的根本之道就是学习，组织只有通过不断的学习，成为学习型组织，才能在日益激烈的市场中求得生存发展，否则等待你的只能是被淘汰出局。

所谓学习型组织，是指一种能够通过学习来不断完善自己的内部机制、使自己适应市场的变化、在激烈的竞争中获胜的组织形态。变化是管理工作最鲜明的特点之一，随着人员、技术及其环境的变化，组织的结构也必须变化。学习型组织能认识环境，适应环境，进而能动地作用于环境，具有持续学习的能力和高于个人绩效总和的综合绩效，这是竞争优势的重要源泉。

(二)学习型组织的实现途径

麻省理工学院的彼得·圣吉在他的《第五项修炼》系统阐述的学习型组织的修炼途径,至今仍是学习型组织理论的基石。圣吉认为,通过自我超越、改善心智模式、建立共同愿景、团队学习和系统思考,可以建立学习型组织。

1. 自我超越

自我超越就是能够不断理清个人的真正愿望,集中精力,培养耐心,并客观的观察现实。个人学习是组织学习的基础,员工的创造力是组织生命力的不竭之源,自我超越的精神便是学习如何在生命中产生和延续创造性张力。"自我超越"是个人成长的学习修炼,具有高度自我超越的人,能不断扩展他们创造生命中真正心之所向的能力,从个人追求不断学习为起点,形成学习型组织的精神。自我超越是一个建立愿景和实现愿景的过程,是一个学习、创造和个人成长的过程,是一项终身修炼。

2. 改善心智模式

心智模式是个人或群体的思维方式,一种根植于内心深处的思维逻辑。它不仅决定着人们如何认知周围世界,而且影响人们如何采取行动。心智模式阻碍我们的时候,其作用机理都是一样的,即业已形成的思维方式、观念、价值观对我们造成了束缚,这使我们的思维不能很好地聚焦正在出现的新事物、新现象、新问题,研究出新的解决方案或提出有创意的办法。

不同的人对相同的问题有不同的看法,因为他们的心智模式不同。相同的人对相同的问题,在不同时期也许看法不同,因为他改变了心智模式。心智模式之间之所以不同,在于其思维和逻辑推理时隐藏在人们内心世界那种先入为主的假设。企业领导层出现心智模式固化时,轻则使企业经营出现困难,重则将给企业带来灾难。心智模式不易察觉,也就难以检视,因此有些人深陷而不能自拔。所以必须通过学习,从组织制度上来帮助管理者改善心智模式。改善心智模式就是要发掘人们内心的图像,使这些图像浮出表面,并严加审视,即时修正,使其能反映事物的真相。改善心智模式的结果是,使企业组织形成一个不断被检视、能反映客观现实的集体的心智模式。开放和实质贡献、反思和探询、达成共识,是调整和改变心智模式的重要途径。

3. 建立共同愿景

共同愿景是一个期望的未来景象和意象,是一种召唤及驱使人向前的使命,能不断扩展人们创造生命里真正内心所向往的能力。共同愿景不是管理者强加给员工的,而是员工自愿达成和乐于接受并为之奋斗的组织未来图景。共同愿景是个人愿景的参照框架,是归属感和使命感的基础。共同愿景为组织学习提供了焦点和能量。

建立共同愿景的修炼首先要鼓励建立个人愿景,并以个人愿景作为组织共同愿景的基础。所以,有意建立共同愿景的组织,必须持续不断地鼓励员工发展个人愿景;并且建立共同愿景应与大部分员工的个人愿景方向一致,而不应与之相冲突。其次,要防止出现逆向建立愿景的倾向,即组织高层领导在描绘了组织上宏伟蓝图后,将其强加给全体员工,但这种蓝图并未被员工所认同。成功的领导人应当努力运用双向沟通技巧,了解员工的个人愿景,阐明共同愿景,这项工作应贯穿于组织日常的工作和生活中。再次,企业建立共同愿景应融入企业的理念。共同愿景必须与理念的其他内容,如使命、价值观融合在一起,使员工清楚地认识到他们追求什么(共同愿景),为何追求(企业使命),如何追求(价值观)。最后,应以团体学习作为基本形式,来提炼组织的愿景宣言。

4. 团队学习

集体智商大于个人智商是团队学习的认识基础。团队学习是发展团体成员整体合作与实现共同目标能力的过程,是通过开放式的交流,发现问题,互相学习,取长补短,达到共同目的的过程。过去,企业取胜,关键靠一两个领导人,现在是信息社会、知识经济时代,企业的工作具有复杂性和分工协调性特色,无法依靠个人的力量独立完成,必须依赖员工组成团队,相互学习与合作,发挥每个人的专长及潜能,这才是企业成功的关键所在。团队学习要求开放式交流与深度会谈。深度会谈的条件是:悬挂假设,建立伙伴关系,掌握会谈精零和架构的辅导者。

5. 系统思考

只有掌握了用系统观点观察、分析问题的方法,组织的学习才能避免重大的失误。系统思考有两个关键点:一是系统的观点与动态的观点,二是相互联系的观点。彼得·圣吉认为,系统思考是一种"见树又见林的艺术"。因此,要把企业看成一个系统,并把它融入社会这个大系统中,考虑问题既要看到局部又要看到整体,既要看到当前又要看到长远。同时,系统的观点告诉我们,要了解重要的问题,我们的眼界必须高于只看个别事件、个别的疏失,我们必须深入了解影响我们全局的个别行动,以及产生这些个别行动背后的结构。系统思考之所以被赋予如此高的地位,主要有以下两个方面的原因:一是现实世界是极其复杂的,各种信息让人头晕目眩,人们经常以一种分解的方式化繁为简、化整为零,久而久之,就有可能迷失在复杂变化的局面中;二是在当今动荡复杂的世界里,各个局部并不是孤立存在的,系统中的局部变化往往会引起另一局部变化。

系统思考可以帮助组织以整体的、动态的而不是局部的、静止的观点看问题,因而为创建学习型组织提供了指导思想、原则和技巧。系统思考将前四项修炼融合为一个统一体,因而是建立学习型组织的核心修炼。

(三)五项修炼的整合

五项修炼是一个有机整体,缺少任何一项都难以实现学习型组织的建设目标。其中,个人的自我超越是整个学习型组织的基础,它为学习型组织提供了最宝贵的人力资源。团队学习的许多工作最后都依赖于个体的努力,比如改善心智模式、建立共同愿景、系统思考等。团队学习是一种组织内部的学习,它不仅在规模上超越了个人学习,而且在内容上完全不同于个体学习。团队学习既是团队的活动内容,同时又是检视心智模式、建立共同愿景的载体和手段。系统思考是学习型组织的灵魂,它提供了一个健全的大脑,一种完善的思维方式,个人学习、团队学习、检视心智、建立愿景,都因为有了系统思考的存在而连成一体,共同营生实现组织目标的强大力量。

五、知识管理理论

知识管理研究的先驱彼得·德鲁克指出:"在新的经济体系内,知识并不是和人才、资本、土地相并列的社会生产资源之一,而是唯一有意义的资源,其独到之处,正在于知识是资源的本身,而不仅是资源的一种。"[①]当今社会,仅仅依靠传统的生产要素(如土地、劳动力、资本等)、经营理念和管理方式已经不足以适应时代的要求,新的环境和竞争压力迫使人们去挖掘新的生产要素和要求人们学会新的管理理念和方式。在这种情况下,知识管理(knowledge management,KM)便应运而生。知识管理观念一提出就得到了理论界与产业界的认同,有关知识管理的著作和论文迅速增多,企业界也在积极地将知识管理的理念付诸实施。

(一)什么是知识管理

由于知识管理是新生事物,加之其本身的复杂性,目前还没有一个被广泛认同的定义。1986 年维格(Karl M. Wigg)在瑞士联合国国际劳工组织的一次会议中首次提出知识管理的观念,[②]并将 KM 定义为"为最大化企业知识相关的效率及知识资产的回报,企业系统地、显性地、审慎地建立、更新与应用知识的过程"。日本学者野中(Nonaka)认为,知识管理要求致力基于任务的知识创新、传播并具体体现在产品、服务和系统中。[③] Lotus 公司将知识管理定义为系统地平衡信息和专门

① P. E. Drucker. The Information Executive Truly Need. Harvard Business Review,1995

② Karl M. Wigg. What Future Knowledge Management Users May Expert[J]. Journal of Knowledge Management,1999,3(2):155-165

③ Nonaka, Takeuchi. The Knowledge Creating Company—How Japanese Company Create the Dynamics. Oxford University Press,1995

知识、以提高组织的创新能力、反应能力和生产效率。[①] 知识管理专业网站的创始人优格西·马哈塔(Malhotra Yogesh)博士将知识管理定义为"知识管理是当组织面对日益增长的非连续性的环境变化时,针对组织的适应性、组织的生存及组织的能力等重要方面的一种迎合性措施。本质上,它推进了组织的发展进程,并寻求将信息技术所提供的对数据和信息的处理能力以及人的发明创造能力两方面进行有机的结合。"[②]Delphi 公司认为,"知识管理就是运用集体的智慧提高企业的应变能力和创造能力"。[③] 波士顿大学管理学教授达文波特教授(T. H. Davenport)指出:"知识管理真正的显著方面分为两个重要类别:知识的创造和知识的利用。[④] 美国生产力和质量中心(APQC)认为,知识管理应该是组织一种有意识采取的战略,它保证能够在最需要的时间将最需要的知识传送给最需要的人。这样可以帮助人们共事信息,并进而将之通过不同的方式付诸实践,最终达到提高组织业绩的目的。我国学者顾新建则认为知识管理就是运用集体的智慧提高应变能力和创新能力,为企业实现显性知识与隐性知识的共享提供途径。[⑤] 国内著名学者乌家培教授认为"知识管理是信息管理的延伸,是信息管理发展的新阶段,是将信息转换为知识,并用知识提高特定组织的应变能力和创新能力"。[⑥]

综合各家观点,可以将知识管理理解为:知识管理是通过知识生产、知识传播、知识共享和知识利用,以提高组织的适应能力和创新能力的管理活动。知识管理是运用集体的智慧,通过对包括隐性知识(存在于人们的脑海里的知识)和显性知识(存在于数据库或被印刷于纸上的知识)在内的知识资源的系统开发和利用,以实现信息技术和人的创造、创新能力的有机结合,有效改善和提高部门组织的创新能力、反应能力、工作效率和技能素质。

(二)知识管理的主要内容

1. 知识的组织

知识的组织是保证知识能被有效共享和利用的基础,需要鉴别知识的类别,进行知识的转换和整理,根据显性知识和隐性知识的不同特点构造数据结构,描绘知识地图,建立数据仓库。

---

① Andra Warton. Common Knowledge. Document Word, Oct/Nov 1998

② Malhotra Yogesh. Toward a Knowledge Ecologe for Organizational White—Waters. Knowledge Ecology Fair 98: February, 1998

③ 王德禄等. 知识管理——竞争力之源[M]. 南京:江苏人民出版社,1999

④ 达文波特,普鲁萨克. 营运知识:工商企业的知识管理[M]. 南昌:江西教育出版社,1999

⑤ 顾新建. 知识型制造企业[M]. 北京:国防工业出版社,2000

⑥ 乌家培. 信息管理与知识管理[N]. 中国改革报,1998-11-18

2. 知识的获取与共享

只有获取了知识才能共享，再通过对知识的学习、吸收，并进行研究与实践，才能创造出新的知识。

3. 知识管理评价

知识组织的评价主要是考察一个组织的知识管理水平，主要通过由知识管理带来竞争优势的八个方面进行评价：组织知识文化氛围、管理层对知识管理的支持程度、知识型产品和服务水平、组织知识资产的增值、知识共享的成效、组织的学习机制、客户的知识管理能力、知识管理是否为股东带来价值。

4. 知识管理技术开发

知识作为一种特殊资源，知识管理不仅是一种理念和软环境的构造，还需要有先进的信息技术支撑，并不断开发出新的知识管理技术。目前，已经开发出的知识管理技术有知识仓库、知识地图、网络技术、数据挖掘、关联分析等。

5. 知识管理战略与模式创新

知识管理战略不同于传统的竞争战略，他要求把组织内外部的知识作为最重要的资源进行管理，在此基础上制定组织战略、策略和管理方法，其目的是提高组织的应变能力和创新能力，实现企业价值增值和可持续发展的目标①。

(三)知识管理的基本过程——知识价值链

知识管理过程实际上是一个创建知识的获取、知识共享、知识创新、知识的应用的知识价值链过程，并通过对这几方面的活动进行计划、组织、领导、控制、评价，最终达到增强企业竞争力的目的。

1. 知识获取

知识的获取是指组织将外部环境中的知识转换到组织内部，成为能够为组织所用。它包括四个阶段：

知识的辨识，即组织基于自身发展的需要，对组织以外的知识进行识别、评估、筛选，确定出可利用知识的种类和数量，了解所需知识的来源和可获得性。

知识的收集，即通过无偿捕获及有偿收买等方式将外部知识据为己有(至少要具有使用权)。组织外部知识源有多种，包括科研机构、上游供应商、消费者、咨询顾问、竞争对手及非竞争性公司等，组织内部知识源主要是企业员工。知识收集的关键是企业知识获取能力。

知识的整理，对捕获的知识进行整理、提炼和转化，将它们转化为组织方便使用的知识。

---

① 和金生，张雄林，宏伟. 知识管理战略研究初探[J]. 科学与科学技术管理，2004，25(9)：31-36

知识的存储，显性知识可以通过组织内部网络或员工手册等形式存储下来，隐性知识的存储只能靠知识的共享来完成。

2. 知识共享

一家国际工程承包公司曾发生过有两位经理同时去国外争抢同一个项目的情况，而两个经理之间互相并不知道这种情况。有新来的大学生问老员工，国际招标书怎么写，老员工说，你在这里待上一年就会写了。这些问题都显示出了知识共享在企业中是非常重要和迫切的。知识共享是指通过各种交流方式，能够在最佳时机、最佳地点，以最合适的形式，将最合适的知识传递给组织中最合适的成员的过程。它包括三个阶段：

知识挖掘，是组织内需要某种知识的单位或个人从组织内部搜索和选择知识的过程。有两种途径：①主动搜寻，抽取知识，然后共享；②受已有知识的启发和推动，将这个领域的知识移作他用。

知识转移，是指知识从一个组织单位转移到另一组织单位，或从一个人转移到另外一个人或多个人的过程。根据知识的不同特性，转移的方式主要有：①通过人才流动；②通过组织内部会议交流学习；③成立跨部门小组，或建立国际网络工作小组；④实行标杆管理，向榜样学习；⑤组织内部的出版物、内部网络、知识库等；⑥建立专家知识地图。

知识集成，是指将转移的知识内化为接受方的结构化的知识，从知识的接受方看，知识转移已经完成。

3. 知识创新

知识创新是指在已有知识资源基础上开发、创造出新知识的过程。知识创新的过程可分为四个阶段：

知识萌芽，指组织内个体通过学习与其他人交流，个体形成发散型思维，产生一种新的想法，即知识的萌芽状态，这时的知识是模糊的。不能具体化为一个显性概念，这种萌芽状态的知识是很不稳定的，稍纵即逝的。

知识明晰，这阶段是知识萌芽创新者将知识的萌芽加以明晰、筛选、修改、丰富的过程。

建立知识原型，知识原型是指新产品、新工艺、新材料、新方法或是新的企业管理理念、方法、机制和制度等，即将新的知识加以模型化、产品化、规范化、标准化的过程。

知识实践与修正，这是将已原型化的产品或管理的理念、方法、机制、制度等放到实际应用过程中加以检验，在实践中了解新知识的不足和缺陷，使之不断完善，经过实践检验成功的新知识才可以成为组织的知识财富。

4. 知识应用

知识应用是指将知识应用于企业经营管理实践或事业单位的业务活动中，增强企业核心能力和组织发展能力的过程，知识应用是知识价值链最后的、也是最重要的一项活动。知识应用一般可以分为应用于市场、应用于产品和服务、应用于管理三个方面，最终达到提高企业核心竞争力和组织发展能力的目标。

六、绿色管理理论

(一)绿色管理理论产生的背景

1990 年，麦当劳发现自己陷入一场围绕食品包装展开的激烈争论之中，争论的中心即麦当劳用来包装汉堡包和其他食品的聚苯乙烯(斯蒂龙泡沫)包装盒——“蚌壳”。“蚌壳”的反对者指出，这不是一种对环境负责的包装方法，而且有其他现成的“绿色”办法。公民清除危险废弃物组织发起了一项抵制麦当劳的活动，游行者装扮成“麦当劳大叔”，衣服上标有“罗纳得·麦香毒”。这使得麦当劳费尽心血(经常是通过儿童慈善事业)树立起来的“金色”现象变得岌岌可危。[①]

20 世纪 90 年代以来，可持续发展思潮开始从理论走向实践，并成为各国政府和大企业的自觉行动。1987 年，联合国世界环境与发展委员会发表《我们共同的未来》报告，将可持续发展定义为：能满足当代需要，同时不损及未来世代满足其需要之发展。可持续发展要求经济、社会、资源和环境协调发展，既要达到经济发展的目的，又要保护好自然资源和环境。1992 年，世界第二次环境与发展大会在通过的《里约热内卢宣言》中正式提出了“可持续发展”战略。可持续发展的重要标志是资源的永续利用和良好的生态环境，其核心是发展，但要求在严格控制人口、提高人口素质和保护环境、资源永续利用的前提下进行经济和社会建设，保持发展的持续性和良好的势头。可持续发展的本质就是要求政府、企业和居民重新审视和理性认识人和自然的关系，自觉遵从生态学原理，从战略、政策、经营管理、生产生活等多方面着手，选择一条既有利于改善当代人的生活水平，又不影响子孙后代生活质量的发展道路。可持续发展概念的提出是人类对传统工业化模式深刻反思的结果，它标志着人类开始摆脱和超越工业文明的羁绊，以一种科学的生态文明观指导人类自身的生产和生活。绿色管理正是在这一背景下产生的一种管理理论。

(二)绿色管理的含义

所谓绿色管理，就是融环境保护的观念于企业的经营管理之中的一种管理方式。在绿色管理中，产品生命周期是个较重要的术语，它是指由原料采集处理、加

① (美)詹姆斯·斯通纳等. 刘学等译. 管理学教程[M]. 华夏出版社，2001:48

工、运输、分配、使用(复用)、维修、再循环、混合及最终处置等环节组成的生命链。绿色管理要求企业在整个产品生命周期,即从利用资源开始,到经过生产将它们转化为产品用于消费,并最终将资源转化为废品,分散、积累在环境中的各个环节都要有"绿色"意识。企业要通过构建绿色管理体系,强化绿色消费与市场竞争理念,提高绿色科技水平,改善绿色经营,从而使企业物质资源利用效率最大化,"三废"排放及环境保护最优化,产品生产绿色化。

(三)绿色管理的主要内容

1. 绿色研发

绿色研发是企业为了保护环境和满足绿色消费需求以赢得企业发展而研制绿色产品、更新(或改进)老产品的管理过程。绿色研发力求在整个产品循环中做到:①减少非再生资源的消耗;②节省原料和能源;③使产品容易回收;④低污染或无污染;⑤不危害消费者身心健康。

2. 绿色设计

绿色设计的基本思想是:污染预防应从设计开始,把改善环境影响的努力凝固在产品的设计之中。目标是使设计的产品对社会的贡献最大,而对制造商、用户和环境的成本最小。绿色设计是随着绿色市场的兴起,在产品设计领域中出现的新潮流。实践证明,这既有利于保护环境,又可以防止资源的浪费。

3. 清洁生产

国际上工业污染控制方式在20世纪80年代出现了重大的变革——从原先西方发达国家"末端处理"式的先污染后治理方式转化为以污染防范为主的污染控制战略,这种新战略被联合国环境规划署工业环境活动中心称为清洁生产战略。清洁生产是指以节能、降耗、减污为目标,以管理和技术为手段,实施工业生产全过程污染控制,使污染物的产生量最少化的一种综合措施。清洁生产是一种兼顾经济效益和环境效益的最优生产方式,它可以最大限度地减少原材料和能源的消耗,变有毒有害的原料或产品为无毒无害,对环境和人类的危害最小,这样在生产过程中就可以控制大部分污染,消灭工业污染的来源,从根本上解决环境污染与生态破坏的问题,带来很高的环境效益,是可持续发展的具体表现和必由之路。

4. 绿色包装与绿色标志

绿色包装源于1987年联合国环境与发展委员会的《我们共同的未来》,是指对生态环境和人体健康无害,能循环和再生利用,促进可持续发展的包装,使社会效益与经济效益相统一。它应具备以下几个要求:首先是易回收,可循环使用,或资源再生;其次是易降解,不产生环境污染;再次是生产时节约能源与材料,最后是焚烧不污染大气且可能量再生。绿色标志是一种产品的证明性标识,如ISO 14000,

它表明该产品不仅质量合格，而且从原材料的采掘到最终废弃物的处置，整个生命周期过程均符合特定的环境保护要求。绿色标志的基本目的是引导消费者，提高消费者的环境保护意识；通过消费者的选择和市场竞争，引导企业自觉改进、生产对环境友好的产品。

绿色管理还包括建立绿色的管理机制、绿色营销机制、绿色网络化供应链、环境评价与管理系统以及绿色成本管理等内容。

七、蓝海战略理论

2005 年 2 月，哈佛商学院出版社出版由欧洲工商管理学院两位教授 W. 钱．金（W. Chan Kim）和勒妮・莫博涅（Renee Mauborgne）合著的《蓝海战略》一书，作者基于对跨度达 100 多年、涉及 30 多个产业的 150 个战略行动的研究，提出了"蓝海战略"新理念。在这本颠覆传统战略思维的著作中，作者展示了一套经过实践证明的战略分析方法和框架工具，供企业成功地开创和夺取蓝海。该书问世以来，在世界范围内引起了极大的反响，先后获得了"《华尔街日报》畅销书"、"全美畅销书"、"全球畅销书"的称号，迄今为止已经被译成 24 种语言，打破了哈佛商学院出版社有史以来出售国际版权的记录。

（一）何谓蓝海战略

自从迈克尔・波特的《竞争战略》、《竞争优势》问世后，竞争就成了战略管理的焦点问题。企业为了寻求持久的、获利性的增长，往往与其对手针锋相对地竞争。它们为竞争优势而战，为市场份额而战，为实现差异化而战。然而在过度拥挤的产业市场中，硬碰硬的竞争只能令企业陷入血腥的"红海"，即竞争激烈的已知市场空间，并与对手争抢日益缩减的利润额。

蓝海战略借用红海与蓝海对现有产业和新产业空间进行形象描述。"红海"就是充满血腥竞争的已知市场空间，已知市场空间过度拥挤，产业的界限早已制定，竞争规则为人熟知，竞争态势日趋严峻，利润和增长的前途日趋黯淡。"蓝海"就是尚未开发的新的市场空间。未知市场空间蕴含庞大的新需求，有机会制定边界和规则，能够甩脱竞争，获取高利润增长。

所谓蓝海战略，就是指通过开发新的市场空间即蓝海领域实现企业发展的战略新思维和新方法。它提出了两个全新的理念：超越产业竞争、开创全新市场。蓝海战略强调应该把视线从市场的供给一方移向需求一方；从关注并比超竞争对手的所作所为转向为买方提供价值的飞跃，认为企业的存在不是为了超越竞争对手，而是为了通过提供价值赚取利润。红海和蓝海战略之间的本质区别不在于技术，也不在于进入市场的时机，而是价值创新。价值创新是蓝海战略的基石，企业需要采取“价值创新”的战略行动，把创新与效用、价格和成本进行有机结合，通过跨越现有竞争边界看市场以及将不同市场的买方价值元素筛选与重新排序，重建市场和产业边界，开启巨大的潜在需求。

(二)蓝海战略的工具箱——战略布局图

战略布局图是建立强有力的蓝海战略的诊断框架和分析框架。战略布局图的横轴显示行业内竞争和投资所注重的各项因素；战略布局图的纵轴显示所有这些因素指标的高低。数值越高表明企业为购买者提供的效用越高，在该因素上的投资也越多。蓝海战略描绘战略布局图的第一步是用价值曲线“画出”战略；第二步是“四步动作框架”。

价值曲线是战略布局图的基本组成部分，它通过图形的方式，描绘出一家企业在行业竞争各要素上表现的相对强弱。将产品在所有这些因素上的水准都标绘出来，就是价值曲线。

四步动作框架是为了重新构建买方价值因素，塑造新的价值曲线而开发的一套四步动作框架，目的是打破差异化和低成本之间的替代关系，创造新的价值曲线。四步动作框架关注四个核心问题：哪些行业中被认为理所当然的因素应该被剔除？哪些因素的含量应该减少到行业标准以下？哪些因素的含量应该增加到行业标准以上？哪些行业内从未提供过的因素应该被创造？前两个问题(剔除和减少)可以帮助企业将成本水平降低到竞争对手之下。后两个问题启发我们如何提升购买者的价值，创造新的需求。当将这四步动作框架应用到行业战略布局图时，就可以对原先认定的战略有全新的认识。

(三)蓝海战略的行动原则

为了摆脱竞争，开启蓝海，《蓝海战略》的作者还提出了成功制定和执行蓝海战略的六项原则。制定战略的原则有：重建市场边界，注重全局而非数字，超越现有需求，遵循合理的战略顺序；执行战略的原则有：克服关键组织障碍，寓执行于战略即把战略的执行建成战略的一部分。①

八、标杆管理理论

(一)标杆管理的含义

标杆管理也被称为标杆瞄准(benchmarking)，产生于20世纪70年代末80年代初，由施乐公司首开标杆管理先河，随后西方企业群起跟风，形成了“标杆管理浪潮”。据统计，全球500强企业中有近90%的企业应用了标杆管理。施乐公司将

① (韩)W·钱·金，(美)勒妮·莫博涅.蓝海战略[M].北京：商务印书馆，2005

标杆管理定义为“一个将产品、服务和实践与最强大的竞争对手或是行业领导者相比较的持续流程”。

美国生产力与质量中心对标杆管理的定义是:标杆管理是一个系统的、持续性的评估过程,通过不断地将企业流程与世界上居领先地位的企业相比较,以获得帮助企业改善经营绩效的信息。其基本思想是通过规范且连续的比较分析,帮助企业以世界范围内的最佳实践为基准,树立学习和追赶的目标,并在此基础上选取改进本企业实际绩效的最佳策略,争取赶上和超过对手,成为市场竞争的领先者。

(二)标杆管理的类型

标杆管理可以分为以下四类:

1. 内部标杆管理——以企业内部操作为基准的标杆管理

这是最简单且易操作的标杆管理方式之一。辨识内部绩效标杆的标准,即确立内部标杆管理的主要目标,可以做到企业内信息共享。辨识企业内部最佳职能或流程及其实践,然后推广到组织的其他部门,不失为企业绩效提高最便捷的方法之一。除非用作外部标杆管理的基准,单独执行内部标杆管理的企业往往持有内向视野,容易产生封闭思维,在实践中应将内部标杆管理与外部标杆管理结合起来使用。

2. 竞争标杆管理——以竞争对象为基准的标杆管理

竞争标杆管理的目标是与有着相同市场的企业在产品、服务和工作流程等方面的绩效与实践进行比较,直接面对竞争者。这类标杆管理的实施较困难,原因在于除了公共领域的信息容易接近外,其他关于竞争企业的信息不易获得。竞争性标杆管理在实践中具体分为三种情况:

(1)外国竞争者威胁公司的传统优势市场。在经营运作中,一些公司会突然发现,相对于全球竞争对手,自己已处于明显不利的位置。这时就需要进行标杆管理,迅速找出问题所在,实施防御和攻击战略。例如,柯达公司通过将规模经济应用到艺术胶卷的制造,长期领先于世界摄影胶卷的开发领域,但未重视胶卷制造的科学化。富士公司在其胶卷生产中运用了新的制造技术,生产更加稳定和可控,因而在成本和质量上形成了竞争优势,从而威胁到了柯达的市场。为进行反击,柯达公司开展了标杆管理,弄清富士的优势和弱势,改进了公司生产流程并提高了革新速度,成功地渡过了危机。同时,接受危机的教训,柯达推出了革新性新胶卷,再次击败了富士,保住了领导地位。

(2)要进入新的外国市场或新产业。它是通过标杆管理了解最成功的公司是怎样进入某一外国市场或产业的,以进入新市场的困难与问题。

(3)公司与几家外国和国内公司的竞争陷入胶着状态。这时通过标杆管理,可帮助公司从竞争者和最好公司的动作中获得思路和经验,冲出竞争者包围,超越竞。

3. 职能标杆管理——以行业领先者或某些企业的优秀职能操作为基准进行的标杆管理

这类标杆管理的合作者常常能相互分享一些技术和市场信息,标杆的基准是外部企业(但非竞争者)及其职能或业务实践。由于没有直接的竞争者,合作者往往较愿意提供和分享技术与市场信息。

4. 流程标杆管理——以最佳工作流程为基准进行的标杆管理

标杆管理是类似的工作流程,而不是某项业务与操作职能或实践。这类标杆管理可以跨不同类型组织进行。它一般要求企业对整个工作流程和操作有很详细的了解。

(三)标杆管理的实施与成功要素

施乐公司的罗伯特·开普是标杆管理的先驱和最著名的倡导者。他将标杆管理活动划分为五个阶段,每阶段有两或三个步骤:

1. 计划

A. 确认对哪个流程进行标杆管理;B. 确定用于作比较的公司;C. 决定收集资料的方法并收集资料。

2. 分析

A. 确定自己目前的做法与最好的做法之间的绩效差异;B. 拟订未来的绩效水准。

3. 整合

A. 就标杆管理过程中的发现进行交流并获得认同;B 确立部门目标。

4. 行动

A. 制订行动计划;B. 实施明确的行动并监测进展情况。

5. 完成

A. 处于领先地位;B. 全面整合各种活动;C. 重新调校标杆。

美孚石油公司是通过实施标杆管理寻找“师傅”,以实现超越卓越的目标。美孚公司不仅识别出了客户关心的关键领域,他们还创造性地看待那些必须做好这些事的公司。许多人认为你必须去公司总部才能真正确定标杆。在美孚的例子中可以看到,最值得去的地方,特别是在谈论客户满意度时,就是客户与一线员工直接打交道的地方。在每一个现场操作实例中你都可以看出他们的步骤,观察他们的态度,并且通常可以学到许多关于如何处理事情的创造性的方法。

标杆管理成功的关键因素包括：①获得高层管理者的支持；②企业必须对标杆管理进行有效、正确的定义；③建立一套规范、系统的管理机制；④树立持续学习的企业文化观念；⑤鼓励员工主动参与标杆管理活动；⑥企业要有创新精神。

九、战略平衡计分卡理论

随着人类社会由工业经济时代向信息时代的转型，企业的经营环境发生了重大变化，管理方法在不断创新，依靠传统的会计方法对管理绩效进行财务衡量已远不能满足企业管理当局的要求。因此，对企业管理绩效的评价应突破单一的财务指标评价体系，采用财务指标与非财务指标相结合的综合指标评价体系。为了适应这要求，美国哈佛大学教授卡普兰（Roberts Kplan）和美国复兴全球公司（Renaissance Worldwide）总裁诺顿（David P. Norton）等人于20世纪90年代提出了战略平衡计分卡理论。战略平衡计分卡是一种革命性的业绩评估和战略管理制度，主要为企业经理们提供一个战略评价框架：从财务、顾客、企业内部经营过程、企业学习与成长等四个方面全面评价企业的经营业绩和战略实施效果。

1. 财务方面

财务目标与企业的战略目标紧密相关，企业在生命周期的不同阶段，不同的战略将导致不同的财务目标。战略平衡计分卡制度将企业的生命周期简化为三个阶段：成长阶段、维持阶段和收获阶段。在成长阶段，企业处于初始投资阶段，投资回报率低，现金净流量甚至是负数，它的目标是提高生产能力、销售能力，与供应商、客户建立良好的关系并进一步发展。与此相关的财务指标有：销售收入增长率以及目标市场、顾客群体和地区销售增长额。在维持阶段，企业仍继续增加投资，但投资主要为了提高生产能力，改进设备性能，消除瓶颈，以期望在这一阶段获取丰厚的利润，不断扩大市场份额。与此相关的财务指标是：营业收入、毛利投资报酬率、经济附加值。在收获阶段，企业处于成熟期，企业不再大量投资，即使有投资行为，也是为了维持设备正常运转，企业要尽可能快地收回前期投资，获得稳定的现金流入并使其最大化。这时，它的财务目标与现金流量紧密联系在一起。

2. 顾客方面

顾客方面的评价帮助企业进行市场细分，确定目标市场，分析和选择目标顾客群体，并对现在及以往重要顾客的消费效用、消费倾向进行全面的衡量。以下是战略平衡计分卡制度中顾客方面主要评价指标及相互关系，如表10-1所示。

表 10-1 顾客方面的主要评价指标及其含义

指标	含义
市场份额	反映业务部门在销售市场上的业务比例
顾客留住率	从绝对或相对意义上，反映业务部门保留或维持顾客维持当前关系的比例
顾客获得率	从绝对或相对意义上，评估业务部门吸引或赢得顾客或业务的比例
顾客满意程度	根据具体业绩标准来评价顾客对产品或服务的满意程度
顾客给企业带来的利润率	在扣除支付某一顾客所需的特定支出后，评价一个顾客或部门的净利润

上述五个主要评价指标为企业顾客管理提供了关键性的评价标准，它适用于所有企业。在管理实践中，还须针对每个企业的特点为每个主要评价指标制定更具体详细的评价手段及分项指标。

3. 企业内部经营过程

战略平衡计分卡制度将企业内部经营过程划分成改良过程、经营过程和售后服务过程，各阶段的评价指标不一样。改良过程是企业进行研究开发、走向市场的过程，该阶段研究开发费用高、失败风险大。因此，战略平衡计分卡制度十分强调该过程的重要性，改良过程管理绩效评估十分必要。经营过程始于企业收到订单，到向客户提供产品与劳务为止。其管理目标是及时、有效、连续地为客户提供产品与劳务。经营过程在企业价值创造中是一个相对短暂的过程，其特点是重复性，该过程业绩评价指标包括时间、质量、成本三个方面。时间与质量方面的指标有：企业经营的灵活性，生产周期，对顾客需求的反应时间，对顾客提供产品多样性，产品质量优劣等。售后服务过程包括为客户提供质量担保，对产品进行修理和与客户完成结算的过程。对售后服务过程的评估也是采用时间、质量、成本方面的指标：服务反应周期，人力成本，物质成本，售后服务的一次成功率等。

4. 企业的学习与成长

片面使用财务评价指标常常会引发经理人员的短期行为，通过削减在人力资源方面的投资来提高企业短期绩效，但将损害企业长期发展和创新能力。企业的学习与成长评价以提高员工能力、拓展企业信息系统功能、激发员工积极性为中心，通过衡量企业在基础设施方面的投资业绩，如人力资源系统及业务流程等方面的状况，来达到加强企业核心生产力的目的。主要评价指标有：员工满意度，员工留在率，员工工作能力，员工劳动生产率，员工意见采纳百分比，员工的培训与提升，企业内部信息沟通能力。其中员工满意度十分重要，因为使员工感到满意是提高劳动生产率、反应速度和服务质量的必要前提。使员工感到满意的因素有：参与决策，认为本职工作不错，在做好工作时得到肯定，主观能动性得到肯定，后勤部门提供积极支持等。

十、六西格玛战略理论

六西格玛(6δ 或 Six Sigma)最早作为一种突破性的质量管理战略在 20 世纪 80 年代末在摩托罗拉公司(Motorola)成型并付诸实践，三年后该公司的六西格玛质量战略取得了空前的成功：产品的不合格率从 6210 ppm(大约 4 西格玛)减少到 32 ppm(5.5 西格玛)，在此过程中节约成本超过 20 亿美元。随后，德仪公司(Texas Instruments)和联信公司(Allied Signal，后与霍尼维尔 Honeywell 合并)在各自的制造流程全面推广六西格玛质量战略。但真正把这一质量战略变成管理哲学和实践，并成为一种企业文化的是杰克·韦尔奇领导下的通用电气公司。该公司在 1996 年初开始把六西格玛作为一种管理战略列在其三大公司战略举措之首(另外两个是全球化和服务业)，全面推行六西格玛的流程变革方法。由此，六西格玛也逐渐从一种质量管理方法变成了一个高度有效的企业流程设计、改造和优化技术，继而成为世界上追求管理卓越性的企业最为重要的战略举措，这些公司将六西格玛理论运用于企业管理实践，为组织在全球化、信息化的竞争环境中处于不败之地建立了坚实的管理和领导基础。

继摩托罗拉、德仪、联信/霍尼维尔、通用电气等先驱之后，几乎所有的财富 500 强的制造型企业都陆续开始实施六西格玛管理战略。值得注意的是，一直在质量领域领先全球的日本企业也在 20 世纪 90 年代后期纷纷加入实施六西格玛的行列，这其中包括索尼、东芝、本田等。韩国的三星、LG 也开始了向六西格玛进军的旅程。另一值得注意的现象是，自通用电气之后，所有公司都将六西格玛战略应用于组织的全部业务流程的优化，而不仅仅局限于制造流程。越来越多的服务性企业，如美国最大的花旗银行(Citibank)、全球最大的 B2C 网站公司 Amazon.com 等也成功的采用六西格玛战略来提高服务质量、维护高的客户忠诚度。所以，六西格玛已不再是一种单纯的、面向制造性业务流程的质量管理方法，同时也是一种有效提高服务性业务流程的管理方法和战略。更有一些政府机构也开始采用六西格玛的方法来改善政府服务。目前，美国公司的平均水平已从 10 年前的 3 西格玛上下提高到了接近 5 西格玛的程度，而日本则已超过了 5.5 西格玛的水平。可以毫不夸张地说，西格玛水平已成为衡量一个国家综合实力与竞争力的最有效的指标。

西格玛(希腊字母 δ)在统计学中常用来表达数据的离散程度,即标准差。六西格玛首先是一个衡量业务流程能力的尺度。业务流程的西格玛值表示该流程的实际结果相对于期望、平均或所要求的结果的偏离程度。举一个航空公司的例子,如果某一航班的预计到达时间是下午 5 点,由于各种原因,真正在 5 点准时到达的情况是极少的。假如我们允许在 5 点半之前到达都算准点到达,一年里该航班共运营了 200 次,显然到达时间是个变量。如果其中的 55 次迟于 5 点半到达,从质量管理的角度来说,这就是不良品,所以航空公司这一航班的合格品率为 72.5%,大约为 2.1 西格玛。如果该航班的准点率达到 6 西格玛,这意味着每 100 万次飞行中仅有 3.4 次晚于 5 点半到达,如果该航班每天运行一次,这相当于每 805 年才出现一次晚点到达的现象。所以六西格玛的业务流程几乎是完美的。对于制造性业务流程来说,六西格玛意味着每 100 万次加工只有 3.4 个不良品。请注意,本文所指的西格玛值是当平均值有 1.5δ 漂移时的情形,在六西格玛中这叫做流程的长期西格玛值。流程的西格玛值与百万次机会所产生的不良品率有如下关系如表 10-2 所示。

表 10-2　西格玛值与百万次机会所产生的不良品率的关系

不良品率	合格率/%	西格玛值
3.4	99.999 66	6
230	99.977	5
6 200	99.38	4
66 800	93.32	3

那么为什么要追求 6 西格玛?停留在 4 或 5 西格玛行不行?毕竟这已是超过 99%的合格率了。从企业内部的效率与成本来看,所有的不良品要么成为废品,要么需要返工或在客户现场维修、调换,这些都是企业的成本。美国的统计资料表明,一个 3 西格玛的公司直接与质量问题有关的成本占其销售收入的 10%~15%。因此,提高公司的综合质量水平对于公司的盈利性有直接的好处。当然,最为重要的是高质量、稳定的业务流程是提高客户满意度的根本要素。根据中国邮政的统计资料,如果信件的处理达到 99%(3.8 西格玛)的准确投递率,这表明约每小时要投错或丢失邮件数超过 9 500 件,6 西格玛意味着这一数字将降到 3 件。可见,6 西格玛并不是不现实的标准。从市场环境来看,世界经济一体化加剧了公司间的竞争,一个停留在 3、4 或 5 西格玛的公司是无法与一个 6 西格玛的公司竞争

的。国家与国家之间的竞争最终体现在综合实力方面的竞争。很显然的，一个只有不到3西格玛的国家，其内部有大量的资源浪费、愤怒的消费者、在国际市场上缺乏竞争力的产品，等等，在新的世界经济中将很难与一个具有4、5甚至6西格玛的国度一较高下。

六西格玛同时又是一个管理哲学和方法。六西格玛战略把管理的重点放在懂得客户需要、产生缺陷的根本原因上，认为质量是依靠流程的优化，而不是通过严格的对最终产品的检验来实现的。组织应该把战略重点放在认识、改善和控制原因上而不是放在售后服务、质量检查等活动方面。六西格玛管理战略与从前的质量方法和运动的最大不同之处就是认为质量不是组织内的一个部门或功能，质量是每个人的工作，追求完美成为组织中每一个成员的行为。六西格玛更有一整套严谨的工具和方法来帮助组织推广实施流程优化工作。

十一、卓越绩效模式

(一)卓越绩效模式的概念

卓越绩效模式(performance excellence model)是当前国际上广泛认同的一种组织综合绩效管理的有效方法。卓越绩效模式是20世纪80年代后期美国创建的一种世界级企业成功的管理模式，其核心是强化组织的顾客满意意识和创新活动，追求卓越的经营绩效。卓越绩效模式得到了美国企业界和管理界的公认，该模式适用于企业、事业单位、医院和学校。世界各国许多企业和组织纷纷引入实施，其中施乐公司、通用公司、微软公司、摩托罗拉公司等世界级企业都是运用卓越绩效模式取得出色经营结果的典范。

卓越绩效管理模式产生于美国的“国家质量奖”(波多里奇国家质量奖)。在20世纪80年代，日本产品依靠产品质量对美国市场产生极大冲击，促使美国高度重视产品质量管理，时任美国商业部部长的波多里奇(Malcolm Baldrige)主导制定了美国的国家质量法案。这套准则主要用来指导企业的产品质量管理，并为作为企业改进质量成效的评估工具，也是“波多里奇质量奖”评定依据。由于按照这一准则建立质量管理模式的企业能连续3年各项指标取得25%以上的增长，因此，美国政府在1997年将其更名为“卓越绩效标准”(美国国家标准)。该标准后来逐步风行世界发达国家与地区，成为一种卓越的管理模式，即卓越绩效模式，并成为企业竞争优势的标志。

卓越绩效模式实质上是对全面质量管理的标准化、规范化和具体化。目前，全世界已有70多个国家正式采用并大力推广卓越绩效管理模式。2001年起，中国质协在研究借鉴卓越绩效模式的基础上，启动了全国质量管理奖评审，致力于在中国企业普及推广卓越绩效模式的先进理念和经营方法，为中国企业不断提高竞争力取得出色的经营绩效提供多方面的服务。中国国家质量监督检验检疫总局、国家标准化管理委员会2004年8月30日发布了GB/T 19580—2004《卓越绩效评价准则》和GB/T 19579—2004《卓越绩效评价准则实施指南》，2005年1月1日正式实施。2005年开始，我国国家质量奖的评定采用此标准。

（二）卓越绩效模式的标准框架

卓越绩效模式标准框架从系统的角度对组织有效运行的整体框架进行了描述，如图10-1所示。

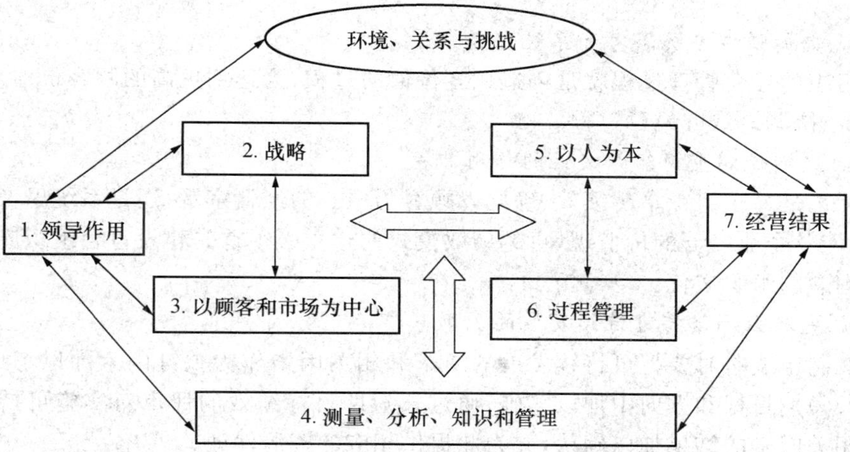

图10-1　卓越绩效模式标准框架图

企业作为一个经营组织，其运营体系是由围绕组织的业务流程所设立的各管理职能模块组成的，而企业是否能够永续经营，取决于组织能否正确地做正确的事。框架图中由两个三角，领导作用、战略及以顾客和市场为中心组成了“领导三要素”，以人为本、过程管理及经营结果组成了“结果三要素”。其中“领导三要素”强调高层领导在组织所处的特定环境中，通过制定以顾客和市场为中心的战略，为组织谋划长远未来，关注的是组织如何做正确的事。而“结果三要素”则强调如何充分调动组织中人的积极性和能动性，通过组织中的人在各个业务流程中发挥作用和过程管理的规范，高效地实现组织所追求的经营结果，关注的是组织如何正确地做事，解决的是效率和效果的问题。

（三）卓越绩效模式的特征

1. 更加强调质量对组织绩效的增值和贡献

卓越绩效模式是对全面质量管理的标准化、规范化和具体化，它注重的不只是产品和服务的质量,而是质量和绩效、质量管理和质量的系统整合,旨在引导组织追求"卓越绩效"。这个重要变化来自于"质量"概念最新的变化:"质量"不再只是表示狭义的产品和服务的质量,而且也不再仅仅包含工作质量,"质量"已经成为"追求卓越的经营质量"的代名词。"质量"将以追求"组织的效率最大化和顾客的价值最大化"为目标,作为组织一种系统运营的"全面质量"。

2. 更加强调以顾客为中心的理念

把以顾客和市场为中心作为组织质量管理的第一项原则,"组织卓越绩效"把顾客满意和顾客忠诚即顾客感知价值作为关注焦点,反映了当今全球化市场的必然要求。

3. 更加强调系统思考和系统整合

组织的经营管理过程就是创造顾客价值的过程,为达到更高的顾客价值,就需要系统、协调一致的经营过程。

4. 更加强调重视组织文化的作用

无论是追求组织卓越绩效、确立以顾客为中心的经营宗旨,还是系统思考和整合,都涉及企业经营的价值观,卓越绩效模式的建立必须首先建设符合组织愿景和经营理念的组织文化。

5. 更加强调坚持可持续发展的原则

在制定战略时要把可持续发展的要求和相关因素作为关键因素加以考虑,必须在长短期目标和方向中加以实施,通过长短期目标绩效的评审对实施可持续发展的相关因素的结果加以确认,并为此提供相应的资源保证。

6. 更加强调组织的社会责任

组织应注重对社会所负有的责任、道德规范,并履行好公民义务。领导应成为组织表率,在组织的经营过程中,以及在组织提供的产品和服务的生命周期内,要恪守商业道德,保护公众健康、安全和环境,注重保护资源。组织不应仅满足于达到国家和地方法律法规的要求,还应寻求更进一步的改进的机会。要有发生问题时的应对方案,能做出准确、快速的反应,保护公众安全,提供所需的信息与支持。组织应严格遵守道德规范,建立组织内外部有效的监管体系。

7. 更加强调创新管理

要在激烈的竞争中取胜,只有通过创新才能形成组织的竞争优势。创新意味着组织对产品、服务和过程进行有意义的改变,为组织的利益相关方创造新的价值,把组织的绩效提升到一个新的水平。创新不应仅仅局限于产品和技术的创新,创新对于组织经营的各个方面和所有过程都是非常重要的。组织应对创新进行引导,以提高顾客满意度为导向,使之融入到组织的各项工作中,进行观念、机构、机制、流程和市场等管理方面的创新。组织应对创新进行管理，使创新活动持续、有效地开展。首先需要高层领导积极推动和参与革新活动，有一套针对改进和创新活动的激励制度；其次要有效利用组织和员工积累的知识进行创新，而且要营造勇于承担风险与责任的环境氛围。

第四节　管理学的未来趋势

一、21 世纪的时代特征及对管理学发展的要求

管理学作为一门致用之学，只有根据时代发展的需要，通过实践基础上的理论创新服务于人类自身的管理实践，才不失其与时俱进的理论品格。因此，准确把握和全面认识 21 世纪的时代特征及对管理学发展的要求，就不仅是一个理论问题，也是一个实际问题。21 世纪的时代特征主要体现在以下方面：

在社会政治方面：①和平和发展是时代的主题，和平、发展、合作共同成为时代的潮流；②政治多极化已成为必然；③政治民主化、科学化、法制化是现代政治生活的客观要求。

在社会经济方面：①经济全球化日益加深，要素和产品将在全球范围内寻求新的均衡；②以人为本、全面协调和可持续发展业已成为人类的共同心声和理性政府追求的目标；③市场化已成为一个世界性趋势，市场经济体制已被公认为是一种有效率的经济体制形态；④知识经济已成为现实，知识资源已成为决定经济增长和企业发展的关键要素，知识学习、知识传播、知识共享、知识生产与知识创新在 21 世纪经济增长和社会进步中将起决定性作用；⑤所有制和所有制实现形式或产权组织形式多样化，混合经济成为经济体制的重要特征。混合经济也称混合所有制经济，在宏观上表现为多种所有制经济并存，社会经济运行既要发挥市场机制的基础性作用，又要加强政府宏观调控；在微观上表现为企业产权组织形式的多元化，企业法人财产由不同的投资主体共同出资形成。

在社会技术方面：科学技术日新月异，特别是新的技术革命在推动经济发展和社会进步中的作用越来越大，以数字化传媒和网络技术为核心的 IT 技术发展正冲击着人类社会的每一个角落，对社会经济和人类生活的影响不可估量。新技术革命是以微电子技术为核心的新兴技术群的发展所引起的当代技术领域的巨大变革，包括信息技术、新材料技术、生物技术、新能源技术、空间技术和海洋技术领域里的革命，其中信息技术和生物技术被认为是 21 世纪的两大支柱产业。

在社会文化生活方面：①社会经济系统的交互空间和范围不断扩大，使得人际关系次级化、多样化和复杂化；②信心骤增，生活节奏加快，心理压力增大；③收入提高和生活水平改善，人类的整体素质提高，个体需要多样化、个性化、高级化，生活方式多样化；④民族文化交流愈益频繁，推动着人类文明的共同进步和生活质量的改善；⑤公平正义、民主法制、诚信友爱、环境友好，社会和谐，日益成为社会主流价值观和公民的普遍需求。

上述时代特征对管理学发展提出了以下要求：

(1)要更加重视和加强创新管理和人的知识、技能和综合素质的培养与智力、知识管理及学习型组织建设，以适应信息社会和知识经济的要求。

(2)要更加重视和加强人的个性、个体需求、心理活动规律和心理健康问题研究和人本管理，以体现以人为本和促进人的全面发展、激发员工内在潜力和协助员工增强心理平衡调适能力与社会适应能力的要求。

(3)要更加重视和加强组织内外人际关系与组织公共关系管理，以体现政治多极化、经济全球化和构建和谐社会的要求。

(4)要更加重视和加强组织及组织与环境的整合技术的研究与开发，以适应新的技术环境和全球化背景下组织运行机制优化和组织运作效率增长的要求。

(5)要更加重视和加强企业和管理者的社会责任和管理伦理问题研究与组织文化研究，以适应文化发展的时代要求。

二、管理的未来趋势

没有远虑，必有近忧。展望管理学的未来趋势，紧跟管理的时代步伐，理性认识自身的差距和积极推进组织管理现代化，是现代管理者应具备的基本素质。从管理实践的需要和近年来管理学研究的动态看，21 世纪的管理学将呈现以下主要趋势：

1. 管理的智能化趋势

在组织管理中许多知识并非是用算法和公式所能计算出来的，而是这方面的专家多年工作经验的积累所形成的，但这些经验性知识，是离散的、不系统的，很难对组织管理做出真正的最优决策。在科技发展日新月异情况瞬息万变的现代社会，由于个人理性的局限，在信息要对错综复杂的问题作出瞬时的响应，并迅速作出决策，往往是做不到的。个人的智慧和能力是有限的，但集体的力量智慧和能力则是无限的。若能把分散在不同专家个人身上的经验、知识和管理技能有机集成，使之系统化、程序化，将有可能大大拓展人类的管理理性和提高决策的科学化水平。正在发展人工智能在为这一设想提供了可能。作为人工智能的一个重要分支的专家系统就可以借助于计算机处理专家的经验、知识和管理技能等信息，并通过知识库和推理机制，对组织管理作出优化决策。

2. 管理的国际化趋势

管理的国际化趋势主要表现在三个方面：第一，经济全球化在促进要素和产品在国际范围内自由流动和配置的同时，也日益要求各国按照以国际标准为基础制定自己的技术标准和管理标准，以避免不必要贸易摩擦和纠纷。与此同时，国与国之间、企业与企业之间的差异不仅表现在要素禀赋上，更为重要的是表现在管理现代化水平的差异上。因此，越来越多的落后国家或企业在管理创新中将以发达国家或企业为标杆，以加快自身的管理现代化步伐，进而推动先进的管理在国际范围内传播和普及。第三，经济全球化和网络技术的发展，使世界成为一个地球村，组织的虚拟化和组织边界的全球扩张将会引发一系列新的管理问题，其中有些问题可能是一个组织、一个国家无能力解决的，它要求在管理领域更多地开展国际合作与采取共同行动，以更加开发的姿态，努力学习国外先进的管理理念和管理模式以及管理科学理论，善于汲取人类文明的一切优秀成果，做到洋为中用，古为今用。

3. 管理的柔性化趋势

早在1980年，美国未来学家托夫勒在《权力的转移》一书中就已指出，大规模生产的伟大时代正在逐渐消失，柔性企业（灵活公司）在快速发展。在过去30多年里，有大量文献分析了传统刚性组织和机械管理的缺陷，强调柔性组织和灵活性管理的重要性。在工业时代，管理的基本特征是“胡萝卜＋大棒”，是一种刚性管理，强调的是任务、纪律、规范等。与刚性管理相对应，柔性管理是现代企业的一种灵活管理模式，其特征是“市场（顾客满意）＋创意＋灵活性”，强调的是人性化、公平和创造性。柔性管理要求企业组织结构是扁平的和灵活的，企业产品开发、生产、销售和服务是市场导向的和快速变化的，信息沟通是畅通的和便捷的，人的积极性得到最大限度的发挥，企业能够根据市场变化迅速反应和调整管理。面对快速变化的市场，公司只有以快应快，在保证高质量和低价格的基础上，不断推出新的特色产品和服务，全方位满足顾客的需要，产品花样多品种全，服务温馨舒适便捷，订货和分销过程灵活及时，员工主动积极向上，才是企业制胜的法宝。

4. 管理的人性化趋势

以人为本就是在把满足人的需要和促进人的全面发展作为管理的根本出发点和归宿，使管理更加人性化和突出人的主体性。以人为本是与“以物为中心”相对应的概念，它要求在管理实践中理解人、尊重人、关心人、信任人，突出人的主体地位，满足人的需要，尊重个性发展，做到“见物又见人”。以人为本的管理或称人本管理思想早在20世纪50年代就被提出，并得到了不少企业家的响应。但人本管理思想在各国的实践却存在很大的差别，总的来看不尽如人意。比如，在我国长达几十年的计划经济时代，员工的主体地位和合理的需要并未得到管理层的高度重视，结果是员工的生产积极性不高，比较普遍的缺乏创新精神，直到党的十六届三中全会又不得不明确提出："坚持以人为本，树立全面、协调、可持续的发展观，促进经济社会和人的全面发展。"随着经济全球化和市场竞争的日益激烈，人本管理思想越来越深入人心，并成为现代管理的核心。有的学者将人本管理概括为"3P"管理，即 of the people（企业是由人组成的），by the people（企业要依靠人进行管理），for the people（办企业是为了满足人的需要）。也有的学者将"人本管理"分为五个层次：情感管理、民主管理、自主管理、人才管理和文化管理。人本管理的实践包括这样一些主要内容：运用行为科学，重新塑造人际关系；更加重视人力资源管理和人力资本投资；推行民主管理，提高劳动者的参与意识；在重视发挥管理人员主导作用的同时，强调人的个性的发展和个体需要的满足，更加重视感情投资，注意增强员工的成就感，通过满足归属感和自我实现等高层次需要，最大限度地调动员工的积极性和提高员工满意度；强调个体的主动性、创造性和自主管理，推行弹性工时制；积极开展企业文化建设，培育企业精神；在加强客户关系管理的同时，让用户参与产品设计、评价，共同参与管理；等等。

5. 管理的综合化趋势

首先，管理作为一门涉及多学科的边缘学科，必然要求在管理实践中广泛汲取多学科的知识和最新研究成果，唯有这样，才能跟上时代进步的步伐，发挥管理的应有作用。其次，随着时代进步，尤其是企业集团化、国际化的发展，组织的战略目标正趋于多元化，企业在追求经济效益或利润最大化的同时，还将社会责任、企业形象、顾客满意、职工素质、企业文化建设、创新能力等作为自身发展的重要目标，形成了多目标体系，以不断增强企业的市场竞争力和核心能力。越来越多的组织在确定发展战略时会综合考虑各种影响组织发展的因素，在多重目标之间进行权衡，以便正确处理好短期利益与长远发展之间、局部利益与整体利益之间、个人利益与集体利益之间的关系。

三、管理创新的重点领域

创新是民族进步之魂，是经济腾飞的翅膀，是企业竞争力的不竭源泉。21 世纪管理理论创新的重点领域应包括以下方面：

1. 有关人的行为机制和激励理论创新

自 1949 年行为科学在美国创立以来，管理学中关于人类行为机制及激励理论有了长足进展，进而为组织中的行为诱导、控制与动机激发提供了基本理论框架。然而，现有的行为机制和激励理论仍然是不完整和不充分的，尤其对不同文化背景下人的行为机制和激励问题的认识十分有限，关于人性的假设也未形成较为统一的观点。在实践中，运用这些理论在解释、预测和控制人的行为时仍然存在着许多问题。比如，为什么个体为牟取有生之年享用不尽的物质财富不惜铤而走险，有什么方法可以对人的不轨行为进行预防和早期警报？除了物质和精神激励外，组织氛围、组织结构、产权制度、领导风格等对员工积极性有着怎样的激励机理？如何避免和有效克服机制设计的误区和制度供给的短缺以更好地对人的行为进行有效规制、引导和动机激发等。所有这些，都将成为管理学研究的重要课题。

2. 不同组织环境下人际关系协调理论创新

人际关系不仅是一种稀缺资源和节约交易成本的有效工具，而且是一种生活环境。随着经济全球化背景下的多元文化交融以及 IT 技术的发展，人际关系变得更加次级化、复杂化、多样化，人际交往模式出现了新的特点和趋势。2005 年是 Blog(博客)这一新事物在中国大众化的一年。Blog 世界不仅是登广告的地方，而且是参与性媒体，营销人员可以在较大的 Blog 网站参与自己公司或产品的讨论；公司应该想方设法与撰文评论公司的博客们公开分享信息，并回答他们提出的问题，以赢取他们的支持。除了将 Blog 作为广告载体和与博客合作之外，Blog 也是企业以人性化的方式与外界交流的可能途径。微软的博客写手 Scoble 被媒体称为公司的“首席人性化官员”。没有人喜欢毫无个性的、板着面孔的公司新闻稿，人们喜欢像人与人交谈一样的交流，几乎所有的互联网公司都有公司 Blog，比如豆瓣网、Blogbus、土豆网等，它们都以 Blog 的形式发布信息。不仅具有一定规模的企业开通了微博，越来越多的政府机构、事业单位和社会团体在自己的官方微博上发布信息和回应网民。加之 QQ、微信、阿里旺旺以及其他各种网聊视频工具和信息传媒的发展，是人的交互空间和交往方式空前膨胀。新的沟通渠道和现代信息技术在为组织提供新的沟通工具和带来便利的同时，也带来了许多新的问题，如信息误导、网络诈骗、网络暴力、原有客户关系模式失灵、文化休克等，从而使组织的内外关系协调变得异常复杂和艰难。多元文化和网络环境对组织内外的人际关系、员工的工作和生活以及组织协调模式会产生怎样的影响，如何在现实世界和虚拟世界之间搭建和谐人际关系的桥梁，仍然是管理学的一个未知领域。

3. 网络环境下的组织理论创新

农业文明向工业文明转变的显著特征是分工的深化，亚当·斯密将分工看做是国民财富增长的第一要因。在信息社会和知识经济时代，整合将成为财富的第二要因。“整合”的基本含义就是把分离的各个局部整合为有机统一体，构造出一个内在和谐的系统。这个整合过程,也是财富的创造过程。有学者认为,整合是新经济与旧经济分化的起点,也是新管理的实质所在。21世纪是一个整合的时代,行业在整合,区域在整合,传统产业和新兴产业需要整合,海外资本和中国的民族资本也需要整合,企业更需要整合,企业家要有整合的眼光,投资需要整合各种资源,营销需要整合各种概念,新管理就是整合管理。

在过去的半个世纪里,企业的商业模式设计度过了两个连续的内部专业化阶段:业务单元级优化和流程优化。随着全球化商业平台的成熟,公司管理层开始关注如何在整个企业层面上进行优化。随着内部专业化日趋成熟,业务活动的整合将公司变成一个由不同业务模块组成的网络,每个模块中都包含一系列彼此关联的活动。这些模块既能为组织发挥独特作用,又能作为单独实体运行,IBM将这些模块称为“业务组件”。业务组件是公司的基本建筑单元,它们彼此松散连接。业务组件允许企业进行扩展或发展,而不会像传统的“硬连接”业务模式那样增加组织的复杂性。同时,每个模块都必须与公司架构和战略保持一致。为帮助客户改进商业模式设计,实现企业级优化,IBM特别开发出一套全新的企业模型——“组件化商业模式(component business model,CBM)”。组件化商业模式通常为客户提供“面向未来”的业务框架,促使企业朝着完全成熟的内部专业化组织发展,CBM能够作为诊断工具,帮助那些采用复杂商业模式的公司识别并隔离问题,能在不增加组织复杂度的情况下实现企业内部的专业化,同时不会使客户感觉到企业内部发生着明显的变化。

企业在外部专业化发展过程中也连续经历了三个阶段:最初,“内部集成”的组织力求参与行业中的每个领域;现在,大多数公司已经发展到了“战略合作”阶段,在自己的薄弱领域利用少数能力更强的合作伙伴;在最后的“行业网络化”阶段,身处大规模经济生态系统中的公司只需将资源集中于自己的优势领域。

网络环境下的组织结构和商业模式仍是一个全新的课题,呼唤着组织理论理论创新。

4. 企业人力资源管理和产权组织理论创新

人力资源是组织中最重要的资源。人力资源管理不仅是激励,还包括工作设计,员工招募、甄别、培训,薪酬设计,职业规划,团队建设等内容。员工的成就需要和创新或创造性人才对组织的发展意义重大。当今社会人才聚集很难,但人才耗散却很常见,猎头公司的大量涌现从一个侧面反映了人才和人力资源在未来世界中的地位和作用。现有的人力资源管理理论还远远不能满足实践中人才选拔、任用等方面的要求。

企业产权组织形式经历了业主制、合伙制和公司制三个发展阶段。事实上,企业产权结构和组织形态对企业效率和企业发展具有重要影响。1972 年经济学家 A·阿尔钦和 H·登姆塞茨在《生产、信息费用与经济组织》一文中首次提出了队生产(team production)假设,探讨了企业内部产权结构或安排的效率意义,企业产权理论经过近 20～30 年的发展,已经有了不凡的成就。然而,现有的产权理论仍然难以令人信服地解释现实中的一些管理现象和问题,比如是经营者持大股好还是股权分散一些好?知识产权如何科学定价和合理组织?人力资本产权和客户知识能否及如何参与企业剩余索取权分配?如此等等,都需要作进一步的深入研究和探讨。

5. 危机管理理论与方法创新

复杂性和不确定性是 21 世纪人类必须正视和加以高度重视的战略问题。今天的成功不等于明日的辉煌和长盛不衰。我们所赖以生存的组织处在一个危机四伏的环境之中,一些偶然情况和突发事件随时都可能发生。在充满机遇和挑战的 21 世纪,组织的管理能力和水平不仅表现在常态下的管理活动中,而且更重要的是要表现在应对偶然情况和突发事件的能力上。这不仅是因为全球化、信息化时代的环境复杂性和不确定性在与日俱增,而且因为信息的传输与放大效应在增加。比如在高露洁牙膏事件中,来自英国伦敦《旗帜晚报》2005 年 4 月 15 日一条百余字有关牙膏和肥皂中所含三氯生与自来水中的氯能生成致癌物质三氯甲烷(俗称"哥罗芳")的消息登出后(即"牙膏、肥皂等产品中所含的三氯生与自来水中的氯能生成致癌物质三氯甲烷,英国玛莎超市将高露洁等产品下架"),"高露洁牙膏可能致癌"这则新闻消息的爆炸性传播导致公众误认为高露洁牙膏致癌。传播方式的变化与社会大众心理(比如食品安全)的共鸣,如果不能适当地应对危机,它可能给企业造成致命的打击和灾难性的后果。20 世纪末的亚太金融风暴和近年来西方世界的次贷危机已使无数企业遭受冲击乃至毁灭性打击。之所以如此,是因为环境的不确定性和复杂性在骤增。迄今为止,管理学以及其他社会科学均无法对不确定性和复杂性问题作出有把握的预测并提出可靠的解决方案。管理学现状和危机四伏的环境,呼唤危机管理理论和方法的创新。

6. 组织文化发展规律及文化与跨文化管理理论创新

有人认为,21 世纪是文化管理时代,文化是决定企业核心竞争力的关键要素,是企业的软实力。因为无论是技术还是产品,都能够模仿和通过交易转移,而文化具有历史沉积性和独特性,是不可或难以模仿的。在过去的一个多世纪里,工业革命造就了一个物欲横流的世界,人文关怀一度被机器的轰鸣声和城市的喧嚣声所淹没。面对市场化、信息化、全球化和跨国公司的大量涌现以及社会价值观的分野,文化和跨文化管理已成为一个世界性课题。

问题和矛盾无处不在，无时不生。当今社会太多的管理学问题不应成为管理学停滞不前的理由，而应成为管理学发展的动力。我们相信，管理学不仅在过去为人类社会的经济增长和社会进步发挥着重要作用，在充满变化和太多不确定性的21世纪，管理学仍将以其真知灼见和智慧的火光照亮人类文明进步的漫漫征途。谁能执掌这盏科学和艺术的明灯，谁就将拥有属于自己的美好未来！

【本章小结】

管理创新与技术创新和制度创新一样，是知识经济时代组织发展的不竭源泉。管理创新是指按照社会化大生产和生产力发展以及人的全面发展要求，在管理实践中引入新思维、新组织、新方法、新手段、新的管理制度和管理模式，以不断改进和完善企业的决策、计划、组织、指挥、控制、协调、领导与用人、激励、沟通等管理职能，提高组织运行效率和促进组织发展的活动。

管理创新不仅是现代管理的一项重要管理职能，而且是管理的本质所在。管理创新的重大意义主要表现在：降低交易成本，提高组织运行效率，促进组织发展；为技术创新提供条件和保障；促进产权制度创新。

管理创新须具备一定的条件，其中包括：创新主体的创新意识，个人或组织创新能力，基础管理条件，创新的文化氛围等。

管理创新的内容十分广泛。从管理实践的需要看，管理创新的主要内容包括：发展思路创新，组织结构创新，管理方式方法创新，管理手段创新，管理制度创新，管理模式创新等。

管理创新是一项需要心智和谋略的活动。有关创新成功要诀的研究虽然不够全面，甚至存在谬误，但也不无参考价值。

学习和研究管理学不仅要了解和掌握基本的管理学原理，而且要了解管理理论的新近发展和前沿动态。本章第二节简要介绍了20世纪80年代以来有影响的管理理论创新，以期满足你这方面的需要。

时代发展的需要是管理理论发展与创新的原动力。因此，认识21世纪的时代特征及对管理实践的要求，准确把握管理的未来趋势和重点创新领域，不仅是一个理论问题，也是一个实际问题。本章第三节对此作了初步探索和简要回答。

【复习思考题】

1. 何谓管理创新？为什么说管理的本质是创新？

2. 如何理解管理创新的重大意义？

3. 管理创新包括哪些主要内容？创新成功需要具备哪些条件？

4. 你是如何认识21世纪的时代特征的？

5. 如何看待时代发展对管理实践的要求和管理的未来趋势？

6. 你认为我国管理现代化最迫切需要解决的管理问题有哪些？要解决这些问题你有何设想？

【知识应用与技能拓展】

IBM信贷公司的流程再造[①]

IBM信贷公司是蓝色巨人IBM的全资子公司，坐落于美国康尼狄格州老格林威治市，其主要业务就是为IBM的计算机销售提供融资服务。这是一项绝对赚钱的买卖，而且向顾客的此类采购活动提供融资服务的金融风险很小。但是，这种小额信贷的经济效益则主要取决于人均业务量，而早期的业务流程是按传统的劳动分工理论进行设计的，完成整个流程要经历多个部门分六步进行。

第一步"接待部"。如果IBM的客户需要融资服务，负责对该客户进行产品销售的IBM业务人员将代表该客户向IBM信贷公司提出融资申请，接待人员则在一张申请表上记录下该项申请。

第二步"客户信用部"。申请表被送到楼上的"客户信用部"，专业人员通过计算机系统审查申请人的资金信用情况，并签署审查意见。

第三步"交易条款部"。根据申请人的具体情况对公司的标准贷款协议进行补充和修改，把一些特殊条款附加在申请表上。

第四步"估价部"。估价员根据以上信息，借助计算机系统初步确定向客户征收的贷款利率，并把建议利率和确定的依据一起交给文书小姐，呈交给业务主管审批。

第五步业务主管把所有的信息综合起来，形成最终的报价。

第六步报价通过销售业务代表来通知客户。

在这种分工体制下，每份贷款申请无论其业务大小、金额多少，完成整个业务流程平均需要一周的时间，甚至有时需要两周的时间。而且，在申请表进入流程后就完全与销售业务代表无关，销售业务代表也就无法清楚了解其进程。无论是从市场销售还是从客户的立场来看，这样的过程实在是太长了。因此，在开始的一段

① MBA智库文档.案例——IBM信贷公司的流程再造. http://doc.mbalib.com/view/396dae40d431bb024fc7763d19cfb1e2.html，编写时有删改

时间里,公司的经营情况并不好。

面对客户的抱怨和销售业务代表因此而失去订单时的愤怒,IBM 信贷公司也曾经努力地做出过改进,尝试过许多办法。例如,公司专门设立了一个"控制服务台"。这样,信贷申请不再由原过程链中的上一个业务部门直接转送下一个业务部门,而是每一个业务部门把所完成的文件先送"控制服务台",由"控制服务台"工作人员将完成情况记录在案后再送下一个部门。

这样销售业务代表可以随时从 IBM 信贷公司的"控制服务台"获得关于"申请进展情况"的及时信息,不给客户造成"怠慢"的感觉,因为"控制服务台"清楚每一份申请在过程链中的具体位置。但是,这些措施并没有真正提高客户的"满意度",客户贷款申请需要等待的过程更长,代价更高。

公司经过仔细调查发现,每位工作人员在处理分工业务范围内每份申请所需的时间都不长,一份申请整体的累计实际处理时间,即使加上各个部门重复花费在计算机系统输入和查询上的时间,总共也只需要 90 分钟。其他的时间都消耗在部门之间的表格传递和等待传递的搁置上。

可以清楚地看出,问题不在于单一的任务和执行这些任务的工作人员,而在于过程本身。原先的流程设计建立在传统的劳动分工理论之上,并假定每一次交易请求既独特而又复杂,因而需要 4 个训练有素的专业人员分工进行处理。实际上,这种假设是错误的,因为大多数客户的贷款申请既简单而又直截了当。

当 IBM 信贷公司的高级管理人员仔细观察各专业人员所从事的工作时,他们发现其中大多数都是不同程度地例行手续。这些任务的绝大多数并不需要训练有素的专业人员分工进行处理,借助一台计算机,一个经过一定程度系统训练的人就可以单独完成全过程的工作。

因此,IBM 信贷公司取消了按照劳动分工设立的业务流程部门,重新设立了"交易员"岗位,使每笔业务从头到尾的全部工作都由一个"交易员"负责。

同时,开发出适应新要求的计算机支持系统和专家小组支持"交易员"的工作。在绝大多数情况下,"交易员"在计算机系统的支持下完成工作。在"交易员"遇到很棘手的问题时,可以从专家小组那里得到帮助,或将这些特殊项目移交给专家组解决。

在"流程再造"后,IBM 信贷公司取得了惊人的成就,为普通客户提供融资服务的平均周期缩短了 90%,即由原来的一周压缩到 4 小时,特殊客户的特殊情况也得到了更为有效的处理。与此同时,由于客户"满意度"和"忠诚度"的大幅度提高,公司的业务量增加了 100 倍。

思考题

1. 当公司流程与顾客要求相矛盾时公司该怎么办?

2. 企业流程再造的策略有哪些? IBM 信贷公司采用的是哪种策略?

3. 选择当地一家企业,结合企业实际分析一下该企业是否有必要对某些业务流程进行再造,并写出诊断报告。

【网络辅助阅读材料】

1. MBA 智库文档. 企业业务流程再造. http://doc.mbalib.com/view/db18f4d01070b0d038eceba62de03871.html,2010-07-21

2. 黄伟文向三星学习组织变革和创新. http://www.chinahrd.net/management-planning/strategic-policy/2013/0507/194719.html,2013-05-07

3. 张瑞敏. 海尔管理模式创新的逻辑与实践. http://www.ceconlinebbs.com/FORUM_POST_900001_900003_1025052_0_f8ff7659.HTM, 2012-04-18

4. 马云. 中国企业不缺创新缺管理思想. http://tech.sina.com.cn/i/2013-03-31/11448197813.shtml

5. 解码可口可乐的品牌管理与创新. http://news.mbalib.com/story/70301,2013-06-21

参 考 文 献

[1] 罗宾斯. 孙健敏译. 管理学. 7 版[M]. 北京:中国人民大学出版社,2004

[2] C·I·巴纳德. 经理人员的职能[M]. 北京:中国社会科学出版社,1997

[3] 彼得·德鲁克. 管理——任务、责任、实践[M]. 北京:中国社会科学出版社,1987

[4] 彼得·德鲁克. 有效的管理者. 上海:工人出版社,1989

[5] 彼得·圣吉. 第五项修炼——学习型组织的艺术与实务[M]. 上海:上海三联书店,1997

[6] 哈罗德·孔茨,海因茨·韦里克. 管理学[M]. 北京:经济科学出版社,2003

[7] 哈罗德·孔茨. 管理学[M]. 北京:经济科学出版社,1996

[8] 斯蒂芬·P·罗宾斯. 管理学[M]. 北京:中国人民大学出版社,2003

[9] 斯蒂芬·P·罗宾斯. 管理学. 4 版[M]. 北京:中国人民大学出版社,Prentice Hall 出版公司,1997

[10] 熊彼特. 经济分析史[M]. 北京:商务印书馆,1996

[11] 陈传明. 管理学[M]. 北京:清华大学出版社,2003

[12] 郭朝阳. 管理学[M]. 北京:北京大学出版社,2006

[13] 哈罗德·孔茨,等. 管理学[M]. 北京:经济科学出版社,1998

[14] 和丕禅,张义珍. 管理学原理[M]. 北京:中国农业出版社,2003

[15] 胡君辰. 现代实用管理心理学[M]. 上海:上海科学技术出版社,1992

[16] 康青. 管理沟通[M]. 北京:中国人民大学出版社,2006

[17] 李晓光. 管理学原理[M]. 北京:中国财政经济出版社,2004

[18] 芮明杰. 管理学[M]. 上海:上海人民出版社,2000

[19] 王利平. 管理学原理[M]. 北京:华夏出版社,2001

[20] 吴照云. 管理学[M]. 北京:经济管理出版社,2003

[21] 徐国华. 管理学(M). 北京:清华大学出版社,1998

[22] 杨梅英. 知识经济与管理创新[M]. 北京:经济管理出版社,1999

[23] 杨文士,焦叔斌,张雁,等. 管理学原理[M]. 北京:中国人民大学出版社,2003

[24] 杨文士. 管理学原理[M]. 北京:中国人民大学出版社,2004

[25] 杨文士，张雁. 管理学原理[M]. 北京：中国人民大学出版社，1994

[26] 张智光. 管理学原理[M]. 南京：东南大学出版社，2002

[27] 赵树基. 现代企业管理方法[M]. 北京：当代中国出版社，2005

[28] 周三多，陈传明，鲁明泓. 管理学——原理与方法. 5 版 [M]. 上海：复旦大学出版社，2011

[29] 周三多. 管理学原理. 2 版[M]. 南京：南京大学出版社，2009

[30] 康青. 管理沟通[M]. 北京：中国人民大学出版社，2006

[31] 陈嘉莉. 管理学原理与实务. 2 版[M]. 北京：北京大学出版社，2012

[32] 李海峰，张莹. 管理学——原理与实务. 北京：人民邮电出版社，2010

[33] 李文川. 管理学原理[M]. 北京：经济科学出版社，2009

[34] 潘连柏. 管理学原理[M]. 北京：人民邮电出版社，2013

[35] 唐敬仙. 管理学原理与实践[M]. 北京：清华大学出版社，2013

管理学学习资讯网站

AMT 管理咨询 http://www.amt.com.cn/
EMBA http://www.emba.com.tw/
MBA 智库 http://dir.mbalib.com/
WBSA 商务策划 http://www.wbsa.com.cn/
阿米巴经营咨询 http://www.chinaamoeba.com/
安盛管理 http://www.acamc.com/
奥美中国 http://www.ogilvy.com.cn/#/cn/ogilvy
北大商业评论 http://www.pkubr.com/
北大纵横 http://www.allpku.com/
毕马威中国 http://www.kpmg.com/cn/zh/Pages/default.aspx
标杆学院 http://www.aspireacademy.com/
波士顿中国 http://www.bcg.com.cn/
博锐管理在线 http://www.boraid.com/
财富中文网 http://fortunechina.com/
道中国 http://www.daochina.com/
福布斯中文网 http://www.forbeschina.com/
国研网经济管理案例库 http://caselib.drcnet.com.cn/c4/l24
哈佛管理杂志 http://www.harment.com/
哈佛商业评论 http://www.ebusinessreview.cn/
汉普管理咨询 http://www.hanconsulting.com/
华夏创新管理网 http://www.hxcxgl.com/
華文企管網 http://www.chinamgt.com/
环球企业网 http://www.gemag.com.cn/
经理人网 http://www.sino-manager.com/
经理世界网 http://www.ceocio.com.cn/
罗兰贝格中国 http://www.rolandberger.com.cn/
麦肯锡中国 http://www.mckinsey.com.cn/
美国卓越管理发展中心 http://www.success-motivation.com/
摩根史坦利 http://www.morganstanley.com/

企业文化网 http://www.7158.com.cn/
全球风险管理网 http://www.brint.org/
人大经济论坛·工商管理论坛 http://bbs.pinggu.org/forum.php? gid=146/
商学院大百科 http://www.whichmba.net/
世界经理人 http://www.icxo.com/
世界经理人网站 http://www.ceconline.com/
王志纲工作室 http://www.wzg.net.cn/
新益为咨询 http://www.cqxyw.com/
信通四方企业顾问 http://www.3see.com/
中国 MBA 网 http://www.mba.org.cn/
中国管理案例共享中心 http://www.cmcc-dut.cn/
中国管理传播网 http://manage.org.cn/
中国经理人网 http://www.5iceo.com/
中国企划网 http://www.Cnqihua.Com/
中国企业家 http://www.cnemag.com/
中国企业家网 http://www.iceo.com.cn/
中国知识管理网 http://www.chinakm.com/
中国总经理网 http://www.cnceo.com/
中华管理英才论坛 http://www.cfjy.org/
中外管理 http://www.zwgl.com.cn/
总裁学习网 http://www.cs360.cn/